数据驱动的设备预防性维修窗口优化

SHUJU QUDONG DE
SHEBEI YUFANGXING WEIXIU CHUANGKOU YOUHUA

—— 高文科 / 著 ——

蘭州大學出版社
LANZHOU UNIVERSITY PRESS

图书在版编目（CIP）数据

数据驱动的设备预防性维修窗口优化 / 高文科著
. -- 兰州 : 兰州大学出版社, 2023.11
ISBN 978-7-311-06591-1

Ⅰ. ①数… Ⅱ. ①高… Ⅲ. ①设备检修一系统建模
Ⅳ. ①F273.4

中国国家版本馆CIP数据核字(2023)第244341号

责任编辑　包秀娟　陈红升
封面设计　汪如祥

书　　名　数据驱动的设备预防性维修窗口优化
作　　者　高文科　著
出版发行　兰州大学出版社　(地址:兰州市天水南路222号　730000)
电　　话　0931-8912613(总编办公室)　0931-8617156(营销中心)
网　　址　http://press.lzu.edu.cn
电子信箱　press@lzu.edu.cn
印　　刷　西安日报社印务中心
开　　本　787 mm×1092 mm　1/16
印　　张　16.5(插页2)
字　　数　380千
版　　次　2023年11月第1版
印　　次　2023年11月第1次印刷
书　　号　ISBN 978-7-311-06591-1
定　　价　68.00元

前 言

随着高新技术在工业和现代化生产进程中的快速推广,生产设备向精密化和智能化方向发展已成必然,这种发展趋势在集成和完善设备功能的同时也隐形增加了设备构成的复杂性。然而设备构成的复杂性和高可靠性要求之间的矛盾随着复杂程度的增加极速增长。为实现高可靠性追加运维投入是企业的普遍选择,由此带来的过维修或欠维修导致的次生成本使得设备功能需求与可靠性及运维成本之间的博弈成为现代企业生产过程中不可回避的问题之一。2023年6月由工业和信息化部、教育部等五部门联合发布的工信部联科〔2023〕77号文件指出:"我国制造业可靠性取得显著成效,但与国外先进水平仍有较大差距,产业基础存在诸多短板弱项,关键核心产品可靠性指标尚待提升,管理和专业人才保障能力不足,成为掣肘我国制造业迈向中高端的突出问题。"可见可靠性理论研究、人才培养等方面的短板已严重影响我国制造业在新阶段的转型升级。因此,就如何提高生产设备的运维管理水平、如何有效采集生产设备的运维信息,以及如何基于运维信息定量评估设备的可靠性等问题进行研究,以此为基础探索与之相适应的最优维修策略,解决企业发展过程中面临的困境是相关领域科技工作者的时代使命。

本书根据设备运行过程中产生的故障和性能退化数据等运维信息,较系统地研究了相应可靠性建模方法,并根据维修活动动态性等特点提出了不同维修窗口的优化方法。本书由上、中、下三篇构成,上篇系统概述了近20多年来在设备可靠性建模及预防性维修策略优化方面的研究进展,以及可靠性、维修性基础理论和维修策略优化分析方法;中篇从基于离散故障数据的建模方法、连续性能退化数据的建模方法及灰箱建模理论等三个角度,按不同数据类型分别介绍了作者近年来在这三方面所做的理论和案例研究;下篇主要从单部件设备、两部件系统及多单元并行系统方面着手,由简到繁地介绍了作者近年来在预防性维修窗口优化方面所做的理论和案例研究的系列成果。此外,后记对全书内容进行了总结,并对未来设备在可靠性建模与维修窗口优化方面需进一步研究的方向进行了分析。

本书是对作者十多年来在设备可靠性建模领域研究工作的总结,集中体现了作者主持完成的国家自然科学基金项目(71561016)、国家博士后基金项目(2019T120964,2017M613297XB)、东南大学优秀博士论文基金项目的研究成果。作者指导的研究生王宇、南西康、杨天枢、陈旭峰、张曦文等学生相继参与了部分内容的研究工作。本书的出版得到深圳技术大学学术著作出版基金的资助,在此一并表示感谢。

限于作者水平,遗漏和错误之处在所难免,一些观点和认识亦存在一定局限性,希望读者批评指正。

作者
2023年7月于深圳

目 录

上篇 研究现状与基础理论

中篇 现场数据驱动的设备可靠性建模方法

上篇

研究现状与基础理论

第1章　绪论

1.1　背景及意义

2023年6月由工业和信息化部、教育部等五部门联合发布的工信部联科〔2023〕77号文件指出："我国制造业可靠性取得显著成效，但与国外先进水平仍有较大差距，产业基础存在诸多短板弱项，关键核心产品可靠性指标尚待提升，管理和专业人才保障能力不足，成为掣肘我国制造业迈向中高端的突出问题。"[1]的确，随着制造业发展进入新的历史阶段，机电设备向精密化、智能化及低运维投入方向发展已成必然。这种发展趋势在集成和完善设备功能的同时也增加了设备的复杂性。然而设备复杂性与其可靠性之间的矛盾随复杂性的增加而变得日趋尖锐，与之相伴的设备故障相对应的运维投入和停机损失也在产品的制造成本中日渐凸显[2,3]。例如，电力企业的维修成本达到发电成本的30%，化工企业的维修成本达到生产费用的50%，民航企业的维修成本达到飞机购价的67%[4]，铁路机车的维修成本达到机车购价的45%以上[5]。这些维修费用中除消除故障本身产生的维修费用外，欠维修和过维修等不恰当维修策略的使用也是造成运维成本趋高的主要因素之一。因此，就如何使不同的生产设备保持高可靠性状态运行进行研究，以此来探索与之相适应的设备维修策略，已引起工业界和学术界的广泛关注。

运行阶段的设备使用可靠性模型一般指依据设备运行过程中产生的故障信息、检查信息及性能退化信息，建立用来刻画设备寿命分布特征的数学模型。设备运行中产生的运维信息是建立其使用可靠性模型的基础，而使用可靠性模型则是制定设备维修策略的主要依据之一。随着管理信息技术在企业管理中的逐步推广和企业精细化管理手段的日趋完善，企业对设备维修信息采集和管理工作的逐步重视为开展设备使用可靠性建模提供了必要的支撑。同时可靠性理论研究目前所取得的成果，为设备可靠性建模的开展提供了理论基础，这些理论基础的具备让开展面向生产实践的设备使用可靠性的进一步研究成为可能。然而，由于人们对设备失效机理的认识存在局限性，加上对设备维修信息采集得不全面和设备本身具有的结构复杂性、各部件间的相关性及检测系统的不完备性等因素，给可靠性建模带来了很大的困难和挑战。本书在收集国内多家企业设备运维信息的基础上,整理了课题组多年来的试验数据,这些信息和数据对开展部分部件数据驱动的可靠性建模提供了必要支撑,而开发的模型为研究结论的可行性论证提供了一个良好的案例。

预防性维修是指在设备发生故障前按计划采取预防性维修措施来保证生产设备能够处于正常工作状态的一种维修活动,因其可以防止潜在故障发生和便于提前安排维修活动,且能够延长设备的使用寿命、降低设备的故障频率及维修费用而被广泛地研究和应用。目前,实际生产中的预防性维修活动在很大程度上依赖于工程师对设备状态的判断及生产任务的紧迫性等外界因素。预防性维修计划很难在预定的时间准时开展,使得确定的预防性维修活动表现出一定的动态随机性,并随机分布在维修窗口内。现有的维修策略多忽略维修计划的随机性特点,认为实施预防性维修的周期应为确定的设备工作时间或日历时间,因为这种模式相对简单且易于制订生产计划,但在实际操作中却存在很多不确定性。实际的维修受维修工技术水平、维修力量、生产任务紧迫程度等诸多因素的影响。同时,对于多部件或多单元组成的设备,如何确定实施预防性维修的范围和深度及每个部件的维修周期等问题是构建深层次预防性维修策略必须回答的核心问题。因而,在综合考虑这些因素的情况下,针对实际问题的设备可靠性建模和维修策略建模变得更为复杂,需要从模型开发和建设、求解方法上寻求新的解决途径或重新审视和推进现有的研究。

综合上述,尽管可靠性理论的发展和设备运维信息的收集能为开展设备可靠性和维修策略优化的研究提供一定的理论和技术支持,但是针对不同设备的使用可靠性建模,需综合考虑设备的可靠性、实际工作背景及预防性维修计划的动态随机性等特点,故制定和优化与之相适应的预防性维修策略仍存在很大的困难和挑战。因此,开展基于设备使用可靠性模型的动态预防性维修窗口优化的研究,可从理论上系统地分析和挖掘部分因素对设备使用可靠性及维修窗口的影响,可为设备设计的改进和企业制定合理维修策略的制定提供一定的理论和技术参考。

1.2 设备可靠性建模研究现状

设备寿命分布是设备随使用时间发生退化、故障等随机性事件发生的概率分布,确定设备的寿命分布模型是制定维修决策的一个重要前提,寿命分布模型的合理性直接影响维修策略的效果。寿命分布模型的获取一方面要经过离散的失效(故障)序列记录,另一方面要通过性能退化数据构建。一般来说,失效针对的是不可修系统,而故障针对的是可修系统,对此本书不再做特别区别。退化过程描述了设备的性能、可靠性和可工作时间等的减退情况,可通过包括反应设备性能衰减的退化数据来表征。性能退化信息是指设备处于运行状态,但设备的性能随使用时间的增加而逐渐减退的观测信息,而故障或失效信息是指当设备的退化达到一定程度时设备丧失规定功能时的观测信息。设备的退化是一个随机过程,引起退化的原因有外部因素也有内部因素,设备的退化机理非常复杂,退化程度的加剧或故障的发生具有随机性。因此,设备可靠性建模方法呈多样性,但主要基于概率统计理论和随机过程理论[6]从统计信息的类别来建模。本书将从基于退化数据的可靠性建模、故障数据的可靠性建模和非完整预防性维修后的可靠性建模三个方面进行分析。对单部件系统来说除自身因素导致的退化外还有外部因素的影响,对两部件或多部件系统来说除存在部件自身因素及外界冲击导致的退化外还存在部件间故障的相关性影响。

(1) 面向失效数据的可靠性建模

失效数据可分为完整数据、不完整数据和分组数据。失效数据的收集多受设备结构、检测手段、用户重视程度等方面的限制,失效数据的完整程度和信息量一般较为有限。面向失效数据的可靠性建模是建立观测的失效数据和对应的估计可靠度之间的数学模型。常见的可靠性模型有指数分布、对数正态分布及Weibull分布模型等。指数分布模型可以视为Weibull分布模型的一种特例,Weibull分布模型被称为“万能”模型,在设备可靠性建模领域有着广泛的应用,特别是对于机械系统而言,用Weibull分布模型来描述更为适合,因而本书主要介绍Weibull分布模型相关的研究进展。

针对完整数据的Weibull分布建模和参数估计以及Weibull分布模型的拓展成为近年来可靠性建模中的一个热点。Ling等[7]研究了混合Weibull分布模型的分布特性,应用非线性最小二乘法估计了模型参数,用数值案例对提出的参数估计方法和传统的图形参数估计方法进行了比较。Wang等[8]将混合Weibull分布模型应用于数控机床可靠性分析中,并提出了基于非线性规划的参数估计方法;Jiang等[9]、Sarhan等[10]研究了Weibull竞争风险模型的参数估计方法,并对前人的相关研究进行了评论。Bebbington等[11]提出了一种弹性的Weibull拓展模型,对其特性和基于图形的最大似然估计的参数估计方法进行了详细讨论,并以数值案例来说明了模型和参数估计方法的可行性。Almalki和Yuan[12]提出了一种新的修正的Weibull分布模型,该模型有五个参数且故障率曲线随参数的不同组合,呈不同的“浴盆”形曲线,他们同时也给出了基于最大似然估计的参数估计方法,通过将数值案例与多个模型进行比较说明了模型的拟合优点。Lai[13]对近年来的Weibull分布模型做了总结比较,并对离散的Weibull分布模型做了相应分析。Murthy等[14]较全面地分析了模型的选择方法和Weibull分布模型的研究现状,同时也指出对于部分Weibull分布模型的特性和参数估计方法的研究仍为空白。

针对不完整数据,本书主要面向截断数据。截断数据主要包括定时截断和定数截断两类,这两类样本数据中一般应包括失效数据和未失效数据,除此之外还包括零失效数据或单失效数据两个特例。针对截断数据的建模,国内外也开展了较多研究。Jiang等[15]研究了含截尾数据的混合Weibulll模型的MLE参数估计方法。Zhang等[16]研究了符合右截尾数据Weibull分布的参数估计方法。单失效数据作为一种特殊的小样本数据,只有少数文献对其可靠性建模方法进行了探讨，并以某种产品的统计数据为例对其可靠性建模方法进行了说明。张志华[17]研究了正态分布下产品单失效数据的可靠性模型和参数估计方法。陈文华等[18]以不完全β分布为先验分布，提出了单失效数据中失效概率的多层Bayes估计方法，并采用加权最小二乘法来估计模型参数，以航天电连接器为例对模型及参数的求解方法进行了说明。徐宝等[19]在一种对称损失函数下，用参数估计方法研究了寿命服从Pascal分布的产品在只有一个数据失效情况下可靠度的Bayes估计问题。零失效数据主要因为设备的寿命相对较长、不便于观测或价格昂贵等方面的因素，只能收集到使用或试验的未失效数据。针对零失效数据建模的研究始于Martz等[20]提出的零失效数据Bayes方法，随后国内峁诗松等[21]对此开展了较多研究。Xia[22]采用灰色Bootstrap方法在无失效数据及对系统的信息掌握贫乏的情形下，给出了分布已知和未知情况下的可靠性参数估计方法。Sun等[23]研究了服从Weibull分布的系统寿命，且在零失效数据情况下，给出了基于退化数据的可靠性建模方法。张建军等[24]研究了基于Weibull分布的零失效数据的多层Bayes估计方法。韩明[25]研究了针对零失效数据的E-Bayes方法，并将其应用于火箭发动机的可靠性估计。Jiang等[26]研究了零失效数据产品的可靠性建模，提出用修正的MLE和收缩因子相结合的方法估计可靠性。

(2) 几何维修过程建模理论与方法

对于大多数的可修系统来说，故障维修后的平均连续运行时间随着维修次数的增加逐渐缩短，同时平均故障维修时间逐渐增加。根据这一事实，Lin[27]和Lam[28]提出用几何过程来描述可修系统的运行与维修过程，同时他们分别建立了基于役龄和故障次数的更换策略优化模型。由于几何过程具有良好的数学模型，被广泛地应用于军事装备、计算机网络系统、生产线系统、通信网络系统以及电力系统等领域[29-33]。关于几何维修过程的研究，针对单部件系统的维修策略优化得到了广泛关注。Lam等[34]介绍了一种基于几何过程的δ-冲击维修模型，并将此模型应用到退化系统和改进系统，分别得到了使单位时间平均运行成本最小化的最优策略。Zhao等[35]考虑到维修的延迟时间，介绍了一种带有可更换维修设备的可修系统，针对该系统建立了基于几何过程的维修模型，并得到了一些重要的可靠性指标和更换策略。黄傲林等[36]提出了一种延迟几何过程，并对传统的几何过程进行了改进，建立了可修劣化系统的成本率模型，得到了最优的更换策略。Cheng等[37]研究了一个带有检测活动的退化可修系统，在假设故障只能通过检测来发现的前提下，提出了相应的维修策略和优化模型。杨天枢等[38]根据某些可修系统第一次或者前面多次的维修可以提高系统的平均故障间隔时间这一事实，提出了一种带有修复因子的拓展几何过程，对其概率性质进行了分析，并研究了系统的两种更换策略。针对多部件系统，Wang等[39]以两部件串联系统为研究对象，提出了以部件1的故障次数M和部件2的故障次数N为优化变量的二元更换策略，并且推导出单位时间运行成本的表达式，最终得到了最优的更换模型。Jia等[40]针对由两个相同部件组成的冷贮备系统，在假设工作时间和维修时间为几何过程、等待时间为更新过程的情况下，提出了基于部件1的故障次数N的更换策略。Ramudu等[41]以一个由两个同类型部件和一个维修工组成的冷贮备可修系统为研究对象，研究了基于部件1故障次数N的最优更换策略。Gökdere等[42]设计了一个由两个部件组成的退化可修系统，并基于几何过程对系统的维修策略进行了评估。Noortwijk等[43]针对一个具有延迟维修的两部件串联系统，建立了基于预防性维修间隔T和更换前的故障次数N的预防性维修策略。

(3) 性能退化过程建模与剩余使用寿命预测

应用性能退化数据对系统进行寿命预测的研究已有较长的历史，近年来这类研究也取得了长足的发展。这类研究主要面向系统的老化程度、磨损的加剧程度、裂纹的增长量、损伤的累积量等退化过程来建模。Noortwijk[43]总结了伽马过程在设备退化的可靠性建模和维修策略优化中的研究。Gorjian等[44]将退化模型分为正常退化模型和加速退化模型，并对其优缺点进行了分析。Kulkarni和Achenbach[45]建立了基于疲劳裂纹增长的故障预测模型，并用数值案例对模型进行了说明。BAE等[46]利用随机线性退化轨道模型对等离子显示管的退化过程进行了建模，并根据不同时段的测量值提出了基于最大似然估计的参数估计方法。Su等[47]在案例分析中用随机线性退化轨道模型来建模裂纹增长过程。Peng等[48]用退化轨道模型去建模微机电系统退化过程的系统质量和可靠性。Jiang等[49]利用随机线性退化轨道模型建模设备受外界冲击时损伤累积增长过程。Bocchetti等[50]应用强度函数为线性对数函数的非齐次泊松过程来建模船舶发动机气缸壁的磨损，并分析了气缸在两种失效模式下竞争失效的可靠性变化。Chen等[51]根据机床刀具的震动信号用对数回归模型建立了机床退化过程的可靠性模型。张云凤[52]采用统计的方法研究基于磨损随机过程的可靠性寿命预测建模及参数的确定方法。雷达等[53]将线性退化轨道模型应用于民航发动机的剩余寿命预测建模，并给出了基于Bayes理论的模型参数估计方法。狄威[54]采用退化数据建模机车牵引电机的线性累积损伤过程，对内燃机车关键部件的累积损伤度进行了计算，并依据损伤度给出了内燃机车的检修周期。Wiener过程能够描述非单调退化过程，因其首达时间分布具有解析形式而便于计算和拓展，故Wiener过程被广泛应用[55, 56]。与柱塞泵相关的研究有Wang等[57]的基于柱塞泵泄漏量数据利用一元Wiener过程建模其性能退化过程的研究。Gamma过程描述因具有严格正则的退化过程、损伤造成的不连续过程及连续的微小冲击导致的缓慢退化过程而被广泛应用[56, 58]。逆高斯(Inverse Gaussian，IG)分布也因具有良好的数学模型被用来刻画单调退化过程，如Ma等[59]在柱塞泵加速寿命试验中对泄漏量数据应用IG分布来建模。

剩余寿命预测的目的在于推断失效时间的概率分布，计算其期望、分位点等指标，为维修策略的制定提供模型输入。目前数据驱动模型是剩余寿命分析的主要工具，相比基于故障时间的可靠性评估模型更便于维修活动的实施[60, 61]。随着数据采集在企业中的推广，基于数据驱动的剩余寿命预测也随之兴起[62]。Wang等[57]通过泄漏量建模柱塞泵退化过程，利用带漂移的Wiener过程预测其剩余寿命。Li等[63]结合模型和数据驱动方法，采用自适应有序粒子滤波预测方法提高预测精度。Li等[64]采用Monte Carlo仿真柱塞泵微小磨粒生成过程,提出分区集成的剩余寿命预测方法。Sun等[65]提出考虑随机效应和测量误差的IG模型预测柱塞泵寿命。Lu和Wang[66]提出结合混合高斯模型和最优化支持向量回归模型的柱塞泵寿命预测模型。此外,人工智能(artificial intelligence,AI)、时间序列模型与其他方法结合也被应用于机械系统短期寿命预测[67, 68]。相对而言,统计模型在寿命预测及后续维修策略优化方面的优势非常明显。

(4) 灰箱模型建模

对于大多数复杂系统,系统的运行机理和结构较为清晰,因此通常采用机理建模的方式建立白箱模型,基于系统的运行原理对系统进行刻画。然而,现实世界中的许多系统,其机理至今仍不甚清楚[69]。白箱建模在面对这类系统时就显得力不从心,在社会、经济等非工程系统上的应用效果不甚理想。灰箱模型是将有限的机理分析与数据驱动相结合,充分挖掘有限机理富含的信息,一般用于解决机理不完全清晰的复杂问题,较单一采用有限机理或数据驱动模型具有更高的精度[70]。如孙栓柱等[71]采用数据与机理分析相结合的方法建立了中速磨煤机系统的灰箱模型,较纯数据建模具有更好的精确性和鲁棒性。Yang等[72]将遗传算法和灰箱模型相结合,有效提高了船舶油耗量的预测精度。潘晨阳等[73]基于风机机械系统的主导机理模型,解析了子系统特性,提出了一套系统的风机智能灰箱参数辨识方法,并基于FAST的5MW风机模型进行仿真,结果验证了智能灰箱参数辨识的有效性及准确性。Gray和Schmidt[74]将一个高度简化的物理模型作为灰箱模型和Gaussian模型结合构建了混合模型,并将该混合模型应用于建筑热环境预测,其预测较单一模型有更高的精度。灰箱模型在寿命预测方面的研究主要聚焦于锂离子电池的剩余寿命预测,主要缘于锂离子电池性能退化过程有可参考的物理模型,而在机械零部件性能退化方面的研究鲜有报道[75]。因此,针对有限退化机理分析可依据的对象和采用灰箱思想结合数据驱动方法,是机理暂不完整情况下的有效解决方法,该方法能够得到更高的解析精度。

(5) 对于非完整预防性维修的可靠性建模

完整预防性维修能使设备达到修旧如新的状态,非完整预防性维修不能使设备达到修旧如新的状态,也称作非完美维修。Kijima[76]提出用有效年龄或虚拟年龄来描述系统实施非完整预防性维修后可靠性的变化,认为虚拟年龄小于系统的日历年龄,讨论了$y=b_{k-1}x_{k-1}+\cdots+b_1x_1+x$和$y=b_{k-1}y_{k-1}+x$两种模型,其中$y$为虚拟年龄,$x$为$k-1$次预防性维修后的运行时间,$b_k$为第$k$次预防性维修的年龄缩减系数。Bartholomew-Biggs等[77]对Kijima[76]的两种模型从各参数对模型的建模和优化结果影响角度进行了分析,并通过数值案例对两种模型进行了比较。Dagpunar[78]认为,设备实施第k次非完整预防性维修后,其虚拟年龄可以表示为$V_k=\Phi(V_{k-1}+X_k)$,其中$\Phi(t)$是跟维修效果相关的尺度函数。Seo和Bai[79]提出的预防性维修模型中,非完整预防性维修后系统的故障率间存在$h(\theta_{k-1}(t))=h(\varphi_{k-1}(t))$的函数关系,其中$\theta_{k-1}(t)$和$\varphi_{k-1}(t)$为关于$t$的两种函数。Braun等[80]、Wang[81]、Zhang[82]等的文献中提出了几何维修过程，维修后系统的故障率函数满足 $h_k(t)=\alpha h_{k-1}(\alpha t)$。Wu 和 Clements-Croome[83]将几何维修过程的模型参数扩展为 $\alpha_1\alpha_2^{k-1}+\beta_1\beta_2^{k-1}$，同时分析了模型的可靠性指标，并给出了维修策略的优化模型。Wu[84]分析了现有的预防性维修故障率变化模型，并对非完整预防性维修后设备故障率的一般模型 $h_k(t)=a_1h_{k-1}(a_2t+a_3)+a_4$ 进行了简要分析。但是从实例研究来看[85]，非完整预防性维修后设备故障率的变化很难满足上述模型的假设关系，那么探索新的非完整预防性维修后设备故障率变化关系无疑成为一个新问题。Wu 和 Zuo[86]从预防性维修后故障率变化的角度，将模型分为线性模型、非线性模型和混合模型，并定性地讨论了维修过程中各参数的变化对设备可靠性模型的影响，同时指出要更恰当地描述实际问题应探讨维修后故障率具有的 $h_{i+1}(t)=h_i(g_i(t))$ 或 $h_{i+1}(t)=g_i(h_i(t))$ 函数关系模型。

综合上述分析，尽管针对不同类型数据的建模方法国内外已进行了较多研究，但受用户对设备使用过程中维修信息收集的重视程度或设备本身结构的复杂程度及用户对失效过程的认知情况等因素的影响，使得有效的失效信息较为有限，同时由于建模方法在理论上的局限性或检测手段的限制等因素的影响，使得针对设备使用可靠性建模多局限于一般经典模型的范畴。同时，预防性维修后设备使用可靠性受维修水平等因素的影响，对非完整预防性维修后使用可靠性的建模还需深入研究。以上影响因素使得开展针对设备使用可靠性建模的研究还存在很大的空间。

1.3　设备维修策略研究现状

1.3.1　维修方式分类

维修是指使系统保持、恢复或改善其技术状态的全部技术和管理活动。对于一个可修系统，维修行为主要分为两大类：故障性维修（corrective maintenance，CM）和预防性维修（preventive maintenance，PM）[87]。故障性维修即运行设备直到发生故障之后再进行维修的行为，目的是让系统恢复工作。故障性维修分为最小维修（minimal repair，MR）和故障性更换（corrective replacement，CR），最小维修指设备故障后实施维修，维修行为使设备的状态恢复至故障前的状态；故障性更换指设备故障后实施更换。对于故障风险较大的设备，故障性维修方式易造成重大损失，因而预防故障的发生成为一种必然。预防性维修是指在系统正常工作的情况下，为了消减或者减少将来可能的故障而对其进行的维修工作，包括设备状态检查和更换已经使用一定时间的零部件等。Tsai 等[88]将预防性维修分为保养（mechanical service）、修理（repair）和更换（replacement）。预防性保养行为是在设备正常运行情况下进行的非技术性的维修行为，包括清洗、注油、紧固、除尘、润滑、换油等，这些维修行为可以改善设备的运行环境，使之接近于初始运行时的环境。预防性修理属于技术性的维修活动，包括保养、小零件更换（如弹簧、垫片等）、对存在一定故障隐患零件的技术性处理等，预防性修理可以使设备的状态恢复至一个较好的状态，维修的深度和难度强于保养。预防性更换可以认为是一种完整的预防性维修，指设备处于正常运行情况下，考虑其退化程度或实施预防性维修的次数等各种因素，对其采取预防性更换，相当于一次性使设备状态达到新设备状态的完整预防性维修。此外，较多文献将状态维修（condition based maintenance）也划归为预防性维修，状态维修是近年来发展起来的新的维修理论[61]。状态维修指当设备处于运行状态时，对其运行状态进行实时监测，判定设备的退化程度或故障处所，预测设备故障发展的趋势，依据设备状态的发展趋势和可能的故障，预先制订预测性维修计划。显然，状态维修行为的实施具有随机性特点，而预防性的保养、修理、更换可以事前制订维修计划。综上分析，维修方式的分类如图1-1所示。

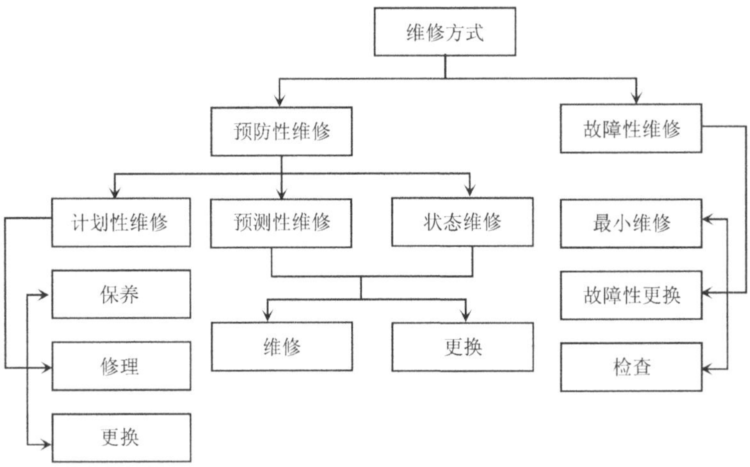

图1-1 维修方式分类

维修行为只是维修策略中的一部分，一个完整的维修策略应考虑采取的维修方式、实施维修的时间或依据、维修的范围及深度等多种要素，不同的侧重点将形成不同的维修策略。现针对维修性的文献报道有近千种，由于本书侧重研究具有低风险的设备，因此将以预防性维修策略为主。下面将重点介绍国内外预防性维修策略及其研究现状。

1.3.2 预防性维修策略及其研究现状

本节将从单部件和多部件设备的角度，重点对目前预防性维修策略的研究现状和存在的问题进行总结和分析。

(1) 单部件设备维修策略

对单部件（台、单元、系统）设备的预防性维修策略的研究开始得较早，已开发的预防性维修模型较多，多数维修策略都假定具有确定的预防性维修间隔，当维修间隔均相等时为周期性预防性维修策略，当维修间隔不等时为顺序预防性维修策略。下面将按照Tsai等[88]的维修方式分类，从预防性更换和维修两方面对现有研究进行综述。

1)基于寿命的预防性更换策略

设备的预防性维修间隔与其工作时间相关，当设备累计运行时间达到规定运行时间(年龄)后设备仍未失效，则根据预防性维修计划对其实施预防性维修；若在规定维修间隔期内失效，则进行故障性维修[89]。有些研究者从考虑设备自身工作情况的角度出发，开发了考虑延迟的预防性维修模型，预防性维修间隔主要从设备年龄或工作时间角度进行建模。Tahara[90]等认为，如果设备在运行时间t_0($0\leq t_0\leq T$，参考的时间)后发生首次故障，或到达规定的时间T则实施预防性更换。模型中如果设备在$[0,t_0]$内发生故障则实施故障性维修，故障性更换在$[t_0,T)$内动态地实施，当达到时间T时设备仍未故障则实施预防性更换。Sheu[91]等拓展了役龄预防性更换策略，提出了一种新的策略：如果设备在运行时间$y<t$时故障，则以概率$p(y)$实施完整维修，以$1-p(y)$的概率实施最小修；如果运行时间t后发生首次故障则采取故障性更换，当累计运行时间达到时间T时实施预防性更换。随后Sheu等[92]又推广了之前的模型，认为设备运行时间z后会以概率$p(y)$出现第一类故障、以概率$1-p(y)$出现第二类故障，如果第一类故障达到n次或第二类故障出现达到定龄T，则实施预防性更换。Chen[93]提出基于设备年龄的定龄预防性更换策略，当设备工作年龄达到预定年龄，预防性维修需待正在加工的产品完成单次加工任务后实施更换维修。Zhao等[94]也提出了一种基于设备年龄的预防性更换策略，当设备年龄达到预定维修年龄后发生故障或待正在加工的单次任务完成后实施预防性更换。Nakagawa[95]提出了一种离散的更换策略，更换行为依据一个服从某种分布的随机变量y和固定的更换周期T，当y对应的随机事件发生在T之前时在y时更换，当发生在T之后时在T时更换，两种更换对应不同的更换费用。Castro和Sanjuan提出了一种考虑延迟的预防性更换策略，将维修期划分为$(0,T^*]$和$(T^*,T]$，在第一阶段故障后实施故障性维修，在第二阶段故障后待不可修故障达到N个后实施预防性更换。Sheu[96]延伸了分批更换策略，研究了设备承受满足一定非齐次泊松过程的冲击损伤后的定期预防性更换策略，模型中考虑了采用旧部件更换的情形。这些研究从设备年龄和设备故障的角度，对计划的预防性维修周期进行调整，这类模型较固定维修间隔的预防性维修策略更具灵活性且易于操作。

2)周期性预防性维修策略

预防性维修虽不能使设备达到“修旧如新”的状态，但修后可以降低设备的故障率。然而，随着预防性维修次数的增加，预防性维修产生的费用也会增加。因而预防性维修不仅要考虑维修的间隔，同时也要考虑维修的费用。Nowakowski[97]对单部件系统的预防性维修策略做了分析。Nakagawa[98]提出了定龄T和定数N策略，指出当设备的役龄达到固定的寿命T或者故障次数达到规定的N次时实施预防性更换。Wang和Pham[99]提出了混合役龄预防性维修策略，认为设备故障后应以概率$p(t)$和$1-p(t)$实施完整修和最小修，进行第N次最小修后设备可能会以概率$p(t)$和$1-p(t)$发生两类故障，如果役龄达到T或发生第一类故障实施完整修，对第二类故障实施功能恢复性维修。Dagpunar和Jack[100]研究了产品在售后担保期限制下实施非完整预防性维修的次数的优化。Zequeira和Be′renguer[101]将设备的故障分为可修和不可修两种模式，发生可修故障后实施最小修以恢复设备运行，并假设第k次预防性维修后设备的故障率变为$h_k(t)=\lambda(t)+r(t-(k-1)T)+p_k(t)\lambda(t)$，其中$\lambda(t)$为不可修故障的故障率，$r(t)$为可修故障的故障率，$p_k(t)$为可修故障和不可修故障间的相关函数，设备进行间隔为T的$N-1$次预防性维修后实施预防性更换。Castro[102]研究了一种周期性预防性维修模型，模型假设预防性维修后设备的故障率与之前发生故障次数之间存在$h_k(t)=a^{N(kT)}h_0(t-kT)$的函数关系，其中$a$为大于1的常数，当以间隔$T$实施$N-1$次预防性维修后进行预防性更换，这种故障率建模方式有较好的可操作性。Xia等[103]研究了考虑设备使用度和维修成本率的加权预防性维修模型，模型按照实际对设备可用度和成本率的不同侧重实施建模。可见，随着研究的深入，开发的模型逐渐向可操作性和接近生产实际的方向发展。

3)顺序预防性维修策略

周期性预防性维修采取固定的维修间隔，但设备的故障率会随维修次数的增加不同程度地增大，周期性的维修间隔在后期会引起较高的维修费用。因而，顺序预防性维修采取不同的维修间隔能降低设备的维修费用。Nakagawa等[104]分析了部分顺序预防性维修策略，并又介绍了一种固定维修间隔x_k的顺序预防性维修策略[105]，其中$k=1,2,\cdots,N$，他们认为设备的故障率随着预防性维修次数的增加会逐渐增加，同时他们给出了设备维修平均成本最小的优化策略。Zequeira[101]提出了一种顺序预防性维修策略，在该策略中将故障分为可修和不可修模式，对可修模式的故障实施预防性维修可以使其“修旧如新”，对不可修模式的故障实施预防性维修不能改变其状态。Dagpunar[78]从设备实施第k次预防性维修前后，设备虚拟年龄间满足$V_k=\Phi(V_{k-1}+X_k)$的函数关系的角度，对设备实施预防性维修的效果进行了描述，并给出了相应的优化策略，其中维修间隔X_k为不等的常数。Liu等[106]讨论了有限时间内的退化系统实施顺序预防性维修策略的情况，并采用随机递减因子描述了预防性维修质量的随机变化。Sheu等[107]研究了一种扩展的顺序预防性维修模型，该模型采用设备的役龄改进因子建立了设备基于长期运行成本率最小的优化模型。Jin等[108]考虑了一种特殊的预防性维修策略，其预防性维修间隔是一组不等的常数，维修策略综合考虑了生产计划和预防性维修组织，且模型优化采取遗传算法进行求解。Sheu和Chang[109]提出的顺序预防性维修策略中，设备运行承受服从非齐次泊松过程的外部冲击，他们认为设备的故障率随着维修次数的变化而变化，当实施第i次预防性维修后，设备承受第k次故障冲击，之后以概率$\theta_{i,k}$和$q_{i,k}$实施维修和最小修，以维修成本最小进行优化顺序预防性维修间隔。Wang等[110]进一步在有限时间内讨论了设备在可靠性约束情况下，当预防性维修质量为随机变量时，最佳的顺序预防性维修次数的确定。奚立峰等[111]通过引入基于役龄递减因子和故障率递增因子的混合式故障率演化规则，建立了有限区间内基于设备可靠性的顺序预防性维修优化模型。这些研究中，预防性更换活动虽在一定范围内被动态实施，但诱发的原因为设备故障。预防性维修策略中设备实施顺序预防性维修的时间相等或不相等，但仍为预定的固定时间，模型中均未考虑实施动态的预防性维修行为的情形。

(2) 多部件设备维修策略

针对多部件设备维修策略的研究正处于发展阶段，由于部件间存在相关性，所以单部件设备的研究成果并不能直接用于多部件设备的维修。目前的研究多以考虑经济相关性为主，考虑故障相关性的以多部件串联系统居多，并联系统以两部件系统为主。由于多部件设备维修活动中的维修计划不如单部件设备明显，预防性维修常和故障性维修、更换、预防性更换等活动同时实施。同时，每次预防性维修的范围不一定覆盖所有的部件，维修的类别、深度因部件不同而不同，对部件如何分类是必须面对的问题。因此，本章将从不固定分组维修策略和固定分组预防性维修策略，以及部件间存在故障相关性的维修策略等方面入手进行分析。

1)不固定分组维修策略

在单次实施预防性维修中，待维修的部件并不固定，其由不同部件的年龄、工作时间或已发生的故障次数等随机决定。其分类如图1-2所示：

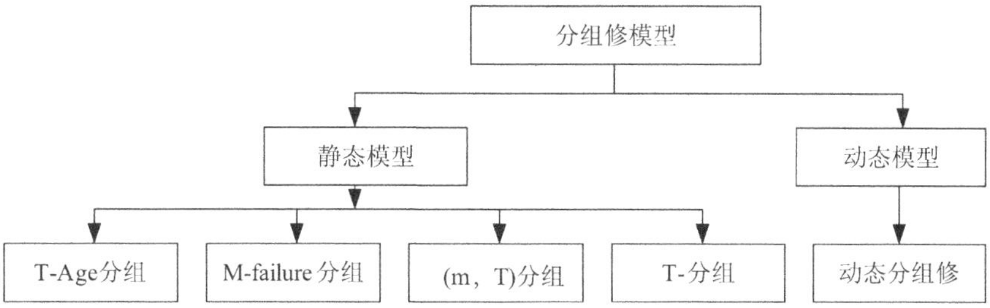

图1-2　分组修分类

静态模型依据事先确定的维修策略，当设备运行状态达到更换要求后实施更换；动态模型以设备的实时监测信息为依据，根据设备状态实施维修，或在静态分组的基础上考虑临时因素动态调整维修时间。基于状态的动态分组维修策略的研究国内外已有很多，本书暂不讨论。静态模型中，第一类为役龄相关分组维修(T-Age Group)，即将累积寿命达到固定寿命T的所有设备一起维修，在此期间若发生故障采取最小修使之恢复运行。这种分组维修策略提出较早，多数研究集中在两部件系统，如Scarf等[112]研究了部件间存在故障相关性的两部件系统，运行中任意部件发生故障对另一部件的可靠性均有影响，维修策略采取定龄更换或者两者均发生故障后同时更换的策略。第二类为故障定量分组维修(m-failure Group)，即当第m个故障发生时实施更换，前m-1个故障发生后采取最小修[113]。这种策略便于实际操作，但因故障的发生具有随机性，故不便于制订维修计划。第三类为(m,T)分组维修策略，这种分组维修策略取前两类分组维修的优点，在实际中便于操作，且T很大程度上限制了维修计划的随机性。Sheu[114]将故障分为一般故障和严重故障，讨论了设备发生

m次一般故障或首次发生严重故障或达到固定维修周期T这三者中任一情况发生后采取换新的维修优化过程，详细分析了以维修成本最小化为目标来确定m及T的过程。另外，Zheng等[115]提出了$(L-u,L)$机会维修模型，即对于一个多部件设备，当一个部件的故障率在$(0,L-u)$时采取小修，在$(L-u,L)$内发生故障则采取更换措施；当一个部件的故障率达到L时对所有故障率在$(L-u,L)$中的部件全部采取更换。此外，他以单位时间成本最小为优化目标，确定了L和u。Zhou等[116]提出了一种动态的机会预防性维修策略，指出模型中当一个部件的可靠性达到设定的阈值时实施预防性维修，同时对其他部件实施机会预防性维修活动，并以数值案例说明了建模和优化过程。

2)固定分组预防性维修策略

不固定分组维修策略所确定的维修活动中待修的部件多带有随机性，不便于制订预防性维修计划，特别对于铁路、民航等维修任务相对集中的对象，随机安排维修任务并不可行。因而，单次待修部件固定的等级维修应运而生。Dijkhuizen等[117]通过建立多部件设备维修费用树描述了实施维修时维修工作与准备活动之间的关系，并利用动态规划算法和分支约束算法得出了最优的维修工作组合。Wildeman等[118]针对多部件设备预防性更换维修中部件分组较多的问题，采取排除不可能情况的方法，将分组数由2^n-1个降至$0.5n(n+1)$个，并在确定无限时间区间内维修任务的分组后，应用滚动时域方法结合短期信息和用户意见对无限时间区间内的分组情况进行了动态调整。该方法在系统部件较少的情况下具有较强的操作性，但未涉及非完整预防性维修情况。Duarte等[119]研究了当串联系统各部件的故障率为线性函数或常数情况时的维修策略，并在假定部件能“修旧如新”的情况下，以系统整体可用度为约束，确定了各部件的维修间隔。显然对于故障为一般分布或非完整维修时该策略有一定的局限性，同时各部件维修周期不存在倍数关系，故在实际中该策略不便于系统维修计划的编排。Laggoune等[120]基于局部更新过程理论，提出了一种针对多部件设备预防性更换的维修策略，在每次局部更新过程中，只对部分部件进行预防性更换，以所有部件全部更换一次的工作及维修时间为一个更新周期，优化目标为寻求最优的单次维修间隔T和各部件的维修序数，使得单位时间维修成本最小，采用缩减扫描空间算法和退火算法求解，该模型具有较好的可操作性。Bai等[121]针对多部件串联系统提出了一种组合维修策略，该策略假设部件能“修旧如新”，同时采用定期检查方式排除潜在故障，实施组合策略后，所有部件按照统一的检查间隔和不同的更新间隔实施维修。Vua等[122]提出了针对复杂系统的动态分组策略，用二元粒子群优化算法求解，并采取滚动时域方法结合短期信息动态调整对部件进行了分组，但模型是建立在预防性维修能使部件“修旧如新”的假设之上，同样对非完整预防性维修情况尚需进一步讨论。蔡景等[123]分析了复杂系统维修费用构成和利用率，建立了组合策略的优化模型。李欣玥等[124]将各部件的等级维修周期调整为最小维修间隔T的整数倍，确定了不同维修等级的维修任务。

3)存在故障相关性的维修策略

自1985年Murthy和Nguyen[125]首次提出关于故障相关性的研究以来,其建模方法和分类思想得到了研究人员的普遍认同,一般来说根据故障相关的影响结果,可将故障相关分为三类[125-128]。Ⅰ类为故障相关,即当一个部件发生故障时会以一定的概率引起其他部件故障;Ⅱ类为故障率相关,即当系统中一个部件发生故障时会在一定程度上增加其他部件的故障率;Ⅲ类为冲击损伤相关,即其中一个部件发生故障会对其他部件造成随机损伤,当随机损伤累积到一定程度后该部件发生故障。针对这三类故障相关性的研究中,面向多部件系统的研究主要以串联系统为主,针对并联系统的研究主要以两部件系统为主。Murthy和Nguyen[125]在考虑故障相关的情况下,提出了两部件系统分别存在Ⅰ、Ⅱ类故障相关的预防性更换策略。Nakagawa和Murthy[126]提出了两部件系统分别存在Ⅱ类和Ⅲ类故障相关性时的定期预防性更换策略,并以反应器和冷却泵为例对模型的可行性进行了说明。Lai和Chen[127]提出了两部件系统存在Ⅱ类故障相关的周期性更换策略,并给出了使得长期运行成本率最小的最优更换周期唯一存在的证明。Lai和Chen[128]进一步研究了两部件系统存在Ⅱ类故障的相关性,同时提出了承受两种类型的外部冲击的预防性定期更换模型,用数值案例对模型的求解进行了说明。Lai和Yan[129]讨论了存在故障相关的两部件系统维修费用和故障次数受限的预防性更换问题。Leung和Lai[130]研究了多部件串联系统存在Ⅰ类故障相关性的情形,但未考虑与经济相关的预防性维修和更换策略,同时给出了最优解的求解算法。Sung等[131]将两部件系统存在Ⅱ类故障相关性的情形拓展为存在外部冲击时的定期或设定故障阈值的预防性更换策略,并给出了最优更换周期唯一性的证明。国内张卓琦等[132]研究了两部件系统存在Ⅱ类故障相关性的情形,并采取年龄预防性维修和机会维修相结合的更换策略,以石化企业循环氢压缩机的维修为例验证了策略的可行性。杨元等[133]研究了多部件系统各部件间存在故障相关性的成组维修策略,并以船舶燃油系统为例进行了说明。高萍等[134]研究了存在故障相关性的两部件系统的非致命冲击两重Weibull分布参数估计方法,并以柴油机的增压器和配气机构为例对建模方法进行了说明。

(3) 冷贮备系统维修策略的研究

对于含有冷贮备设备的系统,多以一个维修工、一个工作单元及一个贮备单元的系统为主,维修策略优化以成本率最小或可用度最大为目标。部分研究以带有一个维修工的两单元贮备系统为模型,应用马尔科夫过程或马尔科夫更新过程理论推导系统的可靠性指标。对于一般可修系统,其修后工作时间逐渐减小而维修时间则逐渐增加,Zhang等[135]根据这一假设对具有优先使用权的贮备系统在几何过程下运用拉普拉斯变换就系统可靠性指标的计算进行了研究。Wu等[136]将维修时间分为等待维修时间和实际维修时间,应用几何过程建立了两部件贮备系统模型,以两参数Weibull模型为例,给出了维修成本最小的优化过程。陶建峰等[137]的研究团队针对工作寿命和维修时间为一般分布的两部件冷贮备系统,给出了获取系统可用度的数值算法,并证明了该方法的收敛性。贾积身等[138]的研究团队研究了同类型两部件贮备系统，应用更新过程和几何过程理论，讨论了(T,N)更换策略的优化问题。Zhang[139]研究了一种具有两个相同单元和一个可以在空闲时间做额外工作的修理工的冷贮备可修系统，应用求解正算子理论推导出了系统的可靠性指标。Wu[140]考虑了一种双部件冷贮备可修系统，并假设其部件的固有寿命和维修时间遵循泊松过程，冲击的到达也遵循泊松过程，以此推导出了可靠性指标，并优化了维修策略。Jiang等[141]考虑到维修和备件库存管理存在相互联系、库存的恶化会对决策产生影响并使成本损失增加等问题，采用块替换和定期审查库存策略评估了存在库存恶化的多单元并行系统的联合优化问题。

（4）多单元并行系统维修策略的研究

多单元并行系统广泛地应用于铁路、民航、运输、生产线等领域，其维修策略与维修资源配置的合理性对系统的可靠性和经济性有着显著的影响。因此，国内外学者对此进行了大量的研究，但主要集中于维修策略和工作单元数目的联合优化。针对单元数目服从泊松分布的并行系统，Nakagawa等[142]经过分析和数值计算获得了使得成本率最小的最优单元数目和更换时间，并进一步讨论了具有随机工作时间的工作调度问题。Wang等[143]研究了具有两种资源和柔性资源预防性维修活动的多目标并行机器调度问题，并提出了一种基于NSGA-Ⅱ（non-dominated sorting genetic algorithm Ⅱ）自适应的多目标综合优化方法，研究结果表明将生产调度与预防性维修相结合的优化方法优于定期预防性维修的优化方法。Eryilmaz等[144, 145]首先在假设并行系统各单元相互独立的条件下研究了使得平均成本率最低的最优系统单元数目和更换次数，然后针对各单元相互依赖的并行系统，分析了各单元之间依赖关系对结果的影响。Zhang等[146]以多单元并行系统为研究对象，在系统仅含有一个维修工和一个贮备单元的条件下，提出了综合考虑预防性维修策略和工作单元数目的联合优化策略，通过最小化长期运行成本率获得了最优的预防性维修策略和工作单元数目。Ruiz-Hernández等[147]为了降低运行成本和意外故障的成本以及意外故障发生的可能性，研究了如何将若干台损坏机器的修理工作分配给一组修理工的问题，提出了一种连续分配维修任务的索引策略。

1.4 存在的主要问题

综上所述，关于设备的可靠性建模研究在近五十多年来得到了很大程度的发展，特别是对Weibull模型和几何维修过程模型研究的不断推进和丰富，使得面向不同形式退化数据的建模更加准确。但是随着部件材料质量、制造工艺等的提升，失效信息向小样本方向发展，同时部件退化的相互影响也增大了建模的难度。此外，企业对设备维修信息收集的重视程度也是制约设备可靠性建模的因素之一。同样，关于设备维修的策略和模型也在近五十年来得到了极大的丰富，但是模型假设条件的高度抽象和相对苛刻，使得很多研究在实际问题的解决中显得很乏力，表现为实例研究的缺乏等。因此，综合上述文献分析，尽管关于单部件设备和多部件设备的预防性维修策略的研究很多，但以下几方面的问题仍不容忽视：

①有效维修信息相对短缺及故障相关性的建模较为困难。针对特定设备的维修策略必须基于一定量且有效的设备状态或故障记录信息及相关维修费用数据等的支持，因受用户的重视程度或检测手段的限制，致使有效信息相对较少或信息不完整的问题较为突出，这对部件使用可靠性模型的建立产生了一定程度的限制。同时，就多部件设备存在故障相关的可靠性模型开发，从理论到方法上的研究都鲜有报道。

②关于预防性维修可靠性模型的研究以故障率或役龄假设模型为主，缺乏基于现场数据的验证研究。尽管针对各种数据的建模方法国内外已开展了较多研究，但由于受用户对设备使用过程中维修信息收集的重视或设备本身结构的限制等因素的约束，用于建模的有效故障信息较为有限，同时由于预防性维修后设备使用可靠性受维修水平等因素的影响，使得针对设备预防性维修可靠性的建模仍以故障率或役龄假设模型为主。Lhorente等[85]提出的实例及Wu[86]的研究发现按照目前故障率模型的假设，依据现场数据所得的预防性维修可靠性模型并不能得到假设的故障率函数结构，他们均指出应探讨新的预防性维修可靠性建模方法。因此，在一定现场故障数据的支持下，对预防性维修可靠性建模的研究还存在很大的空间。

③现有研究中对动态预防性维修策略的研究尚需进一步加强。实际生产中一些随机因素如产品加工周期的不确定性、企业生产任务的紧迫性、设备故障的可修程度及季节性的生产任务波动等普遍存在，这些随机因素对设备预防性维修策略的影响不能忽视，应在一定范围内将确定的预防性维修活动调整为一种动态的随机行为。现有的维修策略以确定性的预防性维修策略为主，因此对动态随机性的预防性维修策略尚需进行深入探讨。

④要加强针对多部件设备考虑故障相关性的可靠性建模与维修策略优化问题的研究，以及针对多部件设备存在不同范围、不同深度的预防性维修策略的建模与优化问题的研究。多部件设备中部件间的故障相关性比较复杂，部件间故障相互影响，一般多种故障相关性同时存在。此外，检测技术的不完备性在多部件并联设备中不同程度地存在，当部件间存在故障相关性时，不完备检测会加剧设备退化，针对这类问题的可靠性建模与维修策略优化的研究不够。另外，在多部件设备的单次预防性维修中，如何确定预防性维修的范围和不同部件的维修深度是制定预防性维修策略必须回答的问题，该问题的建模和优化相对复杂，相应的研究仍需加强。

⑤对多机生产系统的动态预防性维修策略的研究尚需进一步加强。实际生产中一些随机因素如产品加工周期的不确定性、生产任务的紧迫性、维修力量的波动、设备故障的可修程度及季节性的生产任务波动等普遍存在，这些随机因素均会对设备预防性维修策略

产生一定的影响，故应在一定范围内将确定的预防性维修行为调整为一种动态的随机行为。作者前期针对单台部件及两部件串联系统动态拟周期预防性维修的研究[148-150]发现，预防性维修活动在有限范围内随机开展对系统长期运行成本率的影响值得重视，对多机系统的动态随机预防性维修策略的研究尚需深入探讨。同时在一个修理工情形下如何动态调度预防性维修活动，使系统成本率最小化仍是一个难题。

⑥目前的研究未能重视生产任务变化对多机生产系统用机量配备、动态预防性维修策略实施的影响。生产任务是决定多机生产系统总用机量的主要因素之一，现有研究中一方面针对多机贮备系统的研究本身较少，另一方面已有的贮备系统研究中均假设生产任务恒定或工作设备始终处于满负荷工作状态，而未考虑生产任务变化带来的影响。任务变化的引入会出现一定的任务等待或设备闲置状态，系统状态数量会增加，建模也会变得复杂。故如何从理论上定量分析生产任务变化对多机系统预防性维修调度、设备配置及运行成本的影响，仍是一个贴合实际且值得深入研究的问题。

⑦针对实际问题的实例研究较少。实际问题的影响因素一般较多且复杂，若只是粗略的研究很难挖掘出有价值的信息，而深层次的研究需要加强对基础理论的研究。就具体的研究对象开展有针对性的研究，可能需要对既有的理论和方法进行延伸和拓展。因而，针对实际问题的研究不管在研究周期、研究成本上，还是在理论方法上均不同程度地面临新的问题，但研究应源于实践并归于实践，故要正视对实际问题的研究。

1.5 主要研究内容

从文献综述可知，尽管当前针对设备的可靠性建模与维修理论的研究已取得长足的发展，但是存在的问题还是相对突出，需要进一步探讨的问题也相对较多。在现有研究的基础上，本书以单部件（单元、台、系统）设备、一类两部件串联设备和两部件并联设备以及多台设备并行生产系统为研究对象，均以某种现场设备或部件应用场景为模型背景，在一定假设条件下从设备使用可靠性的建模着手，针对现有研究中存在的问题，主要开展了以下三方面的研究：

(1) 关于设备可靠性建模的研究

就单部件设备，用收集的失效数据建立了部分部件的可靠性模型，并通过具体案例丰富了现有的多重Weibull竞争风险模型的建模方法。同时就单部件及一类两部件串联设备，探讨了故障的可修复程度对设备可靠性的影响。对于两部件并联系统，其部件间的故障相关性不可避免，本书深入分析了存在Ⅰ、Ⅱ类和Ⅰ、Ⅲ类故障的相关性及检测系统不完备性的两部件并联设备使用可靠性建模及其特征。其中对设备使用可靠性的建模是本书的重点和难点工作，也是开展进一步研究的基础。

(2) 关于预防性维修策略建模与优化的研究

针对单部件设备、一类两部件串联设备及存在多种故障相关性的两部件并联设备，当预防性维修计划呈现动态随机性时，建立不同设备的动态预防性维修策略优化模型，力求从理论上证明最优维修策略的存在性并给出相应的求解算法，通过模型优化系统地分析了各种因素对设备预防性维修策略的影响。此外，对于一类两部件串联设备为达到高可靠性运行，在连续两次预防性维修之间对关键部件进行组合更换，针对这种情形通过组合预防性更换策略的建模和优化，确定了最优的组合更换策略。通过这部分内容的研究，力图从理论上对不同设备各种维修策略的建模及其优化给出清晰的解释，这也是本书的重点和难点工作。

(3) 关于案例的研究

对于每一个研究对象通过实际案例或数值案例进行分析，说明了其可靠性或维修策略的建模和优化过程。根据收集的数据建立机车柴油机、联合调节器的使用可靠性模型，并以建立的机车柴油机、联合调节器的使用可靠性模型为基础，优化分析三种部件的动态预防性维修策略。对于研究的其他类型的设备也通过数值案例说明了其可靠性和维修策略的建模和优化，并通过参数敏感性分析说明了参数对设备可靠性及最优策略的影响。案例分析虽然是对可靠性和维修策略建模与优化的应用，但要通过案例分析深入挖掘参数对系统和模型的影响，进行策略间、优化结果与实际背景间的比较，对模型进行评价并获取有益的结论。因而对案例的研究也属于本书的重点工作。

通过对上述三方面的研究，本书所做工作对本学科的贡献可归纳如下：

(1) 定义了动态拟周期预防性维修策略并建立了动态拟周期预防性更换策略及其优化模型

现有的研究一般假设维修活动的开展时机是确定的，然而动态随机开展的预防性维修行为有别于传统的预防性维修，需给出相应的定义并在此基础上建立维修策略及其优化模型。本书定义了动态拟周期预防性维修，建立了动态拟周期预防性更换策略及其优化模型。

(2) 提出了存在随机载荷因素的可靠性建模方法

设备运行过程中随机载荷对设备可靠性的影响一直以来被学术界认为是可以忽略的，目前的可靠性模型难以表达空载运行和带负载运行之间的关系。针对这一问题，本书系统地提出了存在随机载荷因素的可靠性建模方法，获得了包含随机载荷参数的可靠性模型。结果表明随机载荷对设备可靠性存在显著影响，故存在随机载荷因素的可靠性建模方法的提出丰富了现有可靠性理论。

(3) 提出了具有故障间隔均值非单调的拓展几何过程模型

现有几何过程假设设备的故障间隔均值存在一致单调性，通过案例研究发现该假设存在一定的局限性。由此提出了具有故障间隔均值非单调的拓展几何过程模型及其参数建模方法,并通过客机空调系统故障数据证实了该模型的拟合优势,拓展了几何过程模型及其应用。

(4) 构建了两部件设备存在两类故障相关性的两种情形的可靠性模型

第一种为载荷冲击加速退化模型,即通过退化轨道模型与载荷冲击模型来定量地刻画来自一方载荷冲击对另一方退化轨道的影响,以及一方退化速率变化对另一方冲击强度的影响;第二种为故障率互相关模型,即一方部件的故障会改变另一方的故障率,形成互相关。两种模型都具有清晰的解析表达式,能够进行定量分析。

(5) 提出了面向灰箱系统的模型与数据驱动的设备性能退化过程建模方法

对于灰箱系统,机理分析可以为设备性能退化过程构造模型结构提供明确的导向,机理分析结果能有针对性地构造出含有多个工况参数的设备性能退化模型。该方法能很好地与带漂移参数的Wiener过程模型相结合,有效描述设备的性能退化过程,较传统方法能提高模型的精度。

(6) 构建了逆周期检查与预防性维修策略的联合优化模型

对于以性能退化数据作为维修策略实施依据的设备,动态逆周期检查与预防性维修策略能够通过寻优算法获得最优的检查窗口周期和实施预防性维修的设备性能退化量阈值。设备的失效阈值设定愈大,系统的长期运行成本率愈小。

(7) 理论上为多部件并行生产系统的生产与维修资源优化配置提供了定量的解决方法

在铁路、民航、物流运输等领域,如何综合考虑并行生产线数、贮备部件数、维修工数等因素,优化预防性维修策略,长期制约着企业维修调度资源配置,既有的处理方法多依靠简单统计结果和工程师的长期经验制订资源配置计划,而缺乏有效的数学模型精准建模分析。本书提出的建模方法和联合优化模型以并行生产线数、贮备部件数、维修工数、预防性维修次数及维修窗口间隔为变量,构建了联合优化模型,通过优化分析给出了解决该问题的理论依据和方法参考。同时,以某区段铁路机车运维为对象,证明了所提方法的可行性。

第2章　设备可靠性分析指标及常用分布

一般认为，可靠性问题最初是在军工领域被提出的，其后逐步形成完整的工程技术体系，并逐步应用到民用产品中。第二次世界大战后，局部战争不断发生，为了提高武器装备的性能，在武器制造中采用的新技术、新材料越来越多，特别使用了大量的电子元器件，从而使武器装备日趋复杂，加之武器装备使用环境的严酷，雷达等长时间处在故障维修状态中，于是美国国防部在1952年成立了“电子装备可靠性咨询组”。经过五年的研究，该咨询组于1957年发表了《军用电子设备可靠性》的研究报告，该报告首次提出了可靠性的定义、多种可靠性指标及其评价方法等一套系统的概念和方法，为可靠性理论和技术的发展奠定了基础。可靠性研究发展得很快，经历了20世纪50年代的起步阶段、70年代的成熟阶段，到90年代进入了综合化、智能化、自动化的发展阶段，使可靠性研究成了一门综合性的工程技术学科，其研究对象也不断扩大，已从电子产品扩大到机械等非电子产品，从小的零件扩大到大的设备系统，从硬件扩大到软件，从军工装备扩大到民用产品，从重视可靠性统计试验发展到强调可靠性工程试验。在这些发展过程中，产品质量得到迅速提高，可靠性理论得以丰富和完善。

1957年AGREE报告指出，所谓产品的可靠性是指产品在规定的条件下和规定的时间内完成规定功能的能力，该定义被一直沿用至今。从定义可分析出可靠性主要包含三个规定和一个能力。三个规定分别为规定时间、规定能力及规定条件，一个能力指完成规定功能的能力。规定时间是可靠性的核心，一般而言工作时间越长可靠性越低（软件系统例外）。规定功能常用产品的逐项性能指标表示，若性能指标中有一项或多项未能达到标准，则称产品丧失规定功能。产品丧失规定功能称为产品失效，对可修系统称为产品故障，在本书中对失效和故障不再做区别。规定条件指产品的使用条件，如环境条件、维修条件和操作技术条件等。产品的使用条件越恶劣，其可靠性越低。能力则是对可靠性高低的定量刻画，常用对能力的描述有可靠度、平均寿命、失效率等。

在实际产品中，可靠性可分为固有可靠性和使用可靠性，可靠性的分析包括定量和定性分析。固有可靠性是在产品设计、制造中赋予的，是产品开发者可以控制的，是产品的一种固有特性。使用可靠性是产品在实际使用过程中表现出来的一种性能保持能力的特性，除了考虑固有可靠性的影响因素之外，还要考虑产品安装、操作使用和维修保障等方面的影响。定性分析主要从失效机理、故障模式、故障后果等角度分析系统可靠性变化，一般与具体的研究对象有关。定量分析主要从失效数据的统计、可靠度的估计、故障率函数等定量指标方面对系统的可靠性进行定量的讨论。可靠性分析过程可以为可靠性建模包括建模方法和模型的选择等方面提供必要的指导。

由一些基本部件组成的用于完成某种指定功能的整体，称之为系统[151]。系统的概念是相对的，大可指一台机车、一架飞机，小可指一台电脑、一个部件，因而对系统的定义需根据研究对象来确定。系统丧失规定功能称为失效或故障。失效通常针对不可修系统而言，而故障则针对可修系统而言，本书对此不再做严格区分。所有系统无论是物理的还是生物的，都随着使用年限的增加而退化并最终失效。机电设备也一样，随着使用时间的增加其组成零部件也会失效并导致系统失效。设备或零部件的失效时间是一个随机变量，通过收集、分析这些随机变量数据，建立预测系统可靠性水平的定量模型，可为系统的设计、运行、维修等方面的分析和优化提供支撑。

2.1 可靠性的定量分析指标

产品的寿命是指产品从开始工作(t=0)到首次发生失效的工作时间，它通常是一个在$[0,+\infty)$上取值的连续随机变量，常用T表示它的分布，又称为失效分布或寿命分布，其分布函数$F(t)=P(T\leqslant t)$又称为累积失效分布函数，其概率密度函数$f(t)=F'(t)$又称为失效概率密度函数，由于寿命T的取值总是非负实数，故对$t<0$时，总有$F(t)=0$和$f(t)=0$，所以当给定失效分布时，只要给出$t\geqslant 0$即可。

常用的可靠性指标有四个，他们分别是可靠度、故障率、平均寿命和可靠寿命，下面分别介绍他们对应的函数。

2.1.1 可靠度函数

产品在设计、制造、试验、销售及使用阶段对可靠性的要求不同，则后期对可靠性的评价及研究方法亦不同。在使用阶段，将设备在一定环境下投入运行，在规定时间内完成规定功能的能力称为使用可靠性。

定义2.1 设备在规定时间t内和规定的条件下，完成规定功能的概率称为设备的可靠度函数，简称可靠度，记作$R(t)$。当$t\geqslant 0$时，用X来描述设备在规定条件下的寿命(设备首次发生失效的时间)，则$R(t)$称为设备的可靠度函数，且有

$$R(t) = P\{X > t\} = 1 - F(t) = \bar{F}(t) \tag{2.1}$$

其中$F(0)=0$，对$t\geqslant 0$，$F(t)$是左连续的，$F(t)$表述设备寿命X的分布函数，即是一种概率分布函数。可靠度函数$R(t)$可以用频率法估计。设在t=0时有N台设备开始工作，而到t时

刻有$n(t)$台设备失效，仍有$N-n(t)$台设备在继续工作，则频率

$$\hat{R}(t)=\frac{N-n(t)}{N}=1-\frac{n(t)}{N} \tag{2.2}$$

可用作时刻t的设备可靠度函数$R(t)$的估计值。

可靠度函数的性质：

①产品的可靠度函数在$t=0$时，$R(t)=1$，随着使用时间的延长而可靠度函数值逐渐变小，在$t\to+\infty$时，$R(t)\to 0$。

②产品在零时刻总能正常工作，最终总要失效。

系统可靠度：

由若干个单元有机组成的一个可完成某一功能的综合体称为系统，常见的有串联、并联、串并联系统等。假设构成系统的n个单元的可靠度分别为$R_1(t)$、$R_2(t)$、$R_3(t)$、…、$R_n(t)$，对于串联系统，其可靠度$R_s(t)$可表示为：

$$R_s(t)=\prod_{i=1}^{n}R_i(t) \tag{2.3}$$

对于并联系统，其可靠度$R_p(t)$可表示为：

$$R_p(t)=1-\prod_{i=1}^{n}\left(1-R_i(t)\right) \tag{2.4}$$

对于串并联系统，则要根据系统结构列写可靠度函数。

相应地，X服从概率函数为$F(t)$的分布，其分布密度函数$f(t)$定义如下：

$$f(t)=\frac{\mathrm{d}F(t)}{\mathrm{d}t}=-\frac{\mathrm{d}R(t)}{\mathrm{d}t} \tag{2.5}$$

2.1.2　故障率函数

故障率函数或故障强度函数记为$h(t)$，可以直观地反映系统的瞬时失效强度，在系统使用可靠性分析和维修策略分析中使用较为频繁。

定义2.2　已工作到时刻t尚未失效的产品中，在时刻t后单位时间内失效的概率称为该产品在时刻t的故障率函数，简称故障率。

$$h(t)=\lim_{\Delta t\to 0}\frac{1}{\Delta t}P(t<T\leqslant T+\Delta t\mid T>t)=\lim_{\Delta t\to 0}\frac{P\left[(t<T\leqslant T+\Delta t)\right]}{\Delta tP(t<T)}=\frac{f(t)}{R(t)} \tag{2.6}$$

定义累积故障函数或平均故障次数$H(t)$如下：

$$H(t)=\int_0^t h(s)\,\mathrm{d}s \tag{2.7}$$

机械设备一般随使用时间的增加，会逐渐磨损、老化并出现故障，其故障率在后期通常呈递增趋势，常见的故障率函数曲线主要有图2-1所示的几种情形。对于新投入使用的设备，因设备的不同使用初期其故障率变化趋势不同。一种是使用初期故障率较高，随使用

时间增长故障率出现递减，这段时间称之为磨合阶段；中间阶段较平稳，称为偶发故障阶段；在使用后期故障率快速递增，称为损耗阶段，该段故障率曲线整体呈“浴盆”形，如图(a)所示。另一种在使用初期故障率快速增加，当增加到一定幅值后趋于平稳，这段时间也称为磨合期或早期故障期，如(c)所示。还有故障率整体呈递增趋势，如图(b)、(d)、(g)所示。对于电器元件，其故障率多接近常数，如图(e)、(f)所示。

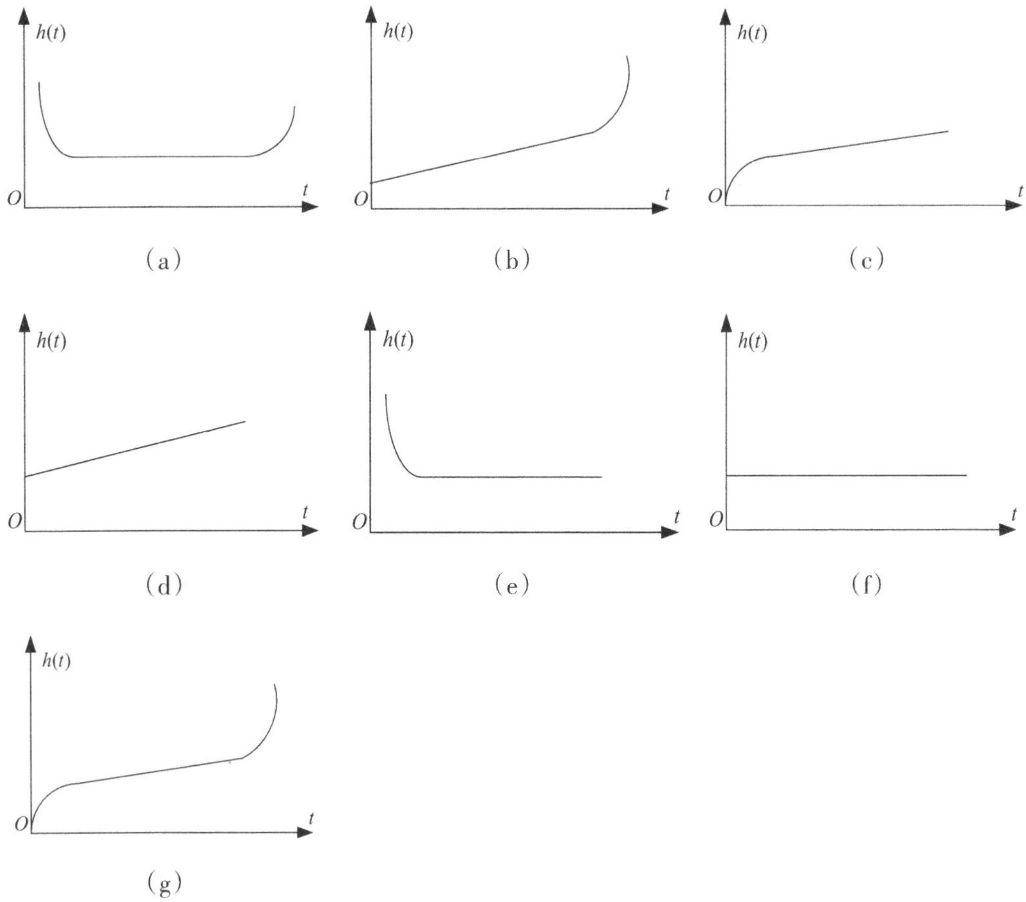

图2-1 常见机械设备故障率曲线

2.1.3 平均寿命函数

对于不可修系统，平均寿命是评价系统可靠性的一个重要指标。定义如下：

$$EX = \int_{0}^{\infty} t\mathrm{d}F(t) = \int_{0}^{\infty} R(t)\mathrm{d}t \tag{2.8}$$

对于可修系统，其平均寿命相对复杂，一般以首次故障前平均时间作为系统可靠性的评价指标。定义如下：

$$EX = \int_0^{\infty} t\mathrm{d}F_1(t) = \int_0^{\infty} R_1(t)\mathrm{d}t \tag{2.9}$$

其中 $F_1(t)$ 为首次故障的概率分布函数，定义如下：

$$F_1(t) = P(X_1 < t) = 1 - R_1(t) \tag{2.10}$$

当产品为不可修产品时，其平均寿命又称平均失效前时间（mean time to failure, MTTF）。当产品为可修产品时，其平均寿命又称平均失效间隔时间（mean time between failure, MTBF）。MTTF相当于只有一个维修间隔的MTBF的特例。

2.1.4 可靠性曲线

设产品的可靠度函数为 $R(t)$，使其等于给定值 $R(0<R<1)$ 的时间 t_R 称为可靠度为 R 的可靠寿命，简称可靠寿命 t_R，其中 R 称为可靠水平。可靠水平为0.5的可靠寿命 $t_{0.5}$ 称为中位寿命，可靠水平 $R=e^{-1}\approx 0.368$ 的可靠寿命 $t_{0.368}$ 称为特征寿命。可靠度函数图像如图2-2所示。

从分布角度看，可靠寿命 t_R 满足

$R(t_R)=R$ 或 $P(T\geqslant t_R)=R$

可见可靠度寿命 t_R 就是失效分布的上侧 R 分位数，中位寿命 $t_{0.5}$ 就是失效分布的中位数。

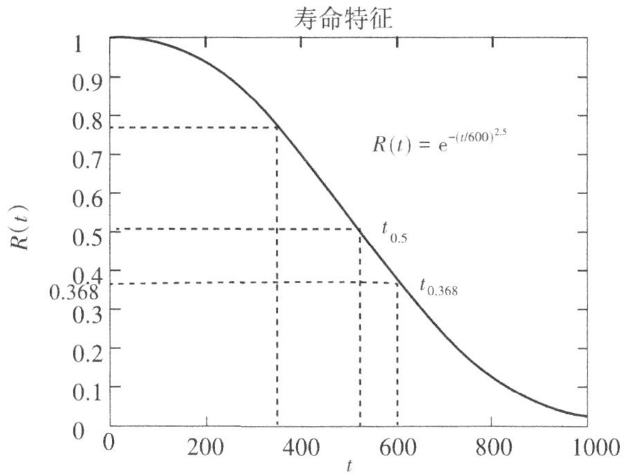

图2-2 可靠度函数图像

可靠寿命 t_R 在实际中常有应用，作为产品的可靠性指标使用，比较两者可靠性的高低可以比较相同可靠寿命的大小，可靠寿命高者可靠性高。对于可靠性有一定要求的产品，工作到了可靠寿命 t_R 时就要替换，否则就不能保证其可靠度。

在设备可靠性和维修理论应用方面，常用的概率分布主要有指数分布、对数正态分布和Weibull分布。相对而言Weibull分布是应用最为广泛的，不仅可应用在设备寿命分析，而且在动物寿命、人类慢性病变化、植物生长、风场风速建模等方面有着普遍的应用。因此，下面将简要介绍指数分布和对数正态分布，并重点介绍Weibull分布及其分类。

2.2　常用概率分布

2.2.1　指数分布

负指数分布又称指数分布。泊松事件流的等待时间(相继两次出现之间的间隔)服从指数分布。指数分布用于描述非老化性元件的寿命(元件不老化,仅由于突然故障而毁坏)。在概率理论和统计学中,指数分布是描述泊松过程中事件之间的时间的概率分布,即事件以恒定平均速率连续且独立地发生的过程。这是伽马分布的一个特殊情况。它是对几何分布的连续模拟,具有无记忆的关键性质。除了用于分析泊松过程外,指数分布还可以在其他各种环境中找到。

定义2.3　设随机变量X的分布函数为

$$F(x)=\begin{cases}1-e^{-\lambda x} & x>0\\ 0 & x\leqslant 0\end{cases}\tag{2.11}$$

其中$\lambda>0$为常数,则称X服从参数为λ的指数分布。指数分布的期望$E[X]=1/\lambda$,方差$Var(X)=1/\lambda^2$,故障率为常数λ。

在电子元器件的可靠性研究中,指数分布应用广泛。在日本的工业标准和美国军用标准中,半导体器件的抽验方案都采用指数分布。此外,指数分布还用来描述大型复杂系统(如计算机)的故障间隔时间的失效分布。但是,由于指数分布具有缺乏"记忆"的特性,因而限制了它在机械可靠性研究中的应用。所谓缺乏"记忆",是指某种产品或零件经过一段时间t_0的工作后,仍然如同新的产品一样,不影响以后的工作寿命值,或者说,经过一段时间t_0的工作之后,该产品的寿命分布与原来还未工作时的寿命分布相同。显然,指数分布的这种特性,与机械零件的疲劳、磨损、腐蚀、蠕变等损伤过程的实际情况是完全矛盾的,它违背了产品损伤累积和老化这一过程。所以,指数分布不能作为机械零件功能参数的分布模型。指数分布虽然不能作为机械零件功能参数的分布模型,但是它可以近似地作为高可靠性的复杂部件、机器或系统的失效分布模型,并在部件或机器的整机试验中得到了广泛应用。

2.2.2　对数正态分布

对数正态分布是指一个随机变量的对数服从正态分布,则该随机变量服从对数正态分布。对数正态分布与正态分布很类似,除了它的概率分布向右进行了移动外,从短期来看,对数正态分布与正态分布非常接近。但从长期来看,对数正态分布向上分布的数值更多一些。更准确地说,对数正态分布中,有更大向上波动的可能,更小向下波动的可能。

若X是一个随机变量，$Y=\ln(X)$服从正态分布：

$$Y=\ln(X)\sim N(\mu,\sigma^2) \tag{2.12}$$

则称X服从对数正态分布。

对数正态概率密度函数是：

$$f(x)=\begin{cases}\dfrac{1}{\sigma x\sqrt{2\pi}}\exp\left[-\dfrac{1}{2}\left(\dfrac{\ln x-\mu}{\sigma}\right)^2\right] & x>0\\ 0 & x\leqslant 0\end{cases} \tag{2.13}$$

μ和σ不是对数正态分布的均值和标准差，而分别称为对数分布的对数均值和对数标准差。它的期望值是

$$E[X]=e^{\mu+\sigma^2/2} \tag{2.14}$$

方差为

$$Var(X)=(e^{\sigma^2}-1)e^{2\mu+\sigma^2} \tag{2.15}$$

给定期望值与标准差，也可以用这个关系求μ和σ

$$\mu=\ln\left(E[X]\right)-\frac{1}{2}\ln\left(1+\frac{Var(X)}{E[X]^2}\right) \tag{2.16}$$

$$\sigma^2=\ln\left(1+\frac{Var(X)}{E[X]^2}\right) \tag{2.17}$$

对数正态分布的可靠度函数图像如图2-3所示。

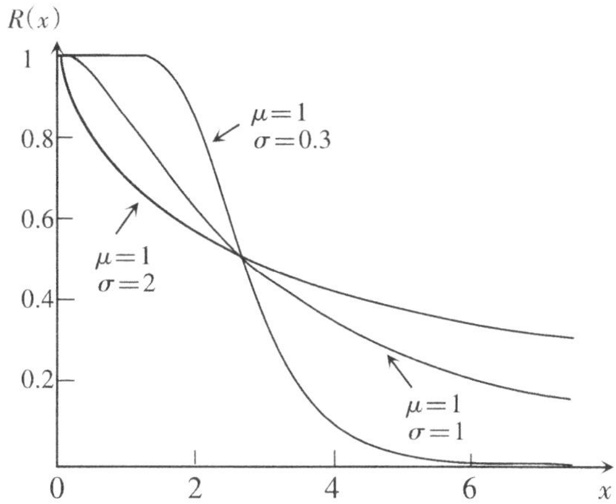

图2-3　对数正态分布可靠度函数图像

在很多应用中，特别是在可靠性和维修性方面，数据可能不符合正态分布。可是，随机变量的对数可能符合正态分布，对此情况称为对数正态分布。对数正态分布用于半导体器件的可靠性分析和某些种类的机械零件的疲劳寿命分析。其主要用途是在维修性分析中对修理时间数据进行确切的分析。

2.2.3 Weibull分布

常用的失效分布有指数分布、对数正态分布和Weibull分布。其中Weibull分布因具有良好的数学表达式和富有弹性的拟合优势，被广泛应用于描述机械设备的寿命分布。由于本书研究的对象为机械设备，因而主要结合Weibull模型来介绍可靠性的定量分析指标及其相关的特性。

Weibull模型较多，现简要介绍标准的Weibull模型及几个典型的Weibull模型的特性。标准的Weibull分布是结构最为简单的Weibull模型，包括两参数和含有位置参数的三参数Weibull分布。两参数的Weibull模型参数为形状参数$\beta>0$和尺度参数$\eta>0$。在两参数Weibull模型的基础上引入位置参数γ，使得其描述的系统寿命分布时间$t>\gamma$，则可用于描述带有截尾数据的寿命分布。当$\gamma=0$时，三参数模型转化为两参数模型。假设随机变量X服从三参数Weibull分布，其可靠性分布函数$R(t)$如下：

$$R(t) = P(X > t) = \exp(-(\frac{t-\gamma}{\eta})^{\beta}),(t>\gamma) \tag{2.18}$$

标准的Weibull模型由于结构简单，在结构或失效机理较为复杂的机械设备建模方面的应用受到一定限制，继而在标准Weibull模型的基础上开发了许多性能较好的模型，混合Weibull模型便是其中之一。假设一个总体可能由多个子体组成，对应子体的累积分布函数分别为$F_1(t)$、$F_2(t)$、…、$F_n(t)$，比例分别为p_1、p_2、…、p_n，则总体的可靠度函数为一个n重混合Weibull模型，其可靠度函数如下：

$$R(t) = p_1R_1(t) + p_2R_2(t) + \cdots + p_nR_n(t) \tag{2.19}$$

其中，$R_i(t) = \exp(-(\frac{t}{\eta_i})^{\beta_i}),t>0,\sum_{i=1}^{n}p_i = 1$

另外，Weibull竞争风险模型又称复合模型、串联模型、多风险模型，可用于建模具有多种模式竞争失效的系统。其可靠度分布函数$R(t)$如下：

$$R(t) = P(X > t) = \prod_{i=1}^{n}R_i(t) \tag{2.20}$$

其中$R_i(t)$与(2.18)相同，表示不同失效模型的分布函数。

除上述的Weibull模型外，蒋仁言[152]还详细分析了Weibull并联模型、Weibull分段模型等。Zhang等[16]研究了右截断的Weibull模型，这种模型适合于描述寿命分布存在上限的系统失效模型，其可靠度函数如下：

$$R(t) = 1 - \frac{F(t)}{F(T)},0<t<T \tag{2.21}$$

其中$F(t)$为标准两参数Weibull模型，当$\beta>1$或$\beta<1$时，对应的分布函数特性不同，适合描述寿命存在上界的机械系统。

Jiang[153]提出了一种新的结构接近Weibull分布的模型，其可靠度函数如下：

$$R(t)=\exp(-a(-\ln(1-t/\gamma))^{b}),0<t<\gamma \tag{2.22}$$

该模型是一个典型的三参数模型，适合描述有相应上界的机械系统。其中，t受参数γ的限制。

Bebbington等[154]提出了一种弹性Weibull模型，该模型有着如下结构较为简单的可靠度函数：

$$R(t)=\exp(\alpha t-\beta/t) \tag{2.23}$$

该模型结构简单，但灵活性要优于两参数的Weibull模型，也适合于描述机械系统的寿命分布。

除此之外，还有四参数Weibull模型、五参数Weibull模型、反Weibull模型、指数化Weibull模型、对数Weibull模型、β-Weibull模型等数十种Weibull模型。Murthy等[14]和Lai[13]对部分Weibull模型做了分析和归类。

标准的两参数Weibull模型，其分布密度函数为

$$f(t)=\frac{\beta}{\eta}(\frac{t}{\eta})^{\beta-1}\exp(-(\frac{t}{\eta})^{\beta}) \tag{2.24}$$

三参数Weibull模型，其分布密度函数为

$$f(t)=\frac{\beta}{\eta}(\frac{t-\gamma}{\eta})^{\beta-1}\exp(-(\frac{t-\gamma}{\eta})^{\beta}) \tag{2.25}$$

对于n重混合Weibull模型，其概率密度函数可表示如下：

$$f(t)=p_1f_1(t)+p_2f_2(t)+\cdots+p_nf_n(t) \tag{2.26}$$

对于Weibull竞争风险模型，其分布密度函数$f(t)$也有清晰的解析式：

$$f(t)=\left(\sum_{i=1}^{n}\frac{\beta_i}{\eta_i}(\frac{t}{\eta_i})^{\beta_i-1}\right)\prod_{i=1}^{n}\exp(-(\frac{t}{\eta_i})^{\beta_i}) \tag{2.27}$$

对于其他的Weibull模型，通过$-\mathrm{d}R(t)/\mathrm{d}t$计算也能得到其对应的概率密度函数。

Weibull模型之所以适合描述机械系统的寿命分布，是因为可以通过对标准Weibull模型进行拓展构造出形如图2-1所示的所有故障率函数曲线。对于两参数的标准Weibull模型，其故障率函数$h(t)$如下：

$$h(t)=\frac{f(t)}{R(t)}=\frac{\beta}{\eta}(\frac{t}{\eta})^{\beta-1} \tag{2.28}$$

β的取值决定于其故障率的单调性。当$\beta>1$时，故障率为t的单增函数；当$\beta<1$时，故障率为t的单减函数；当$\beta=1$时，故障率为常值函数，即为指数分布。当β确定时，η的变化改变故障率的变化幅度。显然，不管β怎样取值，其故障率均具有一致的单调性。故障率曲线如图2-1中(c)、(e)或(f)。

对于三参数的标准Weibull模型，其故障率函数为：

$$h(t)=\frac{f(t)}{R(t)}=\frac{\beta}{\eta}(\frac{t-\gamma}{\eta})^{\beta-1} \tag{2.29}$$

与两参数的Weibull分布相同，不管β如何取值，其故障率均具有一致的单调性。但是t的取值受位置参数γ的约束。故障率曲线如图2-1中(d)或(f)所示。

对于单一的系统，Weibull分布表现出很强的优势；对于复杂系统，用标准Weibull分布来描述其寿命分布就表现出一定局限性。如机械系统的退化过程故障率以如图2-1中(a)所示的“浴盆”形较多，起始阶段为磨合期，故障率递减；中间为故障偶发阶段，故障率保持平稳；后期为损耗阶段，故障率快速递增。因而，在标准Weibull的基础上，Weibull的拓展模型被相继开发并逐渐应用于实际问题。

混合Weibull模型其可靠度如(2.19)所示。当所有β_i>1时故障率函数为t的单增函数，当其中至少一个β_i<1时故障率函数为图2-1中(a)所示的“浴盆”形曲线，该曲线能够较好地描述机械系统的失效过程。但是混合Weibull模型随着重数的增加，模型参数以3倍于重数的数量递增，这增加了模型参数精确估计的难度，在中、小样本集的使用中受到一定限制。同时，模型的故障率函数也较为复杂，其变化趋势与参数间的对应关系不太清晰。

Weibull竞争风险模型的有线性累加的故障率函数，其解析式如下：

$$h(t)=\frac{f(t)}{R(t)}=\sum_{i=1}^{n}\frac{\beta_i}{\eta_i}(\frac{t}{\eta_i})^{\beta_i-1} \tag{2.30}$$

当所有β_i>1时，故障率函数为t的单增函数。当其中至少一个β_i<1时，故障率函数为“浴盆”形曲线，很适合描述机械系统的失效过程。但是随着模型重数的增加，模型的参数以2倍于重数的数量增加。在分离过程中可能出现重数偏多的情形，针对具体的问题可以在允许的范围内对重数进行近似合并，得到一个可行的模型，具体合并算法在本书案例研究中将详细给出。

此外，当故障率分布为图2-1中(g)所示的曲线时，起始阶段故障率增长容易被忽视，但是该故障率分布在机械系统的退化过程中较为常见。该类系统的可靠度及故障率函数可以表示如下：

$$h(t)=p(\frac{\beta_1}{\eta_1})(\frac{t}{\eta_1})^{\beta_1-1}+(1-p)(\frac{\beta_2}{\eta_1})(\frac{t}{\eta_2})^{\beta_2-1} \tag{2.31}$$

其中$0<p<1$，$1<\beta_1<2$，$\beta_2>2$。

对于Weibull模型，其对应的平均寿命和首次故障前平均时间通过上式均可以得到相应的解析表达式。

除上述的Weibull模型外，Zhang等[16]研究的右截断Weibull模型适合于描述寿命分布存在上限的系统失效过程。当β>1时，故障率函数为t的单增函数；当β<1时，故障率函数为“浴盆”形曲线分布。Jiang提出的结构接近Weibull分布的模型，其可靠度函数如公式(2.31)所示[153]。该模型的故障率函数为“浴盆”形曲线分布，且曲线的盆底部更趋近于直

线,较适合于描述磨合期较短、损耗阶段故障率陡增且磨合期和损耗期之间运行平稳的机械系统。Bebbington等[154]提出的弹性Weibull模型,其可靠度函数如公式(2.18),其故障率函数在初始阶段呈快速递增趋势,当增至一定幅值后随参数的不断增长故障率增长幅度变缓。该弹性Weibulll模型适合描述初始运行时故障率较高,随后运行较平稳且故障率增加平缓如图2-1中(b)或(c)所示的机械系统。

从上述可靠性的定量分析指标可以发现,Weibulll模型用于描述机械系统的可靠性与其他分布模型相比有以下优点:①Weibull分布可以描述早期故障、偶发故障和耗损性故障,适用于设备故障分布类型多样的系统;②Weibull分布可以通过调整其形状参数、尺度参数以及位置参数拟合多种故障数据,工程适用范围广;③Weibull分布中各参数均具有良好的工程实际意义,根据形状参数取值范围的不同,模型中的尺度参数可以表示产品寿命信息,亦称为特征寿命;④Weibull分布的四种可靠性指标函数都有清晰的解析式,便于理论分析;⑤Weibull分布丰富的扩展模型为描述复杂的寿命分布提供了更多选择。目前,有数十种Weibull模型被相继开发,并从不同角度展现出各自的优越性。

2.3 本章小结

本章主要介绍了设备可靠性理论中涉及的主要可靠性定量分析指标及其计算方法,并结合设备可靠性特点,介绍了设备可靠性分析常用概率分布。常用的三种概率分布中,因机械设备的失效机理及结构方面的复杂性,Weibull分布及其分类模型因具有良好的数学表达式和分布曲线弹性可调性在设备可靠性分析中有着广泛的应用,因而本章也重点分析了不同Weibull模型及其特征函数。

第3章　维修性理论与分析方法

维修是指保持和恢复产品规定状态的技术与管理活动。通常包括修复性维修、预防性维修及日常保养等，其目的就是保持和恢复产品规定状态，使产品在规定时间内能够完成规定的功能。维修决策又称维修政策、维修策略，其制定从设备的维修性出发，包括维修方式、维修时机、维修次数、维修工数量及成本率等因素。本章主要从维修性指标的定量计算、维修决策模型及其优化方法三个方面阐述其基本理论和方法。

3.1　维修性概念及其分析指标

产品不可能无限期地工作下去，随着使用时间的延长，总会出现故障，若产品是可修复的，且能被迅速而经济地修复，使其又能继续工作，这也是一种能力表现，维修性指的就是这种能力，它的一般定义如下。

定义3.1　产品在规定的条件下和规定的时间内，按规定的程序和方法进行维修时，保持或恢复执行规定状态的能力称为维修性，若其中能力用概率去度量就得维修度，记为$G(t)$。

这里"规定的条件"是指维修机构、维修场所、设备、工具、备件、技术资料，特别还有维修人员及其技能。

"规定的时间"是考核维修性的关键，假如维修时间无限地延长下去，维修性就会逐渐失去意义。维修时间当然是愈短愈好，迅速是其核心，但与故障类型有关。

"规定的程序和方法"是指按技术文件规定的步骤和方法先查明故障类型，然后按规定方法进行维修，直到产品又能恢复工作为止。

维修可分为两类：预防性维修与恢复性维修。对产品进行的清洁和润滑、定期检查、必要功能检测、定时拆修、定时报废等都是预防性维修，它们都是为减少失效次数，防止功能退化，使产品保持规定状态所采取的措施。故障发生后，识别故障类型，修理故障（如分解、更换、再装等），使产品恢复到可执行任务的规定状态，这种维修称为恢复性维修。以下谈的维修性主要指恢复性维修，因为它可以数量化。

可修产品从出故障开始到修理完毕（恢复到正常工作）所经历的时间T称为维修时间，它是一个随机变量。在$[0,t]$时间内能完成维修工作的概率称为维修度，记为$G(t)$，即

$$G(t)=P(T\leqslant t) \tag{3.1}$$

它就是维修时间T的分布函数，故又称维修分布。常用的维修分布是指数分布或对数正态分布，它们都是偏态分布，因为众多实际维修数据告诉人们：同一类产品的众多故障中多数故障可在短时间（如几小时）内修好，少数故障要较长时间（如1～2天），个别故障可能要更长时间（1周或10天）才能修好，所以维修数据不可能呈对称分布。

设$g(t)=G'(t)$，它是维修时间T的概率密度函数，平均维修时间（mean time to repair，MTTR）的计算如下：

$$\overline{T}=\int_0^{+\infty} tg(t)\,\mathrm{d}t \tag{3.2}$$

如维修时间T服从对数正态分布$\ln(\mu,\sigma^2)$，则其平均维修时间$\overline{T}=\exp\{\mu+\sigma^2/2\}$。其中$\mu$与$\sigma^2$分别是$\ln T$的均值与方差。它的MTTR可以直接从众多维修数据获得估计

$$\hat{\overline{T}}=\frac{1}{n}\sum_{i=1}^{n}t_i \tag{3.3}$$

其中t_1、t_2、…、t_n是n次维修时间的观测值，也可先估计参数μ与σ^2，再获得MTTR的估计。

维修性除了MTTR外，还有一个常用指标，就是p分位维修时间，它是维修分布$G(t)$的p分位数，即在t_p时间内约有$100p\%$故障可以完成维修，其中$t_{0.5}$就是中位维修时间，又称维修时间的中值。如$t_{0.5}$=100 min，它表示在100内约可以完成一半的故障维修任务，$t_{0.95}$=300 min，它表示在300 min内约可以完成95%的故障维修任务。p分位维修时间常作为维修任务的一个工作指标，0.95分位维修时间$t_{0.95}$又称最大维修时间，记为$t_{\max}$。要求“所有故障要在一定时间内全部修复”是不合理的，因为有时会出现一些严重故障或致命故障，这类故障在短时间内是不易修复的，但要求“大部分故障应在一定时间内修复”是合理的[155]。

维修性是产品的一种质量特性，它要求准确、迅速、经济地排除故障，这可以从如下两方面入手。

一方面，要有维修机构、场所、人员、设备、工具、备件和技术资料，这里维修人员的技术水平是最重要的。当故障发生时，维修人员要带好工具及时赶到现场，首先要判断故障类型，然后按事先规定的步骤和方法进行维修。

另一方面，要重视维修性设计，因为产品维修性也是设计出来的，设计人员要有维修性意识和工程经验，维修性设计主要包括以下几点：

①简化设计，即尽量采用最简单的结构和外形，这既可提高设备的可靠性，又可降低对使用与维修人员技术上的要求；

②设计要具有可达性，即发生故障时要使维修人员看得见摸得着，以便于维修；

③尽量采用标准化、互换性与模块化设计，缩短现场维修时间；

④应具有故障检测设计，即故障检测诊断要准确快捷，以提高故障定位速度。

3.2 维修等级的划分

对于单部件（台、单元、系统等）设备来说，其维修策略主要包括维修时间间隔、维修方式。在不考虑与其他设备（部件、单元、系统）之间的相关关系的情况下，其维修方式的选择一般根据设备发生故障的风险及发生故障的频率来确定。图3-1为设备的故障风险-频率关系图，图中沿坐标正方向为风险或频率的递增方向。假设风险等级和频率等级分为L_{I}、L_{II}、L_{III}三级，三种等级将r-f平面划分为9个区域，其中1、3、7、9为四个特殊区域。当设备故障的风险和频率处于第1个区域时，设备发生故障对应的风险高，但发生故障的频率很低，设备在这种情况下应最大程度地避免故障的发生，实时监测设备的运行状态，并采取相对应的状态维修方式。当设备故障的风险和频率处在第3个区域时，设备发生故障的风险高，而且发生故障的频率也很高，对于这种设备应当采取结构优化或淘汰。当设备的风险和频率处于第7个区域时，设备运行处于理想状态，即故障发生的风险低、发生的频率低，当故障发生后采取故障性维修，也可以采取预防性维修。当故障处于r-f等级图中的第9个区域时，故障发生的风险较低但发生的频率很高，维修策略主要考虑以预防性维修为主。当设备处于r-f等级图中的2、4、5、6、8区域时，需多种维修方式结合以提高设备的使用率，降低故障风险。对于部件间不相关的多部件设备，可以按照r-f等级图将部件归类，按照不同分类不同程度地实施集中维修，归类方式与单部件系统相同。随着设备在性能和设计上的不断改进，当性能相对较差的产品不断被淘汰或改进，设备的归属区域也会不断变化，这种等级的划分因而也呈动态性。本书主要研究设备发生的故障处于低风险情况下的维修策略，包括故障性维修和预防性维修。

对于多部件设备，制定维修策略需考虑部件间的相关性，不能依赖单个部件的故障或退化程度做决策。维修时需考虑的部件相关性包括经济相关性（economic dependence）、故障相关性（stochastic dependence）和结构相关性（structural dependence）[156]。经济相关性是普遍存在且被研究得最多的一种相关性，其含义是同时对多个部件或多台设备进行维修比对它们各自进行维修要更节省，原因是能够节省维修准备成本并降低停机时间；故障相关性是指在不同部件的故障率之间存在着相互关系，比如一个部件发生故障，将导致另一个部件故障、故障率增加或退化加剧。结构相关性是指对一个部件进行维修时，因物理构造上的关系必须同时对另一个部件也进行维修，比如一个部件在另一个部件之中时它们之间就会存在结构相关性。相对于部件间的经济相关性，结构相关性和故障相关性的维修策略建模和优化更为复杂，对部件拟定维修行为也较为复杂，需根据具体的相关关系和物理结构进行分析。早期对结构相关性和故障相关性的研究较少，但是在实际生产中由于多部件系统的普遍存在，近年来这两种相关性的研究逐渐受到重视。

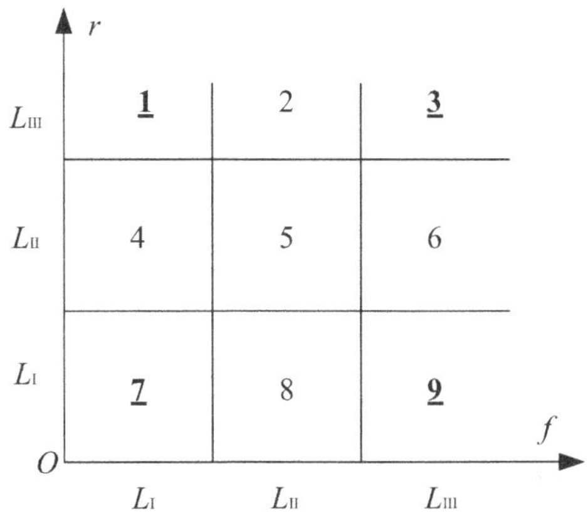

图3-1　$r-f$等级图

维修行为只是维修策略的一部分，一个完整的维修策略应包括采取的维修方式、实施维修的时间或依据、维修的范围及深度等多种要素，不同的侧重点将形成不同的维修策略。现针对维修性的文献报道有近数千种，由于本书侧重研究具有低风险的设备，因此将以预防性维修策略为主。

3.3　维修策略基本假设

3.3.1　维修效果评价模型

维修效果在可修系统维修决策制定中起到决定性作用。在维修决策建模中，大量的文献通常假设设备通过维修活动能恢复到某种特定状态。该假设是对维修效果的一定量化表达，也是维修策略建模的基础。有效的维修活动不仅可以降低失效强度值，即失效强度从当前状态降低到介于0之间的某一状态值，还可以改变失效强度的增长率，即维修后设备的失效强度增长率与未经任何维修的失效强度增长率间呈线性或非线性关系。例如在一些线性和非线性预防性维修模型的假设中，假设每个预防性维修都能将失效强度降低至0，且其能改变失效强度增长率与初始增长率之间的线性关系[57]。类似地，在最小维修中，一般会假设维修活动不改变设备失效强度。对于双几何维修过程，假设设备经维修后失效强度与初始失效强度间呈非线性关系[126]。因此，维修效果不仅要能够描述设备维修前后失效强度之间的关系，同时也要显示与初始失效强度之间的关系。在此，作者定义了以下二

维 Q_k 指标来描述第 k 次维修的效果。其中 q_1 为修复前后运行期望的比，q_2 为当前状态与新系统的期望比。

$$Q_k = \begin{pmatrix} q_1 \\ q_2 \end{pmatrix} = \begin{pmatrix} \dfrac{E\left[X_{k+1}\right]}{E\left[X_k\right]} \\ \dfrac{E\left[X_{k+1}\right]}{E\left[X_1\right]} \end{pmatrix} \tag{3.4}$$

针对 q_1 和 q_2 的结果，不同结果对应不同的维修效果，分别定义如下：

$q_1>1$ 表示维修后的设备状态比维修前的好；

$q_1<1$ 表示维修后的设备状态不如维修前的好；

$q_1=1$ 表示维修后的设备状态与维修前的一样；

$q_2>1$ 表示维修后的设备状态比新设备的状态好；

$q_2<1$ 表示维修后的设备状态比新设备的状态差；

$q_2=1$ 表示维修后的设备状态达到新设备的状态。

比如作者曾提出的拓展几何维修过程模型中，第 k 次维修效果的计算模型如下[38]：

$$Q_k = \begin{pmatrix} q_1 \\ q_2 \end{pmatrix} = \begin{cases} \begin{pmatrix} \dfrac{E\left[X_2\right]}{E\left[X_1\right]} \\ \dfrac{E\left[X_2\right]}{E\left[X_1\right]} \end{pmatrix} = \begin{pmatrix} \dfrac{a^{d(2)-(2)}\mu}{\mu} \\ \dfrac{a^{d(2)-(2)}\mu}{\mu} \end{pmatrix} = \begin{pmatrix} a^{d(2)-2} \\ a^{d(2)-2} \end{pmatrix} & k=1 \\ \begin{pmatrix} \dfrac{E\left[X_{k+1}\right]}{E\left[X_k\right]} \\ \dfrac{E\left[X_{k+1}\right]}{E\left[X_1\right]} \end{pmatrix} = \begin{pmatrix} \dfrac{a^{d(k+1)-(k+1)}\mu}{a^{d(k)-k}\mu} \\ \dfrac{a^{d(k+1)-(k+1)}\mu}{\mu} \end{pmatrix} = \begin{pmatrix} a^{d(k+1)-d(k)-1} \\ a^{d(k+1)-(k+1)} \end{pmatrix} & k>1 \end{cases} \tag{3.5}$$

根据上述定义，通过 Q_k 的定义来量化第 k 次维修效果。可以看出 q_1 和 q_2 都与拓展模型参数 $d(k)$ 和 a 有关。较大的 Q_k 意味着较好的维修效果，反之亦然。特别是对于一般的几何维修过程 $d(k)=1$，如果 $a>1$，则第 k 次的维修效果比设备以前的状态差且比设备新的状态差。假设定义的拓展几何过程中 $d(k)=4$ 且 $a>1$，可以获得 Q_1 至 Q_5，如下所示。

$$\left(Q_1\ Q_2\ Q_3\ Q_4\ Q_5\ \cdots\right) = \begin{pmatrix} a^2 & a^{-1} & a^{-1} & a^{-1} & a^{-1} & \cdots \\ a^2 & a^1 & a^0 & a^{-1} & a^{-2} & \cdots \end{pmatrix} \tag{3.6}$$

根据计算结果，第一次维修后设备的状态比新设备的状态好，这是因为设备到新的工作环境后会出现一些适应性故障，经过一次维修后设备回到能更好适应当前环境的状态，该状态比设备新投入该环境时的状态要好。第二次维修后的设备状态要比前一次维修后的状态差，但是比新设备的状态好。第三次维修后的设备状态比前一次维修后的状态要差,但是跟新设备的状态一样。从第四次开始,维修后设备的状态比前一次和新设备的状态都要差。

一个特例为更新过程中当$d(k)=k$时,设备的维修状态如下:

$$\begin{pmatrix} Q_1 & Q_2 & Q_3 & Q_4 & Q_5 & \cdots \end{pmatrix} = \begin{pmatrix} 1 & 1 & 1 & 1 & 1 & \cdots \\ 1 & 1 & 1 & 1 & 1 & \cdots \end{pmatrix} \tag{3.7}$$

即每一次维修后设备的状态都跟前一次一样,同时也回到新设备的状态,这种维修如设备大修或者预防性更换等,都能使设备达到如新设备的状态。

3.3.2　虚拟役龄假设

虚拟役龄模型是Kijima等在20世纪80年代提出用于建模非完美预防性维修且对设备可靠度产生了改变的典型模型之一,也是被广泛接受的模型之一。虚拟役龄一般指设备自全新状态投入使用开始,具有与固有可靠性相对应的年龄,该年龄可理解为设备的虚拟年龄。完美的预防性维修可以"修旧如新",使设备的虚拟年龄回归至零;非完美的预防性维修可以使设备的虚拟年龄回归至如新状态和当前状态之间的年龄,越靠近新状态预防性维修的效果越好;糟糕的预防性维修可使设备的虚拟年龄不降反增。虚拟役龄模型因易于理解也符合设备维修的一般规律被广泛接受,自提出至今一直备受关注,2023年6月google-scholar检索显示被引上千次。

典型的模型假设如Kijima等[157, 158]提出用有效年龄或虚拟年龄来描述系统实施非完整预防性维修后可靠性的变化,认为虚拟年龄小于系统的日历年龄,讨论了$y=b_{k-1}x_{k-1}+\cdots+b_1x_1+x$和$y=b_{k-1}y_{k-1}+x$两种模型,其中$y$为虚拟年龄,$x$为$k-1$次预防性维修后的运行时间,$b_k$为第$k$次预防性维修的年龄缩减系数。Bartholomew-Biggs等[77]从各参数对模型的建模和优化结果的影响角度对Kijima等的两种役龄假设模型进行了分析,并通过数值案例进行了比较。Dagpunar[78]认为设备实施第k次非完美预防性维修后,其虚拟年龄可以表示为$V_k=\psi(V_{k-1}+X_k)$,其中$\psi(t)$是跟维修效果相关的尺度函数。再如Qiu和Cui[159]假设不同的外部冲击会导致设备的虚拟年龄产生一个随机增量U_i和W_i,$V(t) = t + \sum_{i=1}^{N(0,X)} U_i + \sum_{i=1}^{N(X,t)} W_i$,并依此假设来分析设备可靠性。

关于虚拟年龄在实际应用中合理性的讨论,Finkelstein和Cha[160]认为将虚拟年龄应用于一般可修设备在实际应用中非常困难,但是将虚拟年龄应用于一些最小修设备具有可行性。不可否认,虚拟年龄在理论研究方面已有大量成果,但是在实际案例支撑方面的报道相对欠缺,核心问题在于实施维修改变后的虚拟年龄如何界定,实施维修后虚拟年龄与运行时间之间是否仍是等量关系还值得探讨。因此,尽管虚拟年龄在理论研究中能得到便于推理分析的良好的数学表达式,但是由于对维修后设备年龄进行评估非常困难,因而虚拟年龄模型的实证案例相对缺乏,这也使得其走向应用还有很大距离,故结合实际问题探讨预防性维修后设备虚拟年龄的变化模型仍有很广的研究空间。

3.3.3 失效强度因子假设

Seo 和 Bai[79]提出的预防性维修模型中，IPM 后系统的故障率间存在 $h(\theta_{k-1}(t))=h(\varphi_{k-1}(t))$的函数关系，其中$\theta_{k-1}(t)$和$\varphi_{k-1}(t)$为关于$t$的两种函数。Wu[84]分析了现有的预防性维修故障率变化模型，并对设备 IPM 故障率的一般模型$h_k(t)=a_1h_{k-1}(a_2t+a_3)+a_4$进行了简要分析。Zequeira 和 Be′renguer[101]将设备的故障分为可修和不可修模式，发生可修故障后实施最小修，并假设第k次预防性维修后设备的故障率改变为$h_k(t)=\lambda(t)+r(t-(k-1)T)+p_k(t)\lambda(t)$，其中$\lambda(t)$为不可修故障的故障率，$r(t)$为可修故障的故障率，$p_k(t)$为可修故障和不可修故障间的相关函数。Castro[102]在预防性维修策略中假设设备的 IPM 故障率与之前发生的故障次数之间存在$h_k(t)=a^{N(kT)}h_0(t-kT)$的函数关系，其中$a>1$，当以间隔$T$实施第$N$次预防性维修时进行预防性更换。Wu 和 Zuo[86]从实施预防性维修后故障率变化的角度，将模型分为线性、非线性和混合模型，定性地讨论了各参数的变化对设备可靠性模型的影响，同时指出为更适合描述实际问题应探讨维修后故障率具有$h_{i+1}(t)=h_i(g_i(t))$或$h_{i+1}(t)=g_i(h_i(t))$的函数关系。失效轻度因子假设模型无论是线性还是非线性直观上理解都符合设备退化规律，但是要深刻解释其演化规律，仍然需要做深入探讨。

此外，关于维修时间的假设，一般模型认为若维修时间相对于设备运行时间太短，则为便于建模多做忽略处理，将维修时间成本包含在失效成本中。在几何维修过程模型中，考虑到失效程度的严重性，多假设维修时间也是随机增长的，是其合理的一面，但是未考虑工人在维修过程中的技术积累，是其不合理的一面。关于维修成本的假设一般按均值计算，假设其为常数。关于维修工人数（组数）的假设，一般假设满足维修调度要求，但是对于多单元并行生产系统和贮备系统，维修工的数量和维修时间是必须考虑的因素，关于这一点的建模方法将在第九章介绍。

3.4 维修策略优化

设备的正常运转保证生产过程平稳有序开展，但随着累计运行时间的增加，机械构件开始疲劳、磨损，元件开始老化，油液介质开始污染，加上载荷参数、环境变量等因素的作用，其组成部分不可避免会出现退化、故障及失效，从经济、安全、质量和效率等方面综合考虑，维修是此时恢复这些可修设备系统功能的唯一选择。由维修时机、维修方式、维修力量等构成的维修策略的实施对设备可靠性、生产成本及资源调度起到决定性作用，在综合考虑这些单项或多项约束的情况下，如何获得最优的维修策略是研究设备维修决策的核心目的。一般将设备从投入使用到更换或大修经历的时间，视作一个更新周期，更新报酬定理是构建维修策略优化模型的理论基础,本节将重点介绍更新报酬定理及更换策略的建模优化方法。需要指出的是部分研究人员认为将大修视作更换是不合理的,但是对于大部分可修系统而言,部分零件部件寿命周期长,在该部件的寿命周期内其他零部件要经历数次更换,从这个意义上讲将大修视作更换是合理的。本书将大修视作更换,后续不再做特别说明。

3.4.1　更新报酬定理

考虑一个计数过程,若其相邻事件的间隔时间服从指数分布,则此过程为泊松过程。现将相邻事件的间隔时间从指数分布推广到一般分布,则此过程为更新过程。更新过程的物理原型是零件的连续更换,相邻事件的间隔时间就是每一个零件的寿命,通常假定各零件寿命是独立同分布的。目前,更新过程在生物遗传、排水系统、可靠性工程、人口增长及经济管理等领域都有着广泛的应用。更新过程的引入有利于本书对设备寿命进行建模。

定义3.2　设$\{X_n,n \geq 1\}$是独立同分布,取值非负的随机变量,分布函数为$F(x)$,且$F(0)<1$,令$S_0=0$,$S_n=\sum_{i=1}^{N} X_i$,对$\forall t \geq 0$,记$N(t)=\sup\{n:S_n \leq t\}$或者$N(t)=\sum_{i=1}^{\infty} I_{(S_n \leq t)}$,则称计数过程$\{N(t),t \geq 0\}$为更新过程。其中sup表示上确界,$I_{(A)}$为示性函数。

定义3.3　考虑一个更新过程$\{N(t),t \geq 0\}$,其相邻时间间隔$X_n(n \geq 1)$服从分布F。假设在每次更新发生时都能收到一份报酬。以R_n记在第n次更新收到的报酬,设$R_n(n \geq 1)$是独立同分布。然而允许R_n可能(通常会)依赖第n次更新区间的长度X_n,故假定随机向量$\{(R_n,X_n),n \geq 1\}$是独立同分布的。若令$R(t)=\sum_{i=1}^{N(t)} R_n$,则$R(t)$表示直至时间$t$为止的总报酬,则称$\{R(t),t \geq 0\}$为更新报酬过程。令$E[R]=E[R_n]$,$E[X]=E[X_n]$,则有以下定理。

定理3.1　若$E[R] \leq \infty$和$E[X] \leq \infty$,则

①当$t \to \infty$时

$$\frac{R(t)}{t} \to \frac{E[R]}{E[X]} \tag{3.8}$$

②当$t \to \infty$时

$$\frac{E[R(t)]}{t} \to \frac{E[R]}{E[X]} \tag{3.9}$$

对于制造系统来说,仅对系统进行可靠性建模还远远不够。制造系统往往要求系统具有经济性,因此系统的成本或者收益是需要格外关注的。根据更新报酬过程可以建立系统长期运行成本率或者收益率模型,然后通过最小化成本率或者最大化收益率对系统进行维修决策优化。

3.4.2　年龄更换策略

当部件在达到指定的年龄 T 时仍然正常，则对部件做预防性更换；若部件在 T 以前发生故障，则对部件做事后更换。如图3-2指定的时间 T 称为定时计划更换时间间隔。

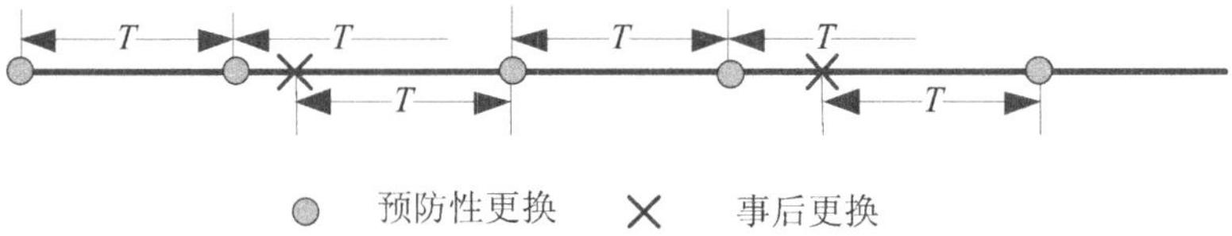

图3-2　年龄更换

假定，部件寿命 X 的分布函数为 $F(t)$，均值为 $1/\lambda$。用 c_f 和 c_p 分别表示一次事后更换和预防更换的损失（它们不仅包含部件本身的费用和更换费，也包含由于故障而造成的经济损失和其他损失）。进一步假定更换时间可以忽略不计。下面的问题是要选择最优的 T，使经长期运行单位时间的期望损失达到最小。

令 $C_1(T)$ 表示当计划更换时间间隔为 T 时经长期运行单位时间的期望损失，即

$$C_1(T)=\lim_{t\to\infty}\frac{[0,t]\text{时间内的期望损失}}{t}\tag{3.10}$$

显然，部件更换时刻是再生点。如果令相邻两次更换的时间间隔为一个周期。易证明各周期呈独立同分布。由更新极限定理易得

$$C_1(T)=\frac{\text{一个周期内的期望损失}}{\text{平均周期长度}}\tag{3.11}$$

其中周期长度的具体表达式是

$$\text{周期长度}=XI_{\{X\leqslant T\}}+TI_{\{X>T\}}$$

故平均周期长度

$$\text{平均周期长度}=\int_0^T t\mathrm{d}F(t)+\int_T^\infty T\mathrm{d}F(t)=\int_0^T\overline{F}(t)\mathrm{d}t$$

$$\text{一个周期内的期望损失}=c_fF(T)+c_p\overline{F}(T)$$

因此

$$C_1(T)=\frac{c_fF(T)+c_p\overline{F}(T)}{\int_0^T\overline{F}(t)\mathrm{d}t}\tag{3.12}$$

问题归结为求最优的 T^*，使 $C_1(T)$ 达到最小。

定理3.2　如果 $c_f>c_p$，且部件的故障率 $r(t)$ 呈连续严格的单调递增，则有

①若 $r(\infty)>\dfrac{\lambda c_f}{c_f>c_p}$，则存在唯一的有限的 T^*，它满足方程

$$r(T)\int_0^T\overline{F}(t)\mathrm{d}t-F(T)=\frac{c_p}{c_f-c_p}\tag{3.13}$$

且最小损失为

$$C_1(T^*) = (c_f - c_p)r(T^*)$$

②若$r(\infty) \leqslant \dfrac{\lambda c_f}{c_f > c_p}$，则$T^*=\infty$，它满足方程

$$C_1(\infty) = \lambda c_f \tag{3.14}$$

证明过程略。

3.4.3　成批更换策略

成批更换策略是指部件成批在给定的时刻$kT(k=1,2,\cdots)$做预防性更换，运行期间个别部件在故障时做事后更换。成批更换策略如图3-3所示。

假定部件的寿命分布为$F(t)$，c_f和c_p分别表示一次事后更换和预防更换的损失。若更换时间忽略不计。下面的问题仍然是，求最优的T^*，使长期运行单位时间的期望损失最小。

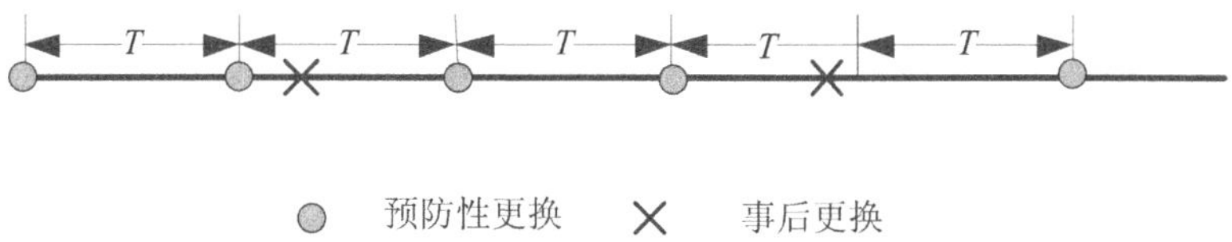

图3-3　成批更换

类似于前面的思路，可得

$$C_2(T) = \frac{c_f M(T) + C_P}{T} \tag{3.15}$$

其中$M(T)$表示$(0,T]$时间内部件事后更换的期望次数。由更新过程的结果（见第七章7.1.1）可知$M(t)$是更新寿命分布为$F(t)$的更新过程中的更新函数

$$M(t) = \sum_{k=1}^{\infty} F^{(k)}(t) \tag{3.16}$$

在具体问题中，$M(t)$往往可以用LS变换方法来求。

若$F(t)$的密度函数存在，则$M(t)$可微，更新密度为$m(t)=M'(t)$。令$\dfrac{\mathrm{d}C_2(T)}{\mathrm{d}T}=0$，等价于

$$T_m(T) - M(T) = \frac{c_p}{c_f} \tag{3.17}$$

令(3.17)式的左端为$h_2(T)$，我们可得如下定理。

定理3.3　若$m(T)$连续且严格单调递增，则$h_2(t)$连续且严格单调递增，有

①若$h_2(\infty) > \dfrac{c_p}{c_f}$，则存在唯一的有限解$T^*$，它满足方程(3.17)，且最小损失为

$$C_2(T^*) = c_f m(T^*) \tag{3.18}$$

②若$h_2(\infty)\leqslant\frac{c_p}{c_f}$，则$T^*=\infty$，且最小损失为

$$C_2(\infty)=\lambda c_f \tag{3.19}$$

证明过程略。

3.4.4 故障小修的周期更换策略

在讨论的成批更换策略中，当部件发生故障时，用新的部件去做事后更换。这里先考虑另一种策略，当部件发生故障时，仅对故障的部件做应急修理，也称为小修。所谓小修是指使故障的部件恢复工作，但修理后部件的年龄不变，亦即部件故障率函数随时间的变化规律不因小修而被干扰，在指定的时刻$kT(k=1,2,\cdots)$仍做预防性更换（见图3-4）。

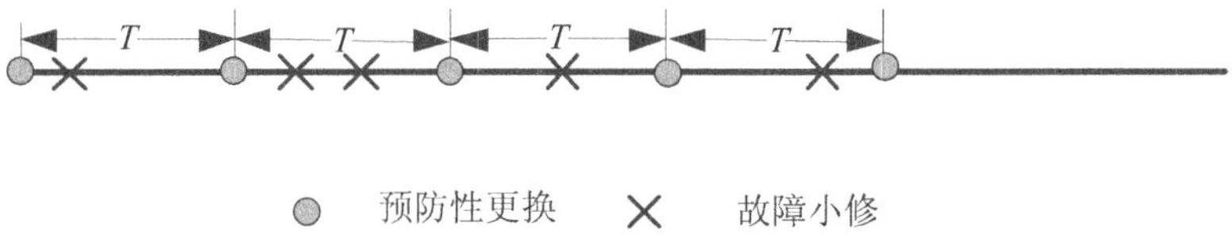

图3-4 故障小修的周期更换

假定部件的故障率函数为$r(t)$，一次小修和预防更换的损失分别为c_m和c_p，小修和更换时间忽略不计。因此，类似于前面的考虑，部件经长期运行单位时间的期望损失为

$$C_3(T)=\frac{c_m\Lambda(T)+c_p}{T} \tag{3.20}$$

其中部件$\Lambda(T)$表示$(0,T]$中部件小修的平均次数。

引理3.1

$$\Lambda(T)=\int_0^T r(u)\mathrm{d}u$$

若$r(T)$连续且严格单调递增，则$h_3(T)$连续且严格单调递增，且有

①若$h_3(\infty)>c_p/c_m$，则存在唯一的有限的解T^*，它满足方程(3.20)，且最小损失为

$$C_3(T^*)=c_m r(T^*) \tag{3.21}$$

②若$h_3(\infty)\leqslant c_p/c_m$，则$T^*=\infty$，且最小损失为

$$C_3(\infty)=c_m r(\infty) \tag{3.22}$$

证明略。

关于预防性维修策略的优化将作为特例在逆周期预防性维修窗口优化中进行详细介绍，此处不再赘述。

3.5　本章小结

本章主要从设备维修性及维修决策入手,对设备维修性概念及其对应指标进行了分析,根据设备维修后的效果,提出了维修效果的评估模型。针对设备维修后状态变化情况,分别从虚拟年龄模型和设备失效强度因子模型两个方面,分析了两种模型的定义形式和利弊。根据设备维修策略的建模,从设备长期运行成本率建模的需要出发,介绍了更新过程理论及其建模方法。针对设备的各种更换策略,给出了不同策略的长期运行成本率模型及其优化方法。对于预防性维修策略的优化将在后续章节中详述。

中篇

现场数据驱动的设备可靠性建模方法

第4章　面向故障数据的设备可靠性建模

由于机械设备的结构及失效形式复杂多样，大部分故障都以偶发故障的形式出现。这类故障，一般故障征兆并不明显，部分故障间存在相关性。本章针对偶发故障从复杂Weibull模型建模算法、泊松过程、几何维修过程模型的拓展及存在多种类型故障相关的角度，结合具体案例分析提出了新的算法、模型及相应建模方法。

4.1　可靠性建模数据分类

可靠性建模数据主要有离散的失效数据、多状态数据和连续的性能退化数据。离散的失效数据亦可归结为仅有两状态（正常和失效状态）的多状态数据。相对而言，从现场采集的角度讲，离散的失效数据便于操作，失效属于偶发情形，只需识别正常与否，面向难以检测或重要性偏低的对象。连续的性能退化数据需要性能指标清晰可测，通过直接或间接连续采集或人工长期间断检测获取指标信息，这种指标信息的获取方式主要面向重要性偏高或昂贵的对象。多状态数据需要对对象的退化状态进行分级，状态之间存在跳变的情形，有时为了建模方便也存在将连续状态离散化的情形，一般多状态现场数据较少，以理论研究见多。本书研究内容主要针对离散失效数据和性能退化数据，并尽量通过实际案例来支持所提出的研究方法。

失效数据从完整程度上可分为完整数据、非完整数据和分组失效数据。完整数据是指收集的数据均为失效数据，或者是指待所有部件失效后观测截止所得的数据。非完整数据即截尾数据，主要有定时和定数截尾数据，前者设定观测数据的终止时间，后者设定终止观测的失效部件数。定时截尾数据中一种特殊的情况为零失效数据，即统计终止时系统没有失效记录数据。分组失效数据指由于系统本身的原因或检测条件的限制，不能及时地获取系统的失效数据，只能在一定的间隔时段上获取观测记录，记录的数据根据观测的时间段分组。对于不同形式的失效数据，其统计分析方法完全不同，特别对于零失效数据的研究相对于其他数据的研究报道得少之甚少。

从收集统计数据量的角度将分析样本分为小样本和大样本。对于样本大小的划分没有严格的界定，一般认为当样本数$n<30$时为小样本，样本数$n>50$时为大样本，也有研究认为当样本数$n<7$时大样本统计方法已不能适用，故作为小样本来定义[161]。Murthy等[14]按样本量将分析样本分为小样本、中等样本和大样本，并指出对于不同量的样本数据其可靠性建模方法亦不同。

观测到的是一组一维的失效数据，记为$\{t_i\}(i=1,2,\cdots,n)$，建模时首先要获得失效数据对应的可靠度函数值$R(t_i)$，估计可靠度函数值跟数据的完整类型相关。对于大样本数据，可靠度的初始估计依据期望估计计算，计算如下式：

$$R(t_i) = 1 - i/(n + 1) \tag{4.1}$$

对于小样本数据，可靠度的初始估计可以采用中位秩估计方式计算：

$$R(t_i) = 1 - (i - 0.3)/(n + 0.4) \tag{4.2}$$

对于截尾数据，其可靠度函数的估计略为复杂。假设收集到的数据共n个，其中含有m个截尾数据，则有$(n-m)$个失效数据，$n>m$。将失效数据序号按下式转换为新的可能含有小数的新序号，新序号计算如下：

$$I_i = I_{i-1} + (n + 1 - I_{i-1})/(n + 2 - j) \tag{4.3}$$

定义$I_0=0$，j为失效数据在原数据中的序号。再替换上式中的序号i，可以获得对应的可靠度估计值[162]。

对于零失效数据，可靠度的初始估计较为复杂，韩明[25]提出用多层Bayes及EBayes方法计算零失效数据可靠度的初始估计，Rahrouh[163]提出用Bayes方法计算零失效数据可靠度的初始估计，再做进一步的拟合及参数估计。对于无失效数据同时还收集有能够反映系统退化的另一方数据的情形下，Jiang等[26]面向Weibull分布，借助反映产品性能退化的统计信息，在无失效数据的情形下应用修正的似然估计的方法，对系统的零失效数据对应的初始可靠度进行估计。对于机械系统，在零失效数据情形下，应用Jiang等[26]提出的模型，如借助检测的震动、温度、噪声等第三方信息，可以估计除未失效的观测数据外对应的可靠度估计值。

关于性能退化数据的建模方法的研究将在第五章详细介绍，暂不做赘述。

4.2　Weibull模型

Weibull模型被称为"万能"模型，在设备可靠性建模领域有着广泛的应用，特别是机械系统用Weibull模型来描述更为适合。标准的Weibull分布是结构最为简单的Weibull模型，包括两参数和含有位置参数的三参数Weibull分布。两参数的Weibull模型参数为形状参数$\beta>0$，尺度参数$\eta>0$。在两参数Weibull的基础上引入位置参数γ，使得其描述的系统寿命分布时间$t>\gamma$，便可以描述带有截尾数据的寿命分布。当$\gamma=0$时，三参数模型转化为两参数模型。标准的Weibull模型由于结构简单，在结构或失效机理较为复杂的机械设备建模应用方面受到一定限制，继而在标准Weibull模型的基础上开发了许多性能较好的模型，混合Weibull模型便是其中之一。假设一个总体可能由多个子体组成，对应子体的累积分布函数分别为$F_1(t)$、$F_2(t)$、…、$F_n(t)$，比例分别为p_1、p_2、…、p_n，则总体的可靠度函数为一个n重混合Weibull模型。

另外，Weibull竞争风险模型又称复合模型、串联模型、多风险模型，可用于建模具有多种模式竞争失效的系统。除上述的Weibull模型外，蒋仁言[152]还详细分析了Weibull并联模型、Weibull分段模型等。Zhang等[16]研究了右截断的Weibull模型，这种模型适合于描述寿命分布存在上限的系统失效模型。除此之外，还有四参数、五参数Weibull模型，反Weibull模型，指数化Weibull模型，对数Weibull模型，β-Weibull模型等数十种Weibull模型。Murthy等[14]、Lai[13]对部分Weibull做了分析和归类。

4.2.1　建模方法

系统失效的原因是多种多样的，如结构缺陷、工艺缺陷、使用不当、老化等。引起每种失效的原因也可能是不同的，如性能退化可能由疲劳、蠕变、裂纹扩展、磨损或者腐蚀等导致。系统失效时间是随机的，将该时间特征化可以采用两种方法。一个是将失效时间作为一个随机变量，依据失效样本数据，采用统计的方法去描述。这种方法不考虑系统失效的物理机理以及组成元件失效与系统失效之间的逻辑关系，而是采用一个恰当的或拟合一个经验的失效分布函数，对失效特性做出概率描述，又称为可靠性的“黑箱”建模方法或经验建模。另一个方法称之为“白箱”建模法或基于理论建模法，是一种物理方法，通过基于引起失效的机理导出其数学模型，它需要对系统失效机理有很好的了解并明确其物理结构[14, 162]。

“黑箱”法建模失效数据主要包括失效数据收集、数据初步分析、模型选择、参数估计、模型筛选五个步骤[14, 152]。失效数据一般来源于试验数据和现场数据。试验数据包括常规实验数据和加速寿命数据，一般在控制的环境下获得，系统运行环境较现场环境单一。现场数据是指系统在使用中失效的数据，运行环境是变动的且较为复杂。获取这些失效数据后，需对数据做初步分析，选择一些信息以帮助选择一个恰当的模型。选择恰当的模型需要对模型特性和数据结构有一个很好的了解，并通过有效的方法对失效数据进行拟合，方法的选择与选择模型的分布本身相关。对于较为复杂的系统，一般的标准概率分布难以恰当描述，因而一些修正的或拓展的分布模型如混合、截尾的Weibull模型等相继得以被应用。当模型选定后，进一步对模型参数进行估计，得到模型的清晰表达式。对于一组失效数据，一般可能有多个模型可以进行描述，须通过一定的判定规则来确定最合理的模型。这一部分的具体实施过程将在后续建模中详细介绍。

用“白箱”法对部件的建模相比对系统的建模简单，对部件的建模主要依据部件的失效机理，如从磨损的角度建模或者从外部冲击引起损伤的角度建模等，一些基本概率分布的标准分布可以用来建模。对于系统的建模要通过对部件的失效模式进行逐一分析，再根据系统的物理结构建立系统模型。采用“白箱”法建模必须对系统的所有部件的失效模式都能清晰地分辨，同时要分类收集不同失效模式的数据记录，建模条件较为苛刻。当系统的组成部件间常存在故障或结构相关时，系统失效的机理比较复杂，且对相关关系的建模较为困难。针对这类问题的研究，特别是故障相关性的研究国内外有一定报道，主要集中在两部件系统的研究方面。本书后续章节分别讨论了存在多种故障相关的两部件系统的可靠性建模问题，分析了模型在实际应用中遇到的困难，详见具体内容。但是单纯从“白箱”法的角度对实际问题进行建模一般较为困难，多采用“白箱”法和“黑箱”法两者相结合的方法对系统进行建模。

“灰箱”模型法是结合“黑箱”和“白箱”模型的一种建模方法。采用机理模型的白盒建模方法只能在实验室条件下完成对理想系统的建模，而基于观测数据的黑盒模型又只能发掘出系统内部要素之间的关联关系，没有办法找到系统建模仿真过程中必要的时间因果性关系。因此，只有将白盒模型的机理与黑盒模型中的数据结合起来，形成动态数据驱动、机理与多粒度大数据分析融合的灰箱建模方法，才能真正解决复杂实际系统中遇到的问题。

4.2.2　模型选择及参数估计

在可靠性建模中，对于一组失效数据，可能存在多个Weibull模型适合去描述，因而模型的选择一般包括初选和最终确定两部分。对于Weibull模型，通过Weibull变换，借助Weibull概率图（WPP），采用图解法根据失效数据的分布趋势初步判断Weibull模型的类型，并获取模型参数的初步估计值。Weibull变换如下：

$$\begin{cases} x = \ln t \\ y = \ln(-\ln R(t)) \end{cases} \tag{4.4}$$

经Weibull变换后，由x、y构成的新坐标平面称为WPP图，WPP图为初步选择模型提供了很大方便。先根据数据类型做可靠度的初步估计，并绘制WPP图；再依据失效数据在WPP图上的分布趋势，选择与已知Weibull模型在WPP图上的曲线趋势相近的模型作为备选方案。初步选择模型主要依据对各种Weibull模型特征的很好掌握做主观决策，一般初选的模型可能存在多个。

模型需经过参数估计、模型评价等程序来最终确定。初选模型的参数和可靠性特征量都是未知的，需要应用样本提供的信息对分布函数中的未知参数进行估计，这一过程称为参数估计。Weibull模型的参数估计方法主要有图解法和解析法两大类，图解法可以为解析法提供一个初始值，提高解析法求解效率和精度。如前所述，对于不同样本大小的数据集，参数估计方法也不相同[14]。图解法包括经验分布图法、WPP图法和风险率统计图法等，本书主要介绍WPP图法。

假设一组统计的失效数据按升序排列为t_1、t_2、…、t_n，其对应的可靠度初始估计为$R(t_1)$、$R(t_2)$、…、$R(t_n)$，经过Weibull变换并在WPP图上绘制出坐标点：

$(\ln t_1, \ln(-\ln R(t_1)))$，$(\ln t_2, \ln(-\ln R(t_2)))$，…，$(\ln t_n, \ln(-\ln R(t_n)))$

先根据收集数据在WPP图上的分布特点选择模型，再根据模型特点拟合曲线，后计算相应的参数。以满足标准两参数Weibull分布的系统为例来说明参数的初步确定过程。经Weibull变换两参数标准Weibull模型在WPP图上为一条直线，对三参数的Weibull模型，在WPP图上当$t \to \gamma^+$时，存在左渐近线的其余区段为一条直线。两参数标准Weibull模型经Weibull变换后其解析式及WPP图（图4-1）分别如下：

$$y = \beta x - \beta \ln \eta \tag{4.5}$$

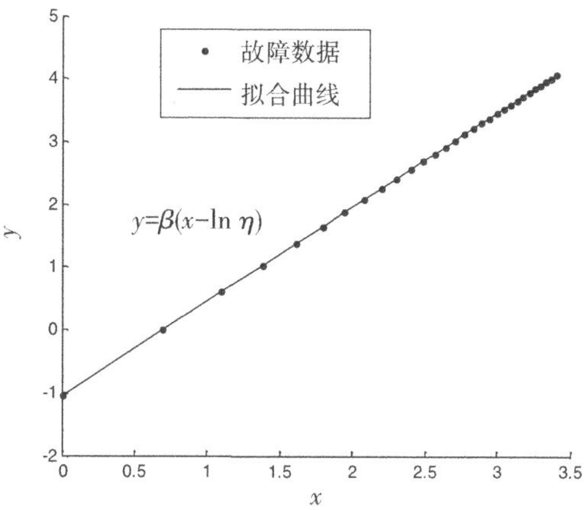

图4-1　标准Weibull模型的WPP图

通过计算WPP图上直线的斜率和在y轴上的截距可以解得参数β和η。对于复杂的Weibull模型，经Weibull变换后需做一些近似处理，处理方式因模型不同而不同。如对于多重Weibull竞争风险模型，需要拟合曲线的左、右渐近线，分步分离失效数据和求解模型参数。因此，图解法是初步选择模型和获取模型参数初始值较为便捷的途径。虽然WPP图在工程上便于操作，但是由于对数变化对数据分布尺度产生了严重压缩，导致其结尾部分的数据分布特征并不明显，该问题需要进一步研究。

当存在多个备选模型时，Murthy等[14]采用最小方差来进一步确定参数，并选择最小平方和$J(\theta)$最小者为最优模型。当多个模型的最小平方和$J(\theta)$计算值接近时，以参数较少者或从WPP图上观察选择拟合较好的模型作为最终模型。

$$J(\theta) = \sum_{i=1}^{n} (y(t_i, \theta) - y_i)^2 \tag{4.6}$$

除此之外，赤池弘次在20世纪70年代研究信息量问题时提出了一种选择模型的方法——赤池信息准则（Akaike information criterion，AIC），它在统计分析中特别是在统计模型的选择中有着广泛的应用[164]。对于小样本数据的模型选择，AICc准则可以对模型的拟合度进行评价，AICc准则如下：

$$AICc = AIC + 2k(k + 1)/(n - k - 1) \tag{4.7}$$

其中n为样本数量，k为模型参数数量，AICc和AIC均为信息准则，计算公式如下：

$$AIC = [2k - 2L(\theta|t)]/n \tag{4.8}$$

其中n仍为样本数量，$L(\theta|t)$为对数似然函数，k为模型参数数量，通过计算模型的AIC指标选择最小者为可取模型。当样本数量增加时AICc将收敛为AIC。但是对于大样本数据，AIC准则通常会失效，由于似然函数值太大，淹没了模型参数k的影响。因此研究人员提出了用贝叶斯信息准则（Bayesian information criterion，BIC）来弥补AIC准则的不足：

$$BIC(k) = -2\ln L(\theta|t) + k\ln n \tag{4.9}$$

其中n、$L(\theta|t)$、k的定义与上述定义相同。以BIC最小者为可选模型。

除此之外，对于中等样本的数据，当最小平方和接近时，Bootstrap方法和jackknife方法[165]可作为进一步选择模型的有效方法。对于大样本数据，可以选择大部分数据来建模，用剩余部分数据来验证模型。

当模型的类型确定后，模型参数的精确估计方法主要通过解析法进一步确定，比较通用的解析方法主要有最大似然估计（MLE）、矩估计、百分位方法和Beyes估计等。

4.2.3　实例分析

现以国内某铁路局内燃机车柴油机故障为例，来说明失效数据的建模过程。柴油机故障数据选自2009—2011年的机车质量年度统计数据，分析对象为DF_4内燃机车柴油机系统故障数据，主要包括维修时间、修后走行公里、故障部件、故障原因等。

由于分析机车工作地区冬夏较长，春秋相对较短，因而维修记录数据中筛选冬、夏季柴油机故障记录。对机车修后进行水阻试验时可发现因装配不当等原因引起的故障，在库内修复，不计入分析范围；修后第一趟运行没有明确行程记录的故障按行程在250～600 km间估计（根据机车故障地点估计）。收集的多台DF_4机车柴油机冬季和夏季的故障数据，如表4-1和4-2所示。

表4-1　冬季故障数据

212	3355	5593	8276	12543	19056	22399	25793	28704	31915	34865
236	3738	5667	8426	13063	19528	22985	26031	28832	31956	35403
375	4032	5996	8559	13748	19696	23219	26460	29270	32006	35403
375	4375	6218	8647	14244	19840	23425	26500	29793	32046	35556
400	4431	6966	10207	14892	20751	24323	27923	29793	32234	36635
1478	4797	7015	10528	15600	21162	24490	27933	29997	32844	36635
1867	4799	7458	10907	16592	21162	24566	28025	30025	32937	37149
2904	4877	7617	11450	17434	21207	24798	28177	30990	34005	39909
3209	4930	7919	11947	18877	21420	25412	28633	30990	34363	40687
3318	5442	8168	12022	19008	21891	25526	28673	30991	34676	42627

表4-2　夏季故障数据

220	3056	6680	8029	11137	19683	23681	28835	31472	33817	41012
375	3601	6996	8865	11138	21657	24414	29290	31658	33970	41746
1496	3879	7015	8865	11743	22074	26700	29452	32358	34199	44848
2224	4330	7015	8956	15447	22436	26861	30284	32582	36981	—
2471	4711	7051	9211	16335	22985	27831	31129	32582	37042	—
2829	5023	7392	9961	18622	22985	28665	31355	32784	37410	—
3024	6514	7771	10976	19300	23393	28811	31398	33400	38001	—

根据上述故障数据建立机车的使用可靠性模型，模型基于以下三个假设：

①分析的柴油机为相同型号的设备，具有相同的寿命分布函数；

②连续两次小辅修（相当于预防性维修）期间，设备发生故障时的维修方式为最小修，不改变设备的故障率，每次小辅修为完整的预防性维修；

③故障能被立即发现，且维修时间相对于运行时间较短，故忽略不计。

初始可靠度取样本的中位秩估计，拟用Weibull模型建模，做Weibull变换并绘WPP图，见图4-1。从图形初步判断数据符合威布尔竞争风险模型。

$$\text{可靠度中位秩估计：}R(t_i)=1-\frac{i-0.3}{n+0.4} \tag{4.10}$$

$$\text{威布尔变换：}\begin{cases}x_i=\ln t_i\\ y_i=\ln(-\ln R(t_i))\end{cases} \tag{4.11}$$

（1）初步估计参数

当模型的重数未知时，直接采用解析方法估计参数存在困难。多重模型估计方法是一种工程常用的有效分离方法，具体分离方法见文献[9,166]。在分离子样过程中，由于初步估计算法终止条件为剩余数据集在WPP图上是否接近直线，终止条件存在很大的主观性，且不易于编程的实现。本书确定初步参数时以剩余数据拟合曲线的左渐近线（斜率为k_a）和剩余数据拟合直线（斜率为k_l）近似平行作为算法终止条件，即$k_l/k_a\approx1$为终止条件，即剩余数据所得的参数$\{\beta_i\}$接近时终止。这种方法虽便于编程，但所得的模型重数偏多，可以发现参数中$\{\beta_i\}$的后续分布较为集中，$\{\beta_i\}$间稠密分布明显。根据$\{\beta_i\}$的稠密分布，在一定条件下近似合并参数，可以减少模型的重数，逐层确定模型参数选择最优模型作为最终模型。

初步估计柴油机系统故障冬、夏季模型分别为3重和5重Weibull竞争风险模型，各参数见表4-3及表4-4。

表4–3 内燃机车柴油机系统冬季模型参数

β	η	BIC	重数	说明
0.98220 0.99310 2.24440	89980 56328 34289	1535.4	3	初步估计参数
0.87940 1.04460 2.58260	92979 56327 34289	1462.9	3	初步估计参数为初始值时进行MLE估计
0.98765 2.24440	34732 34289	1526.9	2	近似合并为2重参数
0.87450 5.93180	35199 34289	1356.3	2	以2重参数为初始值进行MLE估计
1.40650	1542	1523.8	1	见注
1.10050	22911	1421.4	1	以1重参数为初始值进行MLE估计

表4–4 内燃机车柴油机系统夏季模型参数

β	η	BIC	重数	说明
0.69483 0.76736 0.79204 0.86951 4.34700	346010 140120 320010 337960 26499	1831.3	5	初步估计参数
0.69611 0.82003 0.97910 1.10330 3.01320	140430 333070 319510 338230 26519	1849.4	5	初步估计参数为初始值时进行MLE估计
0.69483 0.77970 0.86951 4.34700	346010 76278 337960 26499	1821.7	4	近似合并为4重参数
0.95018 0.71451 1.23800 3.02680	333070 76363 338230 26519	1814.9	4	以4重参数为初始值进行MLE估计

续表4-4

β	η	BIC	重数	说明
0.75141 0.86951 4.34700	49296 337960 26499	1811.1	3	近似合并为3重参数
0.76550 7.80980 4.99150	49175 338232 31075	1857.4	3	以3重参数为初始值进行MLE估计
0.78093 4.34700	30692 26499	1799.9	2	近似合并为2重参数
0.86000 3.10320	30239 26519	1794.1	2	以2重参数为初始值进行MLE估计
1.49410	219.7	1831.3	1	见注
1.05290	22982	1807.1	1	以1重参数为初始值进行MLE估计

注：合并为1重时，误差较大，不满足近似合并算法，取拟合为直线的参数。

(2) 近似合并参数

初步分离子样时，若剩余数据分布接近直线，则直线斜率$\{\beta_i\}$间存在稠密分布关系，对初步分离的参数按$\{\beta_i\}$分类合并。层次聚类法(hierarchical clustering method)对解决不同规模的数据都有成功应用[167]，本书初步分离的参数属于小规模样本，应用层次聚类算法时一方面可设定阈值控制最大距离，另一方面可根据所需的重数控制程序运行，具体实现流程见图4-2。阈值δ_0由允许误差值ς确定，当$\max(t_i)^{|\beta_i-\bar{\beta}|}\leqslant\varsigma$时，认为$\beta_i\approx\bar{\beta}$，取$|\beta_i-\bar{\beta}|=\delta_0$；合并后的$\eta$按(4.12)式计算。由

$$\sum\left(\frac{t}{\eta_i}\right)^{\beta_i}=\sum\frac{t^{\bar{\beta}_j}t^{\beta_i-\bar{\beta}_j}}{\eta_i^{\beta_i}}\approx t^{\bar{\beta}_j}\sum\frac{1}{\eta_i^{\beta_i}}$$

记：

$$\bar{\eta}_j=\left(\sum\eta_i^{-\beta_i}\right)^{-\bar{\beta}_j^{-1}}\tag{4.12}$$

则 $\sum\left(\frac{t}{\eta_i}\right)^{\beta_i}\approx\left(\frac{t}{\bar{\eta}_j}\right)^{\bar{\beta}_j}$

假设β_1、β_2、…、β_n，η_1、η_2、…、η_n为子样分离确定的参数，记$d_i=\beta_{i+1}-\beta_i$，D_k为d_i组成的距离矩阵，拟分成$N(N\leqslant n)$个类，分类流程如图4-2示。

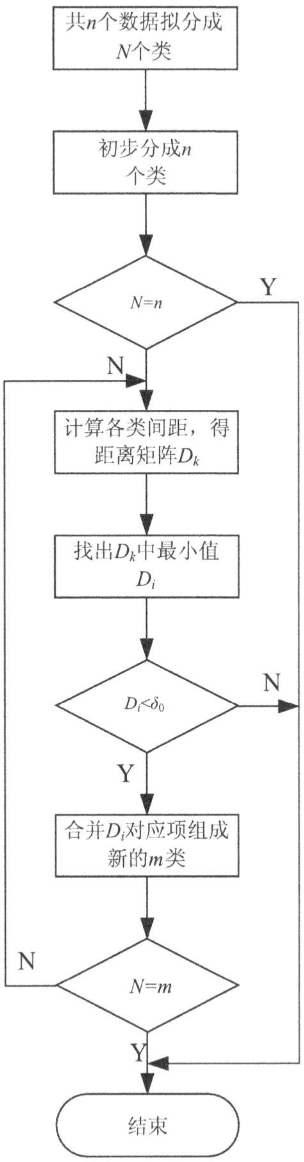

图4-2 近似合并参数流程图

分为不同类的近似合并参数见表4-3及表4-4。分别以初始估计参数及近似合并为不同重数的初始参数进一步用MLE精密参数估计，所得参数见表4-3及表4-4。

模型评价及分析：经预处理，初步估计参数后分别用合并参数、最大似然估计参数拟合模型曲线的WPP图(图4-3)，各参数见表4-3及表4-4。模型评价因样本数量较大，故采用BIC准则做进一步评价。针对不同重数和参数的模型，本书以BIC准则评分为依据选择最优模型。

计算初步估计参数、合并参数，以不同初步值进行MLE估计及BIC评分，如表4-3及表4-4所示。依据BIC评分最小为原则选择最优模型，夏季和冬季均为2重模型。可见以近似合并参数值为初始值进行MLE估计所得模型具有较好的BIC评分。

模型曲线的左渐近线和右渐近线交点(x_l, y_l)，满足$R(x_l)-y_l \approx \ln 2$。拟合曲线如图4-3。

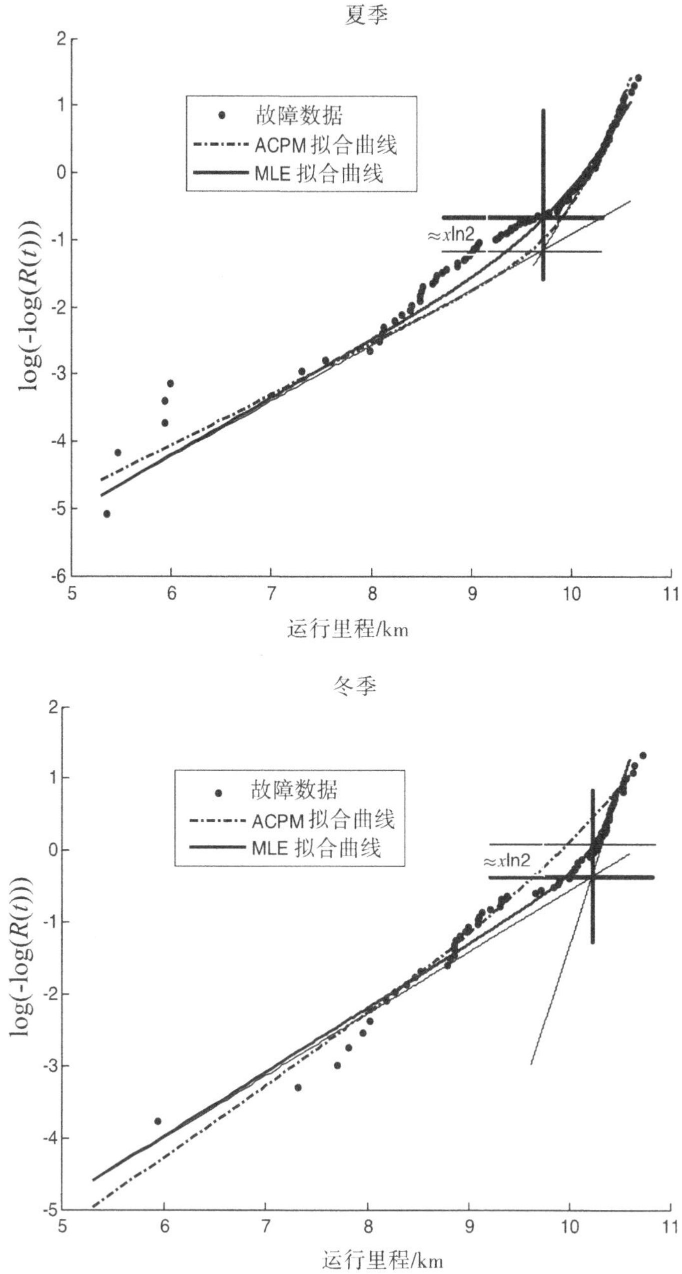

图4-3　故障模型WWP曲线

根据最后精确估计的参数和最小BIC值，系统的可靠度函数分别为：

$$R_w(t) = \exp(-(\frac{t}{35199})^{0.8754} - (\frac{t}{34289})^{5.9318}) \tag{4.13}$$

$$R_s(t)=\exp(-(\frac{t}{30239})^{0.86}-(\frac{t}{26519})^{3.1032}) \tag{4.14}$$

系统的$R(t)-t$曲线如图4-4所示。可见柴油机在冬季的可靠性要高于夏季,该结论符合柴油机的运行特点。

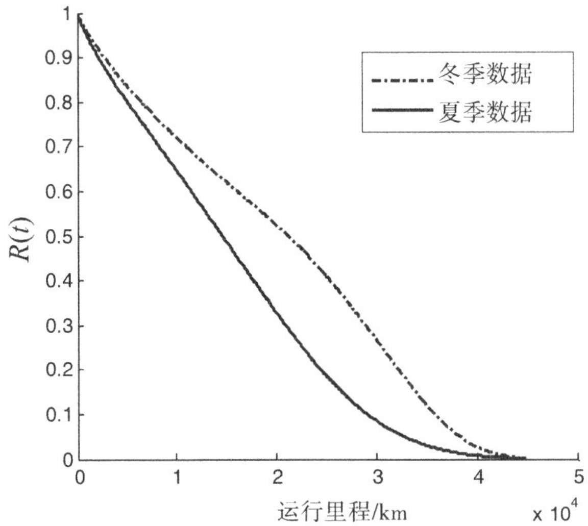

图4-4　夏、冬季$R(t)$分布

以$h_w(t)$和$h_s(t)$分别表示系统冬季和夏季的故障率函数,由式(4.13)、(4.14)可得故障率函数如下:

$$h_w(t)=\frac{f_w(t)}{R_w(t)}=2.49\times10^{-5}(t/35199)^{-0.1246}+1.73\times10^{-4}(t/34289)^{4.9318} \tag{4.15}$$

$$h_s(t)=\frac{f_s(t)}{R_s(t)}=2.84\times10^{-5}(t/30239)^{-0.14}+1.17\times10^{-4}(t/26519)^{2.1032} \tag{4.16}$$

从故障率曲线图(图4-5)上可以看出A段为修后磨合期,发生在累计运行约0.2×10^4 km以内,夏季故障率高于冬季。B段为故障偶发阶段,故障率函数值近似为常数。夏季故障率平稳运行期约在1.8×10^4 km以内,冬季约在2.8×10^4 km以内。柴油机系统故障率夏季高于冬季,主要因夏季气温偏高,柴油机冷却系统高负荷运行,有时仍不能满足散热要求,易引发冷却回路及机油温度偏高,造成润滑不良使得磨损加剧。C段为损耗阶段,随着累计运行公里的增加故障率递增,夏季故障率递增趋势大于冬季。因此,运营单位应注重检修后磨合运行期间的故障排除,或采取短线试运方式。

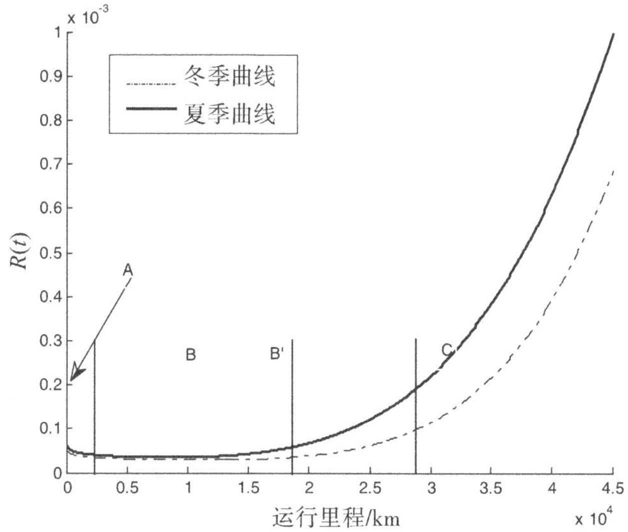

图4-5　故障率曲线

4.3　泊松过程模型

泊松过程最早在1837年由法国人Poisson引入,它是概率论与数理统计中一类经典的随机过程,主要用于刻画随机事件发生频次的独立增量过程。由于泊松过程模型简单而得到了广泛的应用,也因此由泊松过程推广得到了大量的随机过程,例如非齐次泊松过程、复合泊松过程、条件泊松过程及更新过程等。本节首先对齐次泊松过程和非齐次泊松过程做简要介绍。

4.3.1　齐次泊松过程

首先,引入独立增量过程,其定义如下。

定义4.1　对于$0 < t_1 < t_2 < \cdots < t_n, t_i \in T, 1 \leqslant i \leqslant n$,若增量$X(t_1), X(t_2) - X(t_1), X(t_3) - X(t_2), \cdots, X(t_n) - X(t_{n-1})$相互独立,则称$\{X(t), t \in T\}$为独立增量过程。若对一切$0 \leqslant s \leqslant t$,增量$X(t) - X(s)$的分布只依赖于$t - s$,则称$X_T$有平稳增量。

有平稳增量的独立增量过程简称独立平稳增量过程。常见的泊松过程和Wiener过程就是两个简单的独立平稳增量过程,也是最重要的独立平稳增量过程。本书广泛运用到泊松过程,下面首先对泊松过程做简要介绍。

定义4.2　若随机变量$N(t)$表示直至时刻t已发生的“事件”总数,则随机过程$\{N(t), t \geqslant 0\}$称为计数过程。若计数过程满足:

①$N(0)=0$;

②过程有独立增量,即任取 $0<t_1<t_2<\cdots<t_n$, $N(t_1), N(t_2)-N(t_1), \cdots, N(t_n)-N(t_{n-1})$ 相互独立;

③增量平稳性,即 $\forall s,t\geqslant 0, n\geqslant 0, P[N(s+t)-N(s)=n]=P[N(t)=n]$;

④对任意 $t>0$ 和充分小的 $\Delta t>0$,有

$$\begin{cases}P[N(t+\Delta t)-N(t)=1]=\lambda\Delta t+o(\Delta t)\\P[N(t+\Delta t)-N(t)\geqslant 2]=o(\Delta t)\end{cases}\tag{4.17}$$

其中 $\lambda>0$ 为强度常数,$o(\Delta t)$ 为高阶无穷小。

则称之为齐次泊松过程。

定理4.1　若 $\{N(t),t\geqslant 0\}$ 为泊松过程,则 $\forall s,t\geqslant 0$,有

$$P\left[N(s+t)-N(s)=n\right]=\mathrm{e}^{-\lambda t}\frac{(\lambda t)^n}{n!}, n=0,1,2,\cdots\tag{4.18}$$

也就是说,$N(s+t)-N(s)=n$ 服从参数为 λt 的泊松分布。

若令 X_1 表示第1个事件到达的时间点,X_n 表示第 $n-1$ 个事件与第 n 个事件之间的时间间隔,称 $\{X_n,n\geqslant 1\}$ 为相邻事件的时间间隔序列。因此,有以下定理。

定理4.2　计数过程 $\{N(t),t\geqslant 0\}$ 是泊松过程的充分必要条件,$\{X_n,n\geqslant 1\}$ 是独立且参数同为 λ 的指数分布。

齐次泊松过程是应用极其广泛的随机过程,经常被应用于刻画“顾客流”“故障信息流”“粒子流”,以及“信号流”等的概率特性。对于维修过程建模来说,齐次泊松过程用来刻画故障发生间隔服从参数 λ 的指数分布的故障发生次数的概率特性。

4.3.2　非齐次泊松过程

将齐次泊松过程定义中的平稳性限制放宽,即解除 λ 为常数的限制,则形成非齐次泊松过程。

定义4.3　若计数过程 $\{N(t),t\geqslant 0\}$ 满足:

①$N(0)=0$;

②过程具有独立增量;

③对充分小的 $h>0$,有

$$\begin{cases}P[N(t+h)-N(t)=1]=\lambda(t)h+o(h)\\P[N(t+h)-N(t)\geqslant 2]=o(h)\end{cases}\tag{4.19}$$

则称之为非齐次泊松过程。

若令 $m(t)=\int_0^t\lambda(s)\mathrm{d}s$,其中 $\lambda(t)>0$,称 $\{\lambda(t),t\geqslant 0\}$ 为强度函数,则有以下定理。

定理4.3　若 $\{N(t),t\geqslant 0\}$ 为具有强度函数 $\{\lambda(t),t\geqslant 0\}$ 的非齐次泊松过程,则 $\forall s,t\geqslant 0$,有

$$P[N(s+t)-N(s)=n]=\frac{[m(s+t)-m(s)]^n}{n!}\exp\{-[m(s+t)-m(s)]\},n\geqslant 0 \quad (4.20)$$

在非齐次泊松过程中，强度λ是与t有关的函数，而不再是一个常数。因此，齐次泊松过程和非齐次泊松过程之间可以相互转化。非齐次泊松过程被大量地应用于本书当中，主要用于计算某一时间长度上发生故障频率的概率特征。

4.4　几何过程模型

4.4.1　标准几何过程模型

针对实际中出现的随着故障维修次数的增加，故障间隔时间随机递减而维修时间随机递增的现象，Lam[168]在1988年首次提出用几何过程来描述此类现象。大量学者对几何过程进行了广泛的研究，并以此为基础推广出了大量符合实际的几何过程。本节将对几何过程进行简要介绍，并针对作者提出的拓展几何过程特性及应用做全面详细介绍[38]。

定义4.4　给定两个随机变量X和Y，对于任意实数α，若存在$P(X\geqslant\alpha)\geqslant P(Y\geqslant\alpha)$，则称$X$随机大于$Y$，记为$X\geqslant_{st}Y$。或者$Y$随机小于$X$，记为$Y\leqslant_{st}X$[168]。

定义4.5　给定随机序列$\{Z_n,n=1,2,\cdots\}$，若对于$n=1,2,\cdots$，有$Z_n\geqslant_{st}Z_{n+1}$，则称该序列随机递减；同理，若对于所有的n有$Z_n\leqslant_{st}Z_{n+1}$，则称该序列随机递增[168]。

定义4.6　给定一个独立同分布的非负随机序列$\{X_n,n=1,2,\cdots\}$，X_n的分布函数为$F\left(a^{n-1}t\right),n=1,2,\cdots$，且$a>0$，则称$\{X_n,n=1,2,\cdots\}$为几何过程[168]。

令$E[X_1]=\mu,Var(X_1)=\sigma^2$，则

$$\begin{cases}E[X_n]=\dfrac{\mu}{n-1}\\ Var(X_n)=\dfrac{\sigma^2}{\sigma^{2(n-1)}}\end{cases} \quad (4.21)$$

并且，对几何过程的定义进行分析有以下结论：

①当$a=1$时，几何过程就是一个更新过程；

②当$a>1$时，几何过程随机递减；

③当$0<a<1$时，几何过程随机递增。

从几何过程的介绍可以看出，它能够描述退化可修系统故障后的连续运行时间随机递减、连续维修时间随机递增的趋势。因此被大量地应用于退化可修系统的维修过程建模当中。

4.4.2 拓展几何过程模型

根据实际中存在第一次或者前面多次的维修可以提高平均故障间隔时间这一事实，作者提出了一种带有修复因子的拓展几何过程[38]。

定义 4.7 给定一个独立同分布的非负随机序列$\{X_k, k=1,2,\cdots\}$，X_k的分布函数为$F\left(a^{k-d(k)}t\right), k=1,2,\cdots$，且$a>0$，其中$X_1$的分布函数为$F(t)$，则称$\{X_k, k=1,2,\cdots\}$为拓展几何过程。其中$d(k)$是第$k$次维修的修复因子[38]。

根据拓展几何过程的定义可知，X_k的累积分布函数以及密度函数如下：

$$F_k(t)=\begin{cases}F(t) & k=1\\ F(a^{k-d(k)}) & k>1\end{cases} \tag{4.22}$$

$$f_k(t)=\begin{cases}f(t) & k=1\\ a^{k-d(k)}f(a^{k-d(k)}t) & k>1\end{cases} \tag{4.23}$$

X_k的期望为：

$$E\left[X_k\right]=\begin{cases}\int_0^{+\infty} tf(t)\,\mathrm{d}t=\mu & k=1\\ \int_0^{+\infty} tf_k(t)\,\mathrm{d}t=\dfrac{\int_0^{+\infty} a^{k-d(k)}tf\left(a^{k-d(k)}t\right)\mathrm{d}t}{a^{k-d(k)}}=\dfrac{a^{d(k)}}{a^k}\mu & k>1\end{cases} \tag{4.24}$$

X_k的方差为：

$$Var\left(X_k\right)=\begin{cases}\sigma^2 & k=1\\ \int_0^{+\infty} t^2 f_k(a^{k-d(k)})\mathrm{d}t-[E[X_k]]^2=\dfrac{\sigma^2}{a^{2(k-d(k))}} & k>1\end{cases} \tag{4.25}$$

通过分析拓展几何过程的定义可得以下结论：

①当$a>1, 0<d(k)\leqslant k$时，$\{X_k, k=1,2,\cdots\}$随机递减，即$X_k\geqslant_{st}X_{k+1}, k=1,2,\cdots$；

②当$0<a<1, 0<d(k)\leqslant k$时，$\{X_k, k=1,2,\cdots\}$随机递增，即$X_k\leqslant_{st}X_{k+1}, k=1,2,\cdots$；

③当$a>1, d(k)>k$时，$\{X_k, k=2,3,\cdots\}$随机递增，即$X_k\leqslant_{st}X_{k+1}, k=2,3,\cdots$；

④当$0<a<1, d(k)>k$时，$\{X_k, k=2,3,\cdots\}$随机递减，即$X_k\geqslant_{st}X_{k+1}, k=2,3,\cdots$；

⑤当$a=1$或者$d(k)=k$时，拓展几何过程就是一个更新过程。当$d(k)=1$时，拓展几何过程为一个传统几何过程。

令$S_k=\sum_{i=1}^{k}X_k$，则有以下推论：

①如果$a>1$并且$0<d(k)\leqslant k$，则

$$\lim_{n\to\infty}E[S_n]=\mu+\lim_{n\to\infty}\sum_{1}^{n}\frac{\mu}{a^{k-d(k)}}<+\infty \tag{4.26}$$

②如果$a>1$并且$d(k)>k$，则

$$\lim_{n \to \infty} E[S_n] = \mu + \lim_{n \to \infty} \sum_1^n \frac{\mu}{a^{k-d(k)}} = +\infty \tag{4.27}$$

③如果$0<a<1$并且$0 < d(k) \leqslant k$，则

$$\lim_{n \to \infty} E[S_n] = \mu + \lim_{n \to \infty} \sum_1^n \frac{\mu}{a^{k-d(k)}} = +\infty \tag{4.28}$$

④如果$0<a<1$并且$d(k)>k$，则

$$\lim_{n \to \infty} E[S_n] = \mu + \lim_{n \to \infty} \sum_1^n \frac{\mu}{a^{k-d(k)}} < +\infty \tag{4.29}$$

对于拓展几何模型来说，参数估计方法有两种：一种是非参数估计法，另一种是参数估计法。下面，分别介绍如下：

(1) 非参数法

假设一个非负随机序列$\{X_k, k = 2,\cdots,N\}$服从拓展几何过程，即$X_k \sim F(a^{k-d(k)})$。令$Y_1 = X_1$并且$Y_k = a^{k-d(k)}X_k (k = 2,\cdots,N)$，给定$X_k$的观察值$x_k (k = 1,2,\cdots,N)$，可以得出

$$\begin{cases} \ln y_1 = \ln x_1 & k = 1 \\ \ln y_k = (k - d(k))\ln a + \ln x_k & k > 1 \end{cases} \tag{4.30}$$

然后，用$\mu = E[\ln Y_i]$表示期望，用$\sigma^2 = Var(\ln Y_i)$表示方差。据此，上式可以改写为$\ln y_k = \mu + e_k$，其中，e_k是一个服从期望为0，方差为1的正态分布的随机变量。因此，则有

$$\begin{cases} \ln x_1 = \mu + e_1 & k = 1 \\ \ln x_k = \big(d(k) - k\big)\ln a + \mu + e_k & k > 1 \end{cases} \tag{4.31}$$

上式是一个简单的线性回归方程。利用线性回归可以得到$d(k)$、$\ln a$、μ的最小二乘估计值，如式(4.31)所示。为了阐述参数估计过程，假设$d(k) = 1 + \tau \ln k$。

$$\begin{cases} \hat{\mu} = \ln x_1 \\ \widehat{\ln a} = \dfrac{\left\{ \begin{array}{l} \sum\limits_{k=2}^{n} \ln x_k \sum\limits_{k=2}^{n} \left(\ln x_k\right)^2 - \left[(n-1)\ln x_1 \sum\limits_{k=2}^{n} \left(\ln x_k\right)^2\right] - \\ \sum\limits_{k=2}^{n} \ln x_k \ln k \sum\limits_{k=2}^{n} \ln k + \ln x_1 \left(\sum\limits_{k=2}^{n} \ln k\right)^2 \end{array} \right\}}{(n-1)\sum\limits_{k=2}^{n}\left(\ln x_k\right)^2 - \left(\sum\limits_{k=2}^{n} \ln k\right)^2 + \sum\limits_{k=2}^{n} k\ln k \sum\limits_{k=2}^{n} \ln k \sum\limits_{k=2}^{n} k - \sum\limits_{k=2}^{n}\left(\ln x_k\right)^2} \\ \hat{\tau} = \dfrac{(n-1)\left(\widehat{\ln a} + \ln x_1\right) - \widehat{\ln a}\sum\limits_{k=2}^{n} k - \sum\limits_{k=2}^{n} \ln k}{\widehat{\ln a}\sum\limits_{k=2}^{n} \ln k} \end{cases} \tag{4.32}$$

除此之外，给定X_k的观察值$x_k (k = 1,2,\cdots,N)$，也可以通过最小化误差平方和的方法来估计参数a、μ和τ。其表达式如式(4.32)所示。

$$\left(\hat{a},\hat{\mu},\hat{\tau}\right)=\arg\min_{a,\mu,\tau}\left[\left(x_1-\mu\right)^2+\sum_{k=2}^{n}\left(x_k-a^{1+\tau\ln k-k}\right)2\right] \tag{4.33}$$

（2）**参数法**

参数法是需要给定附加条件的。通过给出 X_1 服从一个特定的寿命分布，例如Weibull分布。然后，获得拓展几何过程参数的 $d(k)$、a、μ、β、η 的极大似然估计值及其渐近分布。

假设从0时刻开始观察 M 个系统，并假设系统 j 在时间点 $S_{j,k}$(k=0,1,2,⋯,N_j)失效了 N_j 次。然后，系统 N_j 的工作时间是 $X_1=S_{j,1}-S_{j,0}$, $X_2=S_{j,2}-S_{j,1}$,⋯,$X_i=S_{j,i}-S_{j,i-1}$，其中 j=1,2,⋯,N_j。假设 X_i 服从一个速率为 a 和参数为 τ 的拓展几何过程，X_1 服从一个双参数的Weibull分布，其概率密度函数如下所示。

$$f(t)=\begin{cases}\dfrac{\beta}{\eta}\left(\dfrac{t}{\eta}\right)^{\beta-1}\mathrm{e}^{-\left(\frac{t}{\eta}\right)^{\beta}} & t\geqslant 0\\ 0 & t<0\end{cases} \tag{4.34}$$

因此，似然函数为

$$\begin{aligned}&\ln\left(L\left(a,d(k,\theta),\beta,\eta\right)\right)\\&=\sum_{i=1}^{M}\sum_{j=1}^{N_j}\ln f_k\left(X_{i,j}\right)\\&=\sum_{i=1}^{M}\left(\ln\beta-\ln\eta+(\beta-1)\left(\ln X_{i,1}-\ln\eta\right)-\left(\frac{X_{i,1}}{\eta}\right)^{\beta}\right)+\\&\sum_{i=1}^{M}\sum_{j=2}^{N_j}\left(\ln\beta-\ln\eta+(j-d(j,\theta))\ln a+(\beta-1)\left(\ln X_{i,1}-\ln\eta\right)-\left(\frac{a^{j-d(j,\theta)}X_{i,1}}{\eta}\right)^{\beta}\right)\end{aligned} \tag{4.35}$$

然后，计算使得似然函数最大化的参数值，即

$$\left(\hat{a},\hat{\theta},\hat{\eta},\hat{\beta}\right)=\arg\min_{a,d(k,\theta),\eta,\beta}\left[\ln\left(L\left(a,d(k,\theta),\beta,\eta\right)\right)\right] \tag{4.36}$$

为了方便起见，假设 $d(k)=1+\tau\ln(k)$。将似然函数对四个参数求偏导，并令四个偏导均等于零，得到以下四个方程，$(\hat{a},\hat{\theta},\hat{\eta},\hat{\beta})$ 则是下列方程组的解。

$$
\begin{cases}
\dfrac{\partial \ln L}{\partial a} = \sum_{i=1}^{M}\sum_{j=2}^{N_i} \dfrac{j-(1+\tau \ln j)}{a} - \dfrac{(X_{i,j})^{\beta}\left(\beta\left(j-\left(1+\tau \ln j\right)\right)\right)}{\eta^{\beta}} a^{\left(\beta\left(j-\left(1+\tau \ln j\right)\right)\right)-1} = 0 \\
\dfrac{\partial \ln L}{\partial \tau} = \sum_{i=1}^{M}\sum_{j=2}^{N_i} \ln j \ln a \left(\dfrac{X_{i,j}^{\beta}}{\eta^{\beta}} a^{j-(1+\tau \ln j)} - 1 \right) = 0 \\
\dfrac{\partial \ln L}{\partial \beta} = \sum_{i=1}^{M} \left(\dfrac{1}{\beta} + \left(\ln \dfrac{X_{i,1}}{\eta} \right) \left(1 - \left(\dfrac{X_{i,1}}{\eta} \right)^{\beta} \right) \right) + \\
\sum_{i=1}^{M}\sum_{j=2}^{N_i} \left(\dfrac{1}{\beta} + \left(\ln \dfrac{X_{i,1}}{\eta} \right) - \left(\left(\dfrac{a^{j-(1+\tau \ln j)} X_{i,j}}{\eta} \right)^{\beta} \ln \left(\dfrac{a^{j-(1+\tau \ln j)} X_{i,j}}{\eta} \right) \right) \right) = 0 \\
\dfrac{\partial \ln L}{\partial \eta} = \sum_{i=1}^{M} \left(\dfrac{X_{i,1}^{\beta} \beta}{\eta^{\beta+1}} - \dfrac{\beta}{\eta} \right) + \sum_{i=1}^{M}\sum_{j=2}^{N_i} \left(\dfrac{\left(a^{j-(1+\tau \ln j)} X_{i,j} \right)^{\beta} \beta}{\eta^{\beta+1}} - \dfrac{\beta}{\eta} \right) = 0
\end{cases}
\tag{4.37}
$$

以上是拓展几何模型的参数估计方法，为了比较拓展几何过程与传统几何过程的拟合程度，文献[38]通过两个量对拟合程度进行对比，这两个量分别是均方误差（MSE）和最大允许误差（MPE），其表达式分别如式（4.38）和式（4.39）所示。

$$
E_{\mathrm{m,s}} = \frac{1}{n} \sum_{i=1}^{n} \left(X_i - \widehat{X}_i \right)^2 \tag{4.38}
$$

$$
E_{\mathrm{m,p}} = \max_{1<i<n} \frac{\left| S_i - \widehat{S}_i \right|}{S_i} \tag{4.39}
$$

由式（4.38）和式（4.39）可以看出，均方误差主要用来表征整体拟合度，而最大允许误差侧重于表征个体拟合度。

作者[38]曾选取波音720飞机空调设备连续故障间隔时间的一组数据集作为例子来说明了拓展几何模型。考虑两个函数 $d(k)=\tau$ 和 $d(k)=1+\tau\ln(k)$，利用非参数估计法分别得到了对应的估计值 $\hat{a}$ 和 $\hat{\tau}$，计算结果如表4-5所示。

表4-5 几何过程与拓展几何过程的拟合度对比

	几何过程	拓展几何过程	
		$d(k)=\tau$	$d(k)=1+\tau\ln(k)$
参数	a=1.0458	a=1.0589 τ=28.0843	a=1.0946 τ=4.4215
MSE	4105	3750	4053
MPE	3.1509	0.4146	1.847

由表4-5可知，拓展几何过程的均方误差和最大百分比误差均比几何过程小，这也就意味着拓展几何过程的拟合度更高，尤其是 $d(k)=\tau$ 条件下的拟合度要比其他两种几何过程的高。

4.5 故障冲击与故障率相关性模型

4.5.1 模型介绍及假设

随着计算机控制及相关信息技术的发展，现代制造设备正朝着智能化、集成化、大功率等方向快速发展，在这种发展趋势下，其结构已趋向集机、电、液等多子系统或多部件于一体，进而使得设备子系统或部件间的经济、结构和故障相关（随机相关）程度更趋紧密，且随着组成系统部件的增加，部件间的相关性更为密切。这些相关性的存在和相关程度的增加使得针对多部件设备维修策略的优化变得极为复杂[156]。从系统的角度分析，故障相关性对系统可靠性的影响更为重要，特别对于多部件设备，故障相关性对设备可靠性的影响更为明显。对于多部件并联设备，部件间普遍存在故障相关性，故障对其他部件的影响结果较为复杂。本节针对两部件并联设备，考虑部件间存在Ⅰ、Ⅱ类故障相关的设备可靠性建模，并以可靠性模型为基础，讨论相关性对设备可靠性的影响。

故障相关性在设备部件间广泛存在且构成机理非常复杂，这种相关性的存在降低了设备整机的可靠性，如何定量去描述其对系统可靠性的影响以及对生产过程的干扰，成了这一领域亟待解决的问题之一。从第一章的文献综述可知，现有的研究中部件间故障相关性的形式以存在某一类为主，很少报道有多种相关性同时存在的模型，同时预防性维修（或更换）策略以定期为主。申桂香等[169]研究认为数控加工设备应根据实际生产计划制订动态的维修计划以提高设备的利用率，降低设备的维修成本；同时还有研究考虑了运输设备的运输周期和制造设备的产品加工周期对系统可靠性的影响[94]。如Barros等[170]研究的两泵并联系统、HX3C电力机车中的蓄电池供电控制系统等，这种设备部件间同时存在Ⅰ、Ⅱ类故障相关性。

本章以一类两个不同类部件A、B并联的设备为研究对象，探讨故障相关性的存在对设备可靠性和维修策略的影响。其中A的寿命随机地小于B，即A的瞬时故障率始终大于B的瞬时故障率；设备正常运行时，A、B同时工作，A的故障以概率p为一般故障，以概率$1-p$为严重故障；A发生一次一般故障会对B造成一次内部冲击，冲击使B的故障率在一定程度上有所增大；A发生严重故障会导致B发生严重故障，即设备故障。B的故障分为严重故障和一般故障，当发生一般故障时，修复可恢复运行，对A不构成影响；当发生严重故障时，不可修复并对A构成致命冲击，冲击使A发生严重故障，即设备故障。设备结构简图如图4-6所示。

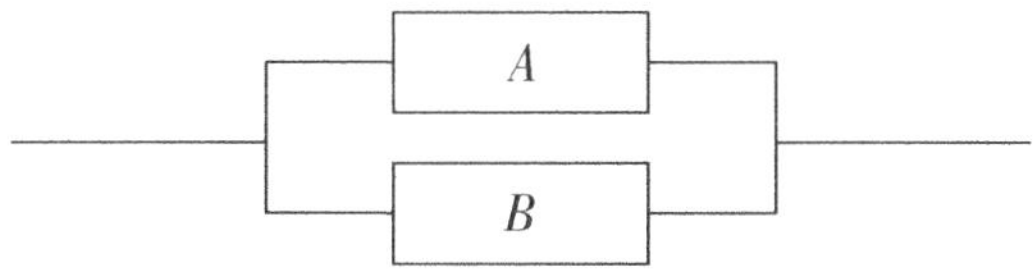

图4-6　设备结构简图

根据以上设备运行情况，其可靠性建模将基于以下假设：

(1) 系统假设

A、B间存在Ⅰ、Ⅱ类故障相关性，即A的一次故障以概率p为一般故障，可以视为内部冲击，在一定程度上会增大B的故障率；以概率$q=1-p$为严重故障，对B造成致命冲击，使得B发生严重故障，即系统故障。当B的故障以概率θ_2为严重故障，可视为对A造成致命冲击，使A发生严重故障致系统故障，以概率$1-\theta_1$为一般故障，对A不构成影响。

(2) 故障率假设

A的故障率随自身年龄增加而增加；B的故障率是其年龄t和A的在$(0,t]$内发生一般故障次数j的二元函数，分别随t和j的增加而增加。因此，A的故障率函数$h_A(t)$及B不受A的故障冲击影响时的故障率函数$h^0_B(t)$分别为t的单增函数。

(3) 故障的假设

对故障的检测是完备的，所有故障均能被及时发现，系统发生的一般故障均能被修复，修复时间相对于工作时间较短可忽略不计。

4.5.2　建模过程

记$\{N_A(t)\}_{t\geqslant 0}$表示$A$在$[0,t)$内发生故障的次数，根据假设$A$发生一般故障构成服从强度分别为$ph_A(t)$的泊松过程，$H_A(t)$为$A$的累计强度函数。则在$[0,t)$内$A$发生$j$次一般故障的概率为：

$$P_{p,j}(t)=P\left(N_A(t)=j,\prod_{i=1}^{j}I_i=1\right)=\frac{(pH_A(t))^j\mathrm{e}^{-pH_A(t)}}{j!} \tag{4.40}$$

其中$I_i=\begin{cases}1 & 第i次故障为一般故障\\0 & 第i次故障为严重故障\end{cases}$

在$[0,t)$内A至少发生j次一般故障的概率为：

$$P\left(N_A(t)\geqslant j,\prod_{i=0}^{j}I_i=1\right)=P\left(S_j\leqslant t,\prod_{i=0}^{j}I_i=1\right)=\sum_{i=j}^{\infty}\frac{(pH_A(t))^i\mathrm{e}^{-pH_A(t)}}{i!} \tag{4.41}$$

根据故障率假设B的故障率为条件故障，记为$h_B(t|N_A(t)=j)$，它是A发生故障的次数j和自身年龄t的二元函数，并且分别随j和t的增加而增加。即给定t时，$h_B(t|N_A(t)=j)$随j的增加而增加，当给定j时，则随着t的增加而增加。因此，假设$h_B(t|N_A(t)=j)=(1+a)^jh^0_B(t)$，其中$a$为故障相关系数$(0<a)$，即当$B$的年龄为$t$时承受了来自$A$的$j$次故障的冲击后的故障率。根据系统假设，$B$处于工作状态时，其受到$A$的冲击均为一般故障所致。因此，在$[0,t)$

内B的故障率为：

$$\begin{aligned} h_B(t) &= \sum_{j=0}^{+\infty} h_B^j(t) P\left(N_A(t)=j, \prod_{i=1}^{j} I_i = 1\right) \\ &= \sum_{j=0}^{+\infty}(p+pa)^j h_B^0(t)\frac{H_A(t)^j \mathrm{e}^{-pH_A(t)}}{j!} \\ &= h_B^0(t)\mathrm{e}^{paH_A(t)} \end{aligned} \tag{4.42}$$

取$\alpha=pa$，则$h_B(t)=h_B^0(t)\mathrm{e}^{\alpha H_A(t)}$，显然，在假设前提下，任意时间$t$，$B$的故障率亦为$t$的单增函数；同时由于部件间相关性的存在，使得$B$的故障率增加到$\mathrm{e}^{\alpha H_A(t)}$倍。则$B$的概率密度函数及其生存函数分别为：$f_B(t)=h_B(t)\bar{F}_B(t)$和$\dot{F}_B(t)=\exp(-\int_0^t h_B(t)\mathrm{d}t)$。

根据系统假设，在下列情况系统可能会发生故障：A、B同时工作，A发生的j次一般故障均被发现并修复，B发生严重故障导致A、B同时故障使系统故障；A发生严重故障，致使A、B同时故障使系统故障。因此，系统发生故障由两部分组成，记U表示系统寿命，Z_1表示B首次发生严重故障的时间，Z_2为A首次发生严重故障的时间，则$U=\min(Z_1,Z_2)$，则系统的生存函数为：

$$\begin{aligned} \dot{G}(t) &= P(U>t) = P(\min(Z_1,Z_2)>t) = \exp\left(-\int_0^t qh_A(u)+\theta h_B(u)\mathrm{d}u\right) \\ &= \exp\left(-\int_0^t \xi(u)\mathrm{d}u\right) \end{aligned} \tag{4.43}$$

其中，$\xi(t)=qh_A(t)+\theta_2 h_B(t)=qh_A(t)+\theta_2 h_B^0(t)\mathrm{e}^{\alpha H_A(t)}$，则$\xi(y)$为系统的故障率函数。不难发现，在假设前提下$\xi(y)$为时间$t$的单增函数，相关系数$a$的增加会提高系统故障率，但$p$的变化对系统故障率的影响存在不确定性。关于$p$、$a$对系统可靠性的影响在5.4节给出。则系统的故障密度函数可表示为：

$$f(t)=\xi(t)\dot{G}(t)=\xi(t)\exp\left(-\int_0^t \xi(u)\mathrm{d}u\right) \tag{4.44}$$

系统的可靠度函数、累积分布函数、分布密度函数和故障率函数如图4-7所示。

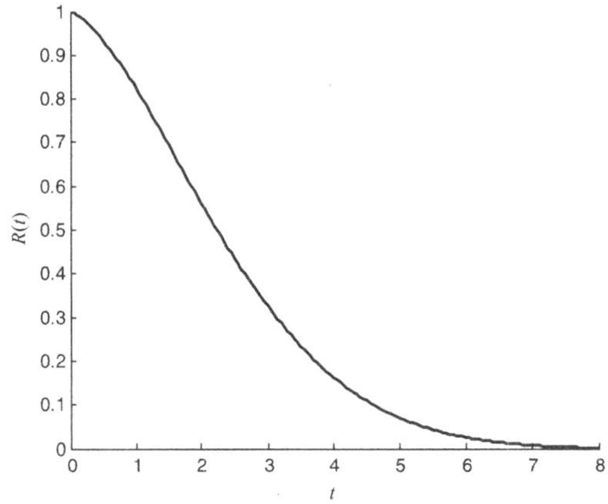

(a) 系统可靠度函数

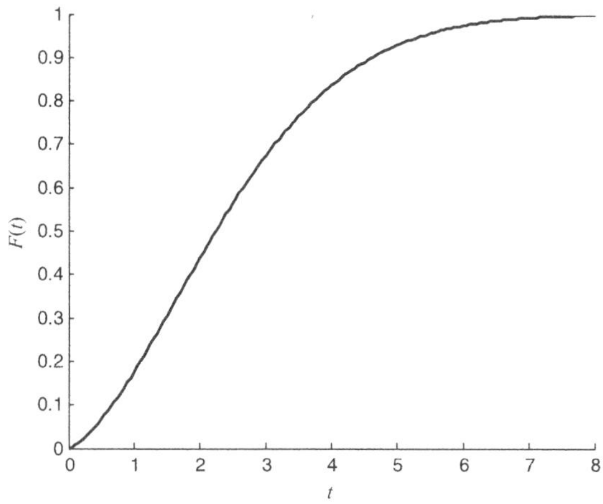

(b) 系统累积分布函数

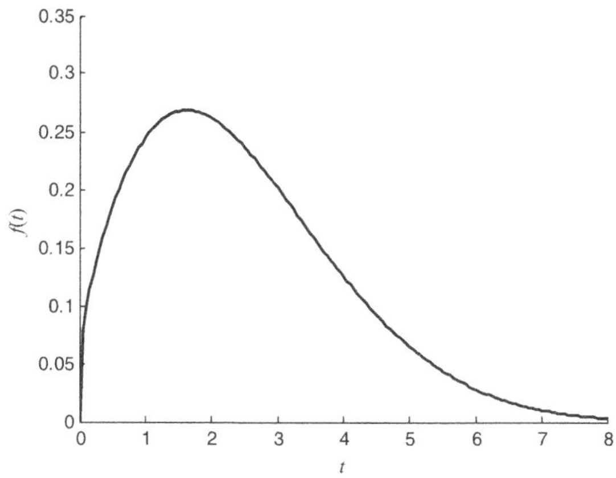

(c) 系统分布密度函数

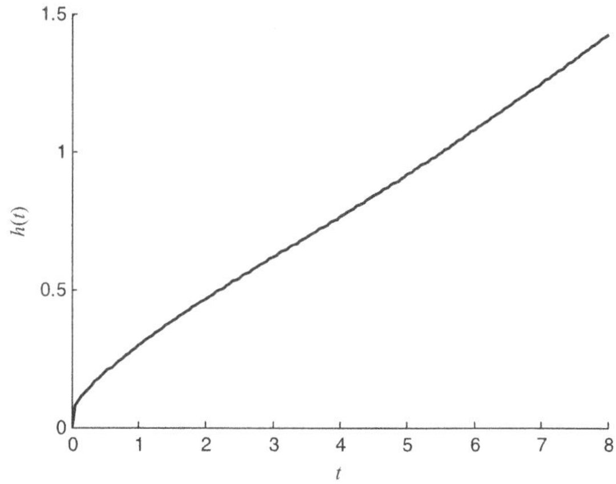

(d) 系统故障率函数

图4-7　系统可靠性函数图

从图4-7(d)可以看出,系统的故障率随时间快速增加,在制定维修策略时应考虑系统故障率的变化趋势,相关系数对系统可靠性影响的详细分析在后续节给出。

4.6 载荷冲击加速退化模型

4.6.1 模型介绍及假设

上一节分析了具有Ⅰ、Ⅱ类故障相关的两部件并联设备的可靠性模型及其建模方法,重点从故障率的角度来分析了故障相关程度。本节将针对存在Ⅰ、Ⅲ类故障相关性的两部件并联设备,通过建立设备的可靠性模型来探讨相关性对设备可靠性的影响。

上一节中主要介绍了存在Ⅰ、Ⅱ类故障相关的两部件并联系统的可靠性建模,系统中并联部件A、B间的故障相关性通过相互改变故障率或以一定概率引起系统故障的形式来描述。可以发现存在第Ⅱ类故障相关性的系统通过故障率变化可以清晰地刻画部件间的故障相关性,便于定量地研究这种相关关系对系统可靠性的影响,但是故障率模型由于其不可测性,加之本身也有许多不足,如受到故障冲击后故障率的变化难以有效建模,在实际操作中其应用受到较大限制。基于此Singpurwalla[171]认为选择基于失效机理的模型或者基于系统运行环境特征的模型来描述系统的可靠性不失为一个有效途径。因此,用随机模型来描述部件的退化过程得到普遍认同,这类模型如随机退化率模型、马尔科夫过程、布朗运动及不减的跳跃过程等的退化过程的可靠性建模受到较多关注[43]。

对于由多个部件机组成的机电设备,系统各部件间除存在Ⅰ、Ⅱ类相关性外,存在第Ⅲ类或同时存在Ⅰ、Ⅲ类故障相关的情形也较为普遍。根据Murthy和Nguyen[125]对第Ⅲ类故障相关性的划分,可运用随机过程理论对其进行建模。部件的故障可以视为内部冲击,冲击会以一定随机载荷的形式作用于另一部件,引起一个随机的瞬时损伤,当冲击载荷大于另一部件的应力极限时会引起破坏性故障,进而导致系统故障,该故障称之为硬故障。如一部件故障后,载荷及瞬间形成的冲击载荷作用于另一工作部件,导致该部件发生断裂等破坏性故障。同时部件也存在自身的退化,这种退化与冲击损伤累积,当部件的累积损伤达到设计的阈值时部件会发生失效,该故障称之为软故障。如当某部件的磨损超过设计阈值后,原有的静摩擦会变为动摩擦,使系统发生功能性失效,引起故障。因而部件的退化量增长一般由两部分组成,一部分为部件本身随工作时间推移形成的累积退化,另一部分为其他部件故障形成的瞬时冲击,这些均引起损伤量的瞬时突增。在软、硬故障均可能发生的情况下,系统的失效表现为多种失效模式间的竞争,其故障前的预兆或特征相对较为直观,一般可以通过观测或检测部件的累积损伤情况来建立其退化模型,继而定量地研究系统的可靠性及对应的维修策略等。

对于应用退化数据对系统进行寿命预测的研究，近年来也取得了长足的发展。Nima Gorjian等经过总结后将退化模型分为正常退化模型和加速退化模型，并对其优缺点进行了分析[44]。随机系数退化模型和随机指数退化模型多用来描述在正常退化情况下退化的单部件系统的退化过程。随机系数退化模型以$X(t)=a+bg(t)$来表示$(0,t]$上部件损伤量随时间t的变化轨迹，其中$a>0$，$b>0$为两个独立的随机变量，$g(t)$为随时间递增的函数，随机变量a表示部件开始工作前的初始损伤量的测量值，b为损伤系数的测量值。指数退化模型用$X(t)=\varsigma e^{bt}/(a+e^{bt})$表示部件在$(0,t]$上损伤量随时间$t$的变化轨迹，其中$a>0$，$b>0$为两个独立的随机变量，$\varsigma$为一常数，$a$表示初始时的损伤程度，$b$为累积损伤率。这两个模型从不同角度描述了部件的累积退化或损伤量随时间的变化程度，也被运用于实际案例。如BAE等[46]利用随机线性模型对等离子显示管的退化进行建模，并根据不同时段的测量值给出了基于最大似然估计的参数估计方法。雷达等[53]将线性损伤模型应用于民航发动机的剩余寿命预测建模，并给出了基于贝叶斯理论的模型参数估计方法。对于多部件系统存在内部冲击时部件的退化较为复杂，部件的退化不仅包括自身的退化还包括内部冲击造成的累积损伤。因而，这类系统的建模虽接近实际，但相对较为复杂。

在两部件并联系统中，有一类主、辅单元并联系统常见于实际生产中，将主、辅单元分别视为部件，该系统亦属于两部件并联系统。其系统功能主要由主要部件完成，辅助部件的作用是使系统的性能更加平稳或能源得以更合理地利用，同时能分担主要部件承受的工作载荷，减缓主要部件的退化速度并在主要部件故障的情形下维持系统的短时间运行。如国产机车中的制动系统由空气制动单元和动力制动单元组成，空气制动属于主要工作单元，动力制动属辅助单元制动，为再生制动。当辅助部件工作中发生故障时，这类系统能在瞬间将载荷转移于主要部件，对主要部件形成一种瞬时的冲击，冲击在一定程度上引起主要部件损伤的随机增加，当冲击引起的随机载荷大于主要部件应力极限时会导致主要部件发生严重故障；同时当主要部件单独工作时，其退化率相对于两部件工作时会大幅增加，使该部件退化加速；当主要部件故障时，辅助部件常能维持短时间的工作，并产生严重损伤。这类系统中，当某一部件的退化状态不易于观测或失效机理尚不清楚时，可以借助故障率模型来描述；当某一部件的工作状态可以观测或测量时，可以用随机模型建模。同时由于辅助系统故障时系统仍能继续运行，因而对辅助系统的工作状态的检测常受制于检测系统的可靠性，当检测系统存在不完备性时，辅助部件的故障不能总是被及时发现，观测信息以一定概率存在虚假性，进而会影响系统的整体可靠性。针对存在不完备检测情况的研究，国内外学者相继开展了一定的工作，如Soltani等[172]针对两部件并联系统存在不完备情形的建模与维修策略进行了研究，并以电网系统为例进行了说明。蔡景等[173]考虑了不同检测等级的不同检测完备程度对飞机结构维修费用和维修决策的影响。

从这类主辅并联系统的工作和退化过程可以发现，辅助部件的故障可以以一定概率引起主要部件故障，同时以一定概率引起主要部件退化加速，当主要部件累积达到设计阈值时会引发软故障。因而系统中部件间存在Ⅰ、Ⅲ类故障相关及多种失效模式的竞争时，同时在考虑检测系统不完备的情况下，系统存在着多种工作状态。对这类系统的研究多以研究完备检测下单部件系统受外界冲击者居多，同时部件的退化速率始终保持一致[174]。因此，本节以生产中的主辅并联系统为背景，在考虑两部件并联系统存在Ⅰ、Ⅲ类故障相关、多失效模式及不完备检测的情形下，定量地探讨其可靠性及相应的维修策略优化，可为实际生产提供一定的理论参考。

根据上述生产中对主辅并联系统的介绍，假设系统由两个相同部件A、B并联组成，A为辅助工作部件，B为主要工作部件。A故障可通过最小修修复且其随着寿命的增加故障率逐步增大，其退化过程不可测量，每个故障均会形成一定的随机载荷对B造成内部冲击，进而产生一定的随机损伤量加速B的退化。B的自身损伤量$X_s(t)$随时间递增而累积增加，但损伤程度可以测量。A的每次故障以概率p能被发现，以$q=1-p$不能被发现而定。若A的第i次故障被发现，对A实施最小修能够使其恢复运行，此次故障产生载荷大小为Q_i的冲击，对B造成随机损伤量Z_i，当$Q_i>D$时，故障引起的冲击超过B的材料应力极限，使B失效，此时系统整体故障；当$Q_i<D$时，第i次故障使得B的损伤增加Z_i。若A的第i次故障未被发现时，B以较大的损伤率单独运行，当B的累计损伤$X(t)>L$时，B发生失效并不可修复。当B失效时，A因承担较大载荷以较恶劣的工况短暂维持系统运行后，对系统进行维修，其能维持系统运行的时间相对于系统运行时间较小而被忽略，该故障可视为B对A的内部冲击，使得A发生故障，此时系统整体故障。A的寿命分布因其退化过程不可测量（如电器系统等），以故障率模型来描述其可靠性随时间的变化。B的退化过程可以测量，用随机模型来描述其可靠性随时间的变化。

针对上述系统运行过程，系统建模将基于以下假设：

①当A的故障被发现时，能够完全修复并恢复运行；B的退化不会引起硬故障，当B故障时，因A所能维持的时间相对于工作时间较短，且A单独运行使其性能变差，因而假设B的故障对A为致命冲击，可导致A故障。

②根据假设，A的故障服从强度为$h(t)$的非齐次泊松过程，$h(t)$为时间t的非负单增函数。

③B的自身退化过程随时间变化服从随机线性退化模型$X(t)=\varphi+\vartheta_1 t$，其中$\varphi$为常数，当$A$、$B$同时工作时，$\vartheta_1 \sim N(\mu_{\vartheta_1},\sigma_{\vartheta_1}^2)$为服从正态分布的非负随机量；当$B$单独运行时以较大的损伤率运行，损伤率在$\vartheta_1$的基础上增加$\vartheta_2$的非负随机量，此时$B$的自身累积损伤为$X(t)=\varphi+\vartheta_1 t+\vartheta_2(t-t_i)$，其中$\vartheta_2 \sim N(\mu_{\vartheta_2},\sigma_{\vartheta_2}^2)$服从正态分布，那么

$$X(t)=\begin{cases}\varphi+\vartheta_1 t & S_W(t)=S_J(t)\\ \varphi+\vartheta_1 t+\vartheta_2(t-t_i) & S_W(t)\neq S_J(t)\end{cases} \tag{4.45}$$

其中，$S_W(t)=\begin{cases}1 & A\text{在}t\text{时实际处于运行状态}\\0 & A\text{在}t\text{时实际处于故障状态}\end{cases}$

$S_J(t)=\begin{cases}1 & A\text{在}t\text{时判断为运行状态}\\0 & A\text{在}t\text{时判断为故障状态}\end{cases}$

第i次故障产生的随机载荷$Q_i \sim N(\mu_Q,\sigma_Q^2)$为服从正态分布的随机量，该随机载荷引起$B$的损伤量$Z_i \sim N(\mu_Z,\sigma_Z^2)$仍为服从正态分布的随机量；进一步假设均值$\mu_Z=\alpha\mu_Q$，则$B$的累计损伤为$X_s(t)=X(t)+S(t)$。$A$的故障服从强度为$h(t)$的非齐次泊松过程，$h(t)$为$t$的单增函数，$H(t)$为其均值函数。

其中$S(t)=\begin{cases}\sum_{j=0}^{N(t)} Z_j & N(t)>0\\0 & N(t)=0\end{cases}$

④所有的维修时间相对于系统工作时间较短，可以忽略不计。

⑤维修力量充足，可以满足生产调度。

4.6.2　建模过程

根据假设，A的故障服从强度为$h(t)$的非齐次泊松过程，记$\{N(t)\}_{t\geqslant 0}$，表示A在$[0,t)$内发生故障的次数，$H(t)$为A的均值函数，记$\{N_i(t)\}_{t\geqslant 0}$，表示在$[0,t)$内观测到$A$发生故障的次数，则有：

$$P(S_W(t)=S_J(t)|N_i(t)=i)=p^i \tag{4.46}$$

$$P(S_W(t)\neq S_J(t)|N_i(t)=(i-1))=qp^{i-1} \tag{4.47}$$

则在$[0,t)$内A发生j次故障且均被发现的概率为：

$$P_j(t)=P\Big(N(t)=j,S_W(t)=S_J(t)\Big)=\frac{(pH(t))^j \mathrm{e}^{-H(t)}}{j!} \tag{4.48}$$

在$[0,t)$内A至少发生j次故障且均被发现的概率为：

$$P\left(S_j\leqslant t,\prod_{i=1}^{j} I_i=1\right)=P\Big(N(t)\geqslant j,S_W(t)=S_J(t)\Big)=\sum_{i=j}^{\infty}\frac{(pH(t))^i \mathrm{e}^{-H(t)}}{i!} \tag{4.49}$$

在$[0,t)$内A发生的第j次故障未被发现的概率为：

$$\begin{aligned}P\Big(S_j\leqslant t,S_W(t)\neq S_J(t)\Big)&=P\Big(N(t)\geqslant j,S_W(t)\neq S_J(t)\Big)=1-\sum_{i=0}^{j-1}\frac{q(pH(t))^i \mathrm{e}^{-H(t)}}{pi!}\\&=\sum_{i=j}^{\infty}\frac{q(pH(t))^i \mathrm{e}^{-H(t)}}{pi!}\end{aligned} \tag{4.50}$$

那么A发生的第j次故障未被发现的概率密度函数为：

$$
\begin{aligned}
f_j(t) &= \frac{\mathrm{d}P\left(S_j \leqslant t, S_W(t) \neq S_J(t)\right)}{\mathrm{d}t} = \frac{q}{p}\frac{\mathrm{d}}{\mathrm{d}t}\sum_{i=j}^{\infty}\frac{(pH(t))^i \mathrm{e}^{-H(t)}}{i!} \\
&= h(t)qp^{-1}\sum_{i=j}^{\infty}\left(pP_{i-1}(t) - P(t)_i\right) = h(t)qp^{-1}\left(P_{j-1}(t) - q\sum_{i=j}^{\infty}P(t)_{i-1}\right)
\end{aligned}
\tag{4.51}
$$

依据系统假设，在时间区间$(0,t]$内，B的退化由自身老化和A的故障冲击所导致的随机损伤两部分组成，分别用$X(t)$和$S(t)$表示。那么，记$X_s(t)$为B的累计损伤量，其受到冲击损伤后的累积分布函数$F_X(x,t)$可表示为：

$$
\begin{aligned}
&F_X(x,t) = P(X_s(t) < x) = (P(X(t) + S(t) < x|N(t) = 0) + \\
&\sum_{i=1}^{\infty}\begin{pmatrix} P(X(t) + S(t) < x|N(t) = i, S_W(t) = S_J(t))P(N(t) = i) \\ +P(X(t) + S(t) < x|N_i(t) = i, S_W(t) \neq S_J(t)) \end{pmatrix}
\end{aligned}
\tag{4.52}
$$

记$G(x,t)$为$X(t)$的累积分布函数，$f_Z(z)$表示Z_i的分布密度函数，$f_Z^{\langle k\rangle}(z)$表示$k$个$i.i.d.Z_i$和的密度函数。

$$
\begin{aligned}
&P(X(t) + S(t) < x|N(t) = i) = P(X(t) + S(t) < x|\mathrm{N}(\mathrm{t}) = i)(P(S_W(t) = S_J(t)) + \\
&P(S_W(t) \neq S_J(t))) = p^i P(\varphi + \vartheta_1 t + \sum_{j=0}^{i} Z_j < x) + p^{i-1}q\int_0^t P(\varphi + \vartheta_1 t + \vartheta_2(t - t_i) + \sum_{j=0}^{i} Z_j < x) f_i(t_i)\mathrm{d}t_i
\end{aligned}
\tag{4.53}
$$

首先做如下标记：$\Phi_{X_t}(x,t,i) = \Phi\left(\dfrac{x - (\mu_{\vartheta_1}t + \varphi + i\mu_Z)}{\sqrt{\sigma_{\vartheta_1}^2 t^2 + i\sigma_Z^2}}\right)$

$$
\Phi_{X_u}(x,t,u,i) = \Phi\left(\frac{x - (\mu_{\vartheta_1}t + \mu_{\vartheta_2}(t-u) + \varphi + i\mu_Z)}{\sqrt{\sigma_{\vartheta_1}^2 t^2 + \sigma_{\vartheta_2}^2 (t-u)^2 + i\sigma_Z^2}}\right)
\tag{4.54}
$$

进一步，根据对$X(t)$及$S(t)$的假设，$X_s(t)$的累积分布函数可以用卷积进行表示。

$$
\begin{aligned}
P(\varphi + \vartheta_1 t + \sum_{j=0}^{i} Z_j < x) &= G(x,t)\exp(-H(t)) + \int_0^x G(x-u,t) f_Z^{<i>}(u)\mathrm{d}u \\
&= \Phi\left(\frac{x - \left(\mu_\vartheta t + \varphi + i\mu_Z\right)}{\sqrt{\sigma_\vartheta^2 t^2 + i\sigma_Z^2}}\right) = \Phi_{X_t}(x,t,i)
\end{aligned}
\tag{4.55}
$$

$$
\begin{aligned}
&\int_0^t P(\varphi + \vartheta_1 t + \vartheta_2(t-u) + \sum_{j=1}^{i} Z_j < x) f_i(u)\mathrm{d}u \\
&= \int_0^t \Phi\left(\frac{x - \left(\mu_{\vartheta_1}t + \mu_{\vartheta_2}(t-u) + \varphi + i\mu_Z\right)}{\sqrt{\sigma_{\vartheta_1}^2 t^2 + \sigma_{\vartheta_2}^2(t-u)^2 + i\sigma_Z^2}}\right) f_i(u)\mathrm{d}u \\
&= \int_0^t \Phi_{Xu}(x,t,u,i) f_i(u)\mathrm{d}u
\end{aligned}
\tag{4.56}
$$

进一步$F_X(x,t)$可表示为：

$$F_X(x,t)=\Phi_X(x,t)\exp(-H(t))$$
$$+\sum_{i=1}^{\infty}p^{i-1}\left(p\Phi_X(x,t)\frac{H(t)^i\exp(-H(t))}{i!}+q\int_0^t\Phi_{Xu}(x,t,u)f_i(u)\mathrm{d}u\right) \tag{4.57}$$

那么,系统在A发生第i次故障,对B产生Q_i的冲击后,未造成B失效的概率为:

$P(Q_i<D)=F_Q(D),i=1,2,\cdots,+\infty$

$F_Q(x)$为Q_i的累积分布函数,因Q_i服从正态分布,进一步有:

$$F_Q(D)=\Phi(\frac{D-\mu_Q}{\sigma_Q}) \tag{4.58}$$

其中$\Phi(\cdot)$为标准正态分布的累积分布函数,当分布参数确定时,$F_Q(D)$为一常数,记为δ,即A发生的一次故障以概率δ增大B的累计损伤,加剧B的退化速度,以$1-\delta$引起B故障,导致系统故障。因此,可以认定该模型中A、B间存在着Ⅰ、Ⅲ类故障相关。

因此,记U为系统发生故障的时间,则$U=\min(t_L,t_D)$,t_L为B的累积损伤量达到设计阈值L的时间,t_D为A发生的某次故障引起的冲击大于B的设计极限D的时间,系统的生存函数可表示为:

$$R(t)=P(U>t)=\sum_{i=0}^{\infty}P\left(X_s(t)<L,\bigcap_{j=0}^{i}Q_j<D,S_W(t)=S_J(t)\cup S_W(t)\neq S_J(t)\right)$$
$$=P\left(X_s(t)<L,N(t)=0\right)+\sum_{i=1}^{\infty}\left(\begin{array}{l}p^iP\left(X_s(t)<L,\bigcap_{j=0}^{i}Q_j<D|N(t)=i\right)P(N(t)=i)\\+p^{i-1}q\int_0^tP\left(X_s(t)<L,\bigcap_{j=0}^{i}Q_j<D\right)f_i(u)\mathrm{d}u\end{array}\right)$$
$$=\Phi\left(\frac{L-\left(\mu_{\vartheta_1}t+\varphi\right)}{\sigma_{\vartheta_1}t}\right)\exp(-H(t))$$
$$+\sum_{i=1}^{\infty}\left(\Phi(\frac{D-\mu_Q}{\sigma_Q})^i\left(\Phi\left(\frac{L-(\mu_{\vartheta_1}t+\varphi+i\mu_Z)}{\sqrt{\sigma_{\vartheta_1}^2t^2+i\sigma_Z^2}}\right)\frac{(pH(t))^i\exp(-H(t))}{i!}\right.\right.$$
$$\left.\left.+\int_0^t\Phi\left(\frac{L-(\mu_{\vartheta_1}t+\mu_{\vartheta_2}(t-u)+\varphi+i\mu_Z)}{\sqrt{\sigma_{\vartheta_1}^2t^2+\sigma_{\vartheta_2}^2(t-u)^2+i\sigma_Z^2}}\right)f_i(u)\mathrm{d}u\right)\right)$$
$$=\Phi\left(\frac{L-(\mu_{\vartheta_1}t+\varphi)}{\sigma_{\vartheta_1}t}\right)\exp(-H(t))+\sum_{i=1}^{\infty}\left(\delta^i\left(\Phi_{Xt}(L,t,i)\frac{(pH(t))^i\exp(-H(t))}{i!}+\right.\right.$$
$$\left.\left.qp^{-1}\int_0^t\Phi_{Xu}(L,t,u,i)\left(\frac{(pH(u))^{i-1}\exp(-H(u))h(u)}{(i-1)!}-q\sum_{j=i-1}^{+\infty}p^j\frac{H(u)^j\exp(-H(u))h(u)}{j!}\right)\mathrm{d}u\right)\right)$$
$$\tag{4.59}$$

进一步可得系统的故障密度函数:

$$
\begin{aligned}
[f(t) = -\mathrm{d}R(t)\mathrm{d}t] = \sum_{i=0}^{\infty} & \left(\begin{array}{l} \dfrac{\mu_{\vartheta_1}(\sigma^2_{\vartheta_1}t^2 + i\sigma^2_Z) + \sigma^2_{\vartheta_1}t(L - (\mu_{\vartheta_1}t + \varphi + i\mu_Z))}{(\sigma^2_{\vartheta_1}t^2 + i\sigma^2_Z)^{\frac{3}{2}}} \phi\left(\dfrac{L - (\mu_{\vartheta_1}t + \varphi + i\mu_Z)}{\sqrt{\sigma^2_{\vartheta_1}t^2 + i\sigma^2_Z}} \right) \dfrac{(\delta p H(t))^i \exp(-H(t))}{i!} \\ + h(t)\exp(-H(t))\Phi_{Xt}(L,t,i) \dfrac{\delta p(H(t) - i)}{i!} (\delta p H(t))^{i-1} \end{array} \right) + \\
\sum_{i=1}^{\infty} \delta^i q p^{-1} & \left(\begin{array}{l} -\Phi_{Xt}(L,t,i) f_i(t) + \\ \displaystyle\int_0^t \left(\begin{array}{l} \dfrac{(\mu_{\vartheta_1} + \mu_{\vartheta_2})(\sigma^2_{\vartheta_1}t^2 + \sigma^2_{\vartheta_2}(t-u)^2 + i\sigma^2_Z) + (\sigma^2_{\vartheta_1}t + \sigma^2_{\vartheta_2}(t-u))(L - (\mu_{\vartheta_1}t + \mu_{\vartheta_2}(t-u) + \varphi + i\mu_Z))}{(\sigma^2_{\vartheta_1}t^2 + \sigma^2_{\vartheta_2}(t-u)^2 + i\sigma^2_Z)^{\frac{3}{2}}} \\ \phi\left(\dfrac{L - (\mu_{\vartheta_1}t + \mu_{\vartheta_2}(t-u) + \varphi + i\mu_Z)}{\sqrt{\sigma^2_{\vartheta_1}t^2 + \sigma^2_{\vartheta_2}(t-u)^2 + i\sigma^2_Z}} \right) f_i(u) \end{array} \right) \mathrm{d}u \end{array} \right)
\end{aligned}
\tag{4.60}
$$

图4-8为系统的可靠性和分布密度函数随时间的变化曲线，该系统的可靠性受多个参数的影响，对其敏感性的分析将在后续章节中进行介绍。

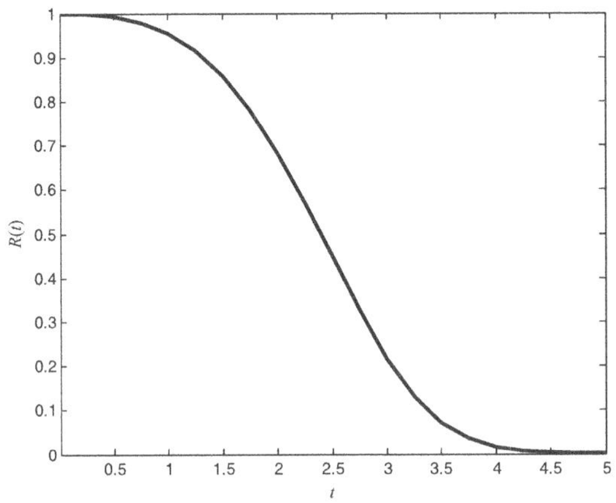

(a)系统可靠性

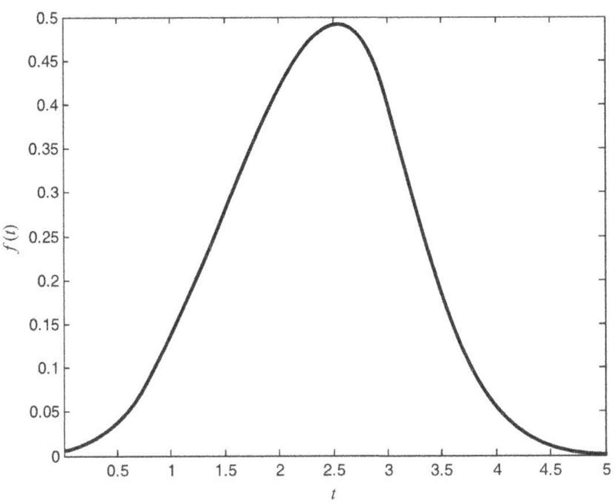

(b)系统概率密度

图4-8　系统可靠性、概率密度函数

系统故障率为:

$$h(t)=\frac{f(t)}{R(t)} \tag{4.61}$$

其表达式相对比较复杂,可以通过计算$f(t)$和$R(t)$绘出函数曲线,如图4-9所示。从图中可以发现系统故障率在前期增长相对平稳,但在后期其故障率大幅增加,系统可靠性也迅速递减。因此,在制定维修策略时必须结合系统故障率特点,制定与之相对应的维修决策。

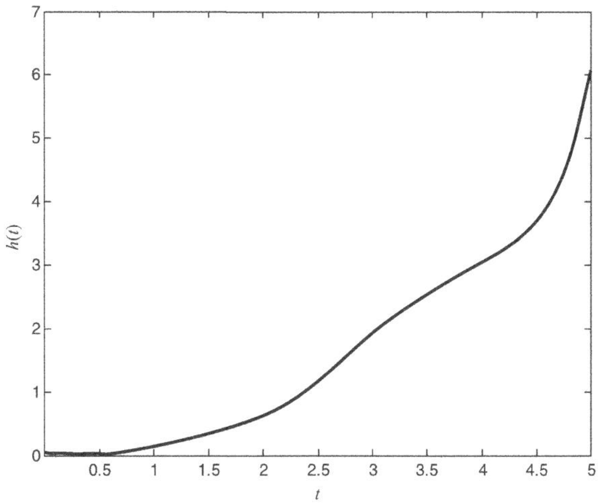

图4-9　系统可靠性

4.7　本章小结

本章针对偶发故障,从复杂Weibull模型建模算法、泊松过程、几何维修过程模型的拓展及存在多种类型故障相关的角度,结合具体案例分析提出了新的算法、模型及相应建模方法。针对Weibull建模过程中存在重数偏高的情形,提出了一种简化算法并用于机车春夏季可靠性建模中。针对前期维修能使设备更好地适应环境,表现出前期维修后设备的状态会出现维修使设备的状态越来越好的现象,提出拓展的几何维修过程模型,并通过实际案例予以证明。针对存在Ⅰ、Ⅱ类及Ⅰ、Ⅲ类故障相关性的两部件并联系统,提出了能够刻画这种复杂相关性的模型及其建模方法,并通过案例分析证明了模型的有效性。

第5章　面向性能退化过程的设备可靠性建模

设备故障除偶发故障外，较为典型的是性能退化引起的故障。常称前者为硬故障，后者为软故障。一般这种性能退化指标可监测的设备，通常能够反映出设备的性能退化过程。选取这些性能退化指标作为建模的依据，根据设备失效的指标阈值，能够得到设备的性能退化过程模型，并可进一步获取设备的失效分布模型。本章首先将对可建模设备性能退化过程的退化轨道模型、Gamma过程模型、带有线性和非线性漂移的Wiener过程模型的基础理论和建模方法进行介绍，并结合柱塞泵泄漏量数据构建其性能退化过程模型、分析其性能退化过程的主要特征。其次，将针对单台未有历史积累数据的设备，在考虑测量误差的情况下，通过HP(Hodrick-Prescott)滤波方法滤除随机噪声，借助柱塞泵总泄漏量计算模型结构并建模其性能退化过程。最后，将针对失效机理不完全清晰的情况，应用灰箱建模思想，通过监测某项间接指标来构建设备的性能退化过程，通过齿轮泵性能退化试验中温差模型来说明提出的灰箱建模方法的有效性。

5.1　退化轨道模型

退化轨道模型从定性角度讲，一般可分为线性退化轨道模型、凸退化轨道模型和凹退化轨道模型三种形式。一般地，在设备退化轨道建模中，假设试验数据是有噪声的，退化轨道模型通常分为实际退化轨迹和误差项两部分。

$$y(t) = D(t,\beta) + \varepsilon \tag{5.1}$$

其中$D(t,\beta)$表示实际退化轨迹，参数β可以是固定的，或者因为实际设备之间的差异为随机变量，其分布可以表示为Weibull分布、正态分布、Gamma分布等多种形式。ε表示误差项，其值可假设服从正态分布，且均值为零，方差为常数。Lu和Meeker[175]阐述了一种非线性的退化轨道模型来描述设备的退化过程：

$$y_{ij} = \eta_{ij} + \varepsilon_{ij} = \eta\left(t_{ij};\varphi,\theta_i\right) + \varepsilon_i i = 1,\cdots,n,\ j = 1,\cdots,m_i$$

$$\varepsilon_i \in N(0,\sigma_\varepsilon^2)$$

其中η_{ij}和y_{ij}分别表示第i个设备在时刻t_{ij}时的实际退化值和测量退化值；m_i为第i个设

备测量的数据；φ为固定效应参数的向量；θ_i是随机效应参数的向量，用来反映设备间的差异。本书假设设备退化速率和退化初始参数是随机量，即

$$X = a + bt_{ij} + \varepsilon_i \tag{5.2}$$

其中，a为退化设备的初始参数（如零件制造精度等），一般服从正态分布$a \sim N(\mu_a, \sigma_a^2)$，$\mu_a$、$\sigma_a^2$分别为期望和方差；$b$表示退化速率，与设备的输入转速、工作压力、运行环境等有关，假设服从正态分布$b \sim N(\mu_b, \sigma_b^2)$，$\mu_b$、$\sigma_b^2$分别为退化速率的期望和方差。$\varepsilon_i$为测量误差，假设服从正态分布$\varepsilon_i \sim N(0, \sigma_\varepsilon^2)$[176]。

n台设备退化数据为$x_{ij} = (x_{i1}, \cdots, x_{im_i})^T$和$t_{ij} = (t_{i1}, \cdots, t_{im_i})^T$，$i = 1, \cdots, n$，$j = 1, \cdots, m_i$。其中$x_{ij}$是第$i$台设备在第$j$个时间点得到的试验数据。$n$表示设备的个数，$m_i$表示第$i$个退化设备的测量数据。记$\Delta x_{ij} = x_{ij} - x_{i,j-1}$。

由文献[175]知，当$a \sim N(\mu_a, \sigma_a^2)$且$b \sim N(\mu_b, \sigma_b^2)$时，设$f = a + bt_{ij}$，则$f \sim N(\mu_a + \mu_b t, \sigma_a^2 + \sigma_b^2 t^2)$，并且模型的分布函数可表示为

$$F(t) \approx \Phi\left(\frac{t - (L - \mu_a)/\mu_b}{\sqrt{(\sigma_a^2 + \sigma_b^2 t^2)/\mu_b^2}}\right) \tag{5.3}$$

概率密度函数为

$$f(t) = \frac{\sqrt{(\sigma_a^2 + \sigma_b^2 t^2)/\mu_b^2} - [(t - (L - \mu_a)/\mu_b)\sigma_b^2 t] / (\mu_b^2 \sqrt{(\sigma_a^2 + \sigma_b^2 t^2)/\mu_b^2})}{(\sigma_a^2 + \sigma_b^2 t^2)/\mu_b^2} \varphi\left(\frac{t - (L - \mu_a)/\mu_b}{\sqrt{(\sigma_a^2 + \sigma_b^2 t^2)/\mu_b^2}}\right) \tag{5.4}$$

两阶段法用于退化轨道模型的参数推断[177]。两阶段法中，在第一阶段，首先估计各个退化设备的退化轨道的参数，即对每个个体单独拟合其退化数据，获得该样品的退化轨道和退化模型参数。其次，利用获得的n组退化模型参数的估计值，计算总体退化轨道模型参数的估计值。

第一步，估计个体退化轨道。对于每个试验样品i，由数据$x_{ij} = (x_{i1}, \cdots, x_{im_i})^T$和$t_{ij} = (t_{i1}, \cdots, t_{im_i})^T$对模型$X = a + bt_{ij}$进行线性回归，得到估计值，即获得估计值$(\hat{a}_i, \hat{b}_i)$使$W(a, b) = \sum_{j=1}^{m_i} \left(X - a - bt_{ij}\right)^2$的值最小。从而，可以得到第$i$个设备的测量误差的方差$\sigma_{\varepsilon i}^2$的估计值为

$$\sigma_{\varepsilon i}^2 = \frac{1}{m_i - p - q} W\left(\hat{a}, \hat{b}\right) \tag{5.5}$$

式中p，q分别表示a和b的维数。

对于较大的m_i，在条件$b_i = b_i^*$下，记$f = a + bt_{ij}$，可得到如下渐进分布：

$$\begin{pmatrix} \hat{a}_i \\ \hat{b}_i \end{pmatrix} \sim N\left(\begin{pmatrix} a \\ b_i^* \end{pmatrix}, \sigma_\varepsilon^2 \left(\dot{f}^T(t_j; a, b_i^*)\dot{f}(t_j; a, b_i^*)\right)^{-1}\right)$$

$$\frac{(m_i - p - q)\hat{\sigma}_i^2}{\sigma_\varepsilon^2} \sim \chi^2_{m_i - p - q}$$

式中：b_i^* 是 b_i 的实际值；$N(\cdot)$ 是正态分布，$\left(\dot{f}^T(t_j; a, b_i^*)\dot{f}(t_j; a, b_i^*)\right)^{-1}$ 为 $(p+q)\times(p+q)$ 阶Fisher信息矩阵的逆，其中

$$\dot{f}^T(t_j; a, b_i^*) = \left(\dot{f}_{a_1}(t_j; a, b_i), \cdots, \dot{f}_{a_p}(t_j; a, b_i); \dot{f}_{b_{i,1}}(t_j; a, b_i), \cdots, \dot{f}_{b_{i,q}}(t_j; a, b_i)\right)^T$$

是计分统计量。

第二步，基于 n 组估计值 $(\hat{a}_i, \hat{b}_i), i = 1, \cdots, n$，估计设备总体退化轨道模型的参数。

$$\hat{\mu}_a = \frac{1}{n}\sum_{i=1}^{n} a_i \tag{5.6}$$

$$\hat{\sigma}_a^2 = \frac{1}{n-1}\sum_{i=1}^{n}\left(a_i - \hat{\mu}_a\right)^2 \tag{5.7}$$

$$\hat{\mu}_b = \frac{1}{n}\sum_{i=1}^{n} b_i \tag{5.8}$$

$$\sigma_b^2 = \frac{1}{n-1}\sum_{i=1}^{n}\left(\hat{b}_i - \hat{\mu}_b\right)^T\left(\hat{b}_i - \hat{\mu}_b\right) - \frac{1}{n}\sum_{i=1}^{n}\hat{Var}_\varepsilon\left(\hat{b}_i\right) \tag{5.9}$$

$$\hat{\sigma}_\varepsilon^2 = \frac{1}{n}\sum_{i=1}^{n}\sigma_{\varepsilon i}^2 \tag{5.10}$$

其中，$\sum_{i=1}^{n}\hat{Var}_\varepsilon(\hat{b}_i) = \sigma_\varepsilon^2\left((a+bt)^T(a+bt)\right)_{q\times q}$ 是由第 i 个设备的样本函数得到的 $\hat{b}_i$ 的一个渐进协方差矩阵。$\left((a+bt)^T(a+bt)\right)_{q\times q}$ 是 $\left((a+bt)^T(a+bt)\right)^{-1}$ 的右下 $q\times q$ 阶子矩阵。

5.2 Gamma退化过程模型

当设备的退化过程有严格单调非负的特征时，则可以用Gamma过程进行建模，Gamma过程具有独立非负增量。若 $\{X(t), t \geq 0\}$ 满足

①$X(0)=0$ 以概率1成立。

②$X(t)$ 具有平稳独立增量。

③对任意 $t\geq 0$ 和 Δt，有 $X(t+\Delta t) - X(t) \sim Ga(\alpha\Delta t, \beta)$

则称连续时间随机过程 $\{X(t), t \geq 0\}$ 是平稳Gamma过程。

其中 $Ga(\alpha\Delta t,\beta)$ 是形状参数 $\alpha(\alpha>0)$ 和尺度参数 $\beta(\beta>0)$ 的Gamma分布，概率密度函数为

$$f\left(x|\alpha,\beta\right)=\frac{1}{\Gamma(\alpha)\beta^{\alpha}}x^{\alpha-1}\mathrm{e}^{-\frac{x}{\beta}}I_{(0,\infty)}\left(x\right) \tag{5.11}$$

式中：$\Gamma(\alpha)=\int_0^{\infty}x^{\alpha-1}\mathrm{e}^{-x}\mathrm{d}x$ 为Gamma函数；而

$$I_{(0,\infty)}(x)=\begin{cases}1 & x\in(0,\infty)\\0 & x\notin(0,\infty)\end{cases}$$

并且 $\{X(t),t\geqslant0\}$ 称为形状参数 $\alpha>0$ 和尺度参数 $\beta>0$ 的平稳Gamma过程[178]。Gamma分布的期望和方差分别是 $\alpha\beta$ 和 $\alpha\beta^2$。

假设Gamma退化过程 $\{X(t),t\geqslant0\}$ 的初值为0，设备的失效阈值为常数 l。随机变量 T 表示该退化过程的首达时间，由于 $\{X(t)\}$ 是严格递增的，可得首达时间的分布函数为

$$\begin{aligned}F_T(t)=P(T\leqslant t)=P\left(X(t)\geqslant l\right)&=\int_l^{\infty}\frac{1}{\Gamma(\alpha t)\beta^{\alpha t}}x^{\alpha t-1}\mathrm{e}^{-\frac{x}{\beta}}\mathrm{d}x\\&=\frac{1}{\Gamma(\alpha t)}\int_{\frac{l}{\beta}}^{\infty}\xi^{\alpha t-1}\mathrm{e}^{-\xi}\mathrm{d}\xi=\frac{\Gamma\left(\alpha t,\frac{l}{\beta}\right)}{\Gamma(\alpha t)}\end{aligned} \tag{5.12}$$

其中 $\Gamma(a,z)$ 为不完全Gamma函数且 $\Gamma(a,z)=\int_z^{\infty}\xi^{a-1}\mathrm{e}^{-\xi}\mathrm{d}\xi$，基于首达时间的概念可以得到概率密度函数为

$$f_T(t)=\frac{\mathrm{d}}{\mathrm{d}t}\frac{\Gamma\left(\alpha t,\frac{l}{\beta}\right)}{\Gamma(\alpha t)} \tag{5.13}$$

以下为Gamma过程的参数估计。用矩估计的方法来估计Gamma过程的参数[179]。Δx_{ij} 是服从Gamma分布的。计算得到样本的均值为：

$$\bar{x}=\frac{\sum_{i=1}^{n}\sum_{j=1}^{m_i}\Delta x_{ij}}{\sum_{i=1}^{n}\sum_{j=1}^{m_i}\Delta t_{ij}} \tag{5.14}$$

记 $Z_{ij}=\Delta x_{ij}-\alpha\beta\Delta t_{ij}$，那么代入上式可以得到

$$\bar{z}=\frac{\sum_{i=1}^{n}\sum_{j=1}^{m_i}\Delta z_{ij}}{\sum_{i=1}^{n}\sum_{j=1}^{m_i}\Delta t_{ij}}=\frac{\sum_{i=1}^{n}\sum_{j=1}^{m_i}\Delta x_{ij}-\alpha\beta\Delta t_{ij}}{\sum_{i=1}^{n}\sum_{j=1}^{m_i}\Delta t_{ij}}=\bar{x}-\alpha\beta \tag{5.15}$$

根据Gamma分布的性质可知 $E(\bar{z})=0$，那么由上式可以得到 $\bar{x}=\alpha\beta$，即

$$\alpha\beta = \frac{\sum_{i=1}^{n}\sum_{j=1}^{m_i}\Delta x_{ij}}{\sum_{i=1}^{n}\sum_{j=1}^{m_i}\Delta t_{ij}} \tag{5.16}$$

记样本的方差为D,样本方差的计算如下:

$$D = \sum_{i=1}^{n}\sum_{j=1}^{m_i}\left(\Delta x_{ij} - \bar{x}\Delta t_{ij}\right)^2 \tag{5.17}$$

计算分布的方差,得到:

$$\begin{aligned} E\left\{\sum_{i=1}^{n}\sum_{j=1}^{m_i}(\Delta x_{ij} - \bar{x}\Delta t_{ij})^2\right\} &= E\left\{\sum_{i=1}^{n}\sum_{j=1}^{m_i}\left((\Delta x_{ij} - \alpha\beta\Delta t_{ij}) - (\bar{x} - \alpha\beta)\Delta t_{ij}\right)^2\right\} \\ &= E\left\{\sum_{i=1}^{n}\sum_{j=1}^{m_i}\left(z_{ij} - \bar{z}\Delta t_{ij}\right)^2\right\} \\ &= E\left\{\sum_{i=1}^{n}\sum_{j=1}^{m_i}\left(z_{ij}^2 - 2z_{ij}\bar{z}\Delta t_{ij} + \bar{z}^2\Delta t_{ij}^2\right)\right\} \end{aligned} \tag{5.18}$$

这里计算上式中的 $E(z_{ij})$、$E(\bar{z}^2)$和 $E(z_{ij}\bar{z})$得到结果如下:

$E(\bar{z}) = 0$

$$E\left(\bar{z}^2\right) = \frac{\sum_{i=1}^{n}\sum_{j=1}^{m_i}E(z_{ij}^2)}{\left(\sum_{i=1}^{n}\sum_{j=1}^{m_i}\Delta t_{ij}{}^2\right)} = \frac{\alpha\beta^2}{\sum_{i=1}^{n}\sum_{j=1}^{m_i}\Delta t_{ij}}$$

$$E\left(z_{ij}\bar{z}\right) = \frac{E(z_{ij}^2)}{\sum_{i=1}^{n}\sum_{j=1}^{m_i}\Delta t_{ij}} = \frac{\alpha\beta^2\Delta t_{ij}}{\sum_{i=1}^{n}\sum_{j=1}^{m_i}\Delta t_{ij}}$$

将以上三式代入得到

$$E\left\{\sum_{i=1}^{n}\sum_{j=1}^{m_i}\left(\Delta x_{ij} - \bar{x}\Delta t_{ij}\right)^2\right\} = \alpha\beta^2\left(\sum_{i=1}^{n}\sum_{j=1}^{m_i}\Delta t_{ij} - \frac{\sum_{i=1}^{n}\sum_{j=1}^{m_i}\Delta t_{ij}{}^2}{\sum_{i=1}^{n}\sum_{j=1}^{m_i}\Delta t_{ij}}\right) = D \tag{5.19}$$

从而可以得到:

$$\alpha\beta = \frac{\sum_{i=1}^{n}\sum_{j=1}^{m_i}\Delta x_{ij}}{\sum_{i=1}^{n}\sum_{j=1}^{m_i}\Delta t_{ij}} \tag{5.20}$$

$$\alpha\beta^2=\left(\sum_{i=1}^{n}\sum_{j=1}^{m_i}\Delta t_{ij}-\frac{\sum_{i=1}^{n}\sum_{j=1}^{m_i}\Delta t_{ij}^{\ 2}}{\sum_{i=1}^{n}\sum_{j=1}^{m_i}\Delta t_{ij}}\right)=\sum_{i=1}^{n}\sum_{j=1}^{m_i}\left(\Delta x_{ij}-\bar{x}\Delta t_{ij}\right)^2 \tag{5.21}$$

将退化数据代入以上两式，可以计算α和β的估计值。

5.3　Wiener退化过程模型

若一个随机过程$\{X(t),t\geqslant 0\}$满足：

①$X(t)$是独立增量过程；

②$\forall s,t>0,X(s+t)-X(s)\sim N(0,c^2t)$，即$X(s+t)-X(s)$是期望为0，方差为$c^2t$的正态分布；

③$X(t)$是关于t的连续函数。

则称$\{X(t),t\geqslant 0\}$是布朗运动或Wiener过程。当$c=1$时，称$\{X(t),t\geqslant 0\}$为标准布朗运动，此时$X(0)=0,X(t)\sim N(0,t)$。

标准Wiener过程的特点是运动过程中始终围绕初始点0做随机运动，运动期望为0。因此，有必要讨论带漂移的Wiener过程，即运动过程不围绕某一点随机移动而是存在一个远离该初始点的趋势。

5.3.1　无随机效应的线性Wiener过程

若一个随机过程$\{X(t),t\geqslant 0\}$满足：

①$X(0)=0$；

②$\{X(t),t\geqslant 0\}$有平稳的独立增量；

③$X(t)$服从期望为μt，方差为$\sigma^2 t$的正态分布；

则称$\{X(t),t\geqslant 0\}$为带有漂移系数μ、扩散参数σ的一元的Wiener过程，记为M_0。

$$M_0:X(t)=\mu t+\sigma B(t) \tag{5.22}$$

其中$\{B(t),t\geqslant 0\}$为标准的Wiener过程。

根据定义，对于带漂移的Wiener过程，存在如下的性质：

①时刻$t\sim t+\Delta t$之间的增量服从正态分布，即$\Delta x=X(t+\Delta t)-X(t)\sim N(\mu\Delta t,\sigma^2\Delta t)$；

②对任意两个不相交的时间区间$[t_1,t_2],[t_3,t_4],t_1\leqslant t_2\leqslant t_3<t_4,X(t_4)-X(t_3)$与$X(t_2)-X(t_1)$相互独立；

③服从Wiener过程退化失效产品的寿命分布。

如果设备的退化过程服从一元的Wiener过程且失效阈值为l，在随机过程理论中，设备的寿命T可表示为性能退化量首次达到失效阈值的时间，即

$$T = \inf\{t | X(t) = l, t \geqslant 0\} \tag{5.23}$$

进一步可推导出寿命T的分布服从逆Gaussian分布，其基本推导过程如下。在一元Wiener过程$\{X(t), t \geqslant 0\}$的基础上定义随机过程$\{Z(t), t \geqslant 0\}$为

$$Z(t) = \sup_{0 \leqslant s \leqslant t}\{X(s); s \geqslant 0\} \tag{5.24}$$

即任意时刻$t \geqslant 0$，$Z(t)$取$X(t)$在时间$[0, t]$内的最大值，某些文献称$Z(t)$为Wiener最大过程[180]。记时刻t时$Z(t)$的概率密度函数为$g(z, t)$，由$\{Z(t), t \geqslant 0\}$的定义得到其是单调的随机过程，则设备在时间t内不发生失效的概率为

$$P\{T > t\} = P\{Z(t) < l\} = \int_{-\infty}^{l} g(z, t)\mathrm{d}z \tag{5.25}$$

因而只要求出$g(z, t)$就可以求出寿命T的分布。Cox等[181]利用Fokker-Planck方程（Kolmogorov前向方程）得到了$g(z, t)$的形式为

$$g(z, t) = \frac{l}{\sigma\sqrt{2\pi t}}\left\{\exp\left(-\frac{(z-\mu t)^2}{2\sigma^2 t}\right) - \exp\left(\frac{2\mu l}{\sigma^2}\right)\exp\left(-\frac{(z-2l-\mu t)^2}{2\sigma^2 t}\right)\right\}$$

将以上两式结合可以得到

$$P\{T > t\} = 1 - F(t) = \Phi\left(\frac{l-\mu t}{\sigma\sqrt{t}}\right) - \exp\left(\frac{2\mu l}{\sigma^2}\right)\Phi\left(\frac{-l-\mu t}{\sigma\sqrt{t}}\right)$$

进一步得T的分布函数和概率密度函数为[182]

$$F_T(t) = \Phi\left(\frac{\mu t - l}{\sigma\sqrt{t}}\right) + \exp\left(\frac{2\mu l}{\sigma^2}\right)\Phi\left(\frac{-\mu t - l}{\sigma\sqrt{t}}\right)$$

$$f_T(t) = \frac{l}{\sqrt{2\pi\sigma^2 t^3}}\exp\left(-\frac{(l-\mu t)^2}{2\sigma^2 t}\right)$$

设备寿命T的期望和方差分别为

$$E[T] = \frac{l}{\mu} \tag{5.26}$$

$$Var(T) = \frac{l\sigma^2}{\mu^3} \tag{5.27}$$

在简单情形下，认为退化数据的测量不存在误差，且退化过程不存在随机效应。由Wiener过程的性质容易得

$$\Delta X_{ij} \sim N(\mu\Delta t_{ij}, \sigma^2\Delta t_{ij})$$

于是由退化数据$X_{ij} = x_{ij}$（等价的，$\Delta X_{ij} = \Delta x_{ij}$）$i = 1, \cdots, n$, $j = 1, \cdots, m_i$得到模型参数的似然函数为

$$L(\mu,\sigma^2)=\prod_{i=1}^{n}\prod_{j=1}^{m_i}\frac{1}{\sqrt{2\sigma^2\pi\Delta t_{ij}}}\exp\left(-\frac{(\Delta x_{ij}-\mu\Delta t_{ij})^2}{2\sigma^2\Delta t_{ij}}\right)$$

由上式可以直接计算μ和σ^2的极大似然估计如下[183]：

$$\hat{\mu}=\frac{\sum_{i=1}^{n}X_{im_i}}{\sum_{i=1}^{n}t_{im_i}} \tag{5.28}$$

$$\hat{\sigma}^2=\frac{1}{\sum_{i=1}^{n}m_i}\left(\sum_{i=1}^{n}\sum_{j=1}^{m_i}\frac{(\Delta X_{ij})^2}{\Delta t_{ij}}-\frac{(\sum_{i=1}^{n}X_{im_i})^2}{\sum_{i=1}^{n}t_{im_i}}\right) \tag{5.29}$$

5.3.2　漂移参数μ带随机效应的线性Wiener过程模型

从性能退化的角度分析带漂移的Wiener模型。假设同一批设备的性能退化过程相同，即μ和σ相同，但是实际上由于设备的原材料、生产过程和工作环境等的差异，退化过程参数μ和σ因个体差异会呈现不同的值，此时得到的是存在随机效应的Wiener过程模型。故存在如下随机效应模型M_1：

$$M_1: X(t)=\mu t+\sigma B(t) \tag{5.30}$$

其中σ是常数，表示所有个体相同的扩散参数，退化速率$\mu\sim N(v,\sigma_v^2)$描述个体退化速率的差异。

当μ带随机效应且$\mu\sim N(v,\sigma_v^2)$，σ是常数时，由Peng等[184]的文献可以得到失效时间的分布密度函数为：

$$f(t)=\sqrt{\frac{l^2}{2\pi t^3(\sigma_v^2 t+\sigma^2)}}\exp\left(-\frac{(l-vt)^2}{2t(\sigma_v^2 t+\sigma^2)}\right) \tag{5.31}$$

对应的分布函数为

$$F(t)=\Phi\left(\frac{vt-l}{\sqrt{\sigma_v^2 t^2+\sigma^2 t}}\right)+\exp\left(\frac{2vl}{\sigma^2}+\frac{2\sigma_v^2 l^2}{\sigma^4}\right)\Phi\left(\frac{2\sigma_v^2 lt+\sigma^2(vt+l)}{\sigma^2\sqrt{\sigma_v^2 t^2+\sigma^2 t}}\right) \tag{5.32}$$

利用自助法[185]进行Wiener过程的参数估计，由模型的定义可知$\Delta y_{ij}=\mu\Delta t_{ij}+\sigma\Delta B(t_i)$，其中$\mu\Delta t_{ij}=\mu(t_{ij}-t_{i-1,j})$，$\sigma\Delta[B(t_i)-B(t_{i-1})]$，由Wiener过程的定义可知

$\Delta y_{ij}\sim N(\mu\Delta t_{ij},\sigma^2\Delta t_{ij})$

由Wiener过程的平稳独立增量性得到$\Delta x_{i1},\Delta x_{i2},\cdots,\Delta x_{i,m_i}$的联合概率密度，即似然函数

$$L(\mu,\sigma)=f\left(\Delta x_{i1},\Delta x_{i2},\cdots,\Delta x_{i,m_i}\right)=f\left(\Delta x_{i1}\right)f\left(\Delta x_{i2}\right)\cdots f(\Delta x_{i,m_i})$$

根据以上两式对样本似然函数取对数，并分别对μ、σ偏微分可得

$$\frac{\partial \ln L}{\partial \mu}=\sum_{i=1}^{m_i}\frac{\Delta x_{ij}-\mu\Delta t_{ij}}{\sigma^2\Delta t_{ij}}=0$$

$$\frac{\partial \ln L}{\partial \sigma}=\sum_{i=1}^{m_i}-\frac{1}{\sigma}+\frac{(\Delta x_{ij}-\mu\Delta t_{ij})^2}{\sigma^3\Delta t_{ij}}=0$$

求解以上两式可得μ、σ的极大似然估计为

$$\hat{\mu}=\frac{1}{m_i}\sum_{i=1}^{m_i}\frac{\Delta x_{ij}}{\Delta t_{ij}}$$

$$\hat{\sigma}=\sqrt{\frac{1}{m_i}\sum_{i=1}^{m_i}\frac{(\Delta x_{ij}-\hat{\mu}\Delta t_{ij})^2}{\Delta t_{ij}}}$$

针对有限样本情形，利用自助纠偏估计法对v和σ_v^2进行改进，来提高估计精度，则可用各个样本估计值的均值作为扩散参数的估计。设所获取的柱塞泵个数为n，用上述方法获得的漂移参数为$D_{\hat{\mu}}=\left(\hat{\mu}(1),\hat{\mu}(2),\cdots,\hat{\mu}(n)\right)$，根据$D_{\hat{\mu}}$，可得$v$，$\sigma_v^2$的极大似然估计值为

$$\hat{v}=\frac{1}{n}\sum_{j=1}^{n}\hat{\mu}(j)$$

$$\hat{\sigma}_v^2=\frac{1}{n}\sum_{j=1}^{n}\left(\hat{\mu}(j)-\hat{v}\right)^2$$

利用自助法可得D_{μ}的B组自助样本$D_{\hat{\mu}}^{*1},D_{\hat{\mu}}^{*2},\cdots,D_{\hat{\mu}}^{*B}$，其中$D_{\hat{\mu}}^{*k}=\{\mu^{*k}(1),\mu^{*k}(2),\cdots,\mu^{*k}(n)\}$，$1\leqslant k\leqslant B$为正整数，由第$k$组自助样本可得参数估计值为

$$\hat{v}^{k}=\frac{1}{n}\sum_{j=1}^{m_i}\hat{\mu}^{*k}(j)$$

$$(\hat{\sigma}_v^{k})^2=\frac{1}{n}\sum_{j=1}^{n}\left(\hat{\mu}^{*k}(j)-\hat{v}^{k}\right)^2$$

对得到的B组自助样本估计值取均值可得其自助估计值如下：

$$\hat{v}^{*}=\frac{1}{B}\sum_{k=1}^{B}\hat{v}^{k}$$

$$(\hat{\sigma}_v^{*})^2=\frac{1}{B}\sum_{k=1}^{B}(\hat{\sigma}_v^{k})^2$$

利用自助法的纠偏估计可得参数v，σ_v^2的最终估计值为

$$\tilde{v}=2\hat{v}-\hat{v}^{*} \tag{5.33}$$

$$\tilde{\sigma}_v^{2}=2\hat{\sigma}_v^{2}-(\hat{\sigma}_v^{*})^2 \tag{5.34}$$

而扩散参数σ^2的估计为

$$\tilde{\sigma}^2 = \frac{1}{n}\sum_{i=1}^{n}\hat{\sigma}^2 \tag{5.35}$$

5.3.3　漂移参数和扩散参数带随机效应的Wiener过程模型

彭宝华[183]提出一种不同个体具有不同退化速率和扩散行为的随机效应模型，他认为不同设备的漂移系数和扩散系数都是随机变量，且服从正态–逆Gamma分布。假设$D=\sigma^2$，考虑设备个体之间的差异，认为μ和σ都是随机的。由于$D>0$，则$D^{-1}>0$，由Gamma分布的灵活性可以假设D^{-1}服从Gamma分布，则D服从逆Gamma分布，即

$$f(D)=\frac{\alpha^{\beta}}{\Gamma(\beta)}D^{-(\beta+1)}e^{-\frac{\alpha}{D}},D>0,\alpha>0,\beta>0$$

进一步假设给定D的条件下，漂移系数μ服从正态分布

$$\mu|D \sim N(v,\eta D)$$

由彭宝化的研究[183]知，对于带随机效应的一元Wiener过程模型，已知$D=\sigma^2$并且D服从逆Gamma分布。在给定D的条件下漂移系数μ服从正态分布。进一步得到设备的概率密度函数为

$$f=\frac{\Gamma(\beta+\frac{1}{2})}{\Gamma(\beta)}\frac{l}{\sqrt{2\pi\alpha t^3(1+\eta t)}}\left(\frac{(l-vt)^2}{2\alpha t(1+\eta t)}+1\right)^{-\beta-\frac{1}{2}}$$

利用n个设备的退化试验数据对随机效应退化过程的参数v、η、α、β进行估计，这里采用两阶段法，即首先估计个体设备的估计效应退化过程的参数，再利用估计的参数值来得到随机效应分布参数的估计。

给定试验数据的情况下，设备i的退化数据模型参数μ_i、σ_i^2的极大似然估计为

$$\hat{\mu}_i=\frac{X_{im_i}}{t_{im_i}}$$

$$\hat{\sigma}_i^2=\frac{1}{m_i}\left(\sum_{i=1}^{n}\frac{(\Delta x_{ij})^2}{\Delta t_{ij}}-\frac{X_{im_i}^2}{t_{im_i}}\right)$$

其中：$\Delta t_{ij}=t_{ij}-t_{i(j-1)}$，$j=1,\cdots,m_i$。

由上式得到各设备的退化过程参数的估计$\hat{\mu}_i$、$\hat{\sigma}_i^2$后，可以拟合得到μ和D的分布参数。令$\hat{D}_i=\hat{\sigma}_i^2$，由于$D^{-1}$服从参数$(\alpha,\beta)$的Gamma分布，则根据极大似然估计，$D$的分布参数$(\alpha,\beta)$可以通过求解以下两式得到：

$$\ln\beta-\psi(\beta)=\ln\frac{1}{n}\sum_{i=1}^{n}\frac{1}{\hat{D}_i}-\frac{1}{n}\ln\left(\prod_{i=1}^{n}\frac{1}{\hat{D}_i}\right) \tag{5.36}$$

$$\alpha = \frac{n\beta}{\sum_{i=1}^{n} \hat{D}_i^{-1}} \tag{5.37}$$

式中：$\psi(x) = \dfrac{\mathrm{d}\ln\Gamma(x)}{\mathrm{d}x} = \Gamma(x)/\Gamma'(x)$为Digamma函数。由于$\mu \sim N(v, \eta D)$，对单元$i$近似认为参数$v$、$\eta$的似然函数为：

$$l(v,\eta|\hat{\mu}_i, \hat{D}_i) = \frac{1}{\sqrt{2\pi\eta \hat{D}_i}} \exp\left(-\frac{(\hat{\mu}_i - v)^2}{2\eta \hat{D}_i}\right)$$

于是总的似然函数为

$$l(v,\eta) = -\frac{n}{2}\ln 2\pi - \frac{1}{2}\sum_{i=1}^{n}\hat{D}_i - \frac{n}{2}\ln\eta - \frac{1}{2\eta}\left(\sum_{i=1}^{n}\frac{\hat{\mu}_i^2}{\hat{D}_i} - 2v\sum_{i=1}^{n}\frac{\hat{\mu}_i}{\hat{D}_i} + v^2\sum_{i=1}^{n}\frac{1}{\hat{D}_i}\right)$$

由极大似然方法可以得到

$$-\frac{1}{\eta}\left(-\sum_{i=1}^{n}\frac{\hat{\mu}_i}{\hat{D}_i} + \mu\sum_{i=1}^{n}\frac{1}{\hat{D}_i}\right) = 0$$

$$-\frac{n}{2\eta} + \frac{1}{2\eta^2}\left(\sum_{i=1}^{n}\frac{\hat{\mu}_i^2}{\hat{D}_i} - 2v\sum_{i=1}^{n}\frac{\hat{\mu}_i}{\hat{D}_i} + v^2\sum_{i=1}^{n}\frac{1}{\hat{D}_i}\right) = 0$$

解上面的方程组得到

$$\hat{v} = \sum_{i=1}^{n}\frac{\hat{\mu}_i}{\hat{D}_i} / \mu\sum_{i=1}^{n}\frac{1}{\hat{D}_i} \tag{5.38}$$

$$\hat{\eta} = \frac{1}{n}\left(\sum_{i=1}^{n}\frac{\hat{\mu}_i^2}{\hat{D}_i} - \left(\sum_{i=1}^{n}\frac{\hat{\mu}_i}{\hat{D}_i}\right)^2 / \sum_{i=1}^{n}\frac{1}{\hat{D}_i}\right) \tag{5.39}$$

5.3.4 非线性漂移Wiener退化过程模型

M_0式中漂移系数μ为时间t的线性函数，当时间t与漂移系数μ为非线性函数关系时，则将其定义为非线性的Wiener退化过程，设时刻T的退化为$X(t)$，则非线性漂移Wiener过程可以表示为：

$$\begin{aligned} &X(t) = a\int_0^t \mu(t;\theta)\,\mathrm{d}t + \sigma B(t) \\ &M_2: X(t) = at^b + \sigma B(t), a = \text{const} \\ &M_3: X(t) = at^b + \sigma B(t), a \sim N(\mu_a, \sigma_a^2) \\ &M_4: X(t) = a(e^{bt} - 1) + \sigma B(t), a \sim N(\mu_a, \sigma_a^2) \end{aligned} \tag{5.40}$$

式中：σ表示扩散参数，$B(t)$表示标准的布朗运动，$\mu(t;\theta)$为非线性函数。

①当$\mu(t;\theta)=abt^{b-1}$，对式(5.40)进行积分整理，若a为常数，整理后的式子M_2模型；若a为服从$a\sim N\left(\mu_a,\sigma_a^2\right)$独立同分布的随机变量，整理后的式子$M_3$模型。

②当$\mu(t;\theta)=ab\exp(bt)$，对式(5.40)进行积分整理，整理后M_4模型。

显然，如果$\mu(t;\theta)=\mu$成为传统意义上的线性漂移Wiener过程模型，则线性模型可作为非线性模型的特殊的情况。

当退化速率μ不是常数，而且也不能进行线性化时，得到退化过程的首次到达失效阈值的分布是困难的，但是可以给出分布的近似闭合形式[186]。

引理5.1　设扩散过程$X(t)$的漂移为$\mu(x,t)$，扩散为$\sigma(x,t)$，$c_1(t)$和$c_2(t)$是任意两个时间的函数，则当且仅当

$$u(x,t)=4\times\frac{\partial\sigma(x,t)}{\partial x}+\frac{\left[\sigma(x,t)\right]^{\frac{1}{2}}}{2}\times\left\{c_1(t)+\int_z^x\frac{c_2(t)\sigma(t,u)+\dfrac{\partial\sigma(u,t)}{\partial t}}{\left[\sigma(u,t)\right]^{\frac{3}{2}}}\mathrm{d}u\right\}\tag{5.41}$$

此时存在变换$\tilde{x}=\psi(t,x)$，$\tilde{t}=\varphi(t)$，将扩散过程的原始Kolmogorov方程变换为标准Wiener过程Kolmogorov方程。这个变换可表示为：

$$\begin{aligned}&\psi(t,x)=(k_1)^{1/2}\cdot\exp\left[-\frac{1}{2}\int_{t_0}^{t}c_2(\tau)\mathrm{d}\tau\right]\cdot\int_z^x\frac{1}{\left(\sigma(y,t)\right)^{\frac{1}{2}}}\mathrm{d}y-\frac{k_1^{\frac{1}{2}}}{2}\int_{t_1}^{t}c_1(\tau)\exp\left[-\frac{1}{2}\int_{t_0}^{\tau}c_2(\tau)\mathrm{d}u\right]\mathrm{d}\tau+\\&k_2\varphi(t)=k_1\int_{t_2}^{t}\exp\left[-\frac{1}{2}\int_{t_0}^{\tau}c_2(u)\mathrm{d}u\right]\mathrm{d}\tau+k_3\end{aligned}\tag{5.42}$$

式中：z是$X(t)$扩散路径上的任意值；$t_i\in[0,\infty)$，$i=0,1,2$；k_1、k_2、k_3是任意的常数，要求$k_1>0$；关于$u(x,t)$，$\sigma(x,t)$的定义见文献[187]，引理的证明见文献[188]。

由此，构造随机过程$\{X(t),t\geqslant0\}$越过一个常数阈值l的首达时间的概率密度函数问题便被转化为标准的Wiener过程越过首达时间的概率密度函数问题。

定理5.1　对退化过程$X(t)$，如果$u(t,\theta)$在$[0,\infty)$上是时间t上的连续的函数，则$X(t)$越过临界水平l的首达时间的概率密度函数可以表示为

$$P_{X(t)}(l,t)=p_{B(t)}\left(s_{B(t)},t\right)\frac{\mathrm{d}\varphi(t)}{\mathrm{d}t}\tag{5.43}$$

式中：$p_{B(t)}(s_{B(t)},t)$是标准的Wiener过程$B(t)$经过相应的阈值$s_{B(t)}$首达时间的概率密度函数。在此情况下，经变换可表示为

$$\psi(t,x)=\frac{1}{\sigma_B}\left(x-\int_0^t u(\tau;\theta)\mathrm{d}\tau\right),\varphi(t)=t$$
$$S_{B(t)}=\frac{1}{\sigma_B}\left(l-\int_0^t u(\tau;\theta)\mathrm{d}\tau\right) \tag{5.44}$$

由文献[186]知引理5.1中$c_1(t)$、$c_2(t)$是唯一的。当退化过程是时间齐次的时，即$u(t;\theta)$不是时间的函数时，$c_1(t)$是一个常数。为了得到概率密度函数的近似表达式，还需要如下引理：

引理5.2　对Gaussian过程$\{W(t),t\geqslant 0\}$，满足$E[W(t)]=0$，协方差函数为$\rho(s,t)$，$0\leqslant s\leqslant t$，其中$E[\cdot]$为期望算子。假设：

①边界函数$S(s)$在$0\leqslant s\leqslant t$上连续，在t上存在左导数；

②协方差$\rho(s,t)$是正定的，在集合$\{(s,t):0\leqslant s\leqslant t\}$上有连续的一阶偏导数，在$s=0,s=t$有其对应的左偏导数和右偏导数；

③$\lim\limits_{s\to t}\left[\left(\frac{\partial\rho(s,t)}{\partial s}\right)-\left(\frac{\partial\rho(s,t)}{\partial t}\right)\right]=\lambda_t,0<\lambda_t<\infty$。

则过程$\{W(t),t\geqslant 0\}$经过边界$S(t)$的首达的时间的概率密度函数可以表示为

$$\mathrm{P}_{W(t)}(S(t),t)=b(t)h_{W(t)}(t) \tag{5.45}$$

式中：$h_{W(t)}$表示$W(t)$在边界$S(t)$上的概率密度函数，即

$$h_{W(t)}(t)=\frac{1}{\sqrt{2\pi\rho(t,t)}}\exp\left[\frac{-S^2(t)}{2\rho(t,t)}\right] \tag{5.46}$$

$$b(t)=\lim_{s\to t}(t-s)^{-1}E_{W(s)W(t)}\times\left[I(s,W)\left(W(t)-W(s)\right)\right] \tag{5.47}$$

式中：$I(s,W)$是示性函数，当Gaussian过程的样本路径在时间s之前没有与边界相交时的函数值等于1，否则等于0。下面引入一个重要假设[73]：

假设1　如果退化的过程在特定的时刻t恰好到达临界值，则这样的一个过程在时刻t之前越过临界水平的概率可以忽略。

假设1隐含了命中临界值$I(s,W)\cong 1$，并用得到的近似寿命分布。实际上，在严格意义的退化过程中时刻t之前越过阈值的概率是非0的，因为t不是首达时间。然而，由于漂移的存在，这一概率会很小。另外，概率取决于漂移参数和扩散参数的取值，这一过程几次命中临界值的概率也会比较小。由于退化数据总是在离散的时间点上收集的，所以可以在第一次观测到$X(t)$越过l时停止对该样品的试验。因此，不管退化过程是否在此前越过l都是没有关系的，因为不能观测到准确的首达时间。使用这个假设还有另一个好处，即这里定义首达时间的概率密度函数不是严格定义中的首达时间，而是与其相差不太远的命中时间。

基于引理5.1和引理5.2以及定理5.1和假设1，下面的定理给出了退化过程越过常数临界值l的首达时间的概率密度函数。

定理5.2　对式(5.40)的退化过程$\{X(t), t \geq 0\}$，如果$\mu(t;\theta)$在$[0,\infty)$上是时间的连续函数，则在假设1成立的情况下，$\{X(t), t \geq 0\}$越过常数边界l的首达时间的概率密度函数的显式表示如下[189]：

$$\mathrm{P}_{X(t)}(l,t) \cong \frac{1}{\sqrt{2\pi t}}\left(\frac{S_B(t)}{t} + \frac{1}{\sigma_B}\mu(t;\theta)\right)\exp\left[\frac{-S_B^2(t)}{2t}\right] \tag{5.48}$$

M_2模型的概率密度函数记为f_{M_2}：

$$f_{M_2}(t) \cong \frac{l - at^b(1-b)}{\sigma_{B\sqrt{2\pi t^3}}}\exp\left\{\frac{-\left(l - at^b\right)^2}{2\sigma_B^2 t}\right\} \tag{5.49}$$

M_3和M_4模型的概率密度函数，分别记为f_{M_3}和f_{M_4}，首次达到阈值的概率密度函数分别为：

$$f_{M_3}(t) \cong \frac{1}{\sqrt{2\pi t^3\left(\sigma_a^2 t^{2b-1} + \sigma_B^2\right)}}\left(l - \left(t^b - bt^b\right)\frac{l\sigma_a^2 t^{b-1} + \mu_a\sigma_B^2}{\sigma_a^2 t^{2b-1} + \sigma_B^2}\right)$$
$$\exp\left\{\frac{-\left(l - \mu_a t^b\right)^2)}{2t\left(\sigma_a^2 t^{2b-1} + \sigma_B^2\right)}\right\} \tag{5.50}$$

$$f_{M_4}(t) \cong \frac{1}{\sqrt{2\pi t^2(\sigma_a^2\gamma(t)^2 + \sigma_B^2 t)}}\left(l - \beta(t)\frac{l\sigma_a^2\gamma(t) + \mu_a\sigma_B^2 t}{\sigma_a^2\gamma(t)^2 + \sigma_B^2 t}\right)\exp\left(\frac{-\left(l - \mu_a\gamma(t)^2\right)}{2t(\sigma_a^2\gamma(t)^2 + \sigma_B^2 t)}\right) \tag{5.51}$$

式中$\theta = (a,b)$，$\gamma(t) = \exp(bt) - 1$，$\beta(t) = \exp(bt) - bt\exp(bt) - 1$。

一般研究非线性漂移Wiener退化过程的参数估计问题是困难的。这里考虑前面所涉及的θ包含两个参数的情形[186]，即$\theta = (a,b)$。由于每个产品在其运行过程中可能经历不同来源的变异，为了使退化模型具有实用性，更合适的方式是在退化过程中引入个体的差异。因此，认为参数向量θ中参数a为描述个体差异的随机效应，b为对所有个体来说相同的固定效应。为了简化，假设θ和$B(t)$是独立的，并且a服从正态分布$N(\mu_a, \sigma_a^2)$。

假设存在n个试验产品，第i个样品在时刻$t_{i1},\cdots,t_{im_i}$测量退化数据，其中m_i表示对第i个样品的测量次数，$i = 1,\cdots,n$。于是，第i个样品在第j个时刻t_{ij}的退化量为：

$$\mathrm{X}_i\left(t_{ij}\right) = \phi\left(t_{ij}\right)a_i + \sigma_B B\left(t_{ij}\right) \tag{5.52}$$

式中：$j = 1,\cdots,m_i$，a_i是服从$N(\mu_a, \sigma_a^2)$的独立同分布随机变量。

从模型M_3和模型M_4中可知，对应的$\phi(t)$分别为$\phi(t) = t^b$和$\phi(t) = \exp(bt) - 1$。模型M_2作为模型M_3的特例，按照模型M_3的方法求解。令$T_i = (T_{i1},\cdots,T_{im_i})^T$，$T_{ij} = \phi\left(t_{ij}\right)$，以及$x_i = \left(x_i\left(t_i\right),\cdots,x_i\left(t_{im_i}\right)\right)^T$，令$X$为$X_i(i = 1,\cdots,n)$组成的所有退化数据。根据式(5.40)以及Wiener过程的独立增量特性，可知X_i服从多元正态分布，其均值和方差分别为

$$\mu_i = \mu_a T_i, \sum_i = \Omega_i + \sigma_a^2 T_i T_i \tag{5.53}$$

其中

$$Q_{i} = \begin{bmatrix} t_{i,1} & t_{i,1} & \cdots & t_{i,1} \\ t_{i,1} & t_{i,2} & \cdots & t_{i,2} \\ \vdots & \vdots & \vdots & \vdots \\ t_{i,1} & t_{i,2} & \cdots & t_{i,m_i} \end{bmatrix}, \Omega_i = \sigma_B^2 Q_i \tag{5.54}$$

根据不同的样品退化测量之间的独立性假设，参数$\theta = (\mu_a, \sigma_a^2, \sigma_B^2, b)^T$的对数似然函数可表示为

$$l(\theta|x) = \frac{-\ln(2\pi)}{2}\sum_{i=1}^{n} m_i - \frac{1}{2}\sum_{i=1}^{n}\ln\sum_i - \frac{1}{2}\sum_{i=1}^{n}\left(X_i - \mu_a T_i\right)^T \sum_i^{-1}\left(X_i - \mu_a T_i\right) \tag{5.55}$$

其中

$$\left|\sum_i = \left|\Omega_i\right|\left(1 + \sigma_a^2 T_i^T \Omega_i^{-1} T_i\right)\right| \tag{5.56}$$

$$\sum_i^{-1} = \Omega_i^{-1} - \frac{\sigma_a^2}{1 + \sigma_a^2 T_i^T \Omega_i^{-1} T_i}\Omega_i^{-1} T_i T_i^T \Omega_i^{-1} \tag{5.57}$$

u_a和σ_a取一阶偏导数，得到

$$\frac{\partial l(\theta|X)}{\partial \mu_a} = \sum_{i=1}^{n} T_i^T \sum_i^{-1} X_i - \mu_a \sum_{i=1}^{n} T_i^T \sum_i^{-1} T_i \tag{5.58}$$

$$\frac{\partial l(\theta|X)}{\partial \sigma_a} = -\sum_{i=1}^{n}\frac{\sigma_a T_i^T \Omega_i^{-1} T_i}{1 + \sigma_a^2 T_i^T \Omega_i^{-1} T_i} + \sum_{i=1}^{n}\left(X_i - \mu_a T_i\right)^T \sum_i^{-1}\left(X_i - \mu_a T_i\right) \tag{5.59}$$

令式(5.59)的右边为0，式(5.59)得不到显式结果。因此，对给定的取值σ_a、σ_B、b，令关于μ_a的公式(5.58)为0，得到μ_a的似然估计如下：

$$\hat{\mu}_a = \frac{\sum_{i=1}^{n} T_i^T \sum_i^{-1} X_i}{\sum_{i=1}^{n} T_i^T \sum_i^{-1} T_i} \tag{5.60}$$

于是根据估计的μ_a得到σ_a^2、σ_B和b的截面对数似然函数为[186]。

$$\begin{aligned} l\left(\sigma_B, b, \sigma_a | X, \hat{\mu}_a\right) = & -\frac{\ln(2\pi)\sum_{i=1}^{n} m_i}{2} - \\ & \frac{1}{2}\sum_{i=1}^{n}\ln\left|\sum_i\right| - \frac{1}{2} \\ & \left\{\begin{aligned} & \sum_{i=1}^{n} X_i^T \Omega_i^{-1} X_i - 2\frac{\sum_{i=1}^{n} T_i^T \sum_i^{-1} X_i}{\sum_{i=1}^{n} T_i^T \sum_i^{-1} T_i}\sum_{i=1}^{n} T_i^T \sum_i^{-1} X_i \\ & + \left(\frac{\sum_{i=1}^{n} T_i^T \sum_i^{-1} X_i}{\sum_{i=1}^{n} T_i^T \sum_i^{-1} T_i}\right)^2 \sum_{i=1}^{n} T_i^T \Omega_i^{-1} T_i \end{aligned}\right\} \end{aligned} \tag{5.61}$$

非线性Wiener过程退化模型参数的估计：首先对σ_B、b、σ_a赋予初值，通过遍历搜索式(5.61)的最小值可得到σ_B、b、σ_a的估计。

拟合优度检验用于确定多个退化过程模型建模时的优劣程度。信息准则是评价模型的一类方法。通常有BIC准则、AIC准则和DIC准则等几种典型的信息准则。

对于大样本的数据，采用BIC准则来衡量模型的拟合优良性，其定义如下

$$BIC = k\ln(n) - 2\ln(L) \tag{5.62}$$

其中k是模型参数的数量，L是似然函数，n为样本数量。通过计算模型的BIC指标选择值最小的模型为最优模型。

5.4 柱塞泵性能退化过程建模实例

现以Kang等[190]提出的某型号五台柱塞泵的性能退化试验数据为对象，其额定工作压力为28 Mpa，转速为2000～4000 r/min。失效阈值是2.8 L/min。泄漏量数据如图5-1所示。

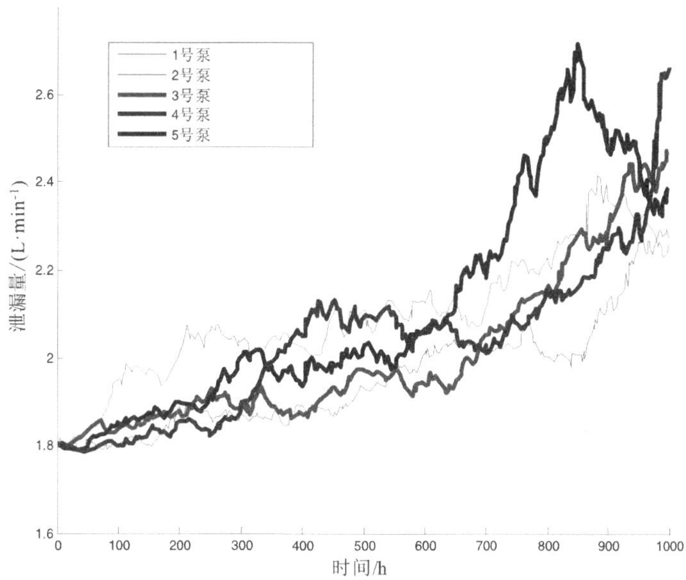

图5-1 柱塞泵泄漏量曲线[176]

利用本章所提出的方法进行柱塞泵的退化过程建模，并且进行模型相关参数的估计。对柱塞泵的退化数据进行建模计算，所得结果如表5-1、表5-2、表5-3所示。

表5-1 退化轨道模型计算结果

	模型描述	参数估计结果	BIC值
退化轨道模型	$X = a + bt_{ij}$ $a \sim N(\mu_a, \sigma_a^2)$ $b \sim N(\mu_b, \sigma_b^2)$ $\varepsilon_i \sim N(0, \sigma_\varepsilon^2)$	$\mu_a = 1.523$ $\sigma_a^2 = 0.0779$ $\mu_b = 9.3 \times 10^{-4}$ $\sigma_b^2 = 1.3946 \times 10^{-7}$ $\sigma_\varepsilon^2 = 0.0283$	38.3162

表5-2 Gamma退化过程模型计算结果

	模型描述	参数估计结果	BIC值
Gamma退化过程模型	平稳Gamma过程模型，形状、尺度参数分别为α和β	$\sigma_\varepsilon^2 = 0.0283$ $\alpha = 0.0065$ $\beta = 0.0948$	36.8027

由表格可知，本章所讨论退化过程模型中不考虑随机效应Wiener过程模型的BIC值最小的情况。由拟合优度检验可知，当柱塞泵退化模型选择$X(t) = \mu t + \sigma B(t)$（$\mu$、$\sigma$为常数）时模型拟合效果最优。

表5-3 Wiener退化过程模型计算结果

	模型描述	参数估计结果	BIC值
Wiener退化过程模型	$X(t) = \mu t + \sigma B(t)$，$\mu$、$\sigma$为常数	μ=0.0024 $\sigma^2 = 1.2067 \times 10^{-4}$	16.8257
	$X(t) = \mu t + \sigma B(t)$ $\mu \sim N(v, \sigma_v^2)$，$\sigma$为常数	$v = 0.0014$ $\sigma_v^2 = 3.0701 \times 10^{-7}$ $\sigma^2 = 0.0096$	22.4049
	$X(t) = \mu t + \sigma B(t)$，假设$D=\sigma^2$服从逆Gamma分布且$\mu \mid D \sim N(v, \eta D)$	$\alpha = 1.823 \times 10^{-4}$ $\beta = 2.3903$ $v = 0.0024$ $\eta = 1.8863 \times 10^{-4}$	33.9789

5.5 本章小结

本章针对能够建模性能退化数据的退化轨道模型、Gamma过程模型、带有线性和非线性漂移的Wiener过程模型，介绍了相应模型的基础理论和建模方法。退化轨道模型的建模思想与对设备进行统计分析的方式基本一致，即对退化数据进行回归分析并进行相似曲线的拟合。在退化轨道模型的建模中，考虑模型存在初始参数，且退化速率和测量误差都服从随机分布的情形，得到了其概率密度函数和分布函数，最后使用两阶段法对模型参数进行了估计。用平稳的Gamma过程进行柱塞泵退化过程的建模，根据首达时间的意义讨论了Gamma过程分布函数和概率密度函数，并且使用矩估计法进行了参数估计。在Wiener过程模型的建模中，使用三种模型进行了退化过程建模，分别得到分布函数和概率密度函数，使用极大似然法、自助法和两阶段法分别进行了参数估计。最后借助参考文献中的数据，利用柱塞泵的泄漏量数据构建了退化轨道模型、Gamma过程模型、带有线性和非线性漂移的Wiener过程的柱塞泵性能退化过程模型，并从多个模型中依据BIC值选出了最佳的柱塞泵性能退化过程模型，分析了模型的合理性。获得柱塞泵性能退化过程模型后，可进一步分析其退化过程的分布、预测其剩余使用寿命，并可做相应的健康管理优化分析。

第6章 数据与退化机理结合的设备可靠性建模

根据对系统运行机理认识程度的不同,建模方法可分为白箱模型法、灰箱模型法和黑箱模型法三类。白箱模型一般指系统的运行机理非常清晰,依据一定的物理或化学定律就可以解析其运行过程,其运行机理能通过模型定量描述。白箱模型是指在能够依据所掌握的知识了解所研究的对象的内部运动变化规律的情况下,运用数学工具建立的能够明确反映输入信息与输出信息内在联系的模型。其最大的特点在于不仅可以通过机理模型掌握输入信息与输出信息之间的内在联系,继而对新的输入信号给出预计的输出,而且可以从模型获取输入与输出信息之间有相互依存关系的信息。这种模型具有很高的透明度,其物理直观性很好,一般可获得输入与输出信息之间明确的函数关系。对于系统退化过程而言,白箱模型意味着系统的退化机理清晰,可以通过一定的数学方程定量描述。但是一般情况下,机械系统的退化过程是一个缓慢的渐变过程,掺杂着复杂的物理或化学变化,很难用清晰的数学模型定量描述,因而白箱模型相对很少。与之截然相反的黑箱模型视系统机理为未知,则完全依靠运行过程的性能特征数据建模,通过大量数据来提取其退化规律,完全采取数据驱动的建模分析方法,结果的准确性与模型的选择、算法计算精度、样本量的选取及建模者的知识积累等存在密切关系。黑箱模型由于对机理缺乏认识而不依赖机理,完全依靠大量数据的分析方法,也是对机理解析存有困难的对象所常用的分析方法,特别近年来随着大数据、人工智能技术的发展黑箱模型被广泛地应用于多种对象。

介于白箱和黑箱之间的灰箱模型又称半机理模型,是指对系统运行机理的认识不够全面,依据系统运行的部分机理或主要机理构建的模型。灰箱模型一般对于运行机理有一定深度的理解,并能通过有限的数学模型在一定程度上定量地描述系统运行变化过程,但是仍对部分系统的机理暂不清晰或者不能准确地用数学模型描述其全面的运行变化过程。往往已知的部分机理对建模观测量和模型结构的选取有一定的导向作用,结合观测数据和经验知识,将两者融合起来建模,模型所需观测数据量相对于黑箱模型较少,模型的准确性较高,这在一定程度上反映了选取参数对模型输出结果的物理解释。灰箱模型视对系统运行机理认知程度的不同,可将其分为半定性机理模型和半定量机理模型。半定性机理模型可以认为是依据长期观测现象或者经验规律对退化过程进行定性机理分析的模型,其缺乏定量的模型表达式。半定量机理模型可认为是对退化过程有一定的定量分析的模型,但是该模型对机理的解释仍不全面。这两种模型反映了人们对设备退化过程认知程度所处的阶段不同，随着认知程度的加深两种模型均会向着白箱模型方向发展。

因此，将机理模型与观测数据结合起来，形成动态数据驱动、机理导向、多粒度大数据分析融合的灰箱建模方法，能更好地解决复杂实际系统中遇到的问题。

6.1　灰箱建模方法

本节主要研究灰箱建模思想在设备性能退化过程建模中的应用。

对于半定量机理模型，假设某系统与性能指标相关的不完全退化机理方程为$l(t)$，其性能随运行时间t逐步退化，退化强度与状态参数p、q、s相关。机理模型$l(t)$不能完全定量表征对象退化指标变化，其函数解析结构已知，状态参数作为函数的协变量。从中可以发现导致退化增强的影响因素，以此为导向构建退化模型存在一定局限性，但是在能够判定这些因素是主要影响因素的前提下，以此构建的退化模型能够反映对象的退化趋势。因此，按照灰箱模型建模思想并结合数据驱动方法可以将退化指标$X(t)$表示为p、q、s为协变量的随机模型。

$$l(t)=f(t|p,q,s) \tag{6.1}$$

$$X(\cdot|\theta)=g\left(f(t_i|p_i,q_i,s_i)|\theta\right) \tag{6.2}$$

$g(\ )$中t_i表示第i个观测时间，p_i, q_i, s_i为第i个观测时刻的状态观测量。应用观测指标x_i拟合退化模型，进而估计参数θ，根据$f(t)$的函数结构获得设备的退化轨迹。其中轨迹曲线$g(\ )$的选择对于定量机理而言，可根据定量机理模型结构构造拟合函数。

对于半定性机理模型而言，观测指标能够定性地表征性能退化过程，但是缺乏观测量与退化指标之间的明确的函数对应关系。其中轨迹曲线$g(\ )$的选择参考确定的拟合曲线获得函数参数，观测指标可以是一维或多维的，这与完全依赖数据的黑箱模型之间存有差异。

$$X(\cdot|\theta)=g\left(t_i,p_i,q_i,s_i|\theta\right)$$

下面就分别以外啮合齿轮泵和柱塞泵性能退化过程建模为例，从退化机理分析到数据驱动的灰箱建模来阐述融合机理和数据的性能退化过程建模方法，其中齿轮泵性能退化过程建模基于温升指标定性机理分析，柱塞泵性能退化分析是基于泄漏量计算模型，因此为定量机理建模方法。

6.2 定性机理建模实例

6.2.1 齿轮泵退化机理分析

齿轮泵因具有结构简单紧凑、自吸性好、抗污染能力强等优势被广泛地应用于机床、航空、铁路等各种液压系统中[191]。工作时齿轮泵输入功率的主要部分驱动液压系统做有用功,其少量动能因传动过程损耗而转变为热能,造成动能耗散。其主要损耗转换为热能,表现为油液以及齿轮泵的温度升高,因此齿轮泵的损失功率也可视为齿轮泵的产热功率[192]。随着齿轮泵累计运行时间的增加,接触齿面、齿轮端面、齿顶与内曲面表面等由于瞬间刚性接触及油液中固体颗粒等造成累积磨损,摩擦产生的热损失亦随之增加。磨损加剧一方面会使摩擦副表面发生脱落,进而导致油液的污染物积累增加,这些污染物在各摩擦副表面上持续磨损,进一步使磨损程度加剧,致使摩擦副表面的配合间隙变大,容积损失增加。另一方面磨损面出现的金属剥离使摩擦副表面粗糙度增大,进而导致各摩擦副表面之间的机械摩擦增大,齿轮泵的机械摩擦损失增加。两方面综合作用使得齿轮泵的效率随运行时间降低,功率损失逐渐增加。

齿轮泵的损失功率也可视为齿轮泵的产热功率。依据造成齿轮泵功率损失的原因,将功率损失分成机械损失和容积损失。在齿轮泵的运行过程中,由于各摩擦副表面之间存在机械摩擦且齿轮泵中流动的液压油会产生一定的黏性阻力,导致齿轮泵产生机械摩擦损失。由于齿轮泵的各个摩擦副表面之间具有一定的间隙,会产生一定的内泄漏,造成齿轮泵的容积损失。

齿轮泵的机械摩擦损失主要包括干摩擦损失、常值摩擦损失以及黏性摩擦损失。在齿轮泵工作运转中,为了克服这些摩擦力,齿轮泵轴上需要额外的转矩。该转矩没有做任何有用功,全部用来发热,因此被称为转矩损失或机械摩擦损失。

(1) 干摩擦损失 ΔP_u

干摩擦损失是指齿轮泵在运行过程中各个金属材料部件之间直接接触引起的摩擦损失,其大小主要与摩擦系数和负载压力有关,其损失功率可简单表达为[193]:

$$\Delta P_u = C_u p Q_m n \tag{6.3}$$

式中,C_u 为干摩擦系数,p 为负载压力,Q_m 为齿轮泵排量,n 为输入转速。

(2) 常值摩擦损失 ΔP_c

常值摩擦损失指的是由转轴密封装置等与齿轮泵尺寸相关的部位所产生的摩擦损失,其大小仅与齿轮泵的结构尺寸有关,其损失功率可简单表达为:

$$\Delta P_c = p_c Q_m n \tag{6.4}$$

式中，p_c为常值摩擦压力。

(3) 黏性摩擦损失ΔP_n

黏性摩擦损失是指由于齿轮泵的内部存在机械摩擦间隙，内部部件在进行相对运动时油液流经间隙时所产生的黏性摩擦损失，其损失功率可简单表达为

$$\Delta P_n = C_n \mu Q_m n^2 \tag{6.5}$$

式中，C_n为黏性摩擦系数，μ为油液动力黏度。

若P_{ideal}为齿轮泵的理论功率，ΔP_{η_m}为机械功率的损失，则齿轮泵的机械效率η_m可表示为：

$$\Delta P_{\eta_m} = \Delta P_u + \Delta P_c + \Delta P_n \tag{6.6}$$

$$\eta_m = \frac{P_{\text{ideal}}}{P_{\text{ideal}} + \Delta P_{\eta_m}} \tag{6.7}$$

在实际运行过程中，摩擦磨损会导致齿轮泵的运动副表面粗糙程度增加，摩擦系数也会随之增大，通过对上式分析可知，摩擦系数增大会造成转矩损失增大，机械效率降低，齿轮泵不断发生退化直至失效。

(4) 容积损失

齿轮泵容积损失是由齿轮泵泄漏导致的，齿轮泵泄漏主要分为齿轮泵端面泄漏、齿轮泵径向泄漏以及齿轮啮合处泄漏。为方便分析齿轮泵的容积损失，本小节将对齿轮泵的泄漏模型进行简化。

在理想状态下，齿轮泵端面间隙的泄漏模型可以近似为两个平板间的缝隙流动，仅考虑压差对缝隙流动的影响，依据流体力学相关知识可以得到齿轮泵端面的泄漏量ΔQ_s以及齿轮泵径向间隙的泄漏量ΔQ_δ。

齿轮泵端面泄漏量ΔQ_s：

$$\Delta Q_s = \frac{b h_1^3 \Delta P}{12 \mu l_1} \tag{6.8}$$

式中，μ为油液黏度，ΔP为压差，b为端面间隙宽度，h_1为端面间隙，l_1为端面间隙长度。

齿轮泵径向间隙泄漏ΔQ_δ：

$$\Delta Q_\delta = \frac{\pi d h_2^3 \Delta P}{12 \mu l_2} \tag{6.9}$$

式中，μ为油液黏度，ΔP为压差，d为径向间隙的直径，h_2为径向间隙，l_2为径向间隙的长度。

由于齿轮啮合处泄漏量相对较小，在计算总泄漏量时将其忽略，因此总泄漏量ΔQ可以表示为：

$$\Delta Q = \Delta Q_\delta + \Delta Q_s = \frac{\Delta P}{12\mu}\left(\frac{bh_1^3}{l_1} + \frac{\pi d h_2^3}{l_2}\right) \tag{6.10}$$

若 Q_V 为额定条件下齿轮泵的理论排量，则齿轮泵容积效率 η_v 为：

$$\eta_v = \frac{Q_V - \Delta Q}{Q_V} \tag{6.11}$$

在实际运行过程中，摩擦磨损会使齿轮泵的端面间隙与径向间隙变大，由式(6.10)可知，齿轮泵端面间隙与径向间隙变大会导致齿轮泵泄漏量增加，容积效率减小，最终造成齿轮泵性能严重退化，直至失效。

综上分析可知，随着累计运行时间的增加，齿轮泵各个摩擦副摩擦磨损加剧，导致机械效率和容积效率下降，功率损失增加。将齿轮泵的损失功率近似视为齿轮泵的产热功率，则有[194]：

$$\eta = \eta_v \eta_m \tag{6.12}$$

$$P_{产热} = P_{\text{loss}} = (1 - \eta) P_i \tag{6.13}$$

式中，$P_{产热}$ 为齿轮泵产热功率，P_{loss} 为齿轮泵损失功率，η 为齿轮泵的总效率，P_i 为齿轮泵输入功率。

由此可知，齿轮泵性能退化导致其效率降低，齿轮泵功率损失增大是造成齿轮泵发热的主要原因。齿轮泵的温度变化与齿轮泵的性能退化相关，随着齿轮泵的效率降低，齿轮泵产热会增加，此外环境温度的变化同样影响齿轮泵的温度变化。在齿轮泵效率保持不变的情况下，随着环境温度升高，齿轮泵热平衡温度也在不断升高。齿轮泵开始运行之前，其油液温度与环境温度保持一致。齿轮泵启动后开始产热，初始阶段由于产热功率大于散热功率，温度迅速升高，散热功率近似等于产热功率时，温度变化相对平稳，此时认为系统达到热平衡状态。因齿轮泵温度与环境温度的差值与齿轮泵散热功率近似呈线性关系，又因热平衡状态下产热功率与散热功率大小相等，因此选取齿轮泵与环境温度的温差作为退化量，既能较好地反映齿轮泵因功率损失造成的温度变化情况，又能剔除环境温度对齿轮泵温度的影响。虽然上述齿轮泵性能退化过程与其温度变化之间有一定数学解析模型，但是整个分析过程缺乏定量地描述其温度变化和性能退化之间解析模型，仍然属于定性的分析过程。

6.2.2　齿轮泵退化特征分析

就放置于室外环境中的齿轮泵而言，通过对试验齿轮泵温度数据与环境温度数据的相关性计算可知齿轮泵温度和环境温度高度相关。为剔除环境温度的影响，应提取温度变化数据的退化特征，结合热力学公式(6.14)和(6.15)进一步对齿轮泵温度和环境温度的关系进行分析。

$$\frac{dQ}{dt} = P_c - P_s \tag{6.14}$$

$$P_s = K_A\left(T_o - T_c\right) = K_A \Delta T \tag{6.15}$$

式中，Q为齿轮泵吸收的总热能，P_c为产热功率，P_s为散热功率。K_A为换热系数，T_o为齿轮泵温度，T_c为环境温度，ΔT为齿轮泵温度与环境温度之间的温差。

假设在不考虑齿轮泵性能退化，即产热功率不变的情况下，当环境温度升高时，齿轮泵温度与环境温度的温差减小，散热功率降低，热平衡状态被打破，为保持热平衡状态，齿轮泵温度逐渐升高，直至散热功率恢复到与产热功率相等时，齿轮泵又恢复到新的热平衡状态。该平衡状态的齿轮泵温度和环境温度虽然整体上升，但两者的温差仍保持上一平衡状态时的稳定温差ΔT。环境温度下降时则相反，齿轮泵温度与环境温度的温差增大，散热功率增加，导致齿轮泵温度也会下降，直至恢复到热平衡状态。也就是说，在不考虑功率损失变化的情况下，齿轮泵温度与环境温度的温差ΔT在热平衡状态下是保持动态稳定的。

然而在实际的运行状况下，齿轮泵的功率损失是随着运行时间增加而增加的，因此齿轮泵的产热功率也随之增加。随着运行时间的增加，齿轮泵性能退化程度加剧，功率损耗增大，产热功率随之增加，因设备处于长期运行状态即处于热平衡状态下，产热功率与散热功率大小相等，又由式(6.15)可知，在换热系数为常数时，齿轮泵温度与环境温度的温差ΔT与齿轮泵散热功率线性相关，因此选择温差ΔT作为退化量，既可以较好地反映齿轮泵的性能退化程度，又可以剔除环境温度的影响。齿轮泵温度与环境温度的温差ΔT如图6-1所示，纵坐标为齿轮泵油液温度与环境温度差，横坐标为齿轮泵启停次数。

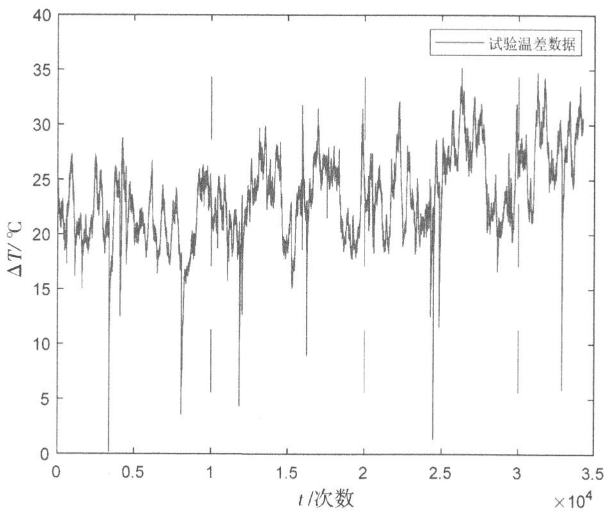

图6-1　齿轮泵温度与环境温度的温差数据

如图6-1所示，齿轮泵温度与环境温度的温差在15～35 ℃之间波动，图中有几个较正常波动范围低的点，这是试验过程中存在几次停机一段时间后再启机的情况造成的，由于停机齿轮泵停止产热，齿轮泵温度逐渐趋向环境温度，导致齿轮泵温度与环境温度的温差较低且趋向于0(由于启停过程对于齿轮泵的可靠性研究具有一定的价值，且其数据量较小不会对后续建模造成很大影响，故对该数据点给予保留)。该温差数据所表征出的齿轮泵性能退化过程由于受到运行条件、外部环境等随机因素的影响，温差数据表现出一定的随机波动，但在整体还是上呈现出上升趋势。总体来说，齿轮泵的性能退化过程是一个具有一定趋势的随机过程，可以选取随机过程模型来描述其退化过程。

Wiener过程由于其结构简单是退化建模中应用最广泛的一种随机模型。Wiener过程包含随机项和漂移项，运用Wiener过程模型中的随机项来描述温差数据的随机波动，运用漂移项来描述温差数据的整体上升趋势，可以较好地描述该数据的性能退化特征，因此可选择Wiener过程模型构建齿轮泵的性能退化过程模型。

6.2.4 齿轮泵性能退化过程建模

依据前述内容的分析可知，随着累计运行时间增加，齿轮泵磨损程度加剧，造成齿轮泵功率损失增大进而使其油液温度逐渐升高，因此齿轮泵温度变化可以作为描述齿轮泵性能退化的外部特征量。在考虑外界环境温度的影响下，为剔除环境温度的影响将齿轮泵温度与环境温度数据作差。若将换热系数近似为常数，那么齿轮泵温度与环境温度的差值大小与齿轮泵的散热功率线性相关。在系统达到热平衡的情况下，散热功率与产热功率大小相等，因此记齿轮泵温度与环境温度的差值$T_O(t)-T_C(t)$为$\Delta T(t)$，选择$\Delta T(t)$作为退化量可以较好地反映齿轮泵的产热功率变化情况即齿轮泵的性能退化过程。随着齿轮泵累计运行时间的增加，其整体退化趋势表现为$\Delta T(t)$增大，并且在运行过程中由于存在外界因素的影响，其变化过程呈现一定的随机性，因此选取带漂移项的Wiener过程模型来建立齿轮泵的退化过程模型。该退化过程模型可由式(6.16)表示。

$$\Delta T\left(t|p(t)\right)=\mu\left(t|p(t)\right)+\sigma B(t) \tag{6.16}$$

式(6.16)中的$\mu\left(t|p(t)\right)$表示Wiener过程模型的漂移项，用来描述齿轮泵温度变化的总体趋势。其中$p(t)$为压力数据，由退化机理分析可知齿轮泵性能退化过程与负载压力变化呈近似正比关系，因此引入压力工况数据。$\sigma B(t)$为Wiener过程模型的随机项，描述退化过程中的随机因素，其中$B(t)$为标准Wiener过程，σ为常数。考虑齿轮泵实际退化过程趋势变化的复杂性，无法用具体表达式进行表达，通常情况下对于漂移项$\mu\left(t|p(t)\right)$的确定可以选择基础的线性或非线性函数来描述该退化过程的增长趋势。故应建立多种函数形式的退化模型，通过结合统计学指标比较几种退化过程模型的拟合效果来确定最优的退化过程模型。本节选择线性函数、幂函数以及指数函数三种基础函数，分别对退化过程进行建模，下面为几种Wiener过程模型的具体建模过程。

首先建立齿轮泵性能退化的一元线性Wiener过程模型，线性模型为模型1，记为M1，其表达式如式(6.17)所示。

$$\mathrm{M1}:\Delta T\left(t|p(t)\right)=\mu\left(t|p(t)\right)+\sigma B(t) \tag{6.17}$$

模型1中的漂移项$\mu\left(t|p(t)\right)$采用时间的线性函数来描述，具体形式如下：

$$\mu\left(t|p(t)\right)=p(t)\left(k_1 t+k_2\right) \tag{6.18}$$

式(6.18)中，k_1、k_2为漂移项中的未知参数，σ为随机项中的未知参数。为求解漂移项与随机项中的参数，下面将采取两阶段法，首先采用最小二乘法确定模型中的漂移项，再依据最大似然估计法计算出随机项中的未知参数，最终获得总体的Wiener过程具体模型。两阶段估计方法的具体过程如下所示。

第一阶段：采用最小二乘估计法对漂移项中的参数k_1、k_2进行计算。首先构造函数$f\left(k_1,k_2\right)$，其函数的具体形式如式(6.19)。通过对函数$f\left(k_1,k_2\right)$中的未知参数进行偏微分，令$\frac{\partial f}{\partial k_i}=0$，进而使函数$f\left(k_1,k_2\right)$取得最小值。联立方程组$\frac{\partial f\left(k_1,k_2\right)}{\partial k_1}=0;\frac{\partial f\left(k_1,k_2\right)}{\partial k_2}=0$，求解方程组可解得$k_1$、$k_2$。

$$f\left(k_1,k_2\right)=\sum_{i=1}^{n}\left(\Delta T\left(t|p(t)\right)-\mu\left(t|p(t)\right)\right)^2 \tag{6.19}$$

解得$k_1=1.654\times10^{-5}$；$k_2=1.671$，将其带入漂移项中，由此便得到该线性模型的漂移项为：

$$\mu\left(t|p(t)\right)=p(t)\left(1.654\times10^{-5}t+1.671\right) \tag{6.20}$$

求得的漂移项与试验数据的拟合情况如图6-2所示。

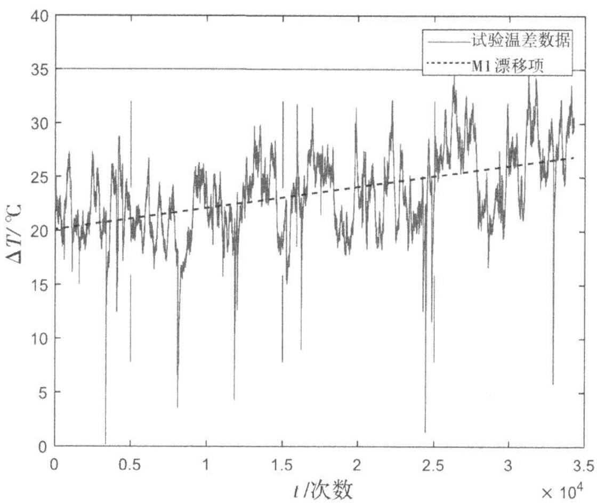

图6-2　M1漂移项

第二阶段：令$Z(t)=\Delta T\left(t|p(t)\right)-\mu\left(t|p(t)\right)=\sigma B(t)$，则$Z(t)$可视为漂移项为0的标准Wiener过程。根据标准Wiener过程具有独立增量过程的性质可知，对于$\Delta t=t_{i+1}-t_i$，有

$\Delta z(t)=Z\left(t_{i+1}\right)-Z(t_i)\sim N(0,\sigma^2)\Delta t$，则 $\Delta Z(t)$ 的对数似然函数由正态分布可表示为式(6.21)，应用最大似然估计法对 σ^2 求偏导可得式(6.22)，进而获得 σ 的估计值为0.0396。

$$L\left(\sigma^2\right)=-\frac{1}{2}\sum_{i=1}^{n}\left(\ln 2\pi\sigma^2+\frac{\left(\Delta Z_i(t)\right)^2}{\sigma^2\Delta t}\right) \tag{6.21}$$

$$\sigma^2=\sum_{i=1}^{n}\frac{\left(\Delta Z_i(t)\right)^2}{n\Delta t} \tag{6.22}$$

至此，齿轮泵的一元线性Wiener过程模型可以确定，经上述计算过程整理得到模型1如式(6.23)所示。

$$\mathrm{M1}:\Delta T\left(t|p(t)\right)=p(t)\left(1.654\times10^{-5}t+1.671\right)+0.0396B(t) \tag{6.23}$$

最终求得退化过程模型1与试验数据的拟合情况如图6-3所示。

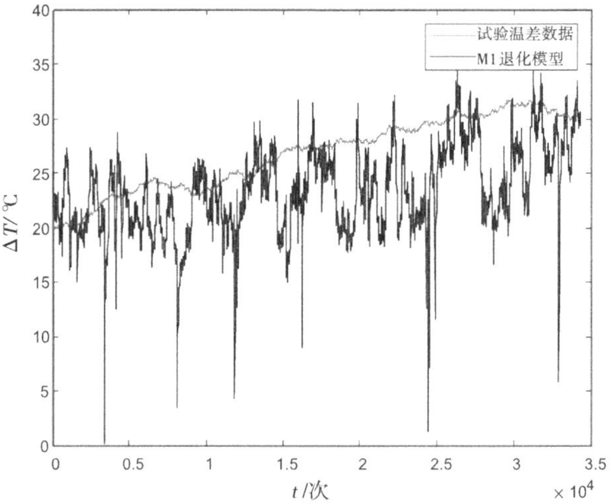

图6-3　M1退化模型

从图6-3可以看到，所建立的齿轮泵一元线性退化模型与齿轮泵性能退化试验所获取的数据吻合，该模型可以用来粗略地描述该齿轮泵的性能退化过程及其大致趋势。因此考虑建立该齿轮泵的非线性Wiener过程退化模型。

对于非线性Wiener过程退化模型其具体形式可表示为式(6.24)。式中 $m\left(t|p(t)\right)$ 表示非线性Wiener过程退化模型中的漂移项，根据非线性Wiener过程的定义可知 $m\left(t|p(t)\right)$ 为时间的非线性函数，$\sigma B(t)$ 为模型的随机项。

$$\Delta T\left(t|p(t)\right)=\int_0^t p(t)\mu(u)\,\mathrm{d}u+\sigma B(t)=m\left(t|p(t)\right)+\sigma B(t) \tag{6.24}$$

本节选取指数函数和幂函数两种常见的非线性函数来表示Wiener过程退化模型中的漂移项。分别建立模型2和模型3(记为M2、M3)来描述该齿轮泵的性能退化过程，模型2

和模型3的表达形式如下所示：

$$\mathrm{M2}{:}\Delta T\left(t|p(t)\right)=p(t)\left(\mathrm{e}^{k_1t+k_2}\right)+\sigma B(t) \tag{6.25}$$

$$\mathrm{M3}{:}\Delta T\left(t|p(t)\right)=p(t)\left(k_1\mathrm{e}^{k_2t}\right)+\sigma B(t) \tag{6.26}$$

非线性模型的具体建模过程与线性Wiener模型的建模过程相似，同样采用两阶段法。首先对固定效应退化过程的参数进行估计，再利用估计得到的参数值对随机效应分布参数进行估计。采用最小二乘法对非线性漂移项中的参数进行估计时，对于较复杂的包含两项未知参数的非线性函数可利用二维搜索算法进行估算，该方法可以在计算过程中避免求导和差分运算得到函数最小值从而计算出相关参数。通过最小二乘法计算得到模型2漂移项的参数结果$k_1=8.526\times10^{-6}$；$k_2=0.521$。由此得到模型2的漂移项可以确定为式(6.27)。

$$m\left(t|p(t)\right)=p(t)\exp\left(8.526\times10^{-6}t+0.521\right) \tag{6.27}$$

漂移项与试验数据的拟合情况如图6-4所示。

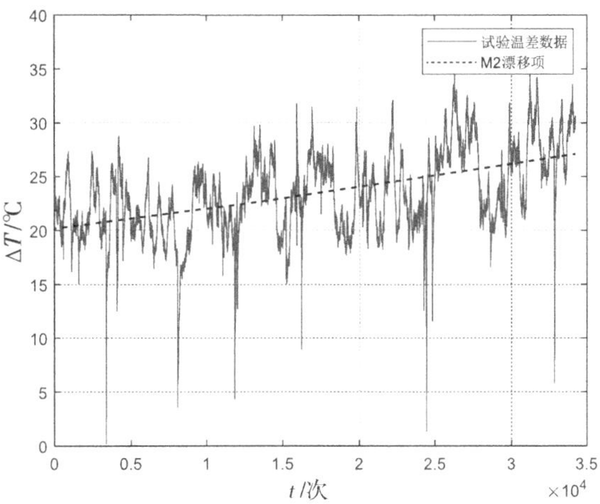

图6-4　M2漂移项

得到漂移项中的各参数结果后，对于随机效应中的参数σ的计算方法见式(6.21)与式(6.22)，通过公式计算解得$\sigma=0.0394$。

至此，齿轮泵指数函数形式的非线性Wiener过程退化模型可以确定，经上述计算过程整理得到模型2的表达形式如式(6.28)所示。

$$\mathrm{M2}{:}\Delta T\left(t|p(t)\right)=p(t)\exp\left(8.526\times10^{-6}t+0.521\right)+0.0394B(t) \tag{6.28}$$

计算所得的退化过程模型2与试验数据的拟合情况如图6-5所示：

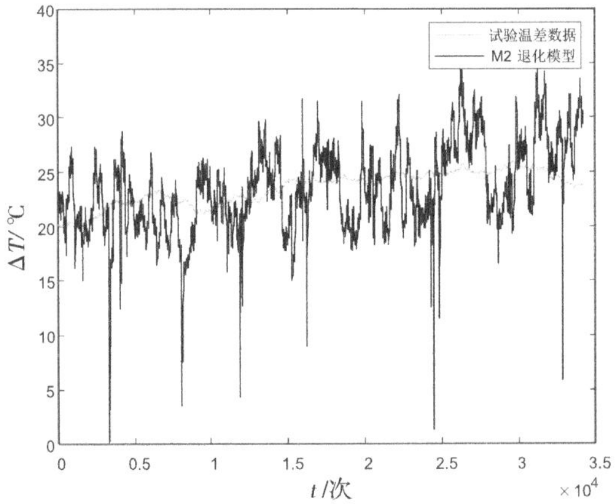

图6-5 M2退化模型

从图6-5可以看到所建立的指数函数形式的退化模型与齿轮泵性能退化试验所获取的试验数据拟合程度良好，该模型可以用来描述该齿轮泵的性能退化过程及其变化趋势。

模型3的建模过程与模型2的建模过程相似，不再对其进行赘述。由此参照模型2的退化模型建模过程对模型3进行退化模型建模及参数估计，可以得到模型3的漂移项如式(6.29)所示，其漂移项与试验数据拟合情况见图6-6。

$$m\left(t|p(t)\right)=p(t)\exp\left(8.526\times10^{-6}t+0.521\right) \tag{6.29}$$

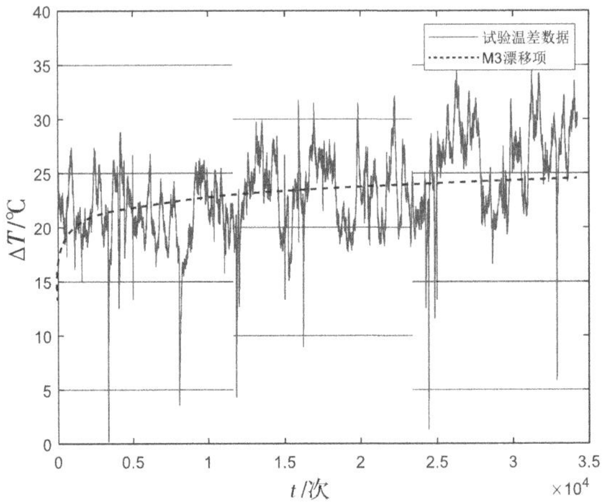

图6-6 M3漂移项

最终求得退化过程模型3的表达形式为式(6.30)，模型3与试验数据的拟合情况如图6-7所示。

$$\mathrm{M3}:\Delta T\left(t|p(t)\right)=p(t)1.094t^{0.059}+0.0394B(t) \tag{6.30}$$

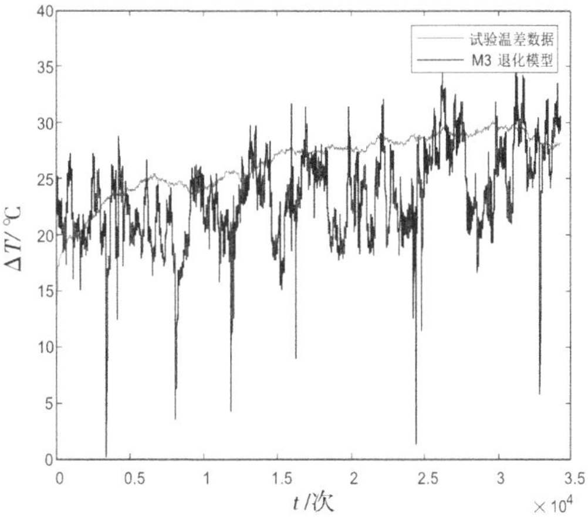

图6-7 M3退化模型

从图6-7可以看到所建立的幂函数形式退化模型与齿轮泵性能退化试验所获取的数据相吻合，该模型可以用来描述该齿轮泵的性能退化过程及其趋势。

将前面所建立的三种描述齿轮泵性能退化过程的Wiener过程退化模型经整理后汇总如下：

$$M1:\Delta T\left(t|p(t)\right)=p(t)\left(k_1t+k_2\right)+\sigma B(t)=p(t)\left(1.654\times10^{-5}t+1.671\right)+0.0396B(t)$$

$$M2:\Delta T\left(t|p(t)\right)=p(t)\left(e^{k_1t+k_2}\right)+\sigma B(t)=p(t)\exp\left(8.526\times10^{-6}t+0.521\right)+0.0394B(t)$$

$$M3:\Delta T\left(t|p(t)\right)=p(t)\left(k_1t^{k_2}\right)+\sigma B(t)=p(t)1.094t^{0.059}+0.0394B(t)$$

三种性能退化模型与试验数据的拟合情况如下图所示：

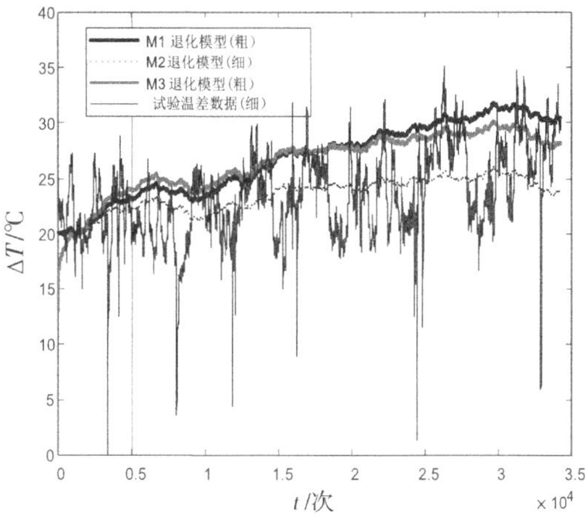

图6-8 三种退化模型的拟合情况

从图6-8中虽可以观测到模型2的拟合效果较好，但仅根据观测拟合图像无法准确地比较三个模型的优良性。为准确判断模型的优良性，从而得到最优的齿轮泵性能退化模型，下面借助几种常用的统计学指标对三种模型的优良性进行判断。

均方根误差(root mean squared error, RMSE):

$$E_{\mathrm{r,m,s}} = \sqrt{\frac{1}{n}\sum_{i=1}^{n}(y_i - \widehat{y_i})^2} \tag{6.31}$$

平均百分比误差(mean absolute percentage error, MAPE):

$$E_{\mathrm{m,a,p}} = \frac{100\%}{n}\sum_{i=1}^{n}\left|\frac{\widehat{y_i} - y_i}{y_i}\right| \tag{6.32}$$

平均绝对误差(mean absolute error, MAE):

$$E_{\mathrm{m,a}} = \frac{1}{n}\sum_{i=1}^{n}\left|y_i - \widehat{y_i}\right| \tag{6.33}$$

表6-1　统计学指标结果

统计指标	模型1	模型2	模型3
RMSE	0.4277	0.3349	0.4048
MAPE	0.2017	0.1440	0.1965
MAE	0.3225	0.3049	0.3194

通过对几种统计学指标的比较,从表6-1中可以看出模型2,即指数函数形式的齿轮泵性能退化模型拟合效果最好,其次是模型3幂函数模型,最后是模型1线性函数模型。因此选择指数函数形式的非线性Wiener过程模型作为基于温度参数的齿轮泵性能退化模型可以更好地描述齿轮泵的性能退化。由此得到最佳的齿轮泵性能退化模型为:

$$\Delta T\left(t|p(t)\right) = p(t)\exp\left(8.526 \times 10^{-6}t + 0.521\right) + 0.0394B(t) \tag{6.34}$$

依据实际工程经验,设定该齿轮泵的退化失效阈值 $T_l = 45$。根据前文对Wiener过程首达时间分布的解析形式的研究分析,可以得到该性能退化模型的密度函数和寿命分布函数的表达式如下所示:

$$f\left(t|p(t)\right) = \frac{T_l}{\sqrt{2\pi\sigma^2 t^3}}\exp\left(-\frac{\left(T_l - m\left(t|p(t)\right)\right)^2}{2\sigma^2 t}\right) \tag{6.35}$$

$$F\left(t|p(t)\right) = N\left(\frac{m\left(t|p(t)\right) - T_l}{\sigma\sqrt{t}}\right) + \exp\left(\frac{2m\left(t|p(t)\right)T_l}{t\sigma^2}\right)N\left(\frac{-T_l - m\left(t|p(t)\right)}{\sigma\sqrt{t}}\right) \tag{6.36}$$

将该齿轮泵性能退化模型中的各项具体参数代入上式,可以得到该齿轮泵的寿命分布函数如图6-9所示,概率密度函数如图6-10所示。从图6-10中可以看到该齿轮泵的寿命在制动67000次左右的概率最大。

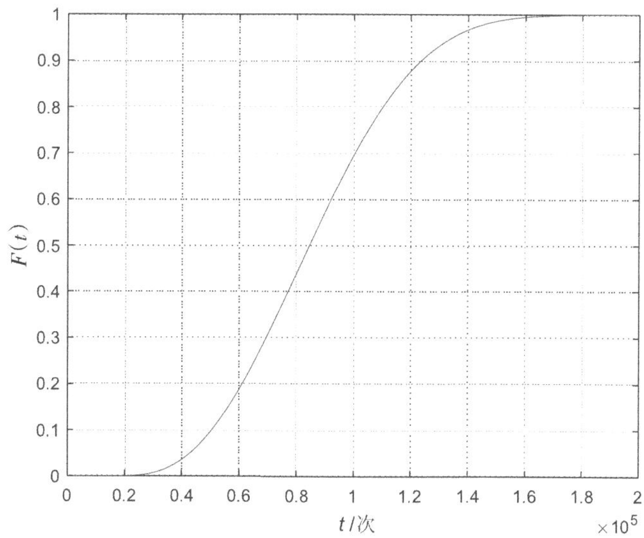

图6-9 寿命分布函数

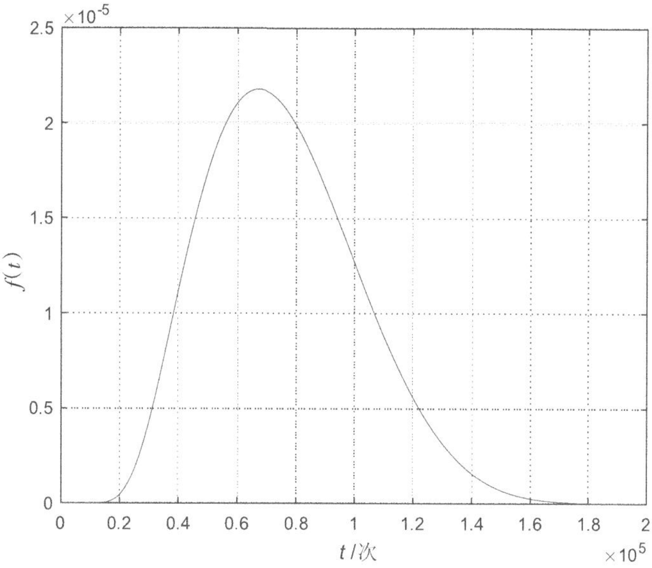

图6-10 概率密度函数

本节针对齿轮泵性能退化数据的退化特征引入Wiener过程，首先介绍了Wiener过程的基本性质与建模方法。其次在建模过程中采用了三种数学模型进行退化建模，并使用两阶段参数估计方法，利用最小二乘法和极大似然估计法分别对模型中的参数进行估计。最后通过比较统计学指标确定指数形式的非线性退化模型为最优的退化模型，并得到了该退化模型下齿轮泵的寿命分布函数和概率密度函数。本节内容可为齿轮泵的性能退化建模提供一定参考，同时也可为后续制定齿轮泵预防性维修策略提供模型及理论基础。

6.3 定量机理建模实例

6.3.1 柱塞泵性能退化过程分析

使用寿命是柱塞泵主要性能指标之一，柱塞泵早期的性能退化特征表现为容积效率随累积运行时间的增加而衰减且这种衰减不可逆转。研究及经验表明，容积效率衰减主要因关键摩擦副的机械累积损伤引起的泄漏量增加所致。柱塞泵的性能退化主要因内部关键摩擦副的退化所致。柱塞泵内部关键摩擦副主要有斜盘与滑靴构成的滑靴副、缸体与配流盘构成的配流副、柱塞与柱塞孔构成的柱塞副以及柱塞球头与滑靴球窝构成的球铰副。随着运行时间的累计增加，柱塞泵内部关键摩擦副的累积磨损及划伤等使得油膜间隙发生变化，油膜产生不稳定使得泵的内泄漏逐渐增加，进而使容积效率减小。关键摩擦副累积磨损引起的泄漏取决于摩擦副的结构尺寸、工作载荷等因素。因此，以泄漏量作为柱塞泵性能退化特征能够表征柱塞泵实时的退化状态，通过分析摩擦副的泄漏可为后续建模提供导向。

(1) 滑靴副泄漏量分析

液压油从柱塞中心孔流出进入柱塞与滑靴的油室，其中一部分到达滑靴与斜盘之间的油室，通过滑靴与斜盘的间隙外泄。假设滑靴底部与斜盘表面等效平行且间隙为δ，油液从滑靴底部流出到达斜盘的表面再向四周径向流动。

根据滑靴副的结构及工况参数，其泄漏流量为：

$$q_1 = \frac{\pi\delta^3(p_1 - p_2)}{6\mu\ln\frac{r_2}{r_1}} \tag{6.37}$$

式中，r_2为滑靴底部的外径，r_1为滑靴底部的油腔半径，δ为滑靴底部与斜盘表面的间隙，μ为油液的动力黏度，p_1为滑靴底部油腔的油液压强，p_2为柱塞泵壳内的油液压力。

(2) 配流副泄漏量分析

记缸体端面和配流盘之间的等效间隙为δ_1，配流盘的内密封带直径为R_1、R_2，配流盘的外密封带半径为R_3、R_4。类似地，可得配流副的泄漏流量为：

$$q_2 = \frac{\alpha\delta_1^3(p_1 - p_2)}{12\mu}\left(\frac{1}{\ln\frac{R_2}{R_1}} + \frac{1}{\ln\frac{R_4}{R_3}}\right) \tag{6.38}$$

式中，R_1、R_2、R_3、R_4分别为配流盘内外密封带的半径，δ_1为缸体端面与配流盘端面的间隙，μ

为油液的动力黏度，p_1为柱塞泵的工作压强，p_2为泵壳内的油液压强，α为高压区的柱塞分布角。

(3) 柱塞副泄漏分析

柱塞在实际工作中由于受到柱塞腔油液压力、滑靴反推力、柱塞离心力等的综合影响，柱塞与柱塞腔轴线不平行，而是存在一定的偏斜。设柱塞表面为理想圆柱面，则根据N-S方程，并忽略其中的微小量，可求得柱塞副的泄漏流量为：

$$q_3 = \frac{\pi D\left(p_1 - p_2\right)\delta_2^3}{12\mu L}\left(1 + 1.5\varepsilon^2\right) + \frac{\pi D u \delta_2}{2} \tag{6.39}$$

式中，D为柱塞直径，p_1为柱塞泵的工作压强，δ_2为柱塞孔半径与柱塞半径之差，L为柱塞位于柱塞孔中的长度，$L = l_0 + R_f \tan\gamma\left(1 - \cos\varphi\right)$，$R_f$为柱塞分度圆半径，$\gamma$为斜盘倾角，$\varepsilon$为偏心率，$l_0$为最小留缸长度，$\mu$为油液的动力黏度，柱塞速度$u = -\omega R_f \tan\gamma \sin\varphi$，$\varphi$为缸体转角。

(4) 球铰副泄漏分析

球铰副泄漏流量为：

$$q_4 = -\frac{\pi\delta^3\left(1 - \varepsilon^2\right)^3\left(p_r - p_0\right)}{3\mu\left(\begin{array}{l}\left(1 - \varepsilon\right)^3 \ln\dfrac{1 - \cos\theta_1}{1 - \cos\theta_2} - \left(1 + \varepsilon\right)^3 \ln\dfrac{1 + \cos\theta_1}{1 + \cos\theta_2} \\ -\varepsilon\left(1 - \varepsilon^2\right)\left(\dfrac{5 + 4\varepsilon\cos\theta_1 - \varepsilon^2}{\left(1 + \varepsilon\cos\theta_1\right)^2} - \dfrac{5 + 4\varepsilon\cos\theta_2 - \varepsilon^2}{\left(1 + \varepsilon\cos\theta_2\right)^2}\right) \\ +2\varepsilon\left(3 + \varepsilon^2\right)\ln\dfrac{1 + \varepsilon\cos\theta_1}{1 + \varepsilon\cos\theta_2}\end{array}\right)} \tag{6.40}$$

式中，D为柱塞直径，p_r为滑靴球窝内的压强，p_0为泵壳内的油液压强，$\delta = R_2 - R_1$，R_1为柱塞球头的半径，R_2为滑靴球窝的半径，θ_1、θ_2分别为竖直方向的包角，ε为偏心率（$\varepsilon = e/\delta$，e为球心的偏心距）。

对于柱塞泵，整体的瞬时泄漏流量为：

$$q = q_1 + q_2 + q_3 + q_4 \tag{6.41}$$

从上述各摩擦副的泄漏量计算可知，柱塞泵因长期运行磨损、划伤等使得其等效间隙累积变大，而其他结果参数不变。从式(6.41)可知，其总瞬时泄漏量与各摩擦副的等效间隙呈一次和三次方关系。因此可将柱塞泵视作灰箱系统，按定量机理分析方法参照泄漏量计算方程，采用数据驱动与机理结合的方法进行建模。假设其等效间隙σ与运行时间呈线性关系，则总泄漏量可等效为：

$$q(t) = q_0 + aut + \Delta p a^3 t^3 \tag{6.42}$$

其中，q_0——初始泄漏量；

a——四对摩擦副的等效退化率；

u——转速。

6.3.2 HP滤波分解

测量数据一般存在时间变异性、个体变异性和测量误差。其中时间变异性描述单个产品在退化过程中的内在变化；个体变异性描述了不同产品退化路径之间的异质性；在退化数据采集过程中，测量过程中通常会产生测量误差，主要是由不完善的工具、程序和环境所致。建模中采用随机过程模型来描述产品退化过程，随机过程模型也可以描述产品退化过程的时间变异性，而模型中参数的随机化可以刻画产品的异质性。

假设测量数据$Y(t)$主要由初始项$Q(0)$、趋势项$Q(t,\theta)$和周期性波动项$G(t)$构成，其中$G(t)$为高斯噪声。

$$Y(t)=Q(0)+Q(t,\theta)+G(t) \tag{6.43}$$

通过将测量数据$Y(t)$进行分解，去除随机噪声$G(t)$，对趋势项$Q(t,\theta)$进行建模，以获得更有效的退化过程模型。HP滤波法是一种时间序列在状态空间中的分析方法，相当于对波动方差的极小化，可以看作采用对称数据移动平均的方法原理设计了一个近似的高通滤波器。测量数据可看作是不同频率成分的叠加，HP滤波将测量数据中具有一定变化趋势的平滑序列分解为周期性波动数据和趋势数据。

设有观测序列$Y(t)=\{y_1,y_2,\cdots,y_n\}$，其趋势项为$Q(t)=\{q_1,q_2,\cdots,q_n\}$，周期性波动项为$G(t)=\{g_1,g_2,\cdots,g_n\}$，则$Y(t)=Q(t)+G(t)$。记损失函数为$M$，$G$被定义为$M$最小化时的解，即能使得$M$值最小的一系列$g$的取值。

$$\min(M)=\min\left\{\sum_{i=1}^{T}(y_i-q_i)^2+\lambda\sum_{t=3}^{T}\left[\left(q_i-q_{i-1}\right)-\left(q_{i-1}-q_{i-2}\right)\right]^2\right\} \tag{6.44}$$

其中λ为惩罚系数，当$\lambda=0$时，HP滤波退化为最小二乘法。而$\sum_{t=1}^{n}(Y_t-q_t)^2$刻画了趋势成分$q(t)$对$Y(t)$原序列的跟踪程度。$\sum_{t=3}^{T}[(q_t-q_{t-1})-(q_{t-1}-q_{t-2})]^2$刻画了所求趋势$q(t)$的光滑程度。为求极值，对$M$分别求$q_1,q_2,\cdots,q_n$的一阶导数，进一步得到：

$$Y(t)=[I+\lambda F]q(t)\text{或}G(t)=\lambda Fq(t)$$

式中F矩阵每一列的和都是0，I是单位阵，

$$F=\begin{pmatrix} 1 & -2 & 1 & \cdots & 0 & 0 \\ -2 & 4+1 & -2-2 & \cdots & 0 & 0 \\ 1 & -2-2 & 1+4+1 & \cdots & 0 & 0 \\ \cdots & \cdots & \cdots & \cdots & \cdots & \cdots \\ 0 & 0 & 0 & \cdots & 1+4 & -2 \\ 0 & 0 & 0 & \cdots & -2 & 1 \end{pmatrix} \tag{6.45}$$

通过上述HP滤波方法可将观测数据$Y(t)$分解为趋势项$Q(t)$和误差项$G(t)$，$Q(t)$可视

作柱塞泵的真实退化数据。

现以文献[38]中某型号航空柱塞泵为例来说明建模过程。试验柱塞泵的工况为输入转速2000～4000 r/min，额定压力28 MPa，共测量了五台柱塞泵随时间变化的泄漏流量数据，累积运行时间为1000 h。现任选其中一台泵的数据为例说明滤波分解过程。其中惩罚系数λ取14400，分解后趋势项$Q(t)$和周期性随机波动项$G(t)$如图6-11和图6-12所示。可以看出，分解后的趋势项较原始数据更光滑，周期性随机波动项是均值为0的随机量。

由于采用HP滤波将测量值中的随机误差项滤除后，剩余趋势项$Q(t)$可更接近柱塞泵的实际退化过程。因此，可以针对滤波后的趋势项采用Wiener过程模型来构建其退化模型及剩余使用寿命预测模型。

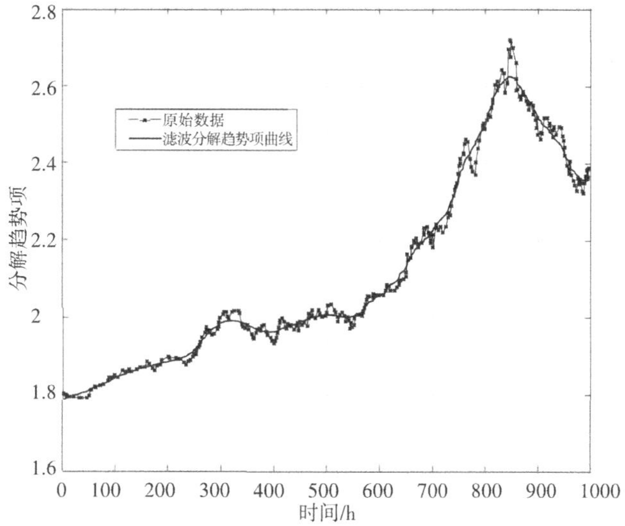

图6-11　趋势项曲线

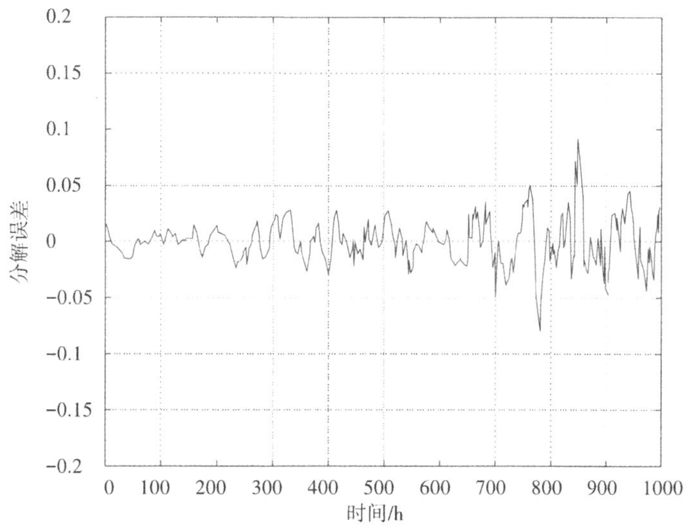

图6-12　随机波动项曲线

6.3.3 柱塞泵性能退化过程建模

根据滤波分解后的柱塞泵退化趋势数据,进一步构建柱塞泵退化过程模型。依上述所述,该柱塞泵的退化过程可采用带漂移的非线性Wiener过程建模。对于单个柱塞泵其退化过程的非线性Wiener模型可表述为:

$$q(t)=q(0)+m(t,\theta)+\sigma B(t) \tag{6.46}$$

为便于分析,进一步将上式转换为:

$$q(t)-q(0)=m(t,\theta)+\sigma B(t) \tag{6.47}$$

上式中$m(t,\theta)$表示非线性Wiener过程模型的漂移项,$\sigma B(t)$用于描述随机项,$B(t)$为标准Wiener过程,σ为常数。依据对柱塞泵泄漏量的分析,将总泄漏量$q(t)$视作分解后的趋势项数据,按照定量机理灰箱建模方法对(6.47)式变形如下:

$$q(t)-q(0)=Aut+\Delta pSt^3+\sigma B(t) \tag{6.48}$$

其中$A=a$,$S=(a+b)^3$,$m(t)=Aut+\Delta pSt^3$。

对于单个柱塞泵可采用分步估计方法分别估计漂移项和随机项的参数。具体简述如下:

第一步:采用最小二乘法估计漂移项$m(t,\theta)$的参数,将(6.48)式转换成构造函数$f_{\min}$,使得$f_{\min}$取得最小值,其中x_i为分解后的趋势项数据。

$$f_{\min}=\sum_{i=1}^{n}\left(m(t;\theta)-x_i\right)^2 \tag{6.49}$$

求解$f_{\min}$的最小值,可通过$\dfrac{\partial f}{\partial\theta_i}=0$,联立解方程可解得$a$和$b$。

$$\begin{cases}\sum_{i=1}^{N}\left(Aut_i^2+\Delta pSt_i^4\right)=\sum_{i=1}^{N}t_ix_i\\ \sum_{i=1}^{N}\left(Aut_i^4+\Delta pSt_i^6\right)=\sum_{i=1}^{N}t_i^3x_i\end{cases} \tag{6.50}$$

第二步:令$Z(t)=q(t)-m(t)=\sigma B(t)$,则$Z(t)$可视为漂移为0的线性Wiener过程,应用最大似然估计法可得(6.51)式,进而获得σ估计值。

$$\sigma^2=\sum_{i=1}^{n}\frac{\left(\Delta Z_i(t)\right)^2}{n\Delta t} \tag{6.51}$$

至此,对于单个柱塞泵而言,其退化过程模型可以确定。取u=3000 r/min,Δp=28 Mpa,经编程计算得出模型参数如下:

$a=1.677\times10^{-7}$,$b=2.0286\times10^{-6}$,$\sigma=0.004$。即

$$q(t)=1.7867+5.0312\times10^{-4}t+2.9962\times10^{-10}t^3+0.004B(t) \tag{6.52}$$

分解后的趋势项数据和Wiener过程模型漂移项数据的曲线如图6-13所示。可以看

出,所得漂移项曲线与柱塞泵泄漏量分解趋势项曲线相吻合。

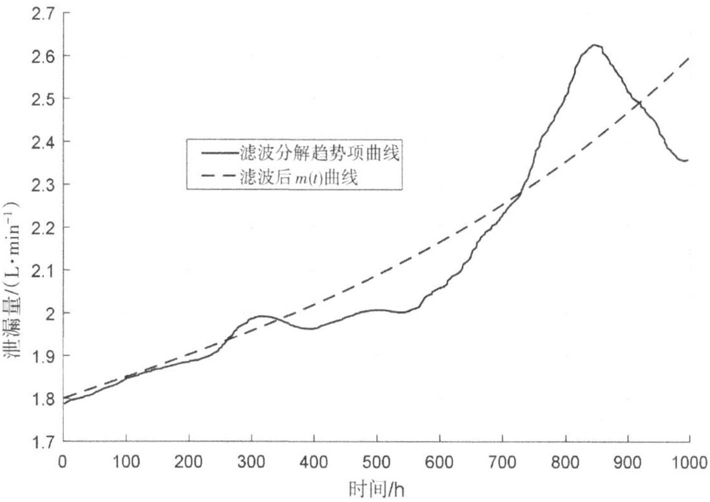

图6-13 趋势项-漂移项曲线

根据所确定模型,进一步可得其近似分布密度函数如下:

$$f(t) \cong \frac{1}{\sqrt{2\pi t^3 \sigma^2}}\left(l - q(0) - 2bt^3\right)\exp\left\{-\frac{\left(l - q(0) - Aut - \Delta pSt^3\right)^2}{2\sigma^2 t}\right\} \tag{6.53}$$

进一步可得其分布密度函数、可靠度函数及故障强度函数,对应曲线如图6-14、图6-15及图6-16所示。从两组曲线可看出,在前800 h该柱塞泵因退化引起失效的概率非常小,失效时间分布区间相对较小,失效可能发生的时间较为集中。因而在仅考虑退化失效的情况下,适宜对柱塞泵进行定期维修或更换。

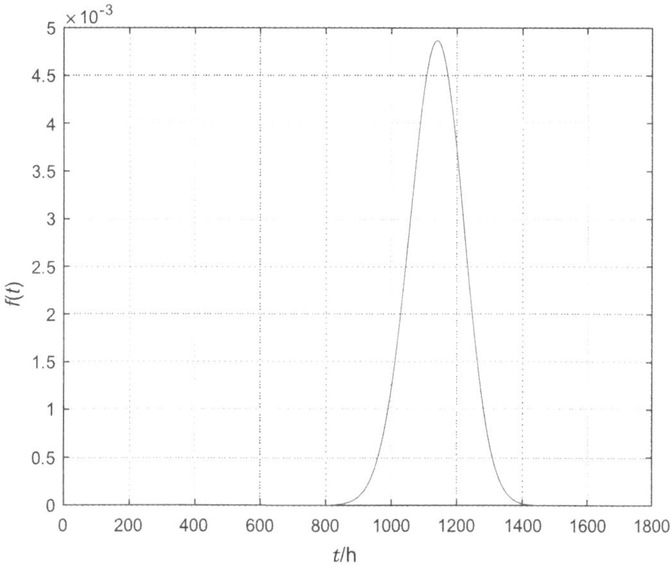

图6-14 分布密度函数曲线

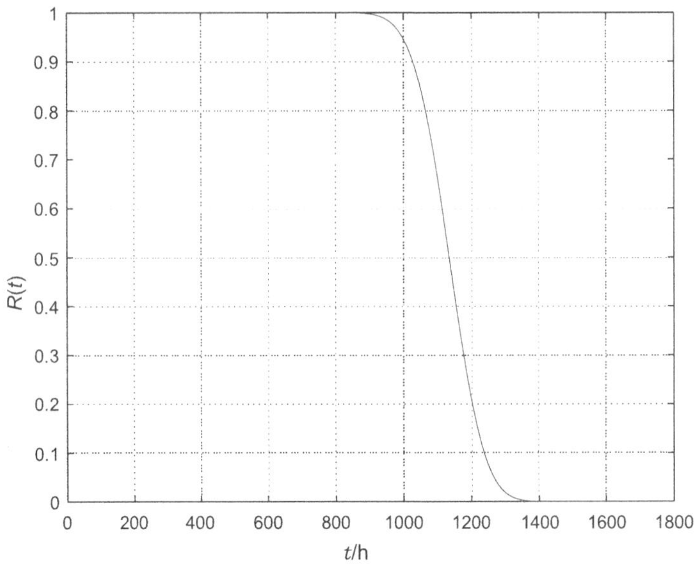

图6-15　可靠度函数曲线

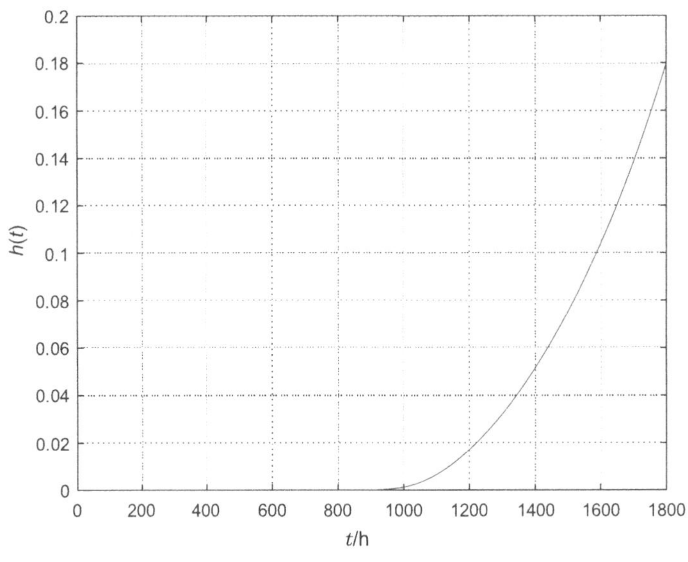

图6-16　故障强度函数曲线

6.3.4　结果分析

图6-17为HP滤波分解去除随机误差项的趋势项曲线及使用HP滤波分解前后采用Wiener过程建模所得的漂移项曲线。可以看出，去除误差项后所得趋势项曲线较为光滑，与HP滤波分解前后的漂移项曲线趋势相近，滤波分解后漂移项数值略大于未滤波分解时的数值，能够反映观测数据的变化趋势。HP滤波分解的目的为更真实反映柱塞泵的退化情况，漂移项中不包含随机变量部分，其合理性需结合密度函数和可靠度函数及观测数据做进一步分析。

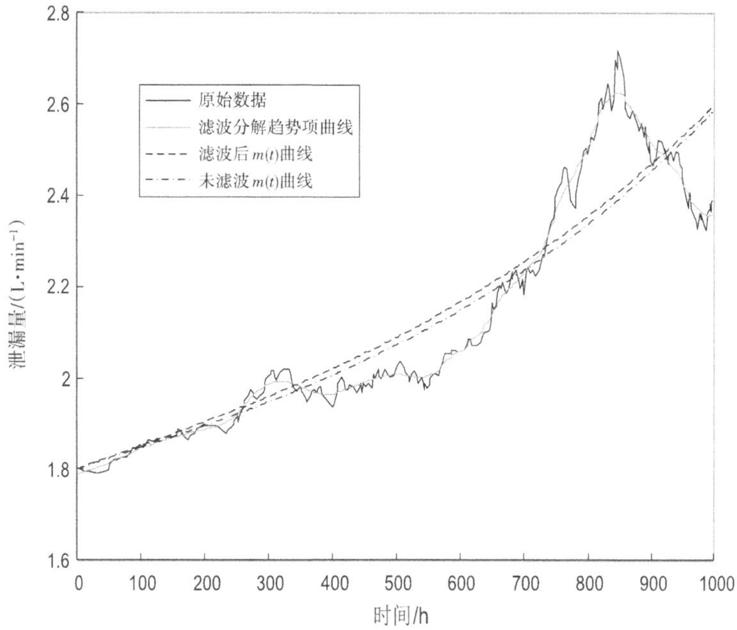

(a)柱塞泵Ⅰ

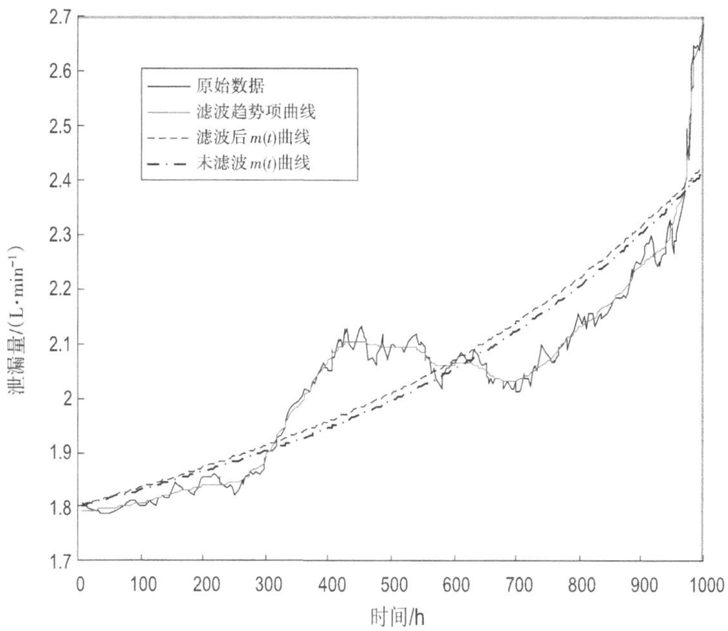

(b)柱塞泵Ⅱ

图6-17 原始曲线及模型曲线

将失效分布密度函数和可靠度函数结合能更进一步说明柱塞泵失效规律。图6-18和6-19为柱塞泵失效密度分布函数曲线和可靠度曲线。可以看出,未经HP滤波分解所得失效时间均值约为1120 h,方差较大。经HP滤波分解后所得模型均值约为1150 h,方差较小。从可靠度分析,滤波分解后的结果显示工作900 h时因退化失效的概率小于1%,而未滤波分解的结果显示接近30%的概率失效。测量数据显示，在工作900 h对应的泄漏量为2.21，与失效阈值2.8差距较大。经验亦表明，柱塞泵因退化引起的失效时间相对集中，这进一步说明了HP滤波分解的必要性和合理性。

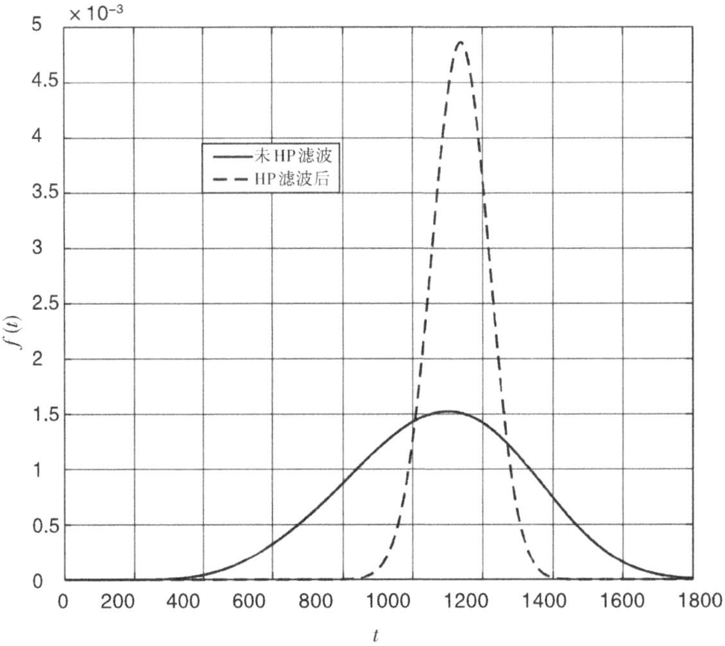

(a)柱塞泵Ⅰ

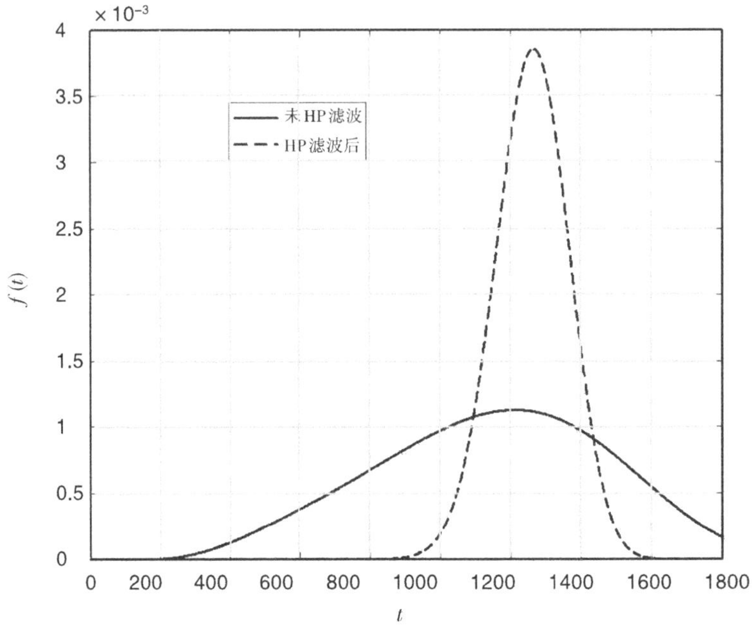

(b)柱塞泵Ⅱ

图6-18　柱塞泵失效密度分布函数曲线

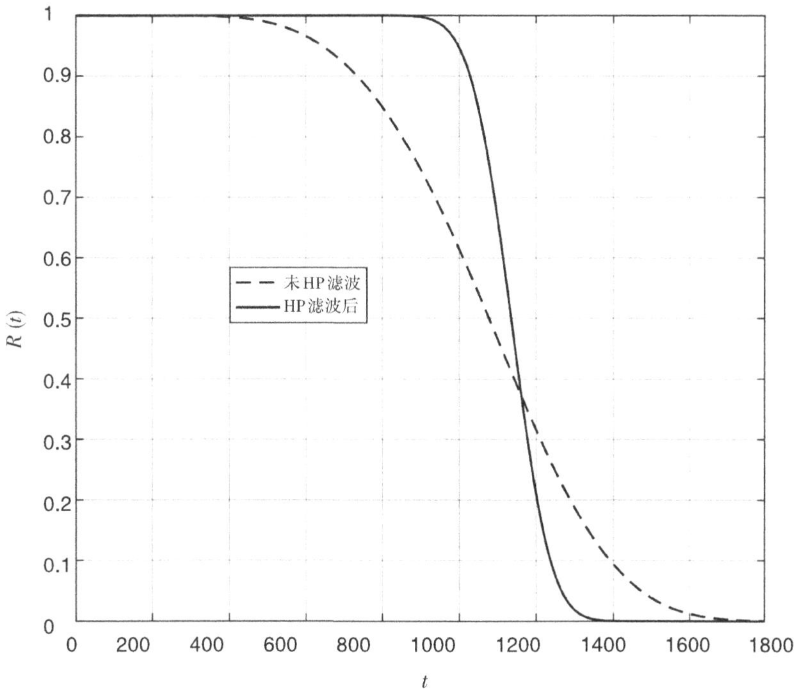

(a)柱塞泵Ⅰ

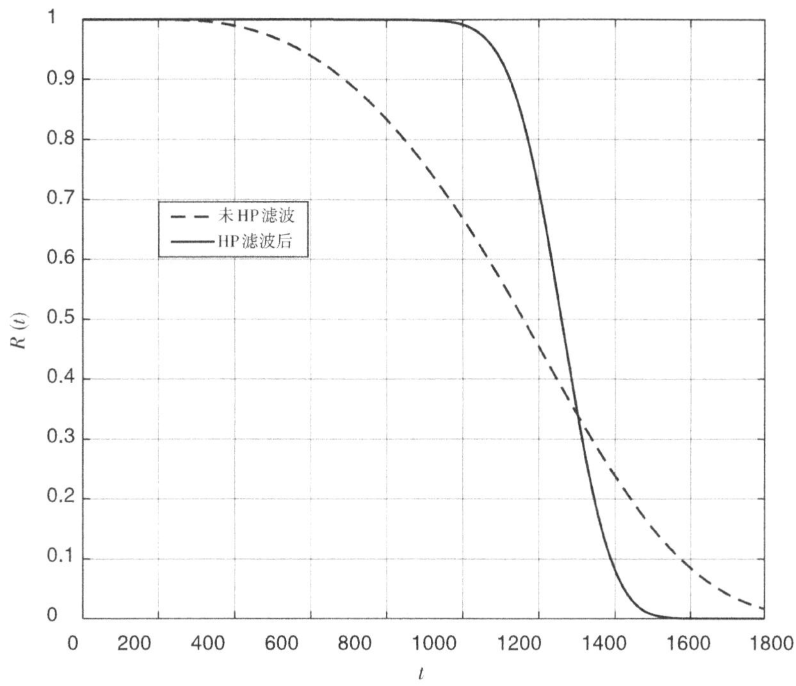

(b)柱塞泵Ⅱ

图6-19　柱塞泵可靠度曲线

关于单台柱塞泵的剩余使用寿命的预测,预测偏差与本台泵泄漏量的变化趋势密切相关。这种预测方法针对仅一台或没有完整失效数据的情形,预测结果可为新产品或小样本情况下制定失效应对决策提供解决思路。此外,剩余使用寿命的预测结果可为进一步制定基于剩余使用寿命的预测性维修决策优化提供依据。

6.4　本章小结

本章针对失效机理不完全清晰的情况,以有限的机理分析结果为导向,采取定性机理灰箱建模思想构建设备性能退化过程的方法,分析了齿轮泵磨损失效机理。分析过程选取了温度作为衡量齿轮泵性能退化程度的特征参数,并讨论了齿轮泵功率损失、磨损退化以及齿轮泵温度变化之间的关系,说明了齿轮泵磨损退化会导致齿轮泵功率损失增大、发热量增加进而使得其效率变低,最终表现为齿轮泵温度升高。通过监测齿轮泵进油口温度和环境温度变化,利用温差数据构建了齿轮泵的性能退化过程模型。在建模过程中选取了三种函数结构作为漂移项进行建模,并使用两阶段参数估计方法,利用最小二乘法和极大似然估计法分别对模型中的参数进行了估计。最后通过比较统计学指标确定指数形式的非线性退化模型为最优的退化模型,并得到了该退化模型下齿轮泵的寿命分布函数和概率密度函数。性能退化过程模型结果与实际吻合,进而说明了针对齿轮泵提出的灰箱建模方法的有效性。

对于定量机理灰箱建模方法,以单台柱塞泵的泄漏量作为其性能退化衡量指标,通过泄漏量计算方程得出了累计磨损与泄漏量之间的关系,以计算模型为参照采用定量灰箱建模思想,在考虑测量误差的情况下,采用HP滤波分解方法将泄漏量测量数据中误差滤除,针对滤除后的趋势项在分析柱塞泵泄漏量的基础上,应用非线性Wiener过程构建了其退化模型及剩余使用寿命预测模型。结合某型号航空柱塞泵实例计算结果讨论了HP滤波分解的必要性及其影响,计算结果符合柱塞泵退化的规律。退化过程建模结果表明,所获得的等效退化率分离工况对泄漏的影响能等效描述柱塞泵摩擦副结构退化状态。以上结果进一步说明了定量机理建模方法在建模精度方面的优势,也丰富了现有灰箱建模分析方法。

下篇

设备预防性维修窗口优化

第7章 单部件设备预防性维修窗口优化

从第一章的文献综述可知，随机因素对预防性维修行为的影响在多数研究中被忽视，在实际操作中多以工程师的经验或者根据生产现状随机地调整周期性或顺序预防性维修策略，这种现状说明，研究考虑随机因素的动态预防性维修策略可为生产提供一定指导和参考。纵观实际生产中周期性预防性维修策略的实施，事实上在一个窗口内根据生产实际随机调整预防性维修活动的实施，则周期性预防性维修活动转变为带有维修窗口的逆周期预防性维修。本章将针对单部件设备研究带有维修窗口的周期性顺序预防性维修窗口的优化。针对性能退化设备，根据性能退化过程模型研究其检查与预防性更换窗口的优化以及检查与预防性维修窗口的优化，并通过实际案例分析讨论策略的可行性。

7.1 模型背景

在单部件设备的预防性维修中，仍然存在随机因素对预防性维修计划的影响，使得维修行为在给定长度的区间内随机地开展。第一章的文献综述分析了既有文献对预防性维修策略现状的研究，以及在确定时间实施的预防性维修活动，而极少讨论在随机时间实施的情况。对于由多部件组成的设备，由于部件的材料、价格、结构、退化速率、可修程度、维修难度等各因素的影响，预防性维修不能够对系统所有部件同步实施同样的维修策略，一般按维修的性质、范围和深度等的不同采取等级维修。等级维修也属于预防性维修的范畴，主要有保养、小修、中修和大修，它们的维修级别依次提高，高级别的维修涵盖所有低级别的维修。例如武器装备的维修等级为基层级、中继级和基地级；民航客机的维修分为机场检修、机库检修和专修基地维修，机场检修根据检修范围和周期不同又分为两级；铁路机车的维修分为日常库内整备、小辅修、中修和大修(厂修)。其中除大修外，其他每一个级别的维修都存在着对不同部件的保养、更换、(非)完整预防性维修或者不维修。在每一个相对高级别的维修期内，如何安排低级别的维修活动，包括维修范围、维修性质和维修周期等就成为一个较为复杂的分层结构的决策问题。因此，其维修策略不同于一般对同类部件或同类设备的分组维修策略，同时预防性维修计划也具有动态随机性的特点。本章主要讨论单部件设备的逆周期预防性维修窗口的建模及优化。

7.2 设备动态拟周期预防性维修窗口优化

本节主要讨论单部件设备的动态拟周期预防性维修策略，包括维修策略的建模、优化及案例分析三部分。

假设设备为一单部件或单单元系统，拟采取(T,N)预防性维修策略，其中T为预防性维修的间隔，N为实施预防性维修的次数。根据设备的长期生产计划，对设备连续实施$N-1$次预防性维修后，在第N次预防性维修时实施预防性更换，每两次预防性维修之间的运行区间长度为T。但是由于随机因素对预防性维修活动的影响，预防性维修计划在一个给定长度的区间内动态地实施。因而实际的预防性维修计划包括计划运行阶段$(0,T-w_1]$和实施维修阶段$(T-w_1,T+w_2]$两部分，其中$w_1+w_2=W$为给定的维修窗口的长度，动态的预防性维修计划在维修窗口内随机分布。为便于分析，记设备的运行区间为$(0,T)$、维修窗口为$[T,T+W]$。由于预防性维修的间隔长度为独立同分布的一组随机变量，因而也属于动态拟周期预防性维修策略。

为不失一般性，假设设备的寿命服从一般分布$F(t)$，密度函数为$f(t)$，故障率函数为$h(t)$。设备的一次故障因概率不同分为一般故障和严重故障。在第i个运行阶段内，若单次故障发生的概率为p_i，则称一般故障，p_i为随i递增的常数序列；若单次故障发生的概率为$q_i=1-p_i$，则称为严重故障。发生一般故障后实施最小修使设备恢复运行，最小修不改变设备故障率，若发生严重故障则提前实施预防性维修。在计划维修之前发生一般故障，采取最小修恢复系统工作，若发生严重故障则提前安排实施预防性维修，因故障发生的突然性，此次预防性维修会产生附加费用。如果运行时间超过T，运行中未发生严重故障则按动态计划安排维修；当$t=T+W$时，设备能被安排进行预防性维修。完成$N-1$次预防性维修后，当设备在$(0,T]$内发生一般故障，则实施最小修；若发生严重故障，则直接进行故障性更换；若未发生严重故障，则运行至T时进行预防性更换。

根据上述设备的运行过程及维修计划，设备的维修策略建模将基于以下假设：

①新设备或预防性维修后设备投入使用时令$t=0$；

②所有的故障均能被及时发现并维修；

③预防性维修能使设备的故障率归为0，第i次预防性维修后设备故障率改变为$h_i(t)=a_ih(t)$，$a_i(a_1=1,i<N)$为故障率调整因子，是随i递增的常数序列；

④假设最小修费用为C_m，预防性维修的费用为与预防性维修次数相关的已知常量序列$C_{p,i}$(i为预防性维修次数)，发生严重故障后产生的附加维修费用为C_e，更换费用为常量C_r，维修费用满足$C_e+C_{p,i}<C_r$，$C_r>C_m$；

⑤动态预防性维修计划在维修窗口内服从密度为$1/W$的均匀分布；

⑥因最小修、预防性维修、更换时间远小于工作时间，故可以忽略不计。

7.2.1 设备可靠性分析

根据设备维修策略建模假设，由于预防性维修活动对设备故障率的影响，在第i次预防性维修后，设备的可靠度及概率分布函数改变为：

$$\dot{F}_i(t) = 1 - \exp\left(-a_i \int_0^t h(y)\,\mathrm{d}y\right) = 1 - \exp\left(-a_i H(t)\right) \tag{7.1}$$

概率密度函数为：

$$f_i(t) = a_i h(t) \exp\left(-a_i \int_0^t h(y)\,\mathrm{d}y\right) \tag{7.2}$$

预防性维修后设备可靠度及分布密度函数变化关系如图7-1所示。

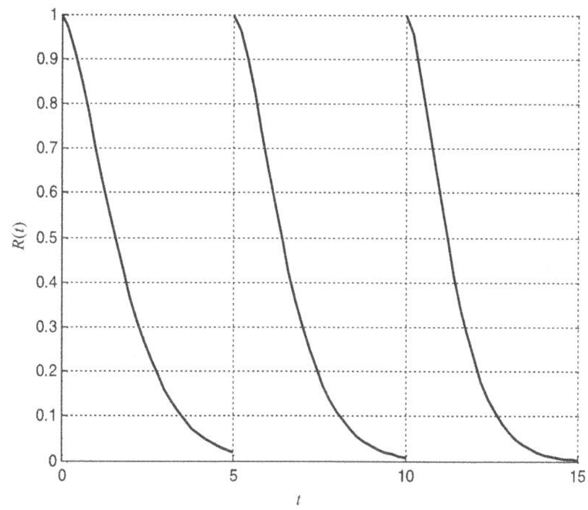

(a)可靠度

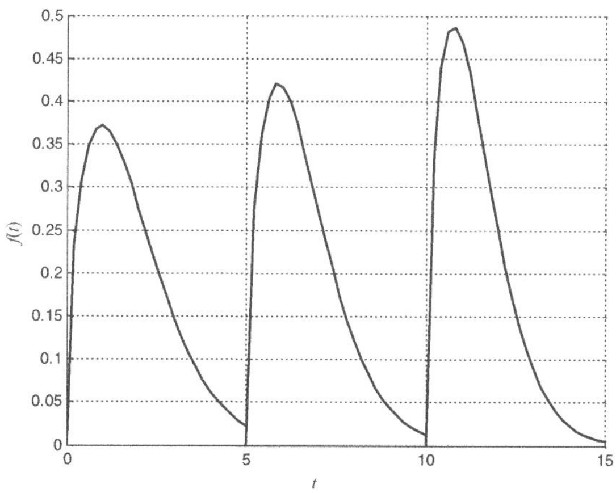

(b)概率分布密度

图7-1 设备可靠度、概率密度函数曲线图

为了分析维修成本，引入非齐次泊松过程NHPP$\{N_i(t), t\geq 0\}$，$N_i(t)$表示在第i次预防性维修后，运行$(0, t)$所发生故障的次数。那么在第i次预防性维修后，设备的第j次故障到达时刻$X_{i,j}(X_{i,j}\in(t_i, t_{i+1}))$，满足强度为$h_i(t)$的非齐次泊松过程。该次故障以概率$p_i$为一般故障，以概率$q_i=1-p_i$为严重故障；取$S_{i,j}$为二值函数1或0，当此次故障为一般故障时取1，否则取0。以$V_i(t)=\sum_{j=1}^{N_i(t)} S_{i,j}$表示在$(0, t)$发生一般故障的次数，那么$V_i(t)$满足强度为$p_i h_i(t)$的非齐次泊松过程。因而在第$i$个运行区间内设备发生一般故障的概率分布函数为：

$$F_{p,i}(t)=1-\exp\left(-\int_0^t p_i h_i(y)\mathrm{d}y\right)=1-\exp\left(-a_i p_i H(t)\right) \tag{7.3}$$

进一步有$N_i(t)-V_i(t)$表示在$(0, t)$发生严重故障的次数，根据假设严重故障首次发生时设备停止工作，其满足强度为$q_i h(t)$的非齐次泊松过程。根据文献[195]中定理1，如果$\{V_i(t), t>0\}$为强度为$p_i(t)h_i(t)$的NHPP，则有$E[V(t_i)]=\int_0^t p_i h_i(t)\mathrm{d}t$。进一步根据设备维修策略建模假设，设备每次发生一般故障产生的维修成本为C_m，在第i次预防性维修后，运行时间t后累积产生的最小修费用为：

$$A_i(t)=C_m\int_0^t p_i h_i(u)\mathrm{d}u=C_m a_i p_i H(t) \tag{7.4}$$

7.2.2 维修窗口建模与分析

根据设备维修策略建模的假设，对设备实施第i次预防性维修时存在以下四种情况：

①设备经过$i-1(i\leq N)$次预防性维修后，运行时间未超过T发生严重故障，预防性维修活动在$t_i+Y_{si}(t_i+Y_{si}<t_i+T+Y_{sc}<t_i+T+W)$时提前实施维修的费用包括发生一般故障的最小修费用、预防性维修费用和严重故障产生的附加费用以及更换费用$(i=N)$。设备运行图如图7-2所示。

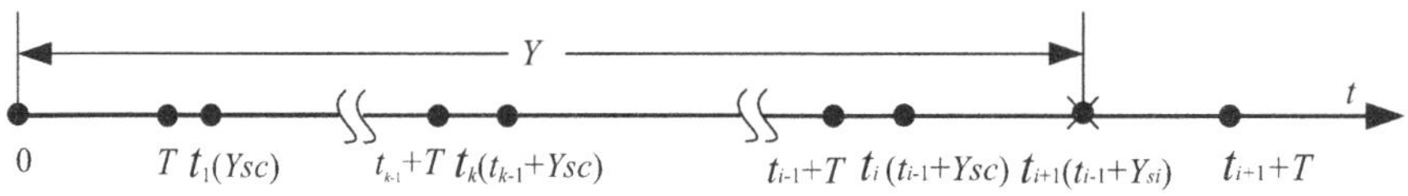

图7-2 T内实施计划外预防性维修

②设备经过$i-1(i<N)$次预防性维修后，运行时间超过T发生严重故障，预防性维修活动在$t_i+Y_{si}(t_i+Y_{si}<t_i+T+Y_{sc}<t_i+T+W)$时提前实施；维修费用包括发生一般故障的最小修费用、预防性维修费用和严重故障产生的附加费用。设备运行图如图7-3所示。

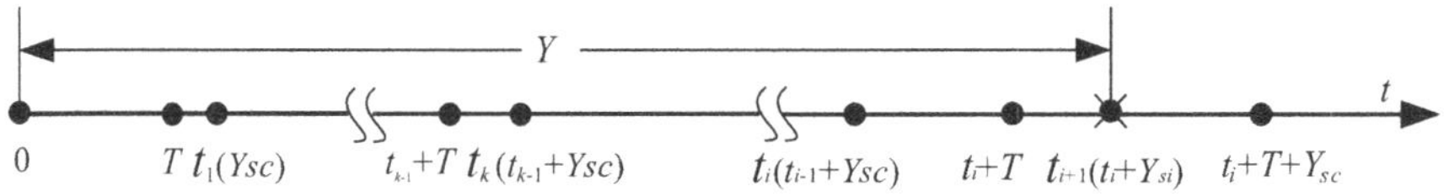

图7-3 T外实施计划外预防性维修

③设备经过$i-1(i<N)$次预防性维修后，运行时间超过T时未发生严重故障，预防性维修活动在$t_i+Y_{sc}(t_i+Y_{sc}<\min(t_i+T+Y_{si}, t_i+T+W))$时按动态计划实施；维修费用包括发生一般故障的最小修费用、预防性维修费用。设备运行图如图7-4所示。

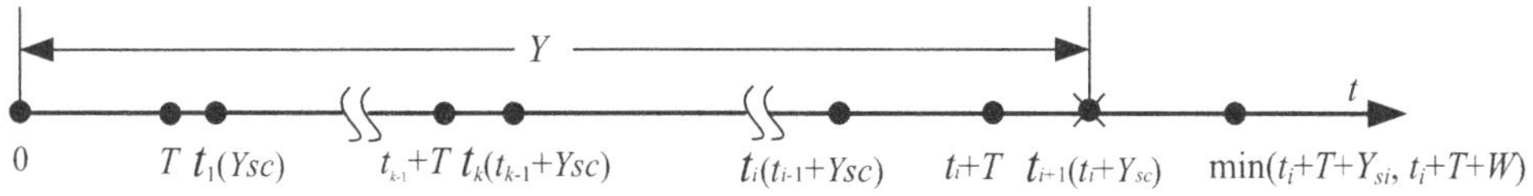

图7-4 计划性预防性维修

④设备经过$N-1$次预防性维修后，运行时间达到计划更换时间T时未发生严重故障或在T之前发生严重故障提前实施预防性更换；维修费用包括发生一般故障的最小修费用、预防性维修费用以及更换费用。设备运行图如图7-5所示。

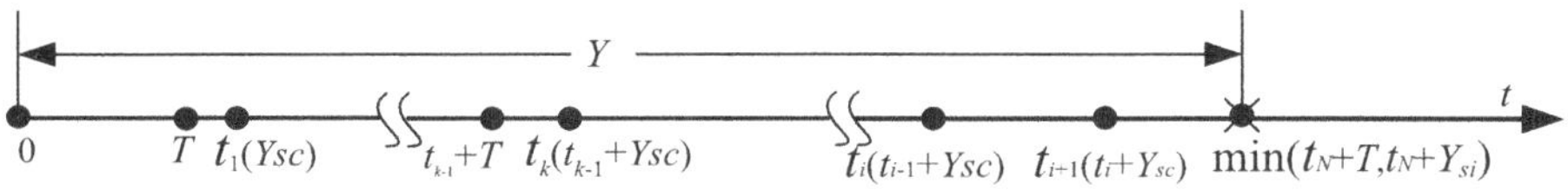

图7-5 计划预防性更换

设备的第i个更新周期Y_i及其对应维修费用C_i构成报酬更新过程，依据报酬更新过程定理3.1，可得设备的长期运行成本率函数：

$$g(T,N)=\lim_{t\to+\infty}\frac{C(t)}{t}=\frac{\mathrm{E}[C_1]}{E[Y_1]} \tag{7.5}$$

$E[Y_1]$为第1个更新周期的长度的期望，$E[C_1]$为对应第1个更新周期的维修费用的期望。根据设备运行情况分析，在前$i-1$次预防性维修中可将第三种情况分解成四种情况；对设备实施$N-1$次预防性维修后，根据严重故障发生的时间实施更换存在两种情况，故共计六种情况。因而，综合六种情况，设备的一个更新周期长度可计算如下：

$$Y_1=\sum_{i=1}^{N-1}\left\{\begin{aligned}&I_{Y_{(s_i)}<T}(Y_{s_i})\\&+I_{T<Y_{(s_i)}<T+Y_{(sc)}<T+W}(Y_{s_i})\\&+I_{T+Y_{(sc)}<Y_{(s_i)}<T+W}(T+Y_{sc})\\&+I_{T+Y_{(sc)}<T+W<Y_{(s_i)}}(T+Y_{sc})\end{aligned}\right\}+I_{Y_{(s_N)}\in(0,T)}(Y_{s_N})+I_{Y_{(s_N)}>T}(T) \tag{7.6}$$

其中$I_B(Z)$为示性函数，定义如下：

$$I_B(Z)=\begin{cases}1 & Z\in B\\0 & \text{otherwise}\end{cases}$$

综合以上设备运行及维修策略假设，设备在一个更新周期内的维修费用同样对应六种情况，综合计算如下：

$$C_1=\sum_{i=1}^{N-1}\begin{Bmatrix} I_{Y_{(s_i)}<T,Y_{(sc)}<W}[A_i(Y_{s_i})+C_{p,i}+C_e] \\ +I_{T<Y_{(s_i)}<T+Y_{(sc)}<T+W}[A_i(Y_{s_i})+C_{p,i}+C_e] \\ +I_{T+Y_{(sc)}<Y_{(s_i)}<T+W}[A_i(T+Y_{sc})+C_{p,i}] \\ +I_{T+Y_{(sc)}<T+W<Y_{(s_i)}}[A_i(T+Y_{sc})+C_{p,i}]\end{Bmatrix} + I_{Y_{(s_N)}<T}[A_i(Y_{s_N})+C_e+C_r]+I_{T<Y_{(s_N)}}[A_i(T)+C_r] \tag{7.7}$$

更新周期长度和更新周期内维修费用对应的期望分别为：

$$E[Y_1]=\sum_{i=1}^{N-1}\begin{Bmatrix}\int_0^T yf_{q,i}(y)\mathrm{d}y+\frac{1}{W}\Big(\int_0^W\int_T^{T+u}yf_{q,i}(y)\mathrm{d}y\mathrm{d}u \\ +\int_T^{T+W}\int_0^{y-T}(T+u)f_{q,i}(y)\mathrm{d}u\mathrm{d}y+\int_0^T\dot{F}_{q,N}(y)\mathrm{d}y \\ +\int_{T+W}^{+\infty}\int_0^W(T+u)f_{q,i}(y)\mathrm{d}u\mathrm{d}y\Big)\end{Bmatrix} \tag{7.8}$$

进一步整理为：

$$E[Y_1]=\frac{1}{W}\sum_{i=1}^{N-1}\left\{\int_0^W\int_0^{T+u}\dot{F}_{q,i}(y)\mathrm{d}y\mathrm{d}u\right\}+\int_0^T\dot{F}_{q,N}(y)\mathrm{d}y \tag{7.9}$$

对应的$E[C_1]$为：

$$E[C_1]=$$

$$\frac{1}{W}\sum_{i=1}^{N-1}\begin{Bmatrix}\int_0^T\int_0^W[A_i(y)+C_{p,i}+C_e]f_{q,i}(y)\mathrm{d}u\mathrm{d}y+\int_0^W\int_T^{T+u}[A_i(y)+C_{p,i}+C_e]f_{q,i}(y)\mathrm{d}y\mathrm{d}u \\ +\int_0^W\int_{T+u}^{T+W}[A_i(T+u)+C_{p,i}]f_{q,i}(y)\mathrm{d}y\mathrm{d}u+\int_0^W\int_{T+W}^{+\infty}[A_i(T+u)+C_{p,i}]f_{q,i}(y)\mathrm{d}y\mathrm{d}u\end{Bmatrix}$$

$$+\int_0^T(A_N(y)+C_e)f_{q,N}(y)\mathrm{d}y+A_N(T)\dot{F}_{q,N}(T)+C_r \tag{7.10}$$

为便于分析，记与最小修维修费用相关的函数为$M(T,N)$：

$$M(T,N)=\frac{1}{W}\sum_{i=1}^{N-1}\left\{\frac{p_i}{q_i}\int_T^{T+W}F_{q,i}(y)\mathrm{d}y\right\}+\frac{p_N}{q_N}F_{q,N}(T) \tag{7.11}$$

记与附加费用相关的函数为$J(T,N)$：

$$J(T,N)=\frac{1}{W}\sum_{i=1}^{N-1}\int_T^{T+W}F_{q,i}(y)\mathrm{d}y+F_{q,N}(T) \tag{7.12}$$

则有：

$$E[R]=\sum_{i=1}^{N-1}C_{p,i}+C_R+C_mM(T,N)+C_eJ(T,N) \tag{7.13}$$

根据上述分析，设备的长期运行成本率函数可进一步表示如下：

$$g(T,N)=\frac{E[R]}{E[Y]}=\frac{\sum_{i=1}^{N-1}C_{p,i}+C_mM(T,N)+C_eJ(T,N)+C_r}{\frac{1}{W}\sum_{i=1}^{N-1}\left\{\int_T^{T+W}\int_0^u\dot{F}_{q,i}(y)\mathrm{d}y\mathrm{d}u\right\}+\int_0^T\dot{F}_{q,N}(y)\mathrm{d}y} \tag{7.14}$$

7.2.3 维修窗口优化

维修策略优化的目的是确定(N^*, T^*)使得设备的长期运行成本率$g(N, T)$最小。优化过程通过分别固定N和T来计算最小的$g(N, T)$，以确定最优的N^*和T^*。

(1) 对T的优化

当N固定时，$g(N; T)$为T的一元函数，组成函数均为初等函数，因而当$T>0$时，$g(T; N)$均为关于T的连续且可导的函数；当$g(T; N)$取最小值时，有$\mathrm{d}g(T,N)/\mathrm{d}T = 0$。进一步整理可得下式：

$$g\left(T^*;N\right)=\frac{C_m M'\left(T^*,N\right)+C_e J'\left(T^*,N\right)}{E[Y]'}$$
$$=\frac{\sum_{i=1}^{N-1}\left(C_m\frac{p_i}{q_i}+C_e\right)\int_{T^*}^{T^*+W}f_{q,i}(u)\mathrm{d}u+W\left(C_m\frac{p_N}{q_N}+C_e\right)f_{q,N}\left(T^*\right)}{\sum_{i=1}^{N-1}\int_{T^*}^{T^*+W}\dot{F}_{q,i}(u)\mathrm{d}u+W\dot{F}_{q,N}\left(T^*\right)} \tag{7.15}$$

将方程(7.14)带入(7.15)，可得方程(7.16)

$$\sum_{i=1}^{N-1}C_{p,i}+C_r=E[Y]\frac{C_m M'(T,N)+C_e J'(T,N)}{E[Y]'}-C_m M(T,N)-C_e J(T,N)$$
$$=\frac{\left\{\sum_{i=1}^{N-1}\left(C_m\frac{p_i}{q_i}+C_e\right)\int_T^{T+W}f_{q,i}(u)\mathrm{d}u+\left(C_m\frac{p_N}{q_N}+C_e\right)Wf_{q,N}(T)\right\}\left\{\frac{1}{W}\sum_{i=1}^{N-1}\int_T^{T+W}\int_0^u\dot{F}_{q,i}(y)\mathrm{d}y\mathrm{d}u+W\int_0^T\dot{F}_{q,N}(y)\mathrm{d}y\right\}}{\sum_{i=1}^{N-1}\int_T^{T+W}\dot{F}_{q,i}(u)\mathrm{d}u+W\dot{F}_{q,N}(T)}$$
$$-\left\{\frac{1}{W}\sum_{i=1}^{N-1}\left(C_m\frac{p_i}{q_i}+C_e\right)\int_T^{T+W}F_{q,i}(y)\mathrm{d}y+\left(C_m\frac{p_N}{q_N}+C_e\right)F_{q,N}(T)\right\} \tag{7.16}$$

为确定最优的T^*，记方程的右端为函数$\varphi(T;N)$，则有

$$\varphi(T;N)=\frac{\left\{\sum_{i=1}^{N-1}\left(C_m\frac{p_i}{q_i}+C_e\right)\int_T^{T+W}f_{q,i}(u)\mathrm{d}u+\left(C_m\frac{p_N}{q_N}+C_e\right)Wf_{q,N}(T)\right\}}{\sum_{i=1}^{N-1}\int_T^{T+W}\dot{F}_{q,i}(u)\mathrm{d}u+W\dot{F}_{q,N}(T)}\left\{\frac{1}{W}\sum_{i=1}^{N-1}\int_T^{T+W}\int_0^u\dot{F}_{q,i}(y)\mathrm{d}y\mathrm{d}u+W\int_0^T\dot{F}_{q,N}(y)\mathrm{d}y\right\}$$
$$-\left\{\frac{1}{W}\sum_{i=1}^{N-1}\left(C_m\frac{p_i}{q_i}+C_e\right)\int_T^{T+W}F_{q,i}(y)\mathrm{d}y+\left(C_m\frac{p_N}{q_N}+C_e\right)WF_{q,N}(T)\right\} \tag{7.17}$$

在实际生产中，一般要求设备的运行区间要大于计划维修窗口，即$T>W$。因而，符合实际的T^*必须满足$T^*>W$。

为获得满足上述要求的最优解，令$T=W$，那么函数$\varphi(W;N)$可表示为关于W的函数：

$$\varphi(W;N)=\varphi(T;N)|_{T=W} \tag{7.18}$$

为确定W的范围，将(7.18)代入方程(7.16)，得如下方程：

$$\sum_{i=1}^{N-1}C_{p,i}+C_r=\varphi\left(W_p;N\right) \tag{7.19}$$

其中W_P为方程(7.19)的解。同预防性更换策略一样，对于机械设备主要考虑故障率函数单增和呈“浴盆”形曲线两种情形。为分析方便，记函数$\varepsilon(T;N)$为关于T的函数，其解析式如下：

$$\varepsilon(T;N)=\frac{\left\{\sum_{i=1}^{N-1}\left(C_m\frac{p_i}{q_i}+C_e\right)\int_T^{T+W}f_{q,i}(u)\,\mathrm{d}u+\left(C_m\frac{p_N}{q_N}+C_e\right)Wf_{q,N}(T)\right\}}{\sum_{i=1}^{N-1}\int_T^{T+W}\dot{F}_{q,i}(u)\,\mathrm{d}u+W\dot{F}_{q,N}(T)} \tag{7.20}$$

为证明方程解的唯一存在性，引入如下定理：

定理7.1　假设$h(t)$为t的单增函数或函数图像为“浴盆”形曲线，假设$t\to+\infty$时，$h(t)\to+\infty$，并且$a_ih(t)<a_{i+1}h(t)$，方程存在唯一解$w_P>0$。

证明见附录A。

定理7.2　假设$h(t)$为t的单增函数或函数图像为“浴盆”形曲线，假设$t\to+\infty$或$t\to0$时，$h(t)\to+\infty$，并且$a_ih(t)<a_{i+1}h(t)$，当且$W\in(0,w_P]$时，方程存在唯一解$T^*>W$。

证明见附录B。

由定理7.1可得到，维修窗口长度的可取范围W_P是唯一确定的，定理7.2说明了当$W<W_P$时最优解$T^*>W$是唯一存在的。因而，根据定理7.1和7.2可以确定设备的最优维修策略。

(2) 关于N^*的优化

N是对设备实施预防性维修的次数，固定T的前提下，$g(N;T)$为关于N的离散函数。对于所有的N如果函数$g(N;T)$存在最小值，则$g(N;T)$需满足下列不等式组：

$$\begin{cases}g(T,N+1)\geqslant g(T,N)\\ g(T,N-1)\geqslant g(T,N)\end{cases} \tag{7.21}$$

为证明存在唯一的N^*使得$g(N;T)$最小，引入定理7.3。

定理7.3　存在关于自然数N的函数$Z(N)=\dfrac{R(N)+R_0}{V(N)}$，其中$R(N)$和$V(N)$也是关于$N$的函数，$R_0$为一已知常数，且$R(N)>0,V(N)>0$。当$\dfrac{\Delta R(N)}{\Delta V(N)}$为关于$N$的单增函数时，存在唯一的$N^*$使得$Z(N^*+1)\geqslant Z(N^*)$且$Z(N^*-1)\geqslant Z(N^*)$。

证明见附录C。

对应定理7.3，成本率函数$g(N,T)$满足函数$Z(N)$的结构，那么$\dfrac{\Delta R(N)}{\Delta V(N)}$的解析式如下：

$$\frac{\Delta R(N)}{\Delta V(N)}=\frac{C_{p,N}+C_m(M(T,N+1)-M(T,N))+C_e(J(T,N+1)-J(T,N))}{\int_T^{T+W}\int_0^u\dot{F}_{q,N}(x)\,\mathrm{d}x\mathrm{d}u+\int_T^{T+W}\int_0^T(\dot{F}_{q,N+1}(x)-\dot{F}_{q,N}(x))\,\mathrm{d}x\mathrm{d}u}$$

当$t\to+\infty$时，$h(t)\to+\infty$，$M(T,N+1)-M(T,N)$、$J(T,N+1)-J(T,N)$为关于N的单增函

数，$\Delta V(N)$是关于N的单减函数，那么$\dfrac{\Delta R(N)}{\Delta V(N)}$为关于$N$的单增函数。根据定理7.3，存在唯一的$N^*$使得$g(N, T)$有最小值。

因此，在给定W的前提下，W的合理取值范围W_p是唯一确定的，同时存在最优的T^*和N^*，使得设备长期运行成本率达到最小，进而设备的最优实施预防性维修窗口$[T^*, T^*+W]$可以唯一确定。

7.2.4　模型特例

对单部件设备而言，当p_i取不同值时，对应着不同的设备，同时W取不同值时设备对应的维修策略亦不同。因而综合不同的p_i和W，设备的特例及对应维修策略的推广存在以下几种情况：

特例1　$W=0, p_i=1$

当$p_i=1$时，设备发生的故障均为一般故障，通过最小修可修复运行。当$W=0$时，维修策略为定期的预防性维修策略，在第N次预防性维修时对设备进行更新。设备的长期运行成本率函数如下：

$$g(T;N)=\frac{E[R]}{E[Y]}=\frac{\sum_{i=1}^{N-1}C_{p,i}+C_m\sum_{i=1}^{N}\int_0^T h_i(y)\mathrm{d}y+C_r}{NT} \tag{7.22}$$

特例2　$W=0$ and $p_i\neq 1$

当$p_i\neq 1$时，设备的故障分为一般故障和严重故障，当$W=0$时对应维修策略为周期性预防性维修策略，预防性维修周期为T，维修次数为N。设备长期运行成本率函数如下：

$$g(T;N)=\frac{E[R]}{E[Y]}=\frac{\sum_{i=1}^{N-1}C_{p,i}+\sum_{i=1}^{N-1}(C_e+\frac{p_i}{q_i}C_m)F_{q,i}(T)+C_r}{\sum_{i=1}^{N-1}\int_0^T \dot{F}_{q,i}(y)\mathrm{d}y} \tag{7.23}$$

特例3　$W\neq 0$ and $p_i=1$

当$p_i=1$且$W\neq 0$时对应的设备故障均为一般故障，维修策略与本节模型相同，设备长期运行成本率函数如下：

$$g(T;N)=\frac{E[R]}{E[Y]}=\frac{WC_r+\sum_{i=1}^{N-1}\left(WC_{p,i}+C_m\int_T^{T+W}\int_0^u h_i(y)\mathrm{d}y\mathrm{d}u\right)+C_mW\int_0^T h_i(y)\mathrm{d}y}{NT+(N-1)0.5W} \tag{7.24}$$

7.2.5　实例分析

机车柴油机的小辅修为预防性维修，且按长期计划安排定期的预防性维修，但实际操作中由于受修理工的任务、生产任务、环境因素等方面的影响，实际的预防性维修在企业允许的范围内动态随机地开展，其维修过程符合动态拟周期预防性维修策略，故以第二章柴油机夏季模型为例，说明本节提出的维修策略及优化过程。设备的可靠度模型和故障率模型分别为：

$$\bar{F}(t)=\exp(-(t/35199)^{0.8754}-(t/34289)^{5.9318})$$

$$h(t)=\frac{f(t)}{\bar{F}(t)}=2.49\times10^{-5}(t/35199)^{-0.1246}+1.73\times10^{-4}(t/34289)^{4.9318}$$

假设p_i、a_i随i满足：$p_i=\gamma^{i^\theta}-\gamma^{(i+1)^\theta}+\gamma$，$a_i$=0.85+0.15$i$

设备其余参数如表7-1所示。

表7-1　参数表

参数	参数值	备注	参数	参数值	备注
C_r	10000	假设	W	7000	某内燃机车维修规程
C_e	6000	假设	γ	0.85	假设
C_m	5000	假设	θ	0.75	假设
$C_{p,i}$	2000	假设	—	—	—

根据定理7.1及7.2，模型的最优解求解过程可按照如下算法进行：

第一步：输入参数γ、θ、β、η、C_m、C_e、$C_{p,i}$、C_r、a_i、W，并取N=1。

第二步：将N带入方程(7.16)得到W_p，如果$W\leqslant W_p$，进行下一步；否则，$T^*>W$的解不存在，计算终止。

第三步：将N代入方程(7.19)得到T'，进行下一步。

第四步：将T'代入不等式(7.21)，得到N'，如果$N'=N$，执行第六步；否则，进行下一步。

第五步：取$N=N+1$，执行第二步。

第六步：输出最优的$T^*=T'$及$N^*=N'$，算法终止。

在matlab2010b环境下，解方程(7.16)、(7.19)及不等式(7.21)得最优解：T^*=21420，N^*=5，$C_{\min}$=0.38826，$E[Y]$=115650，W_p=16450。即最佳的实施预防性维修周期的区间为[21420,28420]，最佳的预防性维修次数为5。我国部分内燃机车在该地区夏季的实际实施小辅修区间为[23000,30000]，小辅修次数为4～6。由于模型来自现场数据，参数的假设与实际较接近，所以所得结果可为实际维修策略提供一定的参考。图7-6为(t,N,C)对应的三维图，从图中可以直观地看到最优解的存在性。

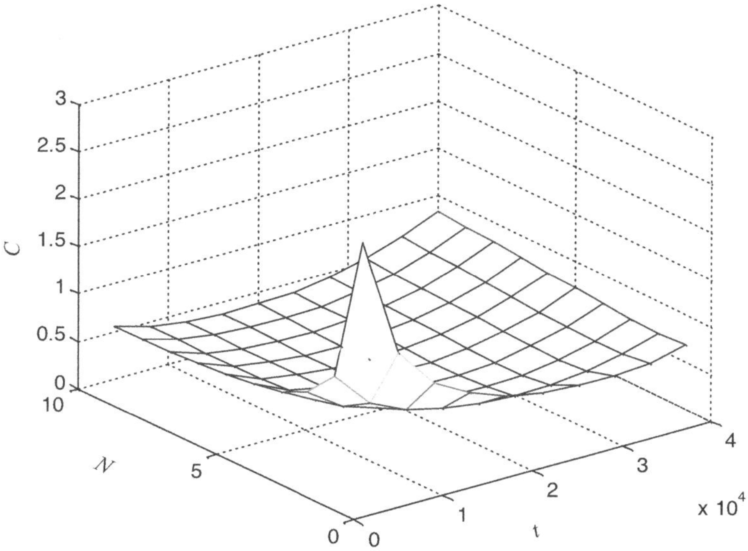

图7-6　(t,N,C)三维图

7.2.6　参数敏感性分析

模型参数包括设备参数、费用参数和维修策略参数，这些参数从不同角度影响最优的维修策略。通过参数的敏感性分析可以剖析参数对最优策略的影响，有利于设备维修方式的改进或最大程度地克服人为因素对设备运行成本率的影响。

(1) W的影响分析

模型中W为工程师根据生产等多方面的因素人为确定的参数，现从设备长期运行成本率的角度衡量其对设备维修策略的影响。图7-7(a)为不同W与设备最小成本率的对应关系，从图中可以发现随着W的增加，最小成本率快速递增；图7-7(b)为不同W对应的设备运行区间和维修窗口的关系，从图中可以发现随着W的增加T^*递减，但是T^*+W呈递增趋势。从成本率的角度来说，W的增加给维修结果带来了不良影响，但是从生产调度的角度分析，W的增加提高了调度的灵活性。因此，仅从成本率的角度分析，在满足实际需求的情况下，应尽可能地减小W的长度，不过一个较长的维修窗口使生产调度具有更大的灵活性，关于W对生产调度的影响将在未来的研究中做进一步分析。

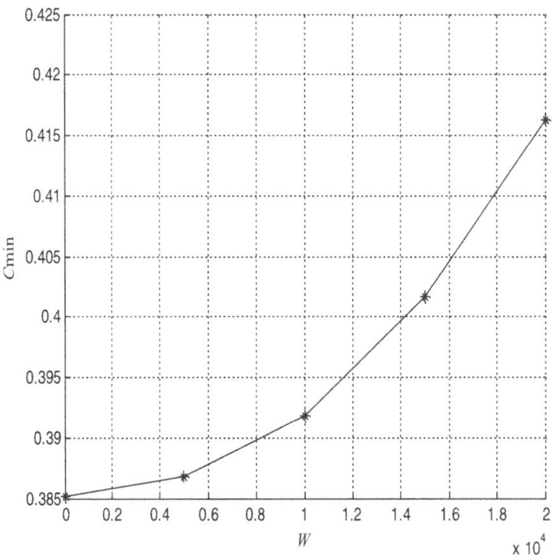

（a）W-C_{min}图

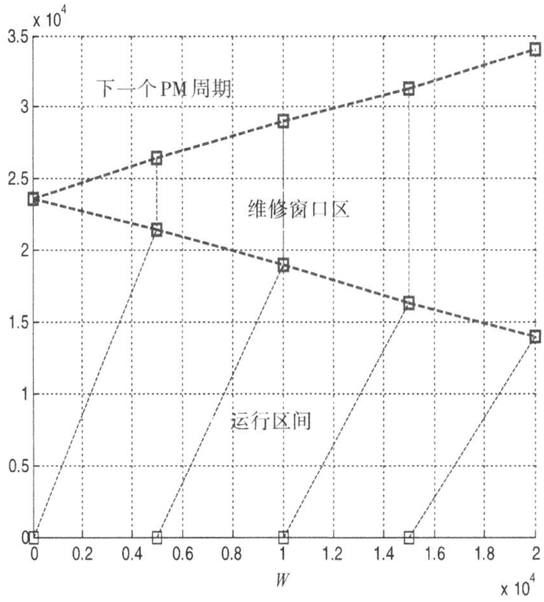

（b）W-t图

图7-7 不同W对应的优化结果

在制定维修策略时，若忽略预防性维修计划的动态特性，按照定期预防性维修策略得到最优的维修周期，即W=0时所得最优解记为T^*_0，但在实际的操作中，预防性维修活动维修窗口的下限在$[T^*_0-W, T^*_0]$内随机变动，而预防性维修活动会在$[T^*_0-W, T^*_0+W]$内随下限的不同选择而随机实施。由此就会造成实际的维修成本率与定期预防性维修成本率存在一定差异。图7-8为忽略随机因素制定的维修策略在实际操作中产生的成本率与考虑W的情形下所得维修策略成本率的比较。从图中可以发现，考虑随机因素的动态预防性计划维修策略的成本率要高于周期性预防性维修策略的成本率，但是如果按照周期性预防性维修制定的策略，其实际成本率高于周期性预防性维修策略和动态预防性维修策略的成本率，并且实际操作中随着所确定的维修窗口起点的不同，成本率差别亦不同，同时随着 W 的增加这种差别呈扩大趋势。这充分说明在制定维修策略时，考虑预防性维修计划的动态特点能反映实际的成本率，并能确定更趋于合理的维修策略。

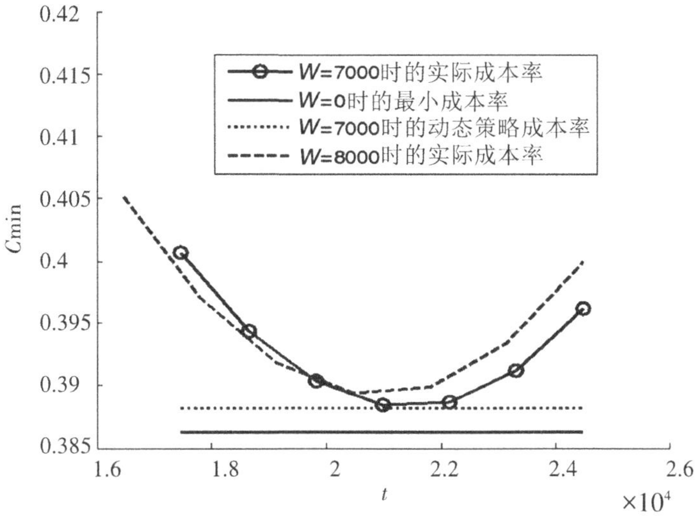

图7-8　考虑/忽略 W 策略的成本率比较

(2) 设备及维修参数的影响分析

为便于参数的敏感性分析，设备及其维修次数及维修成本的选取要参考实际问题，下面用数值案例来说明参数敏感性对系统维修策略的影响。假设设备的寿命服从两参数的Weibull分布，其故障率为：$h(t)=\frac{\beta}{\eta}(\frac{t}{\eta})^{\beta-1}$。

设备及维修参数的默认设置如表7-2所示。

表7-2　参数表

参数	参数值	备注	参数	参数值	备注
C_r	2.50	假设	W	0.30	假设
C_e	1.15	假设	γ	0.85	假设
C_m	2.00	假设	θ	0.75	假设
$C_{p,i}$	$1+0.05i$	假设	a_i	$a_i=6i/(5i+1)$	假设
β	1.50	假设	η	2.00	假设

表7-3为不同 γ 及 C_r 的取值下对应的维修策略的优化结果，方程(7.19)及不等式(7.21)说明了 C_r 的增加会导致最优维修的 T^* 和 N^* 的增加，表7-3表明 C_r 的增长、T^* 和 N^* 的增幅均

比较明显。γ的增加对最优N^*的影响不太明显，但会导致T^*、$C_{\min}$和W_p在一定程度上的增加。

表7-3 不同参数对应优化结果

γ	C_m/C_r	W=0.3				
		N^*	T^*	C	EY	W_p
0.85	2/2.5	6	2.240	1.741	13.48	1.75
	2/3.0	7	2.300	1.773	16.07	1.78
	2/3.5	8	2.355	1.801	18.73	1.81
0.95	2/2.5	6	2.165	1.763	13.55	1.68
	2/3.0	7	2.220	1.798	16.20	1.71
	2/3.5	8	2.265	1.826	18.87	1.73

综合上述，在考虑预防性维修计划存在动态随机性特点的情形下，建立了设备的拟定期预防性维修策略，并给出了最优维修策略唯一存在的证明和求解算法。通过铁路柴油机的预防性维修（小辅修）案例和数值案例分析，进一步阐述了模型的建模和求解过程。参数敏感性分析表明，预防性维修计划的动态随机性特点对设备长期运行成本率存在显著影响。因而在制定维修策略时必须充分考虑动态预防性维修计划及其维修窗口，且要在满足实际需求的情形下应尽可能地减小维修窗口的长度。该策略还可以进一步拓展为顺序预防性维修策略，即设备的运行区间不相等的情形，对这一情形将在接下来的内容中做进一步讨论。

7.3 设备动态顺序预防性维修窗口优化

同样，对于上述设备顺序预防性维修计划也存在着动态随机性的特点，分析动态因素对预防性维修策略的影响亦有其实际意义。

7.3.1 模型介绍及假设

与上节设备运行情况和维修策略的基本假设相比，动态顺序预防性维修策略只将第i个运行区间长度调整为T_i，则第i次预防性维修活动调整在区间$[T_i, T_i+W]$内随机实施，动态预防性维修计划在该区间内服从密度为$1/W$的均匀分布，其他维修策略的假设与上述模型相同。

7.3.2　维修窗口建模

与上节设备运行过程相同，第$i(i<N)$次预防性维修活动的实施存在四种情况，第N次预防性活动的实施存在两种情况，对应的维修费用也与上节模型相同。在第j个更新周期内，设备的维修费用C_j可表示为：

$$C_j=\sum_{i=1}^{N-1}\begin{Bmatrix}I_{Y_{(s_i)}<T_i}\left[A_i(Y_{s_i})+C_e+C_{p,i}\right]\\+I_{T_i<Y_{(s_i)}<T_i+Y_{(sc)}<T_i+W}\left[A_i(Y_{s_i})+C_e+C_{p,i}\right]\\+I_{T_i+Y_{(sc)}<Y_{(s_i)}<T_i+W}\left[A_i(T_i+Y_{sc})+C_{p,i}\right]\\+I_{T_i+Y_{(sc)}<T_i+W<Y_{(s_i)}}\left[A_i(T_i+Y_{sc})+C_{p,i}\right]\end{Bmatrix}+I_{Y_{(s_N)}<T_N}\left[A_i(Y_{s_N})+C_R+C_e\right]+$$
$$I_{T_N<Y_{(s_N)}}\left[A_i(T_N)+C_R\right]\tag{7.25}$$

与前文相同，其中$I_B(Z)$仍为示性函数。

设备的第j个更新周期的长度Y_j同样可表示如下：

$$Y_j=\sum_{i=1}^{N-1}\begin{Bmatrix}I_{Y_{(s_i)}<T_i}(Y_{s_i})\\+I_{T_i<Y_{(s_i)}<T_i+Y_{(sc)}<T_i+W}(Y_{s_i})\\+I_{T_i+Y_{(sc)}<Y_{(s_i)}<T_i+W}(T_i+Y_{sc})\\+I_{T_i+Y_{(sc)}<T_i+W<Y_{(s_i)}}(T_i+Y_{sc})\end{Bmatrix}+I_{Y_{(s_N)}\in(0,T_N)}(Y_{s_N})+I_{Y_{(s_N)}>T_N}(T_N)\tag{7.26}$$

那么(Y_j, C_j)构成报酬更新过程，根据报酬更新过程定理，可以得到设备的长期运行成本率：

$$g\left(\{T_i\},N\right)=\lim_{t\to+\infty}\frac{C(t)}{t}=\frac{E\left[C_1\right]}{E\left[Y_1\right]}\tag{7.27}$$

同样$E[C_1]$、$E[Y_1]$分别为第1个更新周期的维修费用和对应更新周期长度的期望，分别计算Y_1和C_1的期望，计算如下：

$$E\left[Y_1\right]=\frac{1}{W}\sum_{i=1}^{N-1}\begin{Bmatrix}\int_0^W\int_0^{T_i}xf_{q,i}(x)\,\mathrm{d}x\mathrm{d}u\\+\int_0^W\int_{T_i}^{T_i+u}xf_{q,i}(x)\,\mathrm{d}x\mathrm{d}u\\+\int_{T_i}^{T_i+W}\int_0^{x-T_i}\left(T_i+u\right)f_{q,i}(x)\,\mathrm{d}u\mathrm{d}x\\+\int_{T_i+W}^{+\infty}\int_0^W\left(T_i+u\right)f_{q,i}(x)\,\mathrm{d}u\mathrm{d}x\end{Bmatrix}+\int_0^{T_N}\dot{F}_{q,N}\left(T_N\right)\mathrm{d}x\tag{7.28}$$

进一步，$E[Y_1]$可整理为：

$$E\left[Y_1\right]=\frac{1}{W}\sum_{i=1}^{N-1}\left\{\int_0^W\int_0^{T_i+u}\dot{F}_{q,i}(x)\,\mathrm{d}x\mathrm{d}u\right\}+\int_0^{T_N}\dot{F}_{q,N}(x)\,\mathrm{d}x\tag{7.29}$$

$E[C_1]$可计算如下：

$$
E\left[C_1\right]=\frac{1}{W}\sum_{i=1}^{N-1}
\begin{aligned}
&\{\int_0^{T_i}\int_0^{W}\left[A_i(y)+C_e+C_{p,i}\right]f_{q,i}(y)\mathrm{d}u\mathrm{d}y\\
&+\int_0^{W}\int_{T_i}^{T_i+u}\left[A_i(y)+C_e+C_{p,i}\right]f_{q,i}(y)\mathrm{d}y\mathrm{d}u\\
&+\int_0^{W}\int_{T_i+u}^{T_i+W}\left[A_i(T_i+u)+C_{p,i}\right]f_{q,i}(y)\mathrm{d}y\mathrm{d}u\\
&+\int_0^{W}\int_{T_i+W}^{+\infty}\left[A_i(T_i+u)+C_{p,i}\right]f_{q,i}(y)\mathrm{d}y\mathrm{d}u\ \}\\
&+\int_0^{T_N}\left(A_N(y)+C_e\right)f_{q,N}(y)\mathrm{d}y+A_i(T_N)\dot{F}_{q,N}(T_N)+C_R
\end{aligned}
\tag{7.30}
$$

为便于分析，以$M(\{T_i\},N)$表示与最小修费用相关的部分，以$J(\{T_i\},N)$表示与附加费用相关的部分，即有：

$$
M(\{T_i\},N)=\frac{1}{W}\sum_{i=1}^{N-1}\{\int_{T_i}^{T_i+W}\int_0^{u}p_ih_i(y)\bar{F}_{q,i}(y)\mathrm{d}y\mathrm{d}u\ \}+\int_0^{T_N}p_Nh_N(y)\bar{F}_{q,N}(y)\mathrm{d}y \tag{7.31}
$$

$$
J(\{T_i\},N)=\frac{1}{W}\sum_{i=1}^{N-1}\int_{T_i}^{T_i+\mathrm{W}}F_{q,i}(y)\mathrm{d}y+F_{q,N}(T_N) \tag{7.32}
$$

那么，$E[C_1]$可进一步表示为：

$$
E\left[C_1\right]=\sum_{i=1}^{N-1}C_{p,i}+C_r+C_mM\left(\left\{T_i\right\},N\right)+C_eJ\left(\left\{T_i\right\},N\right) \tag{7.33}
$$

基于上述分析，设备的长期运行成本率函数可表示如下：

$$
g\left(\left\{T_i\right\},N\right)=\frac{E[R]}{E[Y]}=\frac{\sum\limits_{i=1}^{N-1}C_{p,i}+C_r+C_mM\left(\left\{T_i\right\},N\right)+C_eJ\left(\left\{T_i\right\},N\right)}{\frac{1}{W}\sum\limits_{i=1}^{N-1}\left\{\int_0^{W}\int_0^{T_i+u}\dot{F}_{q,i}(x)\mathrm{d}x\mathrm{d}u\right\}+\int_0^{T_N}\dot{F}_{q,N}(x)\mathrm{d}x} \tag{7.34}
$$

函数$g(\{T_i\},N)$为$N+1$元的多变量函数，其最优解求解过程较为复杂，下面将逐步进行讨论。

7.3.3 维修窗口优化

策略的优化将以设备长期运行成本率最小为优化指标，来确定最佳的$\{T_i\}$、N。同样优化过程分为两部分：先固定N，确定最佳的$\{T_i^*\}$，然后固定$\{T_i\}$，确定N^*，使得$g(\{T_i\},N)$最小。

（1）关于$\{T_i^*\}$的优化

当N固定时，$g(\{T_i\};N)$为关于$\{T_i\}$的N元函数，组成的函数均为初等函数，分别对$T_i(i<N)$求偏导，即$\frac{\partial g(\{T_i\},N)}{\partial T_i}=0$，进一步可得：

$$g\left(\left\{T_i^*\right\},N^*\right)=\frac{\dfrac{\partial M\left(\left\{T_i^*\right\},N^*\right)}{\partial T_i^*}+\dfrac{\partial J\left(\left\{T_i^*\right\},N^*\right)}{\partial T_i^*}}{\dfrac{\partial E[Y]}{\partial T_i^*}}$$
$$=\frac{C_m\int_{T_i^*}^{T_i^*+W}p_ih_i(u)\dot{F}_{q,i}(u)\mathrm{d}u+C_e\int_{T_i^*}^{T_i^*+W}f_{q,i}(y)\mathrm{d}y}{\int_{T_i^*}^{T_i^*+W}\dot{F}_{q,i}(u)\mathrm{d}u} \tag{7.35}$$

再对$g(\{T_i\};N)$中T_N求偏导：

$$\frac{\partial g\left(\left\{T_i\right\},N\right)}{\partial T_N}=0$$

$$g\left(\left\{T_i^*\right\},N^*\right)=\frac{\dfrac{\partial M\left(\left\{T_i^*\right\},N^*\right)}{\partial T_N^*}}{\dfrac{\partial E[Y]}{\partial T_N^*}}=C_mp_N\left(1+\frac{C_e}{C_m}\frac{q_N}{p_N}\right)h_N\left(T_N\right) \tag{7.36}$$

将上述关于T_i的方程与T_N的方程组成方程组，可表示为：

$$\frac{\left(\dfrac{p_i}{q_i}+\dfrac{C_e}{C_m}\right)\int_{T_i^*}^{T_i^*+W}F_{q,i}(y)\mathrm{d}y}{\int_{T_i^*}^{T_i^*+W}\dot{F}_{q,i}(u)\mathrm{d}u}=p_N\left(1+\frac{C_e}{C_m}\frac{q_N}{p_N}\right)h_N\left(T_N\right)\qquad(i=1,\cdots,N-1) \tag{7.37}$$

为便于讨论，记方程(7.37)的左端为$lhs(T_i)$，右端为$rhs(T_N)$。根据多数机械设备的特点，只讨论故障率呈递增或“浴盆”形曲线两种情形。因而，用以下定理证明T_i关于T_N存在唯一的解：

定理7.4　当函数$lhs(T)$和$rhs(T)$满足$lhs(0)<rhs(W)$时，对于任意的$T_N(T_N\geqslant\tau_{N0}=\max(\tau_{Ni}))$，其中$\tau_{Ni}$按下式计算：

①如果$lhs(W,i)>rhs(W)$，那么$\tau_{Ni}=rhs^{-1}(lhs(W,i))$；

②如果$lhs(W,i)\leqslant rhs(W)$，则$\tau_{Ni}=W$。

当$h(t)$为t的单增函数或函数图像为“浴盆”形曲线时，方程(7.37)中T_N对应$T_i\geqslant W$是唯一存在的。

证明见附录D。

将方程(7.37)代入方程(7.34)，得方程：

$$\sum_{i=1}^{N-1}C_{p,i}+C_R=$$

$$\frac{C_m}{W}\left\{\sum_{i=1}^{N-1}\left\{\int_0^W\int_0^{T_i+u}\left(p_N\left(1+\frac{C_e}{C_m}\frac{q_N}{p_N}\right)h_N\left(T_N\right)-p_ih_i(y)\right)\dot{F}_{q,i}(y)\mathrm{d}y\mathrm{d}u-\frac{C_e}{C_m}\int_{T_i}^{T_i+W}F_{q,i}(y)\mathrm{d}y\right\}\right.$$

$$+ Wp_N\int_0^{T_N}\left(\left(1+\frac{C_e}{C_m}\frac{q_N}{p_N}\right)h_N\left(T_N\right)-h_N\left(y\right)\right)\dot{F}_{q,N}\left(y\right)\mathrm{d}y\Bigg\} \tag{7.38}$$

根据方程(7.37)，T_i为关于T_N的方程，记$T_i=\varphi_i(T_N)\geqslant\varphi_i(\tau_{N0})$，将$T_i$代入方程(7.38)的右端，并记其右端为$\Phi(T_N)$，有：

$$\Phi(T_N)=$$

$$\frac{C_m}{W}\left\{\sum_{i=1}^{N-1}\left\{\int_0^W\int_0^{\varphi_i\left(T_N\right)+u}\left(p_N\left(1+\frac{C_e}{C_m}\frac{q_N}{p_N}\right)h_N\left(T_N\right)-p_ih_i\left(y\right)\right)\dot{F}_{q,i}\left(y\right)\mathrm{d}y\mathrm{d}u-\frac{C_e}{C_m}\int_{\varphi_i\left(T_N\right)}^{\varphi_i\left(T_N\right)+W}F_{q,i}\left(y\right)\mathrm{d}y\right\}\right.$$

$$+ Wp_N\int_0^{T_N}\left(\left(1+\frac{C_e}{C_m}\frac{q_N}{p_N}\right)h_N\left(T_N\right)-h_N\left(y\right)\right)\dot{F}_{q,N}\left(y\right)\mathrm{d}y\Bigg\} \tag{7.39}$$

$$\sum_{i=1}^{N-1}C_{p,i}+C_R=\Phi\left(\varphi\left(\tau_{N0}\right)\right) \tag{7.40}$$

定理7.5　在N给定的情况下，当$h(t)$为t的单增函数或其图像为“浴盆”形曲线且$W<W_P$时，方程组(7.40)的解$T_i\geqslant W$是唯一存在的，其中W_p为方程(7.40)的解。

证明见附录E。

(2) 关于N^*的优化

在$\{T_i\}$给定情况下，$g(N;\{T_i\})$为关于自然数N的离散函数，如果存在唯一的N^*能使$g(N;\{T_i\})$最小，那么有下列不等式组成立：

$$\begin{cases}g(\{T_i\},N^*+1)\geqslant g(\{T_i\},N^*)\\ g(\{T_i\},N^*-1)\geqslant g(\{T_i\},N^*)\end{cases} \tag{7.41}$$

关于N^*的唯一存在性的证明根据定理4.3，$g(N;\{T_i\})$可以整理如下：

$$g\left(\{T_i\},N\right)=\frac{R(N)+C_R}{V(N)} \tag{7.42}$$

其中$\Delta R(N)=C_{p,N-1}+C_m(M(\{T_i\},N)-M(\{T_i\},N-1))+C_e(J(\{T_i\},N)-J(\{T_i\},N-1))$

$$\Delta M=M\left(\{T_i\},N\right)-M\left(\{T_i\},N-1\right)$$

$$=\frac{1}{W}\int_{T_{N-1}}^{T_{N-1}+W}\int_0^u p_{N-1}h_{N-1}(y)\dot{F}_{q,N-1}(y)\mathrm{d}y\mathrm{d}u+\int_0^{T_N}p_Nh_N(y)\dot{F}_{q,N}(y)\mathrm{d}y-\int_0^{T_{N-1}}p_{N-1}h_{N-1}\left(y\right)\dot{F}_{q,N-1}\left(y\right)\mathrm{d}y$$

$$=\frac{p_{N-1}}{Wq_{N-1}}\int_{T_{N-1}}^{T_{N-1}+W}(F_{q,N-1}(y)-F_{q,N-1}(T_{N-1}))\mathrm{d}y+\frac{p_N}{q_N}F_{q,N}\left(T_N\right)$$

$$\Delta J=J\left(\{T_i\},N\right)-J\left(\{T_i\},N-1\right)\quad=\frac{1}{W}\int_{T_{N-1}}^{T_{N-1}+W}F_{q,N-1}(y)\mathrm{d}y+F_{q,N}\left(T_N\right)-F_{q,N-1}\left(T_{N-1}\right)$$

$$\begin{aligned}\Delta V(N) &= \frac{1}{W}\int_0^W\int_0^{T_{N-1}+u}\dot{F}_{q,N-1}(x)\mathrm{d}x\mathrm{d}u + \int_0^{T_N}\dot{F}_{q,N}(x)\mathrm{d}x - \int_0^{T_{N-1}}\dot{F}_{q,N-1}(x)\mathrm{d}x \\ &= \frac{1}{W}\int_0^W\int_{T_{N-1}}^{T_{N-1}+u}\dot{F}_{q,N-1}(x)\mathrm{d}x\mathrm{d}u + \int_0^{T_N}\dot{F}_{q,N}(x)\mathrm{d}x\end{aligned}$$

由于$M(N;\{T_i\})$的二阶差分大于0，$J(N;\{T_i\})$的二阶差分大于0，$E[Y_i]$的二阶差分小于0。因此，$\dfrac{\Delta R(N)}{\Delta V(N)}$为$N$的单增函数，故存在唯一的$N^*$能使$g(N;\{T_i\})$取得最小值。

7.3.4　模型特例

对于单部件设备及其动态顺序预防性维修策略，当W、p_i、T_i取不同值时，对应的设备及维修策略均不同。当$T_i=T$时，对应的维修策略及其特例在6.2节中已详细讨论，故再不分析。以下只讨论当$T_i\neq T$时的特例。

（1）$W=0,\ p_i=1$

当$p_i=1$时，设备发生的故障均为一般故障，通过最小修可修复运行。当$W=0$时，维修策略为顺序预防性维修策略，在第N次预防性维修时对设备进行更新。设备的长期运行成本率函数如下：

$$g(T;N)=\frac{E[R]}{E[Y]}=\frac{C_r+\sum_{i=1}^{N-1}\left(C_{p,i}+C_m\int_0^{T_i}h_i(y)\mathrm{d}y\right)+C_m\int_0^{T_N}h_i(y)\mathrm{d}y}{\sum_{i=1}^{N-1}T_i} \tag{7.43}$$

（2）$W=0,\ p_i\neq1$

当$W=0,\ p_i\neq1$时，设备发生的故障分为一般故障和严重故障，一般故障通过最小修可修复运行，发生严重故障需提前实施预防性维修。当$W=0$时，维修策略为顺序预防性维修策略，在第N次预防性维修时对设备进行更新。设备的长期运行成本率函数如下：

$$g(\{T_i\};N)=\frac{E[R]}{E[Y]}=\frac{\sum_{i=1}^{N-1}C_{p,i}+C_m\sum_{i=1}^{N-1}F_{q,i}(T_i)\left(\frac{p_i}{q_i}+\frac{C_e}{C_m}\right)+C_R}{\sum_{i=1}^{N-1}\int_0^{T_i}\dot{F}_{q,i}(x)\mathrm{d}x} \tag{7.44}$$

（3）$W\neq0,\ p_i=1$

当$W\neq0,\ p_i=1$时，设备发生的故障均为一般故障，通过最小修可修复运行。当$W\neq0$时，维修策略为动态顺序预防性维修策略，在第N次预防性维修时对设备进行更新。设备的长期运行成本率函数如下：

$$g(\{T_i\};N)=\frac{E[R]}{E[Y]}=\frac{C_R+\sum_{i=1}^{N-1}\left(C_{p,i}+\frac{C_m}{W}\int_{T_i}^{T_i+W}\int_0^u h_i(y)\mathrm{d}y\mathrm{d}u\right)+C_m\int_0^{T_i}h_i(y)\mathrm{d}y}{\sum_{i=1}^{N-1}T_i+(N-1)0.5W^2} \tag{7.45}$$

7.3.5　实例分析

现以机车柴油机的预防性维修为例，说明本节提出的维修策略及优化过程。设备的使用可靠性模型为第二章所建模型。部分假设参数及维修参数与6.2节的相同，下面通过案例分析来说明模型的求解过程。

根据方程(7.38)、(7.40)及不等式(7.41)，模型的求解算法可表示如下：

第一步：输入模型参数γ、θ、β、η、C_m、C_e、$C_{p,i}$、C_R、a_i及W，并取$N=1$。

第二步：将N代入方程(7.38)，得到方程$T_i = \varphi_i(T_N)$和$\varphi_i(\tau_{N0})$。

第三步：将$\varphi_i(\tau_{N0})$代入方程(7.39)，解方程(7.40)得W_P，如果$W<W_P$，则最优解是存在的，执行下一步；否则$T_i>W$的解不存在，执行第八步。

第四步：解方程组(7.40)，其中$i=1, 2, \cdots, N-1$，得到解$\{T_i^{'}\}$，执行下一步。

第五步：将得到的$\{T_i^{'}\}$代入不等式$L(N^* + 1) \geqslant R_0 \geqslant L(N^*)$，得到$N'$，如果$N'=N$，执行最后一步；否则执行下一步。

第六步：取$N=N+1$，执行第二步。

第七步：输出最优解$\{T_i^*\}=\{T_i^{'}\}$及$N^*=N^{'}$。

第八步：算法结束。

在matlab环境下运行，得优化结果分别为：$N^*=5$，$\{T_i^*\}=\{22626, 21814, 20517, 19678, 22220\}$，$C_{\min}=0.3871$及$EY=115500$，即实施第$i$次预防性维修行为的最佳区间为$[T_i, T_i+W]$。从优化结果分析，动态顺序预防性维修策略和动态拟周期预防性维修策略具有相同的预防性维修次数，但动态顺序预防性维修策略的成本率要小于动态预防性维修策略的成本率。

模型中W为工程师根据生产等多方面的因素人为确定的参数，现从设备长期运行成本率的角度衡量其对设备维修策略的影响。图7-9(a)为不同W与设备最小成本率的对应关系，从图中可以发现随着W的增加，最小成本率快速递增。图7-9(b)为在不考虑W时制定的顺序预防性维修策略指导下实际操作中产生的成本率和动态顺序预防性维修策略指导下实际操作中产生的成本率之间的比较。从中可以发现，动态顺序预防性维修策略的成本率的变化趋势和动态预防性维修策略的成本率的变化趋势相近。不管是在动态预防性维修策略还是在顺序预防性维修策略指导下的实际操作成本率，两者均大于在未考虑随机因素情况下制定的维修策略成本率。因此，从企业的角度，动态预防性维修策略能够更真实地反映实际的维修费用，并能使得维修费用最小化，充分说明了动态策略的必要性。设备参数和维修参数对维修策略的影响与动态顺序预防性维修策略相近，故不再做相应分析。

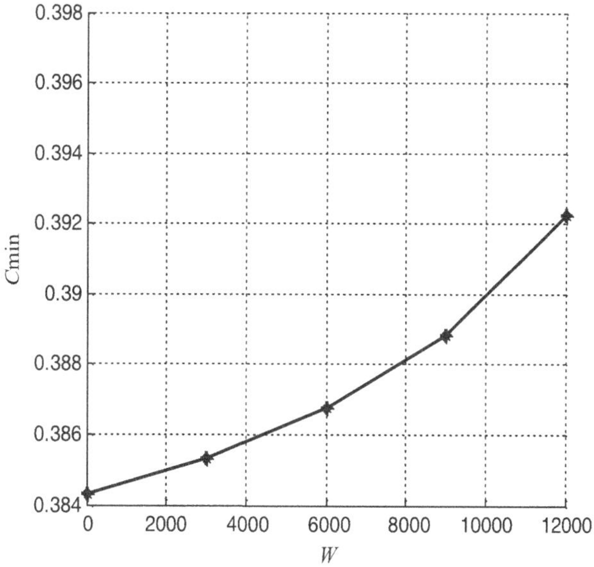
0.398
0.396
0.394
0.392
0.39
0.388
0.386
0.384
Cmin
0
2000
4000
6000
8000
10000
12000
W

(a)

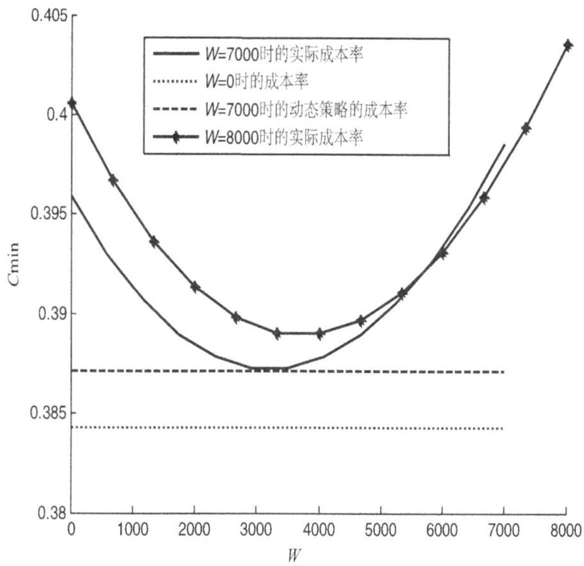
W=7000时的实际成本率
W=0时的成本率
W=7000时的动态策略的成本率
W=8000时的实际成本率
0.405
0.4
0.395
0.39
0.385
0.38
Cmin
0
1000
2000
3000
4000
5000
6000
7000
8000
W

(b)

图7-9　$C_{min}-W$

7.4　性能退化设备检查与更换窗口优化

性能退化设备的维修策略构建需借助设备性能参数的检测或人工检查，依据检查获取的性能退化指标数据可构建性能退化过程模型，根据所构建的性能退化过程模型可推出设备的可靠性模型。因此，构建性能退化设备的维修策略时，检查或检测成本及维修周期是维修策略建模中必须考虑的因素。本节基于柱塞泵性能退化过程模型，构建其拟周期检查与更换策略及预防性维修策略优化模型。同时，将以某型号航空柱塞泵为例分别对所构建维修模型的优化过程进行说明，以此验证模型的可行性，并且将对关键参数进行敏感性分析。

7.4.1　模型介绍及假设

对于柱塞泵而言，通过检查可以获取其当前的退化指标。考虑实际运行或作业周期对检查工作的影响，拟采用带有窗口的逆周期检查方式获取柱塞泵的性能退化指标，并假设拟周期检查在给定的窗口中随机分布。已知柱塞泵失效更换阈值为l，设置预防性更换阈值为w。将检查得到的退化数据与柱塞泵预防性更换阈值做比较，从而制定相应的更换决策。当柱塞泵的退化量处于预防性更换阈值w和失效更换阈值l之间时，对其实施预防性更换；当柱塞泵的退化量大于失效更换阈值l时对其实施失效更换。根据上述模型说明，拟周期检查与更换策略可以由图7-10至图7-13表示。图7-10表示柱塞泵在第一次检查τ_1时退化量大于失效更换阈值l时，对其实施失效更换。图7-11表示柱塞泵在第一次检查τ_1时退化量大于预防性更换阈值w且小于失效更换阈值l时，对其实施预防性更换。图7-12表示柱塞泵在第N次检查τ_N时退化量大于失效更换阈值l时，对其进行失效更换。图7-13表示柱塞泵在第N次检查τ_N时退化量大于预防性更换阈值w且小于失效更换阈值l时，对其开展预防性更换。

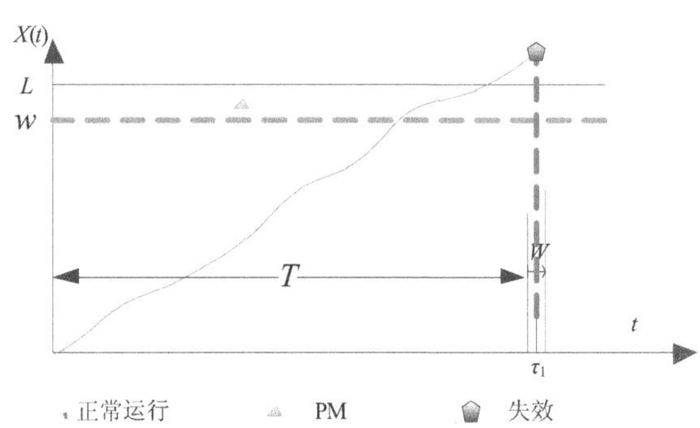

图7-10　失效更换

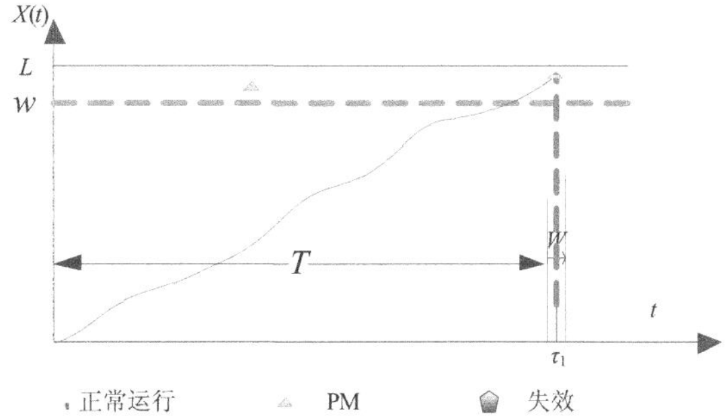

图7-11　预防性更换

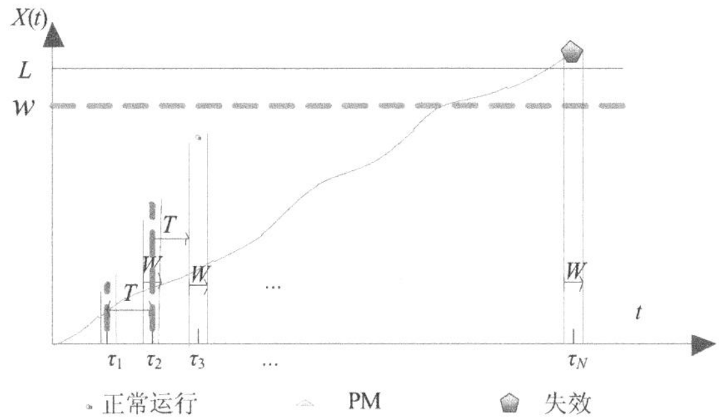

图7-12　失效更换

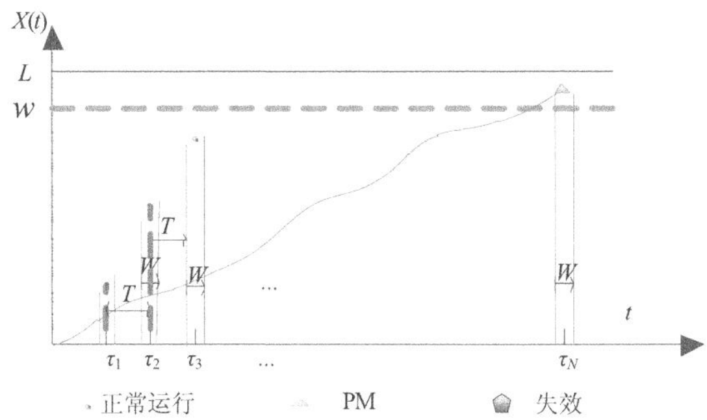

图7-13　预防性更换

根据上述对于模型的描述和说明，将基于以下假设构建柱塞泵维修策略模型：

①假设采用拟周期检查计划来获得柱塞泵的退化量，检查计划τ_i在长度为W的检查窗$[T,T+W]$内均匀分布。柱塞泵经历的检查是完美的，能够真实地反映其退化水平。

②当柱塞泵退化量$X(t)\geqslant l$时，认为其失效，对其实施失效性更换。

③假设柱塞泵预防性更换阈值为w，如果退化状态满足$w\leqslant X(t)<l$，对其实施预防性更换；如果$0\leqslant X(t)<w$，柱塞泵正常运行。

④柱塞泵检查、预防性更换和失效更换的时间可以忽略不计。

⑤检查费用、预防性更换费用和失效更换费用分别表示为 C_i、C_r 和 C_f。

7.4.2　拟周期检查与更换窗口优化

当制定柱塞泵的维修策略时，柱塞泵的一次完整预防性维修或一次整体更换都可以看作一次更新过程。柱塞泵更新时会花费一定的成本，且柱塞泵的更换成本和对应的时间构成一个更新报酬过程。本章以预防性更换阈值 w 和检查窗口下限 T 为决策变量，来最小化柱塞泵长期运行成本率函数值。由更新过程理论，可以得到柱塞泵的长期运行成本率函数如下：

$$g(T,w)=\lim_{t\to+\infty}\frac{C[t]}{t}=\frac{E[C]}{E[Y]} \tag{7.46}$$

其中，$E[C]$表示更换周期内维修成本的期望，$E[Y]$表示更换周期的期望。

根据所述模型假设，柱塞泵更换周期内的维修成本可表示如下：

$$\begin{aligned}C=&I_{\left(l<X\left(\tau_1\right)\right)}\left(C_f\right)+I_{\left(w<X\left(\tau_1\right)<l\right)}\left(C_r\right)+I_{\left(X(V)<w\cap X\left(V_1+\tau_N\right)>l\right)}\left(C_f+NC_i\right)\\&+I_{\left(X(V)<w\cap w<X\left(V+\tau_N\right)<l\right)}\left(C_r+NC_i\right)\end{aligned} \tag{7.47}$$

柱塞泵的更换周期长度可表示如下：

$$\begin{aligned}Y=&I_{(l<X(\tau_1))}\left(\tau_1\right)+I_{(w<X(\tau_1)<l)}\left(\tau_1\right)+I_{\left(X(V)<w\cap X\left(V_1+\tau_N\right)>l\right)}\left(V+\tau_N\right)+I_{\left(X(V)<w\cap w<X\left(V+\tau_N\right)<l\right)}\left(V+\tau_N\right)\\=&I_{(w<X(\tau_1))}\left(\tau_1\right)+I_{\left(X\left(V_1\right)<w\cap X\left(V+\tau_N\right)>w\right)}\left(V+\tau_N\right)\end{aligned} \tag{7.48}$$

其中 $\tau_i(i=1,2,\cdots,N)$ 表示检查计划，$1/W$ 的密度函数在检查窗口 $[T,\ T+W]$ 内匀分布。$V_1=\sum_{i=1}^{N-1}\tau_i$ 表示 $N-1$ 个服从均匀分布的独立随机变量之和，并且 $N\in[2,+\infty)$。

进一步地，$E[C]$ 和 $E[Y]$ 的计算公式如下所示：

$$\begin{aligned}E[C]=&C_f\frac{1}{W}\int_T^{T+W}P\left(l<X\left(\tau_1\right)\right)\mathrm{d}\tau_1+C_r\frac{1}{W}\int_T^{T+W}P\left(w<X\left(\tau_1\right)<l\right)\mathrm{d}\tau_1+\\&\sum_{N=2}^{+\infty}\left\{\left(C_f+NC_i\right)\frac{1}{W}\int_T^{T+W}\int_{(N-1)T}^{(N-1)(T+W)}f_{V_1}(V)\left(P\left(X(V)<w\cap X\left(V+\tau_N\right)>l\right)\right)\mathrm{d}V\,\mathrm{d}\tau_N\right\}+\\&\sum_{N=2}^{+\infty}\left\{\left(C_r+NC_i\right)\frac{1}{W}\int_T^{T+W}\int_{(N-1)T}^{(N-1)(T+W)}f_{V_1}(V)P\left(X(V)<w\cap w<X\left(V+\tau_N\right)<l\right)\mathrm{d}V_1\,\mathrm{d}\tau_N\right\}\end{aligned} \tag{7.49}$$

$$\begin{aligned}E[Y]=&\frac{1}{W}\int_T^{T+W}\tau_1P(w<X(\tau_1))\mathrm{d}\tau_1\\&+\sum_{N=2}^{+\infty}\left\{\frac{1}{W}\int_T^{T+W}\int_{(N-1)T}^{(N-1)(T+W)}\left(V+\tau_N\right)f_{V_1}(V)P\left(X(V)<w\cap X\left(V+\tau_N\right)>w\right)\mathrm{d}V\mathrm{d}\tau_N\right\}\end{aligned}$$

$$= \frac{1}{W}\int_{T}^{T+W} \tau_1 F_{T_2}(\tau_1)\mathrm{d}\tau_1$$

$$+ \sum_{N=2}^{+\infty}\left\{\frac{1}{W}\int_{T}^{T+W}\int_{(N-1)T}^{(N-1)(T+W)} \left(V_1 + \tau_N\right) f_{V_1}\left(V_1\right) P\left(X\left(V_1\right) < w \cap X\left(V_1 + \tau_N\right) > w\right)\mathrm{d}V_1 \mathrm{d}\tau_N\right\}$$

(7.50)

其中,$N-1$个均匀分布的独立随机变量和$V = \sum_{i=1}^{N-1}\tau_i$的概率密度函数计算如下:

$$f_V\left(v_1\right) = \begin{cases} \dfrac{1}{W^N(N-1)!}\sum_{r=0}^{k}(-1)^r\dbinom{N}{r}\left(V-(N-1)T-rW\right)^{N-1} & kW + NT \leqslant \\ \quad V \leqslant (k+1)W + NT, k = 0,1,\cdots,N-1 & \\ 0 & \text{其他} \end{cases} \tag{7.51}$$

柱塞泵的退化量在第N次检查τ_N时超出失效更换阈值l的概率可计算如下:

$$P\left(X(V) < w \cap X\left(V + \tau_N\right) > l\right) = \left(1 - F_{T_2}(V)\right)\left(\int_0^w F_{l-x}\left(\tau_N\right) f_\phi(x;V)\mathrm{d}x\right)$$

其中

$$F_{l-x}(\theta) = \Phi\left(\frac{\mu\theta - (l-x)}{\sigma\sqrt{\theta}}\right) + \exp\left(\frac{2\mu(l-x)}{\sigma^2}\right)\Phi\left(\frac{-\mu\theta - (l-x)}{\sigma\sqrt{\theta}}\right) \tag{7.52}$$

$$f_\phi(x;t) = \frac{1}{\sqrt{2\pi\sigma^2 t}}\exp\left(-\frac{(x-\mu t)^2}{2\sigma^2 t}\right) \tag{7.53}$$

柱塞泵的退化量在第N次检查τ_N时介于预防性更换阈值w和失效更换阈值l之间的概率可计算如下:

$$P\left(X(V) < w \cap w < X\left(V + \tau_N\right) < l\right) = \left(1 - F_{T_2}(V)\right)\int_0^w \left(F_{w-x}\left(\tau_N\right) - F_{1-x}\left(\tau_N\right)\right) f_\phi(x;V)\mathrm{d}x$$

(7.54)

其中

$$F_{w-x}(\theta) = \Phi\left(\frac{\mu\theta - (w-x)}{\sigma\sqrt{\theta}}\right) + \exp\left(\frac{2\mu(w-x)}{\sigma^2}\right)\Phi\left(\frac{-\mu\theta - (w-x)}{\sigma\sqrt{\theta}}\right) \tag{7.55}$$

以下为拟周期检查与更换策略优化,由于$g(T,w)$比较复杂,难以通过解析方法确定最优的更换策略。因此本章选用搜索算法来计算最优的w^*和T^*,即通过Hooke-Jeeves算法得到最优解。该算法在优化目标函数时可避免求导和差分运算而获取全局的最优解。Hooke-Jeeves算法具体步骤如下,其中X为待优化的参数。

第一步:任意选择初始一点为第一个基点,$X_0^{(k)} = X_0^{(0)}$,假设搜索步长为α,允许误差为ε,先沿x轴正向(e=1)开始探测,k=1。

第二步:计算$(X)_1^{(k)} = (X)_0^{(k)} + \alpha e$。

第三步：若$g\left((X)_1^{(k)}\right) < g\left((X)_0^{(k)}\right)$，表示沿$e$=1方向探测成功，则转向下一步；若$g\left(X_1^{(k)}\right) \geqslant g\left(X_0^{(k)}\right) > g\left(X_0^{(k)} - \alpha e\right)$，表示沿$e$方向探索失败，取$\alpha = -\alpha$，转第二步；若$g\left(X_1^{(k)}\right) \geqslant g\left(X_0^{(k)}\right) \leqslant g\left(X_0^{(k)} - \alpha e\right)$，$X_1^{(k)} = X_0^{(k)}$，则转下一步。

第四步：若$X_1^{(k)} \neq X_0^{(k)}$且$g\left(X_1^{(k)}\right) < g\left(X_0^{(k)}\right)$，则本轮次探测性移动成功，转入沿新方向$X_1^{(k)} - X_0^{(k)}$开始模式性移动，并且取搜索步长为1，得$X_2^{(k)} = 2X_1^{(k)} - X_0^{(k)}$，转第六步；若$X_1^{(k)} = X_0^{(k)}$，则转下一步。

第五步；若$|\alpha| \leqslant \varepsilon$，则$X_1^{(k)} = X^*$为最优解；若$|\alpha| > \varepsilon$，则令$\alpha > \beta\alpha$，转第二步。

第六步：令$\overline{X}_1^{(k)} = X^k + \alpha e$。

第七步：若$g\left(\overline{X}_1^{(k)}\right) < g\left(X_1^{(k)}\right)$，则$X_0^{(k)} = \overline{X}_1^{(k)}$，$k$=$k$+1，转第二步；若$g\left(\overline{X}_1^{(k)}\right) \geqslant g\left(X_1^{(k)}\right)$，$X_0^{(k)} = X_1^k$，$k$=$k$+1，$\alpha = \beta\alpha$，转第二步。

7.4.3　实例分析

现以某型号航空柱塞泵为例来说明拟周期检查与更换策略建模及其优化过程。柱塞泵的退化数据如图7-14所示，出自文献[190]。采用拟周期检查来获取柱塞泵的泄漏量，当泄漏量介于预防性更换阈值和失效更换阈值之间时，对其实施预防性更换；当泄漏量大于失效更换阈值时对其实施失效性更换。使用第5章确定的Wiener过程模型作为柱塞泵的性能退化模型。其表达式为：

$X(t)=\mu t+\sigma B(t)$

其中漂移参数μ和扩散参数σ为常数，$B(t)$为标准的布朗运动。并且在Matlab环境下进行参数估计，得到μ=0.0024，σ^2=1.2067×10^{-4}。

维修策略模型参数可参考表7-4，利用本章提出的模型进行建模和参数推断，分别计算最优的T*和w*。计算得到T、w和$g(T,w)$的三维图如图7-14所示，从图中可以直观地看出设备的长期成本率的最小值是存在的。最终的计算结果为：预防性维修阈值w*=2.2，检查周期T*=169，最小的长期运行成本率函数为$g_{\min}$=1.404。

表7-4　模型参数

参数	参数值	备注
C_r	1200	假设
C_i	20	假设
C_f	3000	假设
l	2.8	文献
W	20	假设

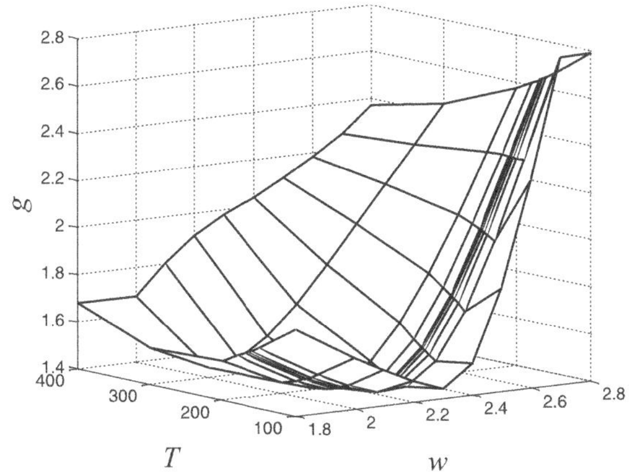

图7-14　(T,w,g)三维图

7.4.4　参数敏感性分析

以上柱塞泵实例分析说明了维修策略建模及优化的合理性，下面进一步讨论关键参数的敏感性。通过分析关键参数C_i、C_r和W对检查周期T、预防性更换阈值w和维修成本率g的影响，可以剖析关键参数对最优策略和成本率的影响。

图7-15是检查窗口长度W与最优维修策略之间的关系图。实际中W是由维修人员根据具体情况设定的参数，其值的确定得综合考虑设备的可靠性、安全性、生产效率以及生产调度等多方面的因素。由图可看出当检查窗口长度W增加时，长期成本率函数有递增的趋势，因此得出经济性W的取值越小越好。当W增加时，检查窗口下限T呈现递减的趋势，即选择较大的W会使T的值减小。而W值的增加对预防性更换阈值w的影响不明显。

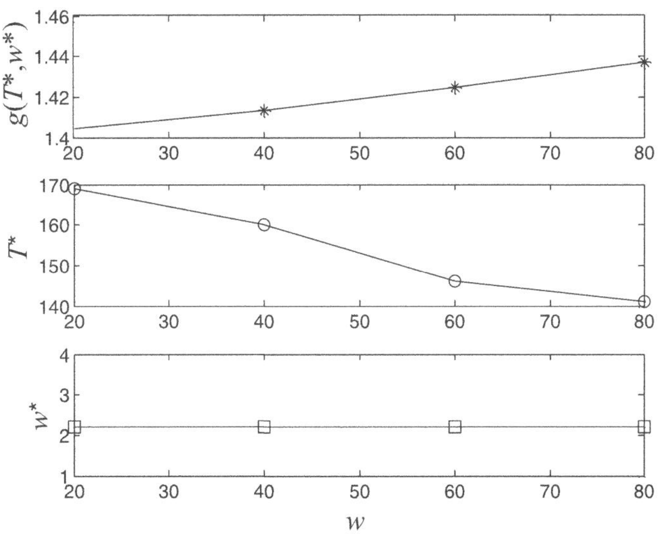

图7-15　W与w、T及g的关系

图7-16是检查费用C_i与最优维修策略之间的关系图。由图可看出当检查费用C_i增加时,长期成本率函数有递增的趋势,因此得出节约成本C_i的取值越小越好。当C_i增大时,检查窗口下限T呈现递增的趋势。随着检查费用的逐渐增加,频繁的检查提高了检查成本,因而T值随之增大。而W值的增加对预防性更换阈值w的影响不明显,w在小范围内有减小的趋势。

图7-17是预防性更换费用C_r与最优维修策略之间的关系图。由图可看出当预防性更换费用C_r增加时,最优的长期成本率函数有递增的趋势,因此得出节省成本C_i取值越小越好。预防性更换费用C_r对检查窗口长度下限T的敏感性较低,当C_r增大时T在小范围内有减小的趋势。而当C_r增大时,预防性更换阈值w呈现递增的趋势。

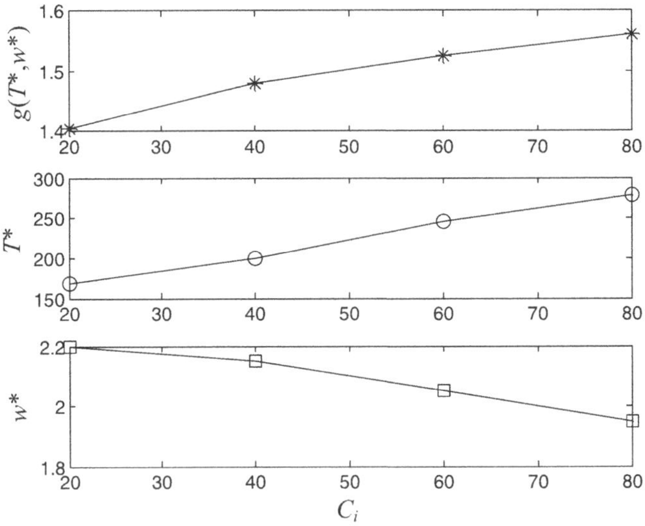

图7-16　C_i与w、T及g的关系

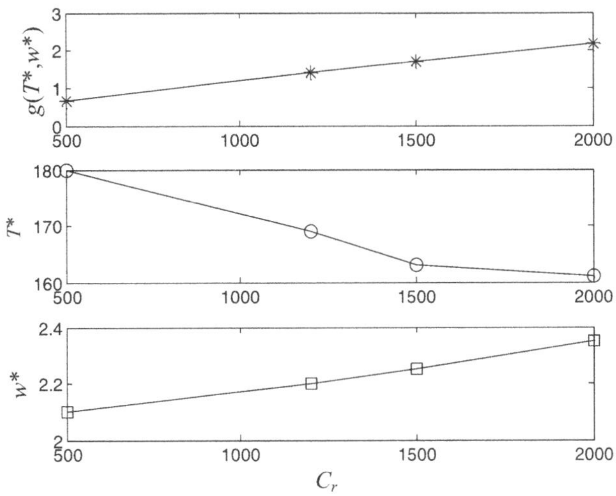

图7-17　C_r与w、T及g的关系

7.5 性能退化设备检查与预防性维修窗口优化

本节仍以柱塞泵性能退化过程为例来构建预防性维修窗口优化模型及其优化过程。

7.5.1 模型介绍及假设

对柱塞泵的拟周期检查与预防性维修模型，按照预防性维修次数的不同可以分为以下几种情况：

①对柱塞泵进行的第一次预防性维修，可以分为两种情况：图7-18表示在此阶段内对柱塞泵进行第i次检查$\tau_i(i=1,2,\cdots,M)$时，其性能退化量大于失效更换阈值，对其进行失效更换；图7-19表示在此阶段内对柱塞泵进行第i次检查$\tau_i(i=1,2,\cdots,M)$时，其性能退化量大于预防性维修阈值w且小于失效更换阈值l，对其实施预防性维修。

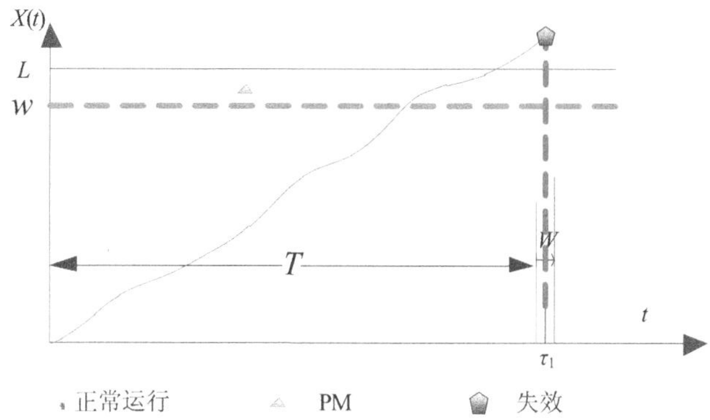

图7-18 失效更换

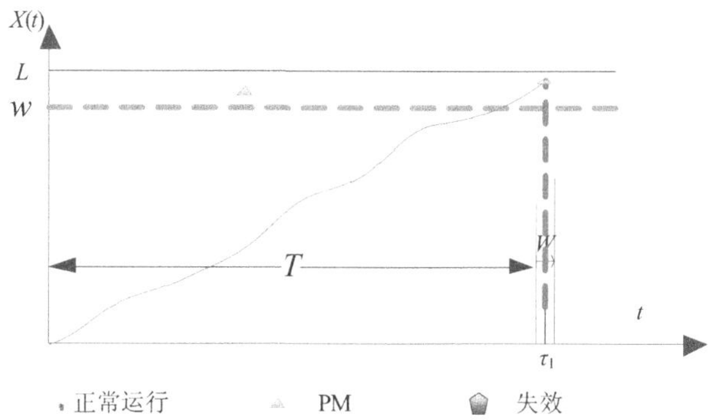

图7-19 预防性维修

②对柱塞泵进行$j(j<N-1)$次预防性维修以后，分为两种情况：图7-20表示在此阶段内对柱塞泵进行第i次检查$i(i=1, 2, \cdots, M)$时其性能退化量大于失效更换阈值l，对设备进行失效更换；图7-21表示设备在此阶段内对柱塞泵进行第i次检查$i(i=1, 2, \cdots, M)$时其性能退化量大于预防性维修阈值w且小于失效更换阈值l，对其进行预防性维修。

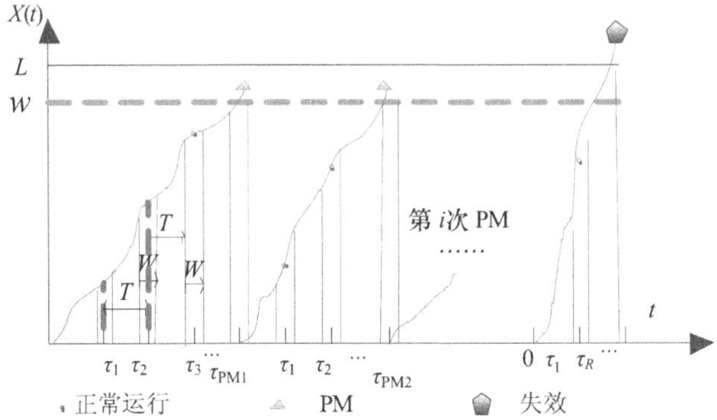

图7-20 失效更换

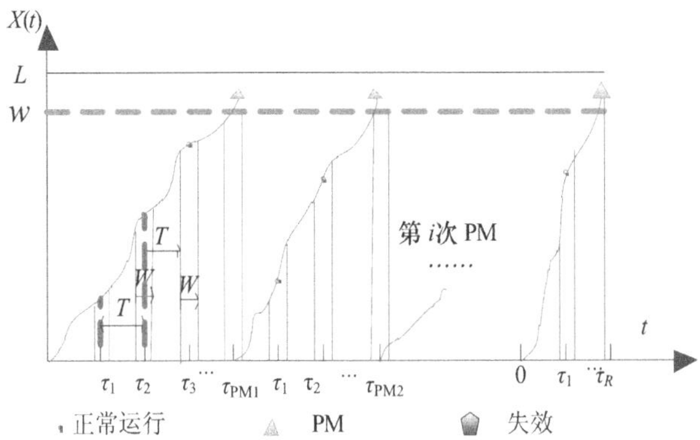

图7-21 预防性维修

③柱塞泵经过$N-1$次预防性维修以后，分为两种情况：图7-22表示在此阶段内柱塞泵进行第i次检查$\tau_i(i=1, 2, \cdots, M)$，其性能退化量大于失效更换阈值$l$，对其进行失效更换；图7-23表示在此阶段内柱塞泵进行第i次检查$\tau_i(i=1, 2, \cdots, M)$时，其性能退化量大于预防性维修阈值$w$且小于失效更换阈值$l$，对其进行预防性更换。

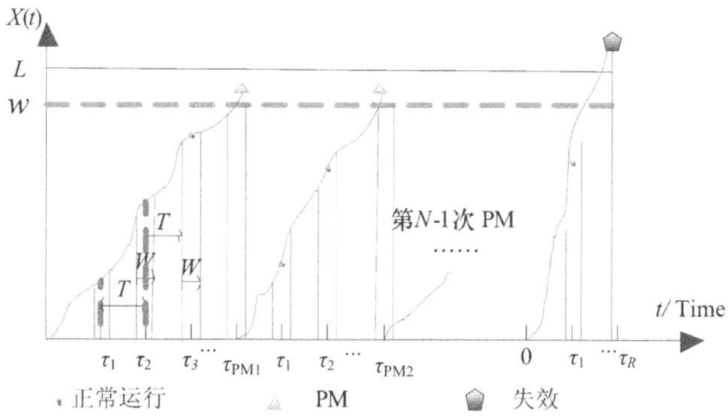

图7-22　失效更换

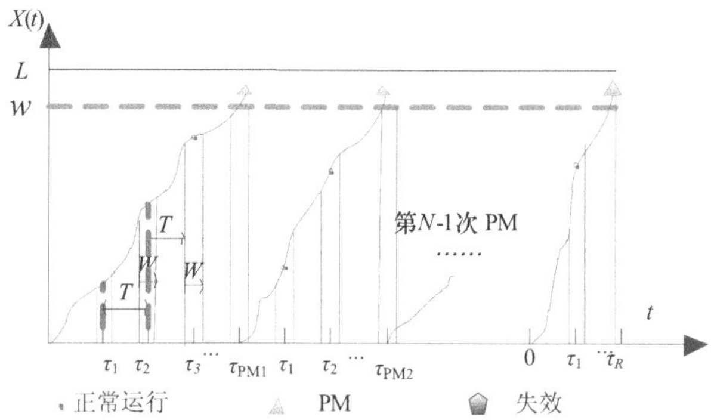

图7-23　预防性维修

根据模型介绍与说明，柱塞泵预防性维修窗口建模将基于以下假设：

①假设采用拟周期检查的策略来获得柱塞泵的退化量，检查计划 τ_i 在给定长度为 W 的检查窗口 $[T, T+W]$ 内均匀分布。设备经历的检查是完美的，能够真实地反映柱塞泵退化量的大小，相应的检查费用为 C_i。

②当退化量 $X(t)\geqslant l$ 时柱塞泵失效，对柱塞泵进行失效更换，其失效更换费用为 C_f。

③设置预防性维修阈值为 w，如果系统的状态为 $w\leqslant X(t)<l$，则对柱塞泵进行预防性维修；如果为 $0\leqslant X(t)<w$，则设备正常运行。

④假设柱塞泵经历的预防性维修活动是不完美的，且会对柱塞泵的退化速率产生影响。设 μ_j 为第 j 次维修后的漂移系数，表示维修活动对退化速率的影响，且 $\mu_j=a_j\mu_{j-1}$，其中 a_j 是常数。相应预防性维修的费用为 C_p。

⑤当设备经历了 $N-1$ 次预防性维修后，对柱塞泵进行预防性更换，相应费用为 C_r。

⑥柱塞泵检查、预防性维修、预防性更换和失效更换的时间可以忽略不计。

⑦如果系统的状态为 $X(t)>l$ 时，柱塞泵以较恶劣工况运行，且不可修复。

7.5.2 检查与维修窗口优化

根据更新过程理论，设备的长期运行成本率$g(T, w, N)$可表示如下。其中，$E[C]$为更换周期内维修成本的期望，$E[Y]$为更换周期长度的期望。

$$g(T,w,N)=\lim_{t\to+\infty}\frac{C(t)}{t}=\frac{E[C]}{E[Y]} \tag{7.56}$$

根据模型假设，设备更换周期内的维修成本可表示如下：

$$\begin{aligned}
R=&\sum_{j=1}^{N-1}\left\{\prod_{k=1}^{j-1}\begin{pmatrix}P\left(w<X_k(\tau_1)<l\right)\\ +P\left(X_k(V)<w\cap w<X_k(V+\tau_N)<l\right)\end{pmatrix}\right.\\
&\left.\begin{pmatrix}I_{(l<X_j(\tau_1))}(C_f)+I_{(w<X_j(\tau_1)<l)}(C_p)+I_{(X_j(V)<w\cap X_j(V+\tau_N)>l)}(C_f+MC_i)\\ +I_{(X_j(V)<w\cap w<X_j(V+\tau_N)<l)}(C_p+MC_i)\end{pmatrix}\right\}\\
&+\prod_{j=1}^{N-1}\begin{pmatrix}P\left(w<X_j(\tau_1)<l\right)\\ +P\left(X_j(V)<w\cap w<X_j(V+\tau_N)<l\right)\end{pmatrix}\\
&\begin{pmatrix}I_{(l<X_N(\tau_1))}(C_f)+I_{(w<X_N(\tau_1)<l)}(C_r)+I_{(X_N(V)<w\cap X_N(V+\tau_N)>l)}(C_f+MC_i)\\ +I_{(X_N(V)<w\cap w<X_N(V+\tau_N)<l)}(C_r+MC_i)\end{pmatrix}
\end{aligned} \tag{7.57}$$

设备的更换长度Y计算如下：

$$\begin{aligned}
Y=&\sum_{j=1}^{N-1}\left\{\prod_{k=1}^{j-1}\begin{pmatrix}P\left(w<X_k(\tau_1)<l\right)\\ +P\left(X_k(V)<w\cap w<X_k(V+\tau_N)<l\right)\end{pmatrix}\right.\\
&\left.\begin{pmatrix}I_{(l<X_j(\tau_1))}(\tau_1)+I_{(w<X_j(\tau_1)<l)}(\tau_1)+I_{(X_j(V)<w\cap w<X_j(V+\tau_N)<l)}(V+\tau_N)\\ +I_{(X_j(V)<w\cap X_j(V+\tau_N)>l)}(V+\tau_N)\end{pmatrix}\right\}\\
&+\prod_{j=1}^{N-1}\begin{pmatrix}P\left(w<X_j(\tau_1)<l\right)\\ +P\left(X_j(V)<w\cap w<X_j(V+\tau_N)<l\right)\end{pmatrix}\\
&\begin{pmatrix}I_{(l<X_N(\tau_1))}(\tau_1)+I_{(w<X_N(\tau_1)<l)}(\tau_1)+I_{(X_N(V)<w\cap w<X_N(V+\tau_N)<l)}(V+\tau_N)\\ +I_{(X_N(V)<w\cap X_N(V+\tau_N)>l)}(V+\tau_N)\end{pmatrix}\\
=&\sum_{j=1}^{N-1}\left\{\prod_{k=1}^{j-1}\begin{pmatrix}P\left(w<X_k(\tau_1)<l\right)\\ +P\left(X_k(V)<w\cap w<X_k(V+\tau_N)<l\right)\end{pmatrix}\left(I_{\left(w<X_j(\tau_1)\right)}(\tau_1)+I_{\left(X_j(V)<w\cap w<X_j(V+\tau_N)\right)}(V+\tau_N)\right)\right\}\\
&+\prod_{j=1}^{N-1}\begin{pmatrix}P\left(w<X_j(\tau_1)<l\right)\\ +P\left(X_j(V)<w\cap w<X_j(V+\tau_N)<l\right)\end{pmatrix}\left(I_{\left(w<X_N(\tau_1)\right)}(\tau_1)+I_{\left(X_N(V)<w\cap w<X_N(V+\tau_N)\right)}(V+\tau_N)\right)
\end{aligned} \tag{7.58}$$

式中$\tau_i(i=1, 2, \cdots, N)$表示检查计划并且其服从$[T, T+W]$内密度函数为$1/W$的均匀分布，$V = \sum_{i=1}^{N-1}\tau_i$表示$N-1$个服从均匀分布的独立随机变量之和。

$E[C]$和$E[Y]$的计算如下：

$$
\begin{aligned}
E(R) = \sum_{j=1}^{N-1}\left\{\begin{array}{l}
\prod_{k=1}^{j-1}\left(\begin{array}{l}\frac{1}{W}\int_T^{T+W}P\left(w < X_k\left(\tau_1\right) < l\right)\mathrm{d}\tau_1 \\ +\frac{1}{W}\int_T^{T+W}\int_{(M-1)T}^{(M-1)(T+W)}f_V(V)\left(P\left(X_k(V) < w \cap X_k\left(V+\tau_N\right) > l\right)\right)\mathrm{d}V\mathrm{d}\tau_N\end{array}\right) \\
\left(\begin{array}{l}C_f\frac{1}{W}\int_T^{T+W}P\left(l < X_j\left(\tau_1\right)\right)\mathrm{d}\tau_1 + C_p\frac{1}{W}\int_T^{T+W}P\left(w < X_j\left(\tau_1\right) < l\right)\mathrm{d}\tau_1 \\
+\sum_{M=2}^{+\infty}\left(\left(C_f + MC_i\right)\frac{1}{W}\int_T^{T+W}\int_{(M-1)T}^{(M-1)(T+W)}f_V(V)\left(P\left(X_j(V) < w \cap X_j\left(V+\tau_N\right) > l\right)\right)\mathrm{d}V\mathrm{d}\tau_N\right) \\
+\sum_{M=2}^{+\infty}\left(\left(C_p + MC_i\right)\frac{1}{W}\int_T^{T+W}\int_{(M-1)T}^{(M-1)(T+W)}f_V(V)\left(P\left(X_j(V) < w \cap w < X_j\left(V+\tau_N\right) < l\right)\right)\mathrm{d}V\mathrm{d}\tau_N\right)\end{array}\right)
\end{array}\right\} \\
+\left(\prod_{j=1}^{N-1}\left(\begin{array}{l}\frac{1}{W}\int_T^{T+W}P\left(w < X_j\left(\tau_1\right) < l\right)\mathrm{d}\tau_1 \\ +\frac{1}{W}\int_T^{T+W}\int_{(M-1)T}^{(M-1)(T+W)}f_V(V)\left(P\left(X_k(V) < w \cap X_k\left(V+\tau_N\right) > l\right)\right)\mathrm{d}V\mathrm{d}\tau_N\end{array}\right)\right) \\
\left\{\begin{array}{l}C_f\frac{1}{W}\int_T^{T+W}P\left(l < X_N\left(\tau_1\right)\right)\mathrm{d}\tau_1 + C_p\frac{1}{W}\int_T^{T+W}P\left(w < X_N\left(\tau_1\right) < l\right)\mathrm{d}\tau_1 \\
+\sum_{M=2}^{+\infty}\left(\left(C_f + MC_i\right)\frac{1}{W}\int_T^{T+W}\int_{(M-1)T}^{(M-1)(T+W)}f_V(V)\left(P\left(X_N(V) < w \cap X_N\left(V+\tau_N\right) > l\right)\right)\mathrm{d}V\mathrm{d}\tau_N\right) \\
+\sum_{M=2}^{+\infty}\left(\left(C_p + MC_i\right)\frac{1}{W}\int_T^{T+W}\int_{(M-1)T}^{(M-1)(T+W)}f_V(V)\left(P\left(X_N(V) < w \cap w < X_N\left(V+\tau_N\right) < l\right)\right)\mathrm{d}V\mathrm{d}\tau_N\right)\end{array}\right\}
\end{aligned}
\tag{7.59}
$$

$$
\begin{aligned}
E(Y) = \sum_{j=1}^{N-1}\left\{\begin{array}{l}
\prod_{k=1}^{j-1}\left(\begin{array}{l}\frac{1}{W}\int_T^{T+W}P\left(w < X_k\left(\tau_1\right) < l\right)\mathrm{d}\tau_1 \\ +\frac{1}{W}\int_T^{T+W}\int_{(M-1)T}^{(M-1)(T+W)}f_V(V)\left(P\left(X_k(V) < w \cap X_k\left(V+\tau_N\right) > l\right)\right)\mathrm{d}V\mathrm{d}\tau_N\end{array}\right) \\
\left(\begin{array}{l}\frac{1}{W}\int_T^{T+W}\tau_1 P(w < X_j(\tau_1))\mathrm{d}\tau_1 \\
+\sum_{M=2}^{+\infty}\frac{1}{W}\int_T^{T+W}\int_{(M-1)T}^{(M-1)(T+W)}\left(V+\tau_N\right)f_V(V)P\left(X_j(V) < w \cap w < X_j\left(V+\tau_N\right)\right)\mathrm{d}V\mathrm{d}\tau_N\end{array}\right)
\end{array}\right\} \\
+\left(\prod_{j=1}^{N-1}\left(\begin{array}{l}\frac{1}{W}\int_T^{T+W}P\left(w < X_j\left(\tau_1\right) < l\right)\mathrm{d}\tau_1 \\ +\frac{1}{W}\int_T^{T+W}\int_{(M-1)T}^{(M-1)(T+W)}f_V(V)\left(P\left(X_k(V) < w \cap X_k\left(V+\tau_N\right) > l\right)\right)\mathrm{d}V\mathrm{d}\tau_N\end{array}\right)\right) \\
\left(\begin{array}{l}\frac{1}{W}\int_T^{T+W}\tau_1 P(w < X_N(\tau_1))\mathrm{d}\tau_1 \\
+\sum_{M=2}^{+\infty}\left(\frac{1}{W}\int_T^{T+W}\int_{(M-1)T}^{(M-1)(T+W)}\left(V+\tau_N\right)f_V(V)P\left(X_N(V) < w \cap w < X_N\left(V+\tau_N\right)\right)\mathrm{d}V\,\mathrm{d}\tau_N\right)\end{array}\right)
\end{aligned}
\tag{7.60}
$$

如果设备的退化量在第N次检查τ_N时超出失效更换阈值，其概率可以用式(7.7)计算，

此时其中

$$F_{l-x}(\theta)=\Phi\left(\frac{a_j\mu\theta-(l-x)}{\sigma\sqrt{\theta}}\right)+\exp\left(\frac{2a_j\mu(l-x)}{\sigma^2}\right)\Phi\left(\frac{-a_j\mu\theta-(l-x)}{\sigma\sqrt{\theta}}\right) \tag{7.61}$$

$$f_\phi(x;t)=\frac{1}{\sqrt{2\pi\sigma^2 t}}\exp\left(-\frac{\left(x-a_j\mu t\right)^2}{2\sigma^2 t}\right) \tag{7.62}$$

如果设备的退化量在第N次检查时介于预防性更换阈值和失效更换阈值之间，其概率可以用式(7.10)计算，此时

$$F_{w-x}(\theta)=\Phi\left(\frac{a_j\mu\theta-(w-x)}{\sigma\sqrt{\theta}}\right)+\exp\left(\frac{2a_j\mu(w-x)}{\sigma^2}\right)\Phi\left(\frac{-a_j\mu\theta-(w-x)}{\sigma\sqrt{\theta}}\right) \tag{7.63}$$

7.5.3　实例分析

现以某型号航空柱塞泵为例来说明建模与优化过程。采用拟周期检查的方式来获得柱塞泵的泄漏量，假设当泄漏量介于预防性维修阈值和失效更换阈值之间时，对其进行预防性维修；当泄漏量大于失效更换阈值时对其进行失效更换；柱塞泵经历N-1次预防性维修后对其进行预防性更换。航空柱塞泵的退化数据来自文献[190]，模型参数见表7-5。使用第5章确定的Wiener退化过程模型进行预防性维修窗口优化建模。Wiener退化过程的表达式为$X(t)=\mu t+\sigma B(t)$，其中漂移参数μ和扩散参数σ为常数，$B(t)$为标准的布朗运动。

在Matlab环境下，首先得到μ=0.0024，σ^2=1.2067×10^{-4}。维修策略优化求解方法采用上节所示的Hooke-Jeeves算法。最优解求解结果为表7-6，从表中可以得到N^*=4，T^*=142，w^*=2.05，$g_{\min}$=0.8309。故最优的预防性维修次数为4，最优的检查周期为[142, 162]，最优的预防性维修阈值为2.05。

表7-5　模型参数

参数	参数值	备注
C_r	1200	假设
C_f	3000	假设
C_i	30	假设
C_p	300	假设
W	20	假设
l	2.8	文献
a_j	1+0.3j(j=1, 2⋯)	假设

表7-6 参数优化结果

Result	$g^*_{\min}$	T^*	w^*
N=2	0.9681	145	2.20
N=3	0.8767	128	2.20
N=4	0.8309	142	2.05
N=5	0.8360	139	2.05
N=6	0.8414	130	2.15

7.5.4 参数敏感性分析

对关键参数W和a_j进行敏感性分析，即分析检查窗口长度W和a_j在一定范围内变化时，维修成本率g、预防性维修次数N、预防性维修阈值w和检查周期T的变化情况。

图7-24是检查窗口长度W与w、T、N和g的关系图。W是工程师根据实际情况人为设定的参数，W的确定得考虑设备运行时的安全性、可靠性和生产调度等多方面的因素。由图可知当W增加时，成本率函数有一个递增的趋势，即从节约成本的角度看W越小越好。对于检查窗口下限T而言，当W增加时，T呈现逐渐减小的趋势，即选择较大的检查窗口长度会使T减小。对于预防性维修阈值w和预防性维修次数N而言，当W增加时，其值改变不明显。

表7-7是a_j与w、T、N和g的关系表。由表中数据可知当a_j增加时，成本率函数逐渐增大，预防性维修次数逐渐减小，预防性维修阈值w和检查窗口下限T在小范围内变动且其改变不明显。因此，为降低成本率应当适当减小a_j的值，但是当a_j取得较小值时，相应预防性维修次数增加，从而导致维修成本增加。因此a_j值的选择应当由决策者综合考虑。

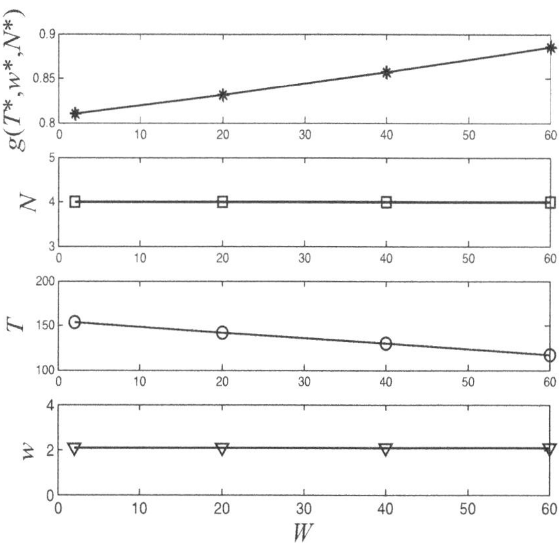

图7-24 W与w、T、g和N的关系

表7-7 优化结果比较

a_j	g	N	w	T
1+0.20j	0.618086	7	2.15	115
1+0.25j	0.634960	5	2.15	111
1+0.30j	0.830460	4	2.10	142
1+0.50j	0.971895	3	2.05	136

7.6 本章小结

本章针对单部件设备,分析了其预防性维修窗口建模及其优化,分析了其动态拟周期预防性维修和动态顺序预防性维修窗口的建模和优化,并针对机械设备的故障率特点,给出了设备故障率递增和呈"浴盆"形曲线时最优解唯一存在的证明。通过建模和理论分析发现,利用数学模型进行定量分析动态预防性维修窗口的优化是可行的,同时发现对于给定的设备预防性窗口长度存在约束,且约束值是唯一存在的。实例或数值案例分析表明,增加预防性维修活动维修窗口的长度会导致维修成本率的增加,同时根据实际需求调整周期性或顺序预防性维修策略会导致一个较高的长期运行成本率。

针对性能退化型设备,由于柱塞泵的性能退化服从Wiener过程,故可构建带有检查窗口W的拟周期检查与更换窗口优化模型。通过维修策略的建模与优化,获得最优的预防性更换阈值w^*和检查窗口下限T^*。实例分析表明,柱塞泵长期运行成本率函数随着检查窗口长度、检查费用和预防性更换费用的增加而逐渐增大;当检查窗口长度W和检查费用C_i变化时,检查窗口下限T较预防性更换阈值w有较高的敏感性;而当预防性更换费用C_r在一定范围内变化时,预防性更换阈值较检查窗口下限T有较高的敏感性。因此在设备日常维修时,为减小长期运行成本率和增加设备的平均运行时间,应当尽量减小检查窗口W的长度。但考虑到一定长度的检查窗口可以更灵活地进行设备维护和生产调度,所以W的选择应当由维修人员综合多方面因素来定。

另外,构建了柱塞泵逆周期检查与预防性更换窗口优化模型,通过最小化设备的长期运行成本率函数,可以获得最优的检查窗口下限T^*、预防性维修阈值w^*和预防性维修次数N^*。案例分析表明长期运行成本率会随着检查窗口长度W和a_j的增加而增加。当检查窗口长度W变化时,检查窗口下限T的敏感性高于预防性维修阈值w和预防性维修次数N的敏感性。当a_j的值变化时,预防性维修阈值w的敏感性较低。该研究结果对制定柱塞泵实际的检查与预防性维修策略具有一定的参考意义。

第8章　两部件系统维修窗口优化

两部件设备一般有两部件串联和并联两种情形,有时两部件冷贮备系统也被视作两部件设备。针对两部件串联设备的维修策略已有大量研究,但是对于两部件中存在不可修故障(硬故障)情形的维修窗口优化少有研究。对于两部件并联系统也已有大量的研究,但是对于在第四章中讨论的部件间存在复杂相关性设备,关于其维修窗口优化的研究却未有报道,相关性是否可以在维修窗口优化中忽略需要做深入讨论。本章将针对这类设备研究其预防性维修窗口的优化问题。

8.1　两部件串联系统预防性维修窗口优化

8.1.1　两部件存在结构相关性

根据维修范围和深度的不同,两部件串联设备的预防性维修存在五种情况,同时严重故障的可修复程度决定着设备更新周期的长度。一旦发生严重不可修故障,设备只能实施更新,并且考虑材料、磨损、安装或维修方面的因素,两部件的寿命存在较大差别。这类两部件串联设备普遍存在于机械设备中,如柴油机的喷油器等。因而,本节主要讨论分析两部件串联设备的第一种情况及存在严重不可修故障的情形。

(1) 模型介绍及假设

设备是由两个部件A、B组成的串联设备,其中B的寿命随机地大于A的寿命,即设ζ、η为两个随机变量,若对任意实数α,有

$$P(\xi \geqslant \alpha) > P(\eta \geqslant \alpha)$$

则称ζ随机地大于η,记为$\zeta >_{st} \eta$;同样,若ζ随机地小于η,则记为$\zeta <_{st} \eta$[81]。设备运行期间部件A发生故障时,实施最小修使之恢复运行,该故障对B不构成影响;部件B的故障分为一般故障和严重故障,在单次故障中B分别以p和q的概率发生一般故障和严重不可修故障。当B发生一般故障时可修复,发生严重故障时不能修复并可导致A故障,即设备故障。预防性维修时对A实施完整预防性维修,对B实施定期保养,同时考虑预防性维修活

动的动态特性的情况下，对设备采取动态拟周期预防性维修策略。在实际生产中，如对机车柴油机燃油设备中的核心部件喷油器的维修，喷油器中的垫片在定期预防性维修（小辅修）中采取更换，并对针阀进行研磨、清洁，使其锥度达到与新部件相同的误差范围，该维修可以认为是完整预防性维修。对阀体实施除积碳、清洗等保养活动，不做进一步的维修。当针阀体发生严重故障，如剥离、出现裂纹等引发失效时，需对针阀偶件进行更换，并重新调整间隙、打磨配对。垫片和针阀的寿命相比阀体的寿命短，故障的频率高于针阀体。在柴油机的定期预防性维修中，维修计划常在一定的范围内根据运输任务、维修任务等因素动态地实施。因而，将垫片和针阀视作一类部件A，将针阀体视作部件B，由A、B组成的串联设备与上述模型描述基本相似。

基于上述介绍，对设备及维修策略做如下假设：

①部件发生一般故障时，实施最小修能使设备恢复运行，维修不改变其故障率；发生严重故障时，设备不可修，对设备进行更换；

②对设备采取动态拟周期预防性维修，维修活动在维修窗口$[T, T+W]$上服从密度为$1/W$的均匀分布，预防性维修对A为完整维修，对B为定期保养；

③A、B的故障率$h^{(A)}(t)$和$h^{(B)}(t)$为时间t的非负函数。第i次保养活动能使B的故障率改变为$h_i^{(B)}(t)=\sum_{j=0}^{i-1}h^{(B)}(x_j)+h^{(B)}(t)$[88]；

④对A实施预防性维修的费用为C_{p1}，对B实施保养的费用为C_{p2}，对A和B实施最小修的费用分别为C_{m1}和C_{m2}，设备更换的费用为C_r；

⑤所有故障均能被及时发现，维修时间忽略不计。

设备的故障率随预防性维修次数及时间的变化如图8-1所示。其中，设备经预防性保养后故障率的变化根据Tsai等[88]对保养的研究，认为保养不能改变维修前的故障率，只能使设备的运行环境（不包括外界环境）恢复至新设备运行时的状态。实施预防性保养后，设备的故障率随修后运行时间的变化与新设备的故障率相同，即$h_i^{(B)}(t)=\sum_{j=0}^{i-1}h^{(B)}(x_j)+h^{(B)}(t)$。其中$x_j$为第$j-1$次与第$j$次预防性保养之间的运行时间间隔，根据假设，$x_j$在区间$[T, T+W]$上服从密度为$1/W$的均匀分布，为了便于分析，对$h_i^{(B)}(t)$做简化处理，取

$$\begin{aligned}a_i(T)&=\sum_{j=0}^{i-1}E[h(x_j)]\\&=(i-1)E[h(x_j)]\\&=(i-1)[H(T+W)-H(T)]/W\end{aligned}\tag{8.1}$$

那么，$h_i^{(B)}(t)$可表示如下：

$$h_i^{(B)}(t)=a_i(T)+h^{(B)}(t)\tag{8.2}$$

（8.2）近似地表示第i次预防性保养前设备的故障率函数。设备的故障率跟预防性维

修次数及维修后运行时间之间的关系可表示为图8-1。

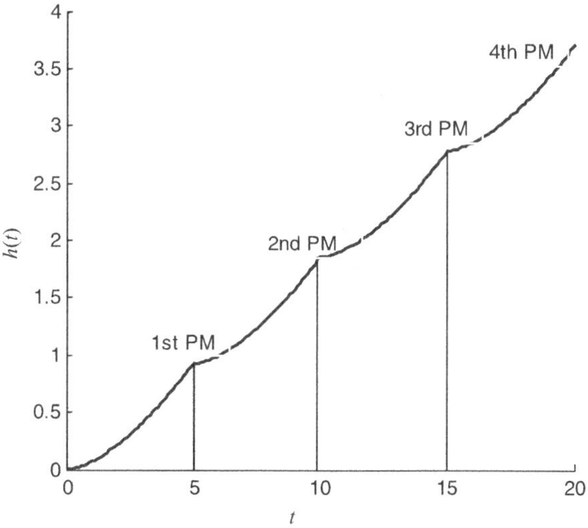

图8-1　故障率

(2) 维修策略建模与优化

根据上述设备及维修策略假设，由于发生严重故障不可修，因而设备的更新周期存在下列三种情况：

①对设备实施预防性维修的次数未达到计划次数 N，在第 i 次预防性维修后，运行时间在动态预防性维修计划 t_i+y_{sc} 之前，设备发生严重故障，对设备实施故障更换，设备运行图如图8-2所示。

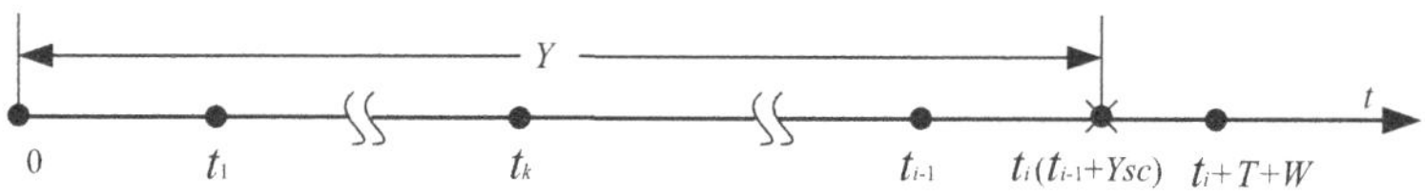

图8-2　计划外更换

②对设备实施 $N-1$ 次预防性维修后，运行时间未达到计划时间 T，设备发生严重故障，在 $t_{N-1}+y_{si}$ 时实施故障更换，设备运行图如图8-3所示。

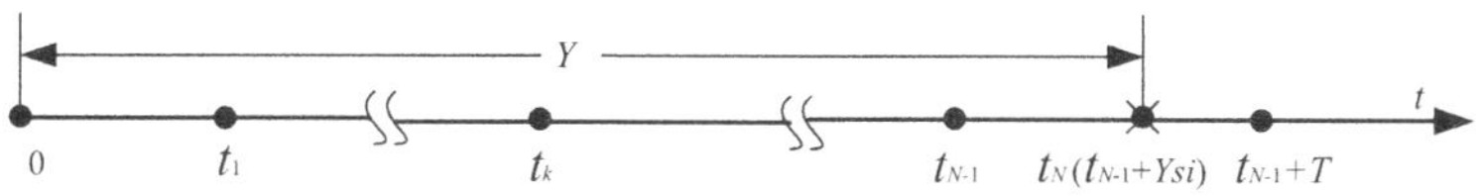

图8-3　$N-1$ 次预防性维修后实施计划外更换

③设备在 $(0, T_{N-1}+T)$ 内未发生故障，按计划实施预防性更换，设备运行图如图8-4所示。

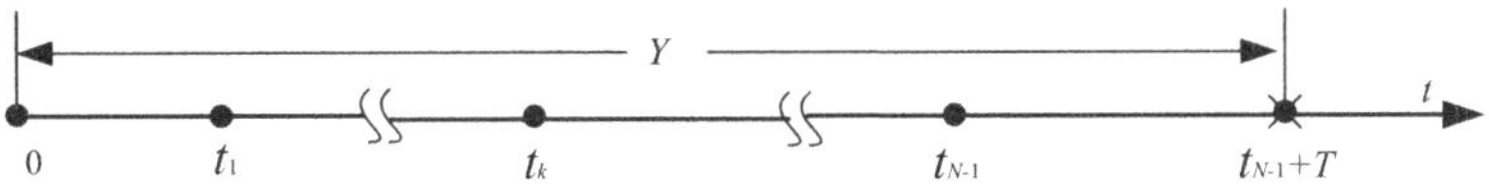

图8–4　计划性更换

根据以上设备运行过程分析，设备的第j个更新区间长度Y_j和对应更换费用C_j构成报酬更新过程，依据报酬更新过程定理，有

$$g(T,N)=\lim_{t\to+\infty}\frac{C(t)}{t}=\frac{E[C_i]}{E[Y_i]}=\frac{E[C_1]}{E[Y_1]} \tag{8.3}$$

其中$E[C_1]$为第一个更新周期内的维修成本的期望，$E[Y_1]$为对应更新周期的期望长度，$g(T,N)$为对应的设备长期运行成本率函数。

$$\begin{aligned}C_1 = {} & C_m^{(2)}\sum_{k=1}^{N-1}\{I_{\{T+y_{sc,1}<y_{s,1}^{(2)},\cdots,T+y_{sc,k-1}<y_{s,k-1}^{(2)},y_{s,k}^{(2)}<T+y_{sc,k}\}}(\sum_{j=1}^{k-1}(K_mH^{(1)}(x_j)+p_j(a_{j-1}(T)x_j+H^{(2)}(x_j))+K_p)+K_mH^{(1)}(y_{s,k}^{(2)})\\ & +p_k(a_{k-1}(T)y_{s,k}^{(2)}+H^{(2)}(y_{s,k}^{(2)}))+K_r)+I_{\{T+y_{sc,1}<y_{s,1}^{(2)},\cdots,T+y_{sc,N-1}<y_{s,N-1}^{(2)},y_{s,N}^{(2)}<T\}}(\sum_{j=1}^{N-1}(K_mH^{(1)}(x_j)+p_j(a_j(T)x_j+H^{(2)}(x_j))\\ & +K_p)+K_mH^{(1)}(y_{s,N}^{(2)})+p_N(a_{N-1}(T)y_{s,N}^{(2)}+H^{(2)}(y_{s,N}^{(2)}))+K_r)+I_{\{T+y_{sc,1}<y_{s,1}^{(2)},\cdots,T+y_{sc,N-1}<y_{s,N-1}^{(2)},y_{s,N}^{(2)}>T\}}\\ & (\sum_{j=1}^{N-1}(K_mH^{(1)}(x_j)+p_j(a_j(T)x_j+H^{(2)}(x_j))+K_p)+K_mH^{(1)}(T)+p_N(a_N(T)T+H^{(2)}(T))+K_r)\}\end{aligned} \tag{8.4}$$

其中$K_m=\dfrac{C_m^{(1)}}{C_m^{(2)}}, K_r=\dfrac{C_r}{C_m^{(2)}}, K_p=\dfrac{C_p}{C_m^{(2)}}$，$I_B(Z)$为示性函数。

设备运行周期长度Y_1：

$$\begin{aligned}Y_1 = {} & \sum_{k=1}^{N-1}I_{\{T+y_{sc,1}<y_{s,1}^{(2)},T+y_{sc,2}<y_{s,2}^{(2)},\cdots,T+y_{sc,k-1}<y_{s,k-1}^{(2)},y_{s,k}^{(2)}<T+y_{sc,k}\}}(\sum_{j=0}^{k-1}x_j+y_{s,k}^{(2)})\\ & +I_{\{T+y_{sc,1}<y_{s,1}^{(2)},T+y_{sc,2}<y_{s,2}^{(2)},\cdots,T+y_{sc,N-1}<y_{s,N-1}^{(2)},y_{s,N}^{(2)}<T\}}(\sum_{j=1}^{N-1}x_j+y_{s,N}^{(2)})\\ & +I_{\{T+y_{sc,1}<y_{s,1}^{(2)},T+y_{sc,2}<y_{s,2}^{(2)},\cdots,T+y_{sc,N-1}<y_{s,N-1}^{(2)},y_{s,N}^{(2)}>T\}}(\sum_{j=1}^{N-1}x_j+T)\}\end{aligned} \tag{8.5}$$

根据公式(8.4)、(8.5)进一步计算$E[C_1]$和$E[Y_1]$

$$\begin{aligned}E[C_1] = {} & C_m^{(2)}\{\sum_{k=1}^{N-1}W^{-k}\int_0^W\int_0^{T+u}\int_T^{+\infty}\int_T^{y_{k-1}}\cdots\int_T^{+\infty}\int_T^{y_1}(\sum_{j=0}^{k-1}(K_mH^{(1)}(x_j)+p_j(a_{j-1}(T)x_j+H^{(2)}(x_j))+K_p)\\ & +K_mH^{(1)}(y_{s,k}^{(2)})+p_k(a_{k-1}(T)y_{s,k}^{(2)}+H^{(2)}(y_{s,k}^{(2)}))+K_r)\prod_{l=1}^{k}f_l^{(2)}(y_l)\mathrm{d}x_1\mathrm{d}y_1\cdots\mathrm{d}x_{k-1}\mathrm{d}y_{k-1}\mathrm{d}y_k\mathrm{d}u\\ & +W^{1-N}\int_0^T\int_T^{+\infty}\int_T^{y_{N-1}}\cdots\int_T^{+\infty}\int_T^{y_1}\sum_{j=1}^{N-1}(K_mH^{(1)}(x_j)+p_j((a_{j-1}x_j+H^{(2)}(x_j))+K_p)+KH^{(1)}(y_{s,N}^{(2)})+p_N(a_{N-1}(T)y_{s,N}^{(2)}\\ & +H^{(2)}(y_{s,N}^{(2)}))+K_r)\prod_{l=1}^{N}f_l^{(2)}(y_l)\mathrm{d}x_1\mathrm{d}y_1\cdots\mathrm{d}x_{N-1}\mathrm{d}y_{N-1}\mathrm{d}y_N+W^{1-N}\int_T^{+\infty}\int_T^{+\infty}\int_T^{y_{N-1}}\cdots\int_T^{+\infty}\int_T^{y_1}\sum_{j=1}^{N-1}(KH^{(1)}(x_j)+p_j((a_{j-1}(T)x_j\\ & +H^{(2)}(x_j))+K_p)+KH^{(1)}(T)+p_N(a_{N-1}(T)T+H^{(2)}(T))+K_r)\prod_{l=1}^{N}f_l^{(2)}(y_l)\mathrm{d}x_1\mathrm{d}y_1\cdots\mathrm{d}x_{N-1}\mathrm{d}y_{N-1}\mathrm{d}y_N\}\end{aligned} \tag{8.6}$$

$$E[Y_1]=\sum_{k=1}^{N-1}W^{-k}\int_0^W\int_0^{T+u}\int_T^{+\infty}\int_T^{y_{k-1}}\cdots\int_T^{+\infty}\int_T^{y_1}(\sum_{j=0}^{k-1}x_j+y_{s,k}^{(2)})\prod_{l=1}^{k}f_l^{(2)}(y_l)\mathrm{d}x_1\mathrm{d}y_1\cdots\mathrm{d}x_{k-1}\mathrm{d}y_{k-1}\mathrm{d}y_k\mathrm{d}u$$
$$+W^{1-N}\{\int_0^T\int_T^{+\infty}\int_T^{y_{N-1}}\cdots\int_T^{+\infty}\int_T^{y_1}(\sum_{j=1}^{N-1}x_j+y_{s,N}^{(2)})\prod_{l=1}^{N}f_l^{(2)}(y_l)\mathrm{d}x_1\mathrm{d}y_1\cdots\mathrm{d}x_{N-1}\mathrm{d}y_{N-1}\mathrm{d}y_N$$
$$+\int_T^{+\infty}\int_T^{+\infty}\int_T^{y_{N-1}}\cdots\int_T^{+\infty}\int_T^{y_1}(\sum_{j=1}^{N-1}x_j+T)\prod_{l=1}^{N}f_l^{(2)}(y_l)\mathrm{d}x_1\mathrm{d}y_1\cdots\mathrm{d}x_{N-1}\mathrm{d}y_{N-1}\mathrm{d}y_N\}$$
$$(8.7)$$

由于$g(T, N)$比较复杂，通过解析方法计算微分和差分确定最优的T^*和N^*比较困难，因而采取Hooke-Jeeves算法求解最优解，该算法可以避免求导和差分运算，可更方便地获取全局最优解[196]。Hooke-Jeeves算法步骤如下：

第一步：任选初始一点为第一个基点，令$X_0^{(k)}=X_0^{(0)}$，步长为α，允许误差为ε，先沿x轴正向(e=1)进行探测，k=1。

第二步：计算$X_1^{(k)}=X_0^{(k)}+\alpha e$。

第三步：若$f(X_1^{(k)})<f(X_0^{(k)})$，表示沿$e$=1方向探测成功，则转下一步；若$f(X_1^{(k)})\geqslant f(X_0^{(k)})>f(X_0^{(k)}-\alpha e)$，则沿$e$方向探索失败，取$\alpha=-\alpha$，转第二步；若$f(X_1^{(k)})\geqslant f(X_0^{(k)})\leqslant f(X_0^{(k)}-\alpha e)$，$X_1^{(k)}=X_0^{(k)}$，则转下一步。

第四步：若$X_1^{(k)}\neq X_0^{(k)}$，且$f(X_1^{(k)})<f(X_0^{(k)})$，则本轮探测性移动成功，转入沿新方向$X_1^{(k)}-X_0^{(k)}$进行模式性移动，并取步长为1，得：$X_2^{(k)}=2X_1^{(k)}-X_0^{(k)}$，转第六步；若$X_1^{(k)}=X_0^{(k)}$，则转入下一步。

第五步：若$|\alpha|\leqslant\varepsilon$，则$X_1^{(k)}=X^*$为最优解；若$|\alpha|>\varepsilon$，则令$\alpha=\beta\alpha$，转第二步。

第六步：令$\bar{X}_1^{(k)}=X_2^{(k)}+\alpha e$。

第七步：若$f(\bar{X}_1^{(k)})<f(X_1^{(k)})$，则令$X_0^{(k)}=\bar{X}_1^{(k)}$，$k$=$k$+1，转第二步；若$f(\dot{X}_1^{(k)})\geqslant f(X_1^{(k)})$，则令$X_0^{(k)}=X_1^{(k)}$，$k$=$k$+1，$\alpha=\beta\alpha$，转第二步。

当设备参数p_i和维修参数W在不同范围内取值时，模型有三个特例，与单部件设备的特例相似，故不再做进一步说明。

(3) 数值案例分析

假设部件A、B的寿命均服从Weibull分布，其可靠度函数分别为$R^{(1)}(t)=\mathrm{e}^{-(2t)^2}$和$R^{(2)}(t)=\mathrm{e}^{-(0.5t)^2}$，对应的设备参数和维修费用参数分别如下：

$p_i=q^{i^\gamma}-q^{(i+1)^\gamma}+q(i=1, 2, \cdots, N)$

W=0.3，α=0.1，ε=0.05，β=0.8，x_0=1，$C_m^{(2)}=2$，K_m=0.25，K_p=0.6，K_r=3，r=0.7，γ=0.75(i=1, 2, $\cdots$, N)。

在Matlab环境下运行，其三维图如图8-5所示。最优解分别为：T^*=1.48，N^*=6，$C_{\min}$=5.664。故最优的实施预防性维修活动区间为[1.48, 1.78]，在第6次预防性维修时对设备进行更换。

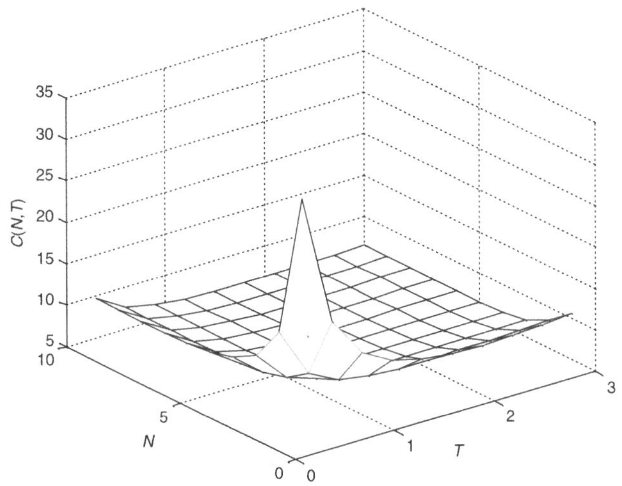

图8-5　(C，T，N) 三维图

为分析不同的设备及维修参数对最优维修策略的影响，取不同的W、K_r、K_p，分别获得最优的(T^*, N^*)及C_{min}，见表8-1至表8-3。

表8-1　不同K_p=0.6，r=0.7优化结果

W	K_r	T^*	N^*	C_{min}	W	K_r	T^*	N^*	C_{min}
0.3	3	1.48	6	5.664	0.5	3	1.40	6	5.671
	4	1.63	7	6.007		4	1.56	7	6.016
	5	1.78	7	6.334		5	1.70	7	6.341

分析表8.2中的数据，发现C_r的增加不同程度增大了N^*、T^*和C_{min}，W的增加同样会导致C_{min}对应结果的增加。

表8-2　K_r=4，r=0.7

W	K_p	T^*	N^*	C_{min}	W	K_p	T^*	N^*	C_{min}
0.3	0.4	1.50	6	5.877	0.5	0.4	1.40	6	5.886
	0.5	1.59	7	5.944		0.5	1.48	6	5.952
	0.6	1.63	7	6.007		0.6	1.56	7	6.016

分析表8.3中的数据，发现K_p的增加不同程度增大了T^*和C_{min}，但对N^*的影响不太明显，W的增加同样会导致C_{min}对应结果的增加。

表8-3　K_r=4，r=0.6

W	K_p	T^*	N^*	C_{min}	W	K_p	T^*	N^*	C_{min}
0.3	0.4	1.61	7	5.362	0.5	0.4	1.56	7	5.362
	0.5	1.70	7	5.416		0.5	1.61	7	5.415
	0.6	1.78	8	5.466		0.6	1.70	8	5.465

当r增大时，p_i增大，设备发生严重故障的概率减小，N^*不同程度地减小，但长期运行成本率$C_{\min}$有所增加。

因而，对于存在严重故障不可修的两部件设备，当动态预防性维修对B实施预防性保养、对A实施完整预防性维修时，动态预防性维修策略的建模较复杂但可以通过数学模型定量地表达，最优策略可通过解方程(8.3)获得。通过数值案例分析维修参数和设备参数对维修策略的影响，跟单部件设备类似，实施动态预防性维修活动的区间长度在满足生产需求的情形下应该尽可能地减小，以获得较长的期望运行时间和较低的长期运行成本率。

8.1.2 复合策略维修窗口优化

前节中讨论了两部件串联设备预防性维修的第一种情况，本节将针对上节中提出的第二种情况进行讨论，同时考虑严重故障可通过提前实施预防性维修而排除的情形。

(1) 模型假设及维修策略建模

假设设备是由两个部件A、B组成的串联设备，其中B的寿命随机地大于A的寿命。预防性维修时对A实施完整预防性维修，对B实施非完整预防性定期维修。设备运行期间部件A发生故障时，实施最小修使之恢复运行，该故障对B不构成影响；部件B分别以p_i和$q_i=1-p_i$的概率发生一般故障和严重故障。当B发生一般故障时可修复，发生严重故障使A故障时，对设备提前实施预防性维修，该预防性维修包括对设备的预防性维修和对严重故障的修复，费用高于计划性的预防性维修。在实施第$N-1$次预防性维修后，当设备运行时间T时对设备实施更换，若在T之前发生严重故障则提前实施更换。同时考虑随机因素对预防性维修活动实施的影响，对设备采取动态拟周期预防性维修策略。

基于上述介绍，对设备及维修策略做如下假设：

①最小修能使设备恢复运行，不改变设备故障率；

②每次预防性维修对A为完整维修，维修后恢复为“修旧如新”的状态，对B为非完整预防性维修；

③A、B的故障率$h^{(A)}(t)$和$h^{(B)}(t)$为时间t的非负函数，且为t的单增函数或函数曲线呈“浴盆”形曲线；第i次非完整预防性维修后B的故障率改变为$h_i^{(B)}(t)=a_ih^{(B)}(t)$，$a_i>0$，该故障率为随$i$单增的常数序列；

④对设备实施预防性维修的费用为$C_{p,i}$，对A和B实施最小修的费用分别为C_{m1}和C_{m2}，严重故障导致的预防性维修附加成本为C_e，设备更换的费用为C_r；

⑤在预防性维修窗口$[T, T+W]$内，动态预防性维修计划服从密度为$1/W$的均匀分布；

⑥所有故障均能被及时发现，维修时间忽略不计。

该设备的维修策略模型与第七章单部件设备实施的动态拟周期预防性维修模型较为相似，同样设备的更新时间Y_i和对应的维修费用C_i分别如下，(Y_i, C_i)构成报酬更新过程，运用报酬更新定理可以得出其长期运行成本率函数。

$$Y_i=\sum_{i=1}^{N-1}\left\{\begin{matrix}I_{Y_{(s_i)}<T}(Y_{s_i})\\+I_{T<Y_{(s_i)}<T+Y_{(sc)}<T+W}(Y_{s_i})\\+I_{T+Y_{(sc)}<Y_{(s_i)}<T+W}(T+Y_{sc})\\+I_{T+Y_{(sc)}<T+W<Y_{(s_i)}}(T+Y_{sc})\}\end{matrix}\right.+I_{Y_{(s_N)}\in(0,T)}(Y_{s_N})+I_{Y_{(s_N)}>T}(T)\tag{8.8}$$

$$\begin{aligned}C_i=&\frac{C_m}{W}\{\sum_{i=1}^{N-1}\left(\int_T^{T+W}\int_0^u\left(p_ih_i^{(2)}(y)+K_mh^{(1)}(y)+K_p\right)\dot{F}_{q,i}^{(2)}(y)\mathrm{d}y\mathrm{d}u\right)\\&+\int_0^T\left(p_Nh_N^{(2)}(y)+K_mh^{(1)}(y)\right)\dot{F}_{q,N}^{(2)}(y)\mathrm{d}y\}\\&+\frac{C_e}{W}\left\{\sum_{i=1}^{N-1}\int_T^{T+W}F_{q,i}^{(2)}(y)\mathrm{d}y+F_{q,N}^{(2)}(T)\right\}+C_r\end{aligned}\tag{8.9}$$

为便于分析，记$M(T,N)$为最小修费用相关的函数：

$$\begin{aligned}M(T,N)=&\frac{1}{W}\sum_{i=1}^{N-1}\left\{\int_T^{T+W}\int_0^u\left(p_ih_i^{(2)}(y)+K_mh^{(1)}(y)\right)\dot{F}_{q,i}^{(2)}(y)\mathrm{d}y\mathrm{d}u\right\}\\&+\int_0^T\left(p_Nh_N^{(2)}(y)+K_mh^{(1)}(y)\right)\dot{F}_{q,N}^{(2)}(y)\mathrm{d}y\end{aligned}\tag{8.10}$$

严重故障导致的附加成本相关的函数记为$J(T,N)$：

$$J(T,N)=\frac{1}{W}\sum_{i=1}^{N-1}\int_T^{T+W}F_{q,i}^{(2)}(y)\mathrm{d}y+F_{q,N}^{(2)}(T)\tag{8.11}$$

设备运行时间和维修费用的期望如下：

$$E[Y]=\frac{1}{W}\sum_{i=1}^{N-1}\left\{\int_0^W\int_0^{T+u}\dot{F}_{q,i}^{(2)}(y)\mathrm{d}y\mathrm{d}u\right\}+\int_0^T\dot{F}_{q,N}^{(2)}(y)\mathrm{d}y\tag{8.12}$$

$$E[R]=\sum_{i=1}^{N-1}C_{p,i}+C_m^{(2)}M(T,N)+C_eJ(T,N)+C_r\tag{8.13}$$

则设备的长期运行成本率函数如下：

$$g(T,N)=\frac{E[R]}{E[Y]}=\frac{\sum_{i=1}^{N-1}C_{p,i}+C_m^{(2)}M(T,N)+C_eJ(T,N)+C_r}{\frac{1}{W}\sum_{i=1}^{N-1}\left\{\int_0^W\int_0^{T+u}\dot{F}_{q,i}(y)\mathrm{d}y\mathrm{d}u\right\}+\int_0^T\dot{F}_{q,N}(y)\mathrm{d}y}\tag{8.14}$$

该模型的长期运行成本率函数与上节单部件设备的相似，则优化和求解方法均与上节相近，故不再说明。

(2) 数值案例

现以数值案例对优化模型进行说明。假设部件A、B的寿命均服从Weibull分布，其故障率及概率密度函数分别为：

$$h^{(i)}(t)=\frac{\beta_i}{\eta_i}\left(\frac{t}{\eta_i}\right)^{\beta_i-1}\text{和}f^{(i)}(t)=\frac{\beta_i}{\eta_i}\left(\frac{t}{\eta_i}\right)^{\beta_i-1}\mathrm{e}^{-\left(\frac{t}{\eta_i}\right)^{\beta_i}}\quad(i=1,2,\cdots,N)$$

对应的设备参数和维修费用参数分别假设如下：

$$p_i = \gamma^{i^\theta} - \gamma^{(i+1)^\theta} + \gamma$$

$$a_i = \frac{6i}{5i+1}\ (i = 1, 2, \cdots, N)$$

γ=0.85，θ=0.75，q_i=1−p_i，β_1=1.5，η_1=0.5，β_2=1.2，η_2=2，$C_m^{(2)}$=2，$C_{p,i}$=2.5+0.05i，H_m=0.25，C_r=4，C_e=2.5，W=0.5。

应用上节中的求解算法，在Matlab环境下解方程（8.14）的最优解（T^*，N），得最优的N^*=6，T^*=1.88及$C(T^*, N^*)$=4.565。也就是说维修策略中预防性维修活动在区间[1.88, 2.38]内动态随机地实施，在第N次预防性维修时对设备进行更新。图8-6为长期运行成本率-运行时间-预防性维修次数的三维图像，从中也可以发现最小的长期运行成本率及对应的T^*和N^*是存在的。由于模型与4.2节单部件设备的优化模型较为相似，故参数的敏感性不再做详细分析。

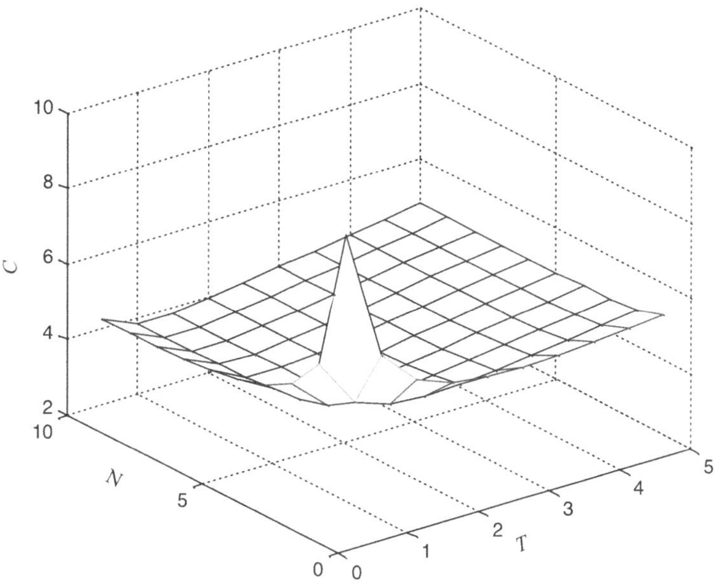

图8-6　（C，T，N）三维图

同样，对该设备的维修策略可以进一步拓展为顺序预防性维修窗口模型，由于模型结构与单部件设备的较为相近，所以关于动态顺序预防性维修窗口优化的建模与证明不再赘述。

8.2 存在故障相关性的两部件系统维修窗口优化

8.2.1 模型背景

第四章主要介绍了存在Ⅰ、Ⅱ类故障相关的两部件并联系统的可靠性建模及动态预防性更换策略，系统中并联部件A、B间的故障相关性通过相互改变故障率或以一定概率引起系统故障的形式来描述。可以发现存在第Ⅱ类故障相关的系统通过故障率变化可以清晰地刻画部件间的故障相关性，非常便于定量地研究这种相关关系对系统可靠性及维修策略的影响，但是故障率模型由于具有不可测性，故该模型本身也有许多不足，如受到故障冲击后故障率的变化难以有效建模，这些导致该模型在实际操作中受到较大限制。基于此，Singpurwalla等[197]认为选择基于失效机理的模型或者基于系统运行环境特征的模型来描述系统的可靠性不失为一个有效途径。因此，用随机模型来描述部件的退化过程得到普遍认同，这类模型如随机退化率模型、马尔科夫过程、布朗运动及不减的跳跃过程等在系统退化过程可靠性建模中受到较多关注[43]。

对于由多个部件机组成的机电设备，系统各部件间除存在Ⅰ、Ⅱ类相关性外，存在第Ⅲ类或同时存在Ⅰ、Ⅲ类故障相关的情形也较为普遍。根据Murthy和Nguyen[125]对第Ⅲ类故障相关的划分，运用随机过程理论对其进行建模。部件的故障可以视为内部冲击，冲击会以一定随机载荷的形式作用于另一部件，引起一个随机的瞬时损伤，当冲击载荷大于另一部件的应力极限时会引起破坏性故障，进而导致系统故障并称之为硬故障。如一部件故障后，载荷及瞬间形成的冲击载荷作用于另一工作部件，导致该部件发生断裂等破坏性故障。同时部件也存在自身的退化，这种退化与冲击损伤累积，当部件的累积损伤达到设计的阈值时部件会失效，该故障称为软故障。如当某部件的磨损超过设计阈值后，原有的静摩擦会变为动摩擦，并使系统发生功能性失效，从而引起故障。因而部件的退化量增长一般由两部分组成，一部分为部件本身随工作时间推移形成的累积退化，另一部分为其他部件故障形成的瞬时冲击，引起损伤量的瞬时突增。在软、硬故障均可能发生的情况下，系统的失效表现为多种失效模式间的竞争，其故障前的预兆或特征相对较为直观，一般可以通过观测或检测部件的累积损伤情况来建立其退化模型，继而定量地研究系统的可靠性及对应的维修策略等。

应用退化数据对系统进行寿命预测的研究，近年来也取得了长足的发展。Nima Gorjian等总结后将退化模型分为正常退化模型和加速退化模型，并对其优缺点进行了分析[44]。对于单部件系统，在正常退化情况下随机系数退化模型和随机指数退化模型多用来描述其退化过程。随机系数退化模型以$X(t)=a+bg(t)$来表示$(0, t]$上部件损伤量随时间t的变化轨迹，其中$a>0$，$b>0$为两个独立的随机变量，$g(t)$为随时间递增的函数，随机变量a表示部件开始工作前的初始损伤量的测量值，b为损伤系数的测量值。指数退化模型用$X(t)=\varsigma e^{bt}/(a+e^{bt})$表示部件在$(0,t]$上损伤量随时间$t$的变化轨迹，其中$a>0$，$b>0$为两个独立的随机变量，$\varsigma$为一常数，$a$表示初始时的损伤程度，$b$为累积损伤率。这两个模型从不同角度描述了部件的累积退化或损伤量随时间的变化程度，也被运用于实际案例。如BAE等[46]利用随机线性模型对等离子显示管的退化进行建模，并根据不同时段的测量值给出了基于最大似然估计的参数估计方法。雷达等[53]将线性损伤模型应用于民航发动机的剩余寿命预测建模，并给出了基于贝叶斯理论的模型参数估计方法。多部件系统存在内部冲击时部件的退化较为复杂，部件的退化不仅包括自身的退化还包括内部冲击造成的累积损伤。因而，这类系统的建模虽接近实际，但相对较为复杂。

在两部件并联系统中，主、辅单元并联系统常见于实际生产中，将主、辅单元分别视为部件，该系统亦属于两部件并联系统。其系统功能主要由主要部件完成，而辅助部件能够使系统的性能更加平稳或使系统的能源得以更合理地利用，同时能分担主要部件承受的工作载荷，减缓主要部件的退化速度并在主要部件故障的情形下维持系统短时间运行。如国产机车中的制动系统由空气制动单元和动力制动单元组成，空气制动属于主要工作单元，动力制动属于辅助单元，也为再生制动。这类系统中，当辅助部件工作中发生故障时，辅助部件能在瞬间将载荷转移到主要部件，同时对主要部件形成一种瞬时的冲击，该冲击在一定程度上引起主要部件损伤的随机增加，当冲击引起的随机载荷大于主要部件应力极限时会导致主要部件发生严重故障；同时当主要部件单独工作时，其退化率相对于两部件工作时会有大幅增加，使该部件的退化加速；当主要部件故障时，辅助部件常能维持短时间的工作，并导致自身严重损伤。这类系统中当某一部件的退化状态不易被观测或失效机理尚不清楚时，可以借助故障率模型来描述其退化过程；当某一部件的工作状态可以观测或测量时，可以用随机模型建模其退化过程。同时由于辅助系统故障时系统仍能继续运行，因而对辅助系统的工作状态的检测常受制于检测系统的可靠性，当检测系统存在不完备性时，辅助部件的故障不能总是被及时发现，观测信息以一定概率存在虚假性，进而会影响系统的整体可靠性。针对存在不完备检测的情况，国内外学者相继开展了一定的研究工作，如Barros等[172]针对两部件并联系统存在不完备的情形进行了建模与维修策略研究，并以电网系统为例进行了说明。蔡景[173]等考虑了不同检测等级的不同检测完备程度对飞机结构维修费用和维修决策的影响。

由这类主辅并联系统的工作和退化过程发现，辅助部件的故障可以以一定概率引起主要部件故障，同时会以一定概率引起主要部件的退化加速，当主要部件累积损伤达到设计阈值时会引发软故障。因而系统中部件间存在Ⅰ、Ⅲ类故障相关及多种失效模式的竞争，同时在考虑检测系统不完备的情况下，系统存在着多种工作状态。对这类系统的研究多以完备检测下单部件系统受外界冲击者居多,同时部件的退化速率始终保持一致[50]。因此,本章以生产中的主辅并联系统为背景,在考虑两部件并联系统存在Ⅰ、Ⅲ类故障相关、多失效模式及不完备检测的情形下,定量地探讨其可靠性及相应的维修策略优化,可为实际生产提供一定的理论参考。

8.2.2　设备可靠性分析

根据上述对主辅并联系统的介绍,假设系统由两个相同部件A、B并联组成,A为辅助工作部件,B为主要工作部件。A故障可通过最小修修复且随着寿命的增加故障率逐步增大,其退化过程不可测量,每个故障均会形成一定的随机载荷对B造成内部冲击,进而产生一定的随机损伤量加速B的退化。B的自身损伤量$X_s(t)$随时间的递增累积增加,但损伤程度可以测量。A的故障概率为p时,故障能被发现,为q=1−p时不能被发现。若A的第i次故障被发现,对A实施最小修能够使系统恢复运行,此次故障产生载荷大小为Q_i的冲击,对B造成随机损伤量Z_i,当$Q_i>D$时,故障引起的冲击超过B的材料应力极限使B失效,此时系统整体故障;当$Q_i<D$时第i次故障使得B的损伤增加Z_i。若A的第i次故障未被发现时,B以较大的损伤率单独运行,当B的累计损伤$X(t)>L$时,B失效并不可修复。当B失效时,A因承担较大载荷以较恶劣的工况短暂维持系统运行后,对系统进行维修,其能维持系统运行的时间相对于系统运行时间较小而被忽略,该故障可视为B对A的内部冲击,使得A发生故障,此时系统整体故障。A的寿命分布因其退化过程不可测量(如电器系统等),用故障率模型来描述其可靠性随时间的变化。B的退化过程可以测量,用随机模型来描述其可靠性随时间的变化。

针对上述系统的运行过程,系统建模将基于以下假设:

①当A的故障被发现时,A能够完全修复并恢复运行;B的退化不会引起硬故障,当B故障时,因A所能维持的时间相对于工作时间较短,且A单独运行使其性能变差,因而假设B的故障对A为致命冲击,可导致A故障。

②假设A的故障服从强度为$h(t)$的非齐次泊松过程,$h(t)$为时间t的非负单增函数。

③B的自身退化过程随时间服从随机线性退化模型$X(t)=\varphi+\vartheta_1 t$,其中$\varphi$为常数,当$A$、$B$同时工作时,$\vartheta_1 \sim N(\mu_{\vartheta_1},\sigma^2_{\vartheta_1})$为服从正态分布的非负随机量;当$B$单独运行时以较大的损伤率运行,损伤率在$\vartheta_1$的基础上增加$\vartheta_2$的非负随机量,此时$B$的自身累积损伤$X(t)=\varphi+\vartheta_1 t+\vartheta_2(t-t_i)$,其中$\vartheta_2 \sim N(\mu_{\vartheta_2},\sigma^2_{\vartheta_2})$;那么

$$X(t)=\begin{cases}\varphi+\vartheta_1 t & S_W(t)=S_J(t)\\ \varphi+\vartheta_1 t+\vartheta_2(t-t_i) & S_W(t)\neq S_J(t)\end{cases} \tag{8.15}$$

其中,$S_W(t)=\begin{cases}1 & A\text{在}t\text{时实际处于运行状态}\\ 0 & A\text{在}t\text{时实际处于故障状态}\end{cases}$

$$S_J(t)=\begin{cases}1 & A在t时判断为运行状态\\ 0 & A在t时判断为故障状态\end{cases}$$

第i次故障产生的随机载荷$Q_i \sim N(\mu_Q,\sigma_Q^2)$为服从正态分布的随机量，该随机载荷引起$B$的损伤量$Z_i \sim N(\mu_Z,\sigma_Z^2)$仍为服从正态分布的随机量；进一步假设均值$\mu_Z=\alpha\mu_Q$，则$B$的累计损伤为$X_s(t)=X(t)+S(t)$。$A$的故障服从强度为$h(t)$的非齐次泊松过程，$h(t)$为$t$的单增函数，$H(t)$为其均值函数。

其中$S(t)=\begin{cases}\sum_{j=0}^{N(t)} Z_j & N(t)>0\\ 0 & N(t)=0\end{cases}$

④所有的维修时间相对于系统工作时间较短，可以忽略不计。

⑤维修力量充足，可以满足生产调度。

8.2.3　设备可靠性建模

根据假设，A的故障服从强度为$h(t)$的非齐次泊松过程，记$\{N(t)\}_{t\geqslant 0}$，表示A在$[0,t)$内发生故障的次数，$H(t)$为A的均值函数，记$\{N_i(t)\}_{t\geqslant 0}$，表示在$[0,t)$内观测到$A$发生故障的次数，则有：

$$P(S_W(t)=S_J(t)|N_i(t)=i)=p^i \tag{8.16}$$

$$P(S_W(t)\neq S_J(t)|N_i(t)=i-1)=qp^{i-1} \tag{8.17}$$

则在$[0,t)$内A发生j次故障且故障均被发现的概率为：

$$P_j(t)=P\Big(N(t)=j,S_W(t)=S_J(t)\Big)=\frac{(pH(t))^j \mathrm{e}^{-H(t)}}{j!} \tag{8.18}$$

在$[0,t)$内A至少发生j次故障且均被发现的概率为：

$$P\left(S_j\leqslant t,\prod_{i=1}^{j} I_i=1\right)=P\Big(N(t)\geqslant j,S_W(t)=S_J(t)\Big)=\sum_{i=j}^{\infty}\frac{(pH(t))^i \mathrm{e}^{-H(t)}}{i!} \tag{8.19}$$

在$[0,t)$内A发生的第j次故障未被发现的概率为：

$$\begin{aligned}P\Big(S_j\leqslant t,S_W(t)\neq S_J(t)\Big)&=P\Big(N(t)\geqslant j,S_W(t)\neq S_J(t)\Big)=1-\sum_{i=0}^{j-1}\frac{q(pH(t))^i \mathrm{e}^{-H(t)}}{pi!}\\ &=\sum_{i=j}^{\infty}\frac{q(pH(t))^i \mathrm{e}^{-H(t)}}{pi!}\end{aligned} \tag{8.20}$$

那么A发生的第j次故障未被发现的概率密度函数为：

$$\begin{aligned}f_j(t)&=\frac{\mathrm{d}P\Big(S_j\leqslant t,S_W(t)\neq S_J(t)\Big)}{\mathrm{d}t}=\frac{q}{p}\frac{\mathrm{d}}{\mathrm{d}t}\sum_{i=j}^{\infty}\frac{(pH(t))^i \mathrm{e}^{-H(t)}}{i!}\\ &=h(t)qp^{-1}\sum_{i=j}^{\infty}\Big(pP_{i-1}(t)-P(t)_i\Big)=h(t)qp^{-1}\left(P_{j-1}(t)-q\sum_{i=j}^{\infty}P(t)_{i-1}\right)\end{aligned} \tag{8.21}$$

依据系统假设，在时间区间$[0, t)$内，B的退化由自身老化和A的故障冲击所导致的随机损伤两部分组成，分别用$X(t)$和$S(t)$表示。那么，记$X_s(t)$为B的累计损伤量，其受到冲击损伤后的累积分布函数$F_X(x, t)$可表示为：

$$F_X(x,t)=P(X_s(t)<x)=(\mathrm{P}(\mathrm{X}(t)+\mathrm{S}(t)<\mathrm{x}|\mathrm{N}(t)=0)+$$

$$\sum_{i=1}^{\infty}\begin{pmatrix}P(X(t)+S(t)<x|N(t)=i,S_W(t)=S_J(t))P\big(N(t)=i\big)\\+P(X(t)+S(t)<x|N_i(t)=i,S_W(t)\neq S_J(t))\end{pmatrix}\tag{8.22}$$

记$G(x,t)$为$X(t)$的累积分布函数，$f_Z(z)$表示Z_i的分布密度函数，$f_Z^{<k>}(z)$表示k个$i.i.d.$ Z_i和的密度函数。

$$\begin{aligned}&P\big(X(t)+S(t)<x|N(t)=i\big)\\&=P\big(X(t)+S(t)<x|N(t)=i\big)\Big(P\big(S_W(t)=S_J(t)\big)+P\big(S_W(t)\neq S_J(t)\big)\Big)\\&=p^iP(\varphi+\vartheta_1t+\sum_{j=0}^{i}Z_j<x)+p^{i-1}q\int_0^tP(\varphi+\vartheta_1t+\vartheta_2(t-t_i)+\sum_{j=0}^{i}Z_j<x)f_i(t_i)\mathrm{d}t_i\end{aligned}\tag{8.23}$$

首先做如下标记：

$$\begin{aligned}\Phi_{Xt}(x,t,i)&=\Phi\left(\frac{x-(\mu_{\vartheta_1}t+\varphi+i\mu_Z)}{\sqrt{\sigma_{\vartheta_1}^2t^2+i\sigma_Z^2}}\right)\\\Phi_{Xu}(x,t,u,i)&=\Phi\left(\frac{x-\big(\mu_{\vartheta_1}t+\mu_{\vartheta_2}(t-u)+\varphi+i\mu_Z\big)}{\sqrt{\sigma_{\vartheta_1}^2t^2+\sigma_{\vartheta_2}^2(t-u)^2+i\sigma_Z^2}}\right)\end{aligned}\tag{8.24}$$

进一步，根据对$X(t)$及$S(t)$的假设，$X_s(t)$的累积分布函数可以用卷积进行表示。

$$\begin{aligned}P(\varphi+\vartheta_1t+\sum_{j=0}^{i}Z_j<x)&=G(x,t)\exp(-H(t))+\int_0^xG(x-u,t)f_Z^{<i>}(u)\mathrm{d}u\\&=\Phi\left(\frac{x-(\mu_{\vartheta_1}t+\varphi+i\mu_Z)}{\sqrt{\sigma_{\vartheta_1}^2t^2+i\sigma_Z^2}}\right)\\&=\Phi_{Xt}(x,t,i)\end{aligned}\tag{8.25}$$

$$\begin{aligned}&\int_0^tP(\varphi+\vartheta_1t+\vartheta_2(t-u)+\sum_{j=1}^{i}Z_j<x)f_i(u)\mathrm{d}u\\&=\int_0^t\Phi\left(\frac{x-\big(\mu_{\vartheta_1}t+\mu_{\vartheta_2}(t-u)+\varphi+i\mu_Z\big)}{\sqrt{\sigma_{\vartheta_1}^2t^2+\sigma_{\vartheta_2}^2(t-u)^2+i\sigma_Z^2}}\right)f_i(u)\mathrm{d}u\\&=\int_0^t\Phi_{Xu}\big(x,t,u,i\big)f_i(u)\mathrm{d}u\end{aligned}\tag{8.26}$$

进一步$F_X(x,t)$可表示为：

$$F_X(x,t)=\Phi_X(x,t)\exp(-H(t))$$
$$+\sum_{i=1}^{\infty}p^{i-1}\left(p\Phi_X(x,t)\frac{H(t)^i\exp\left(-H(t)\right)}{i!}+q\int_0^t\Phi_{Xu}(x,t,u)f_i(u)\mathrm{d}u\right) \tag{8.27}$$

那么,系统在A发生第i次故障,对B产生Q_i的冲击后,未造成B失效的概率为:

$$P(Q_i<D)=F_Q(D),\ i=1,\ 2,\ \cdots,\ +\infty$$

$F_Q(x)$为Q_i的累积分布函数,因Q_i服从正态分布,进一步有:

$$F_Q(D)=\Phi(\frac{D-\mu_Q}{\sigma_Q}) \tag{8.28}$$

其中$\Phi(\cdot)$为标准正态分布的累积分布函数,当分布参数确定时,$F_Q(D)$为一常数,记为δ,即A发生的一次故障以概率δ增大B的累计损伤,加剧B的退化速度,以$1-\delta$引起B故障,导致系统故障。因此,可以认定该模型中A、B间存在着Ⅰ、Ⅲ类故障相关。

因此,记U为系统发生故障的时间,则$U=\min(t_L,t_D)$,t_L为B的累积损伤量达到设计阈值L的时间,t_D为A发生的某次故障引起的冲击大于B的设计极限D的时间,系统的生存函数可表示为:

$$R(t)=P(U>t)=\sum_{i=0}^{\infty}P\left(X_s(t)<L,\bigcap_{j=0}^{i}Q_j<D,S_W(t)=S_J(t)\cup S_W(t)\neq S_J(t)\right)$$
$$=P\left(X_s(t)<L,N(t)=0\right)+$$
$$\sum_{i=1}^{\infty}\left(\begin{array}{l}p^iP\left(X_s(t)<L,\bigcap_{j=0}^{i}Q_j<D|N(t)=i\right)P(N(t)=i)\\+p^{i-1}q\int_0^tP\left(X_s(t)<L,\bigcap_{j=0}^{i}Q_j<D\right)f_i(u)\mathrm{d}u\end{array}\right)=\Phi\left(\frac{L-(\mu_{\vartheta_1}t+\varphi)}{\sigma_{\vartheta_1}t}\right)\exp(-$$
$$H(t))+\sum_{i=1}^{\infty}\left(\Phi(\frac{D-\mu_Q}{\sigma_Q})^i\left(\Phi\left(\frac{L-\left(\mu_{\vartheta_1}t+\varphi+i\mu_Z\right)}{\sqrt{\sigma_{\vartheta_1}^2t^2+i\sigma_Z^2}}\right)\frac{(pH(t))^i\exp\left(-H(t)\right)}{i!}\right.\right.$$
$$\left.\left.+\int_0^t\Phi\left(\frac{L-(\mu_{\vartheta_1}t+\mu_{\vartheta_2}(t-u)+\varphi+i\mu_Z)}{\sqrt{\sigma_{\vartheta_1}^2t^2+\sigma_{\vartheta_2}^2(t-u)^2+i\sigma_Z^2}}\right)f_i(u)\mathrm{d}u\right)\right)\quad=\Phi\left(\frac{L-(\mu_{\vartheta_1}t+\varphi)}{\sigma_{\vartheta_1}t}\right)\exp(-$$
$$H(t))+\sum_{i=1}^{\infty}\left(\delta^i\left(\Phi_{Xt}(L,t,i)\frac{(pH(t))^i\exp(-H(t))}{i!}+\right.\right.$$
$$\left.\left.qp^{-1}\int_0^t\Phi_{Xu}(L,t,u,i)\left(\frac{(pH(u))^{i-1}\exp(-H(u))h(u)}{(i-1)!}-q\sum_{j=i-1}^{+\infty}p^j\frac{H(u)^j\exp(-H(u))h(u)}{j!}\right)\mathrm{d}u\right)\right) \tag{8.29}$$

进一步可得系统的故障密度函数:

$$f(t)=-\frac{\mathrm{d}R(t)}{\mathrm{d}t}=\sum_{i=0}^{\infty}\left(\begin{array}{l}\frac{\mu_{\vartheta_1}(\sigma_{\vartheta_1}^2 t^2+i\sigma_Z^2)+\sigma_{\vartheta_1}^2 t(L-(\mu_{\vartheta_1}t+\varphi+i\mu_Z))}{(\sigma_{\vartheta_1}^2 t^2+i\sigma_Z^2)^{\frac{3}{2}}}\phi\left(\frac{L-(\mu_{\vartheta_1}t+\varphi+i\mu_Z)}{\sqrt{\sigma_{\vartheta_1}^2 t^2+i\sigma_Z^2}}\right)\frac{(\delta pH(t))^i\exp(-H(t))}{i!}\\+h(t)\exp(-H(t))\Phi_{Xt}(L,t,i)\frac{\delta p(H(t)-i)}{i!}(\delta pH(t))^{i-1}\end{array}\right)+$$

$$\sum_{i=1}^{\infty}\delta^i qp^{-1}\left(\begin{array}{l}-\Phi_{Xt}(L,t,i)f_i(t)+\\ \int_0^t\left(\begin{array}{l}\frac{(\mu_{\vartheta_1}+\mu_{\vartheta_2})(\sigma_{\vartheta_1}^2 t^2+\sigma_{\vartheta_2}^2(t-u)^2+i\sigma_Z^2)+(\sigma_{\vartheta_1}^2 t+\sigma_{\vartheta_2}^2(t-u))(L-(\mu_{\vartheta_1}t+\mu_{\vartheta_2}(t-u)+\varphi+i\mu_Z))}{(\sigma_{\vartheta_1}^2 t^2+\sigma_{\vartheta_2}^2(t-u)^2+i\sigma_Z^2)^{\frac{3}{2}}}\\ \phi\left(\frac{L-(\mu_{\vartheta_1}t+\mu_{\vartheta_2}(t-u)+\varphi+i\mu_Z)}{\sqrt{\sigma_{\vartheta_1}^2 t^2+\sigma_{\vartheta_2}^2(t-u)^2+i\sigma_Z^2}}\right)f_i(u)\end{array}\right)\mathrm{d}u\end{array}\right) \tag{8.30}$$

图 8-7 为系统的可靠性和概率密度函数随时间的变化曲线，该系统的可靠性受多个参数的影响，对其敏感性的分析将在后续章节中进行。

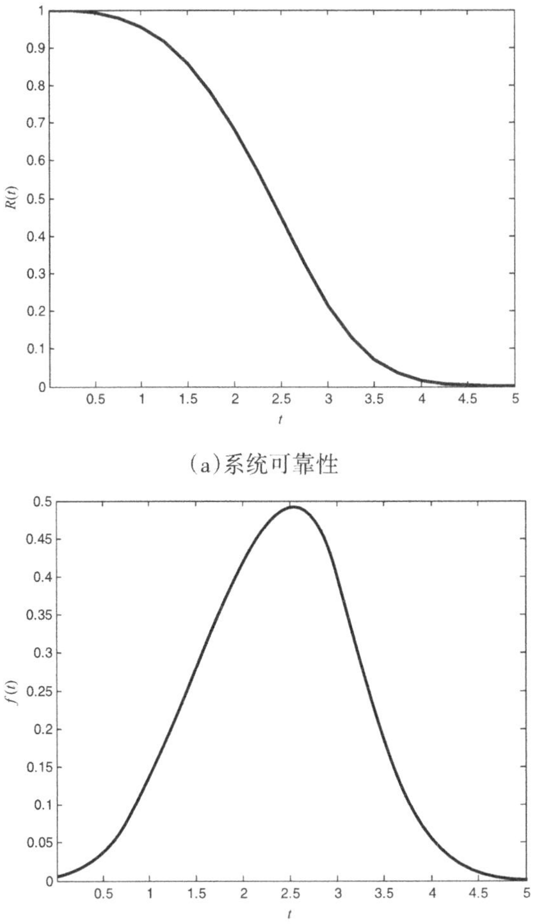

(a)系统可靠性

(b)系统概率密度

图 8-7　系统可靠性、概率密度函数

系统故障率为：

$$h(t)=\frac{f(t)}{R(t)} \tag{8.31}$$

其表达式相对比较复杂，可以通过计算$f(t)$和$R(t)$绘出系统故障率函数曲线，如图8-8所示。从图中可以发现系统故障率在前期增长相对平稳，但在后期随着运行时间增加，系统可靠性也迅速递增。因此，在制定维修策略时必须结合系统故障率特点，制定与之相对应的维修决策。

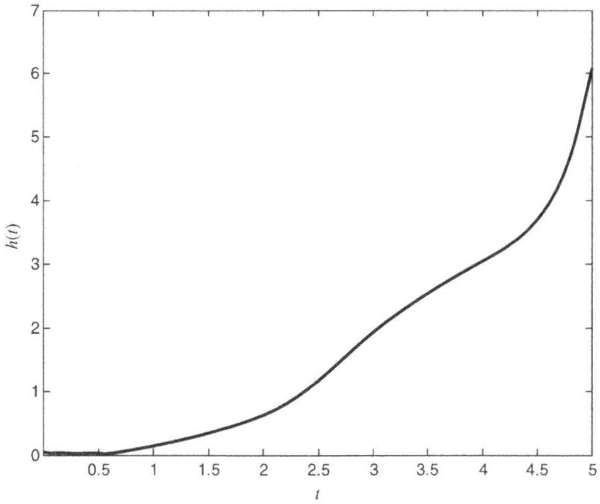

图8-8　系统故障率

8.2.4　(T，N) 维修窗口优化

根据系统假设，A为辅助工作部件，且故障后可以通过最小修使之恢复运行，但随着系统运行时间的增加，A的故障率增长幅度增加，故障频率增加；B随着运行时间的增加，受自身退化影响以及A的故障造成的载荷冲击的影响，其累计损伤加重。根据系统故障率前期较小，后期迅速递增的特点，必须将运行时间作为一项优化指标。系统的运行状态只能依据观测的A的运行状态、B的累积损伤程度来断断。基于此对系统采取$(N, T; L, D)$策略，其中N为A的故障次数，亦为待优化的变量，T为系统的运行时间，L为设定的B的累积损伤阈值。因而，若A发生N次故障或A的第j次故障引起的冲击载荷大于B的应力极限D或B的累计损伤达到L以及系统的运行时间达到计划的时间T时，对系统采取整体更换。维修策略基于以下假设：

①当A发生的故障被发现且均可被修复时，采取最小修，维修费用为C_m。

②当A发生N次故障或B的累计损伤达到更换要求时，对系统实施计划性更换，更换费用为C_r；当A的第j次故障引起的冲击载荷大于B的应力极限D引发系统故障时，此时更换费用在C_r的基础上增加C_e。

③所有维修时间相对于系统运行时间较短，故忽略不计。

④维修力量充足，均能满足生产组织需求。

根据系统及维修策略假设，系统故障引发意外更换和设定A的故障次数以及运行时间在不同范围的取值，主要存在以下5种情况：

①系统工作时，A在$(0, t]$内发生i次故障均被发现，且第i次故障引起的冲击载荷均超过B的应力极限，但B的累计损伤未超过设计阈值，造成系统故障后实施意外更换（图8-9）。

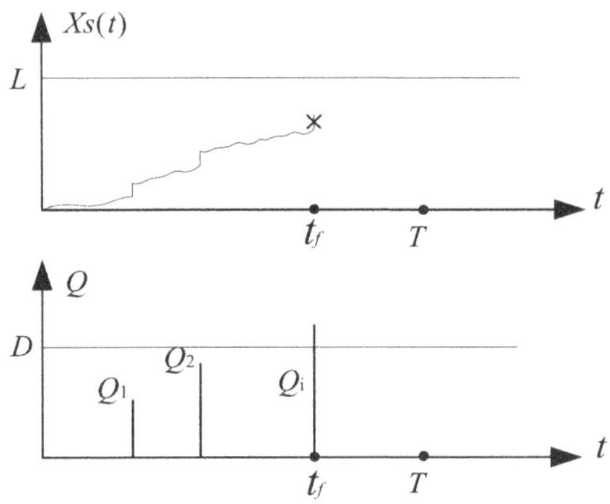

图8-9　故障冲击致系统失效

②系统工作$t<T$时，A的累计故障次数达到维修设定阈值N，B的累计损伤未达到维修设定的计划更换的阈值L，但A在$(0, t]$内发生的故障引起的冲击载荷均未超过B的应力极限（图8-10）。

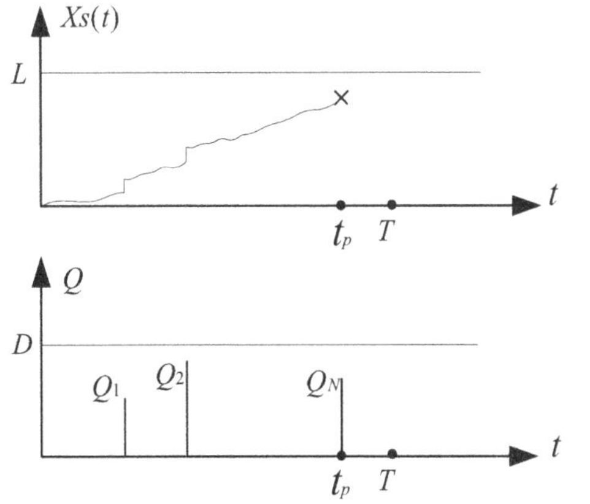

图8-10　计划更换

③系统工作$t<T$时，A发生的$i(i<N)$次故障均被发现，B的累计损伤达到维修设定的计划更换的阈值L，但A在$(0, t]$内发生的故障引起的冲击载荷均未超过B的应力极限，对系统实施更换（图8-11）。

④系统工作$t<T$时，A发生的第$i(i\leqslant N)$次故障未被发现，导致B以较大的损伤率单独运行，B的累计损伤达到维修设定的计划更换的阈值L，但A在$(0, t]$内发生的故障引起的冲击载荷均未超过B的应力极限，对系统实施更换(图8-12)。

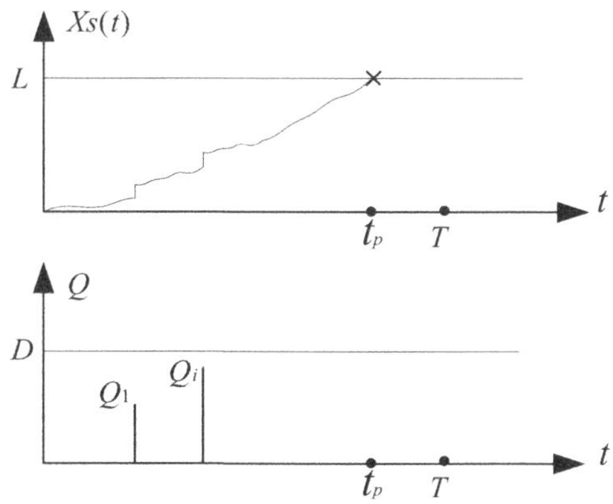

图8-11　损伤过限

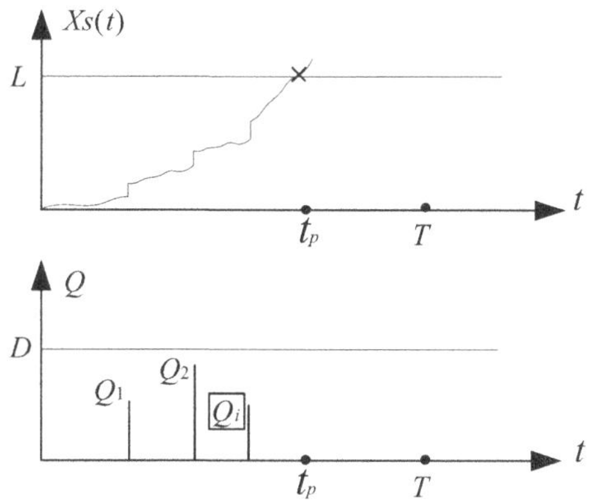

图8-12　故障未发现致损伤过限

⑤系统工作时间达到T时，A发生的第$i(i\leqslant N)$次故障均被发现，B的累计损伤未达到维修设定的计划更换的阈值L，且A在$(0, t]$内发生的故障引起的冲击载荷均未超过B的应力极限，对系统实施定期预防性更换(图8-13)。

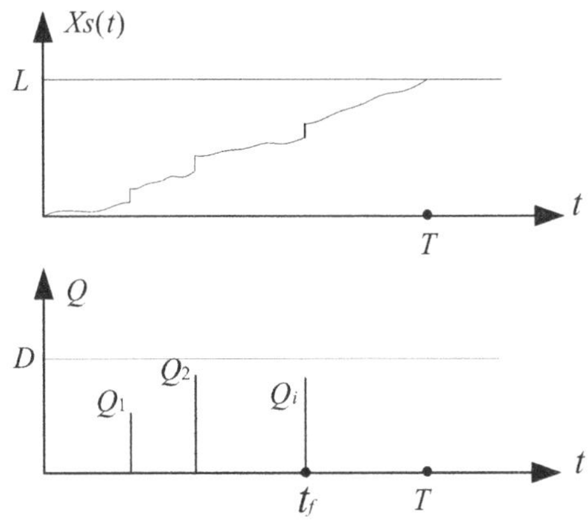

图8-13 定期更换

基于以上分析，记$V=\min(t_N,U)$为观测到的第N次故障发生的时间或系统首次故障的时间，则有

$$\begin{aligned}\dot{G}(t,N)&=P(V>t)=\sum_{j=0}^{N-1}P\Big(U>t,\big(N(t)=j,S_W(t)=S_i(t)\big)\cup\big(N_i(t)=j,S_W(t)\neq S_i(t)\big)\Big)\\&=\sum_{j=0}^{N-1}P\Big(X_s(t)<L,\bigcap_{i=0}^{j}Q_i<D\Big)P\big(N(t)=j\big)p^j+\\&\quad\sum_{j=1}^{N}\int_0^t p^{j-1}qP\Big(X_s(t)<L,\bigcap_{i=0}^{j}Q_i<D\Big)f_j(u)\mathrm{d}u\\&=\sum_{j=1}^{N}\delta^{j-1}p^{j-1}\Big(\Phi_{Xt}(L,t,j-1)P\big(N(t)=j-1\big)+\int_0^t q\delta\Phi_{Xu}(L,t,u,j)f_j(u)\mathrm{d}u\Big)\end{aligned}\tag{8.32}$$

记$g_s(t;N)=-\dfrac{\mathrm{d}\dot{G}(t;N)}{\mathrm{d}t}$、$h_g(t;N)=\dfrac{g(t;N)}{\dot{G}(t;N)}$为对应密度函数和故障率函数。

将系统从全新状态投入运行到第一次全部更换，记为一个更新周期。假设Y_i为第$i(i=1,\cdots,N)$个更换周期的长度，R_i为对应的更换周期内的维修成本，则(R_i,Y_i)构成一个更新过程，根据报酬更新过程定理3.1，记：

$$c(T)=\lim_{t\to+\infty}\frac{C(t)}{t}=\frac{E[C_1]}{E[Y_1]}\tag{8.33}$$

为确定$c(T)$，在一个更新周期内，须首先计算C_1、Y_1及其对应的期望$E[C_1]$、$E[Y_1]$。在第一个更新过程中，系统的工作时间为

$$Y_1=\begin{cases}V & V<T\\T & V\geqslant T\end{cases}$$

Y_1为随机变量，与V独立同分布，服从分布函数$G(t)$。那么在时间区间$(0,T]$上，根据系统的维修决策，当系统终止工作时的运行时间小于T时，Y_1为对应工作时间，当运行时间达到T时，系统仍未发生故障，则实施预防性更换，此时系统的工作时间为T。进一步Y_1可表

示如下：

$$Y_1 = V\chi_{(0,T)}(V) + T\chi_{(T,+\infty)}(V) \tag{8.34}$$

其中$\chi_B(V)$为示性函数，定义与上文相同。

因而，Y_1的期望计算如下：

$$E\left[Y_1\right] = \int_0^T t\mathrm{d}G\left(t;N\right) + T\dot{G}\left(T;N\right) = \int_0^T \dot{G}\left(t;N\right)\mathrm{d}t \tag{8.35}$$

相应地，在第一个更新周期内系统的维修成本C_1计算如下：

$$C_1 = (C_r + C_e)\chi_{(0,T)}(V) + C_r\chi_{(T,+\infty)}(V) + C_m\sum_{j=1}^{N-1}R(S_j)\chi_{(0,T)}(S_j)$$

其中S_j是部件A发生第j次故障的时间。即当系统终止工作时的运行时间小于T时，因系统发生故障实施更换，对应更换成本为C_r+C_e；当运行时间达到T时，系统仍未发生故障，则实施预防性更换，此时系统的更换成本为C_r。在此期间，系统在工作的情况下，A最多只能发生$N-1$次故障，故最多实施$N-1$次最小修。因此，其成本的期望计算如下：

$$\begin{aligned}E[C_1] &= (C_r + C_e)G(T,N) + C_r\dot{G}(T,N) + C_m\sum_{j=1}^{N-1}\int_0^T R(t)f_j(t)\mathrm{d}t \\ &= \mathrm{C}_r + C_eG(T,N) + C_m\sum_{j=1}^{N-1}\int_0^T R(t)f_j(t)\mathrm{d}t\end{aligned}$$

根据报酬更新定理，系统的长期运行成本率函数为T和N的函数，计算如下：

$$c(T,N) = \frac{E[C]}{E[Y]} = \frac{C_r + C_eG(T,N) + C_m\sum\limits_{j=1}^{N-1}\int_0^T R(t)f_j(t)\mathrm{d}t}{\int_0^T \dot{G}(t,N)\mathrm{d}t}$$

以系统长期运行成本率最小来确定最优的更换区间和部件A发生故障的最佳次数，有

$$(T^*,N^*) = \arg\min\{c(T,N) = E[C]/E[Y]\} \tag{8.36}$$

(1) 关于N的优化

假设在给定T的情况下，由$c(N^*) < c(N^*+1)$且$c(N^*) < c(N^*-1)$得

$L(N) \geqslant C_r \geqslant L(N-1)$

其中，$L(N)$如下：

$$L(N) = \frac{\left(C_r + C_eG(T,N) + C_m\sum\limits_{j=1}^{N-1}\int_0^T R(t)f_j(t)\mathrm{d}t\right)}{\int_0^T\left(\int_0^t q\delta\Phi_{Xu}(L,t,u,N)f_N(u)\mathrm{d}u + \Phi_{Xt}(L,t,N-1)P(N(t)=N-1)\right)\mathrm{d}t}$$

$$\left\{\begin{aligned}&C_m\int_0^T \Phi_{Xt}(L,t,N-1)f_{N-1}(t)\mathrm{d}t \\ &-C_e\left(\int_0^T q\delta\Phi_{Xu}(L,T,t,N)f_N(t)\mathrm{d}t + \Phi_{Xt}(L,T,N-1)P(N(T)=N-1)\right)\end{aligned}\right\} - \int_0^T \dot{G}(t,N)\mathrm{d}t \tag{8.37}$$

记$D(N) = \Phi_X(L,T)P(N(T)=N)$，当$D(N)$为$N$的减函数时，$L(N)$为$N$的单增函数，存

在唯一的N^*使得方程存在唯一解，证明见第三章定理7.3。事实上，$D(N)$为系统承受N次A的故障冲击时的生存概率，那么，$D(N)$为N的减函数。

(2) 关于T的优化

由$\frac{\mathrm{d}c(T;N)}{\mathrm{d}T}=0$，得

$$\frac{\int_0^T \dot{G}(t;N)\mathrm{d}t}{\dot{G}(T;N)}\left(C_e g(T;N)+C_m\sum_{j=1}^{N-1}R(T)f_j(T)\right)-C_eG(T;N)-C_m\sum_{j=1}^{N-1}\int_0^T R(t)f_j(t)\mathrm{d}t=C_r \tag{8.38}$$

$$J(T)=\frac{\int_0^T \dot{G}(t;N)\mathrm{d}t}{\dot{G}(T;N)}\left(C_e g(T;N)+C_m\sum_{j=1}^{N-1}R(T)f_j(T)\right)-C_eG(T;N)-C_m\sum_{j=1}^{N-1}\int_0^T R(t)f_j(t)\mathrm{d}t \tag{8.39}$$

从上式可以得到$J(0)=0, J(+\infty)=+\infty$，那么方程的解是存在的。因采用解析法解方程较为复杂，故采用Hook-Jvees最优化算法搜索最优的T^*。

该系统中系统参数L、D和发现故障的概率p存在着两种极限态，除L的极限态无实际意义外（若L趋于0表示该部件不能投入使用，若L趋于正无穷大，则表示该部件从不失效），其他三参数的极限态对应不同系统。当p分别取1和0时，对应两个特例的性能存在很大差别，系统的可靠性函数和分布密度函数也存在很大差异。同时，当系统维修策略设定的阈值N和T趋于无穷大时，维修策略可扩展为按设定故障次数实施预防性更换和定期预防性更换策略。现分别简要介绍如下：

1）p=1

当p=1时，A发生的所有故障均可被检测出，该系统为完备检测系统。系统中存在Ⅰ、Ⅲ类故障相关，即A发生的故障中当引起的冲击大于B的设计阈值时引起B故障，相应概率为确定的p，以1-p对B造成一定的损伤，当B的累积损伤达到设计阈值L时，系统失效。系统的可靠性函数和分布密度函数如下：

$$\begin{aligned}R(t)&=P(U>t)\\&=\sum_{i=0}^{\infty}P\left(X_s(t)<L,\bigcap_{j=0}^{i}Q_j<D\right)\\&=\sum_{i=0}^{\infty}\left(P\left(X_s(t)<L,\bigcap_{j=0}^{i}Q_j<D|N(t)=i\right)P(N(t)=i)\right)\\&=\sum_{i=0}^{\infty}\delta^i\Phi_X(L,t,i)\frac{H(t)^i\exp(-H(t))}{i!}\end{aligned} \tag{8.40}$$

进一步，系统的故障密度函数为：

$$f(t)=-\frac{\mathrm{d}R(t)}{\mathrm{d}t}$$

$$=\sum_{i=0}^{\infty}\frac{\delta^{i}\exp(-H(t))H(t)^{i-1}}{i!}\left(\begin{array}{l}\frac{\mu_{\vartheta_1}(\sigma_{\vartheta_1}^{2}t^{2}+i\sigma_{Z}^{2})+\sigma_{\vartheta_1}^{2}t(L-(\mu_{\vartheta_1}t+\varphi+i\mu_{Z}))}{(\sigma_{\vartheta_1}^{2}t^{2}+i\sigma_{Z}^{2})^{\frac{3}{2}}}\phi\left(\frac{L-(\mu_{\vartheta_1}t+\varphi+i\mu_{Z})}{\sqrt{\sigma_{\vartheta_1}^{2}t^{2}+i\sigma_{Z}^{2}}}\right)H(t)\\+h(t)\Phi_{X}(L,t,i)\big(H(t)-i\big)\end{array}\right)\tag{8.41}$$

2）p=0

当p=0时，系统中A为不可检测部件，A发生的故障均不能被发现，A故障后B以较大损伤率单独运行；因B的累积损伤达到设计阈值L或A的故障引发的冲击大于D时使系统故障；当A的故障引发的冲击小于D时，只对B造成一定的损伤，同样该系统中部件间存在Ⅰ、Ⅲ类故障相关。这类系统相对较为常见，如机车柴油机单缸内的喷油器，当一个故障时很难被发现，单个工作时损伤的速率相对两个工作时的大，只有当两个均故障时方可被发现。系统的可靠性函数和分布密度函数如下：

$$R(t)=P(U>t)=P\big(X_{s}(t)<L\big)=P\big(X_{s}(t)<L,N(t)=0\big)+\int_{0}^{t}P\big(X_{s}(t)<L,Q<D\big)f_{1}(u)\,\mathrm{d}u$$

$$=\Phi_{Xt}(L,t,0)\exp(-\mathrm{H}(\mathrm{t}))+\delta\int_{0}^{t}\Phi_{Xu}(L,t,u,i)f_{1}(u)\,\mathrm{d}u\tag{8.42}$$

$$f(t)=-\frac{\mathrm{d}R(t)}{\mathrm{d}t}$$

$$=\exp(-H(t))\left(\frac{\mu_{\vartheta_1}\sigma_{\vartheta_1}t+\sigma_{\vartheta_1}t\Big(L-\big(\mu_{\vartheta_1}t+\varphi\big)\Big)}{\sigma_{\vartheta_1}t}\phi\left(\frac{L-\big(\mu_{\vartheta_1}t+\varphi\big)}{\sigma_{\vartheta_1}t}\right)+h(t)\Phi_{Xt}(L,t,0)\right)$$

$$-\delta\Phi_{Xt}(L,t,1)f_{1}(t)$$

$$+\delta\int_{0}^{t}\left(\begin{array}{l}\frac{(\mu_{\vartheta_1}+\mu_{\vartheta_2})(\sigma_{\vartheta_1}^{2}t^{2}+\sigma_{\vartheta_2}^{2}(t-u)^{2}+\sigma_{Z}^{2})+(\sigma_{\vartheta_1}^{2}t+\sigma_{\vartheta_2}^{2}(t-u))(L-(\mu_{\vartheta_1}t+\mu_{\vartheta_2}(t-u)+\varphi+\mu_{Z}))}{(\sigma_{\vartheta_1}^{2}t^{2}+\sigma_{\vartheta_2}^{2}(t-u)^{2}+\sigma_{Z}^{2})^{\frac{3}{2}}}\\\phi\left(\frac{L-(\mu_{\vartheta_1}t+\mu_{\vartheta_2}(t-u)+\varphi+\mu_{Z})}{\sqrt{\sigma_{\vartheta_1}^{2}t^{2}+\sigma_{\vartheta_2}^{2}(t-u)^{2}+\sigma_{Z}^{2}}}\right)f_{1}(u)\end{array}\right)\mathrm{d}u\tag{8.43}$$

3）$D\to+\infty$

当D趋于无穷大时，相当于δ=1，此时A的故障对B不造成损伤，A对B不存在故障相关性，但B若故障根据假设会导致A故障即系统故障。该系统中A仅为辅助单元，当A参与工作时，能在一定程度上减轻B的退化。

$$R(t)=P(U>t)=\sum_{i=0}^{\infty}P\left(X_s(t)<L,\prod_{j=1}^{i}I_j=1\cup\prod_{j=1}^{i}I_j=0\right)$$
$$=P\left(X_s(t)<L,N(t)=0\right)+\sum_{i=1}^{\infty}\begin{pmatrix}p^iP\left(X_s(t)<L|N(t)=i\right)P(N(t)=i)\\+p^{i-1}q\int_0^tP\left(X_s(t)<L\right)f_i(u)\mathrm{d}u\end{pmatrix}$$
$$=\Phi_{Xt}(L,t,0)\exp(-H(t))$$
$$+\sum_{i=1}^{\infty}\left(\left(\Phi_{Xt}(L,t,i)\frac{(pH(t))^i\exp(-H(t))}{i!}+\int_0^t\Phi_{Xu}(L,t,u,i)f_i(u)\mathrm{d}u\right)\right)$$
$$=\Phi_{Xt}(L,t,0)\exp(-H(t))+\sum_{i=1}^{\infty}\left(\Phi_{Xt}(x,t,i)\frac{(pH(t))^i\exp(-H(t))}{i!}\right.$$
$$\left.+qp^{-1}\int_0^t\Phi_{Xu}(x,t,u,i)\left(\frac{\left(pH(u)\right)^{i-1}\exp\left(-H(u)h(u)\right)}{(i-1)!}-q\sum_{j=i-1}^{+\infty}p^j\frac{H(u)^j\exp(-H(u))h(u)}{j!}\right)\mathrm{d}u\right)$$
$$(8.44)$$

进一步,系统的故障密度函数为:

$$f(t)=-\frac{\mathrm{d}R(t)}{\mathrm{d}t}$$
$$=\sum_{i=0}^{\infty}\begin{pmatrix}\dfrac{\mu_{\vartheta_1}(\sigma_{\vartheta_1}^2t^2+i\sigma_Z^2)+\sigma_{\vartheta_1}^2t(L-(\mu_{\vartheta_1}t+\varphi+i\mu_Z))}{(\sigma_{\vartheta_1}^2t^2+i\sigma_Z^2)^{\frac{3}{2}}}\phi\left(\dfrac{L-(\mu_{\vartheta_1}t+\varphi+i\mu_Z)}{\sqrt{\sigma_{\vartheta_1}^2t^2+i\sigma_Z^2}}\right)\dfrac{(pH(t))^i\exp(-H(t))}{i!}\\+h(t)\exp(-H(t))\Phi_{Xt}(L,t,i)\dfrac{p(H(t)-i)}{i!}(pH(t))^{i-1}\end{pmatrix}+$$
$$\sum_{i=1}^{\infty}qp^{-1}\begin{pmatrix}-\Phi_{Xt}(L,t,i)f_i(t)+\\\int_0^t\begin{pmatrix}\dfrac{(\mu_{\vartheta_1}+\mu_{\vartheta_2})(\sigma_{\vartheta_1}^2t^2+\sigma_{\vartheta_2}^2(t-u)^2+i\sigma_Z^2)+(\sigma_{\vartheta_1}^2t+\sigma_{\vartheta_2}^2(t-u))(L-(\mu_{\vartheta_1}t+\mu_{\vartheta_2}(t-u)+\varphi+i\mu_Z))}{(\sigma_{\vartheta_1}^2t^2+\sigma_{\vartheta_2}^2(t-u)^2+i\sigma_Z^2)^{\frac{3}{2}}}\\\phi\left(\dfrac{L-(\mu_{\vartheta_1}t+\mu_{\vartheta_2}(t-u)+\varphi+i\mu_Z)}{\sqrt{\sigma_{\vartheta_1}^2t^2+\sigma_{\vartheta_2}^2(t-u)^2+i\sigma_Z^2}}\right)f_i(u)\end{pmatrix}du\end{pmatrix}$$
$$(8.45)$$

4) $T\to+\infty$

当T趋于无穷大时,对应维修策略为按设定故障次数N实施预防性更换策略或系统故障后实施更换策略,系统仍为存在Ⅰ、Ⅲ类故障相关及多失效模式的两部件并联系统。即当B未故障,A的故障达到设定的故障次数N时实施预防性更换,当B的累积损伤达到设计阈值L或者A引发的冲击力大于D时实施故障更换。模型的长期运行成本率函数如下:

$$c(N)=\frac{E[C]}{E[Y]}=\frac{C_r+C_e+C_m\sum_{j=1}^{N-1}\int_0^{+\infty}R(t)f_j(t)\mathrm{d}t}{\int_0^{+\infty}\dot{G}(t,N)\mathrm{d}t}\tag{8.46}$$

策略优化与本节模型相同,通过$L(N)$确定最优的N^*,使得$c(N)$最小。

5）$N \to +\infty$

当N趋于无穷大时，对应维修策略为定期预防性维修策略或者系统故障后的更换策略，系统仍为存在Ⅰ、Ⅲ类故障相关及多失效模式的两部件并联系统。即当B的累积损伤达到设计阈值后失效对系统进行更换，或当系统运行时间达到设定的周期T时实施预防性更换。模型的长期运行成本率函数如下：

$$c(T)=\frac{E[C]}{E[Y]}=\frac{C_r+C_eG(T)+C_m\sum_{j=1}^{+\infty}\int_0^T R(t)h(t)P_{j-1}(t)\mathrm{d}t}{\int_0^T \dot{G}(t)\mathrm{d}t} \tag{8.47}$$

其中$\dot{G}(t)$如下：

$$\begin{aligned}\dot{G}(t)=P(V>t)&=\sum_{j=0}^{+\infty}P\left(U>t,N(t)=j,\bigcap_{i=0}^{j}Q_i<D,S_W(t)=S_i(t)\right)\\&=\sum_{j=0}^{+\infty}P\left(X_s(t)<L,\bigcap_{i=0}^{j}Q_i<D,S_W(t)=S_i(t)\right)P\left(N(t)=j\right)\\&=\sum_{j=0}^{+\infty}\delta^j p^j\Phi_{Xt}(L,t,i)P\left(N(t)=j\right)\end{aligned} \tag{8.48}$$

策略优化与本节模型相同，通过$J(T)$确定最优的T^*，使得$c(T)$最小。

8.2.5　实例分析

现假设部件A为故障的发生服从非齐次泊松过程的机械部件，其首次故障时间服从Weibull分布；部件B的参数参考Yue等[198]等及Peng等[199]模型中的微机电系统传动齿轮的部分退化参数；故障一般不能被发现的概率相对较小，故取0.2；维修参数与维修水平及部件成本等因素有关，假设为一般常数。模型参数如表8-4所示。

表8-4　模型参数

参数	参数值	来源
L	$0.00125\,\mu\mathrm{m}^3$	Yue等[198] Peng等[199]
D	1.5 GPa	Yue等[198] Peng等[199]
φ	0	Yue等[198] Peng等[199]
θ_1	$\sim N(\mu_{\theta_1},\sigma^2_{\theta_1})$ $\mu_{\theta_1}=8.4823\times10^{-6}\,\mu\mathrm{m}^3$, $\sigma_{\theta_1}=6.0016\times10^{-7}\,\mu\mathrm{m}^3$	假设
θ_2	$\sim N(\mu_{\theta_2},\sigma^2_{\theta_2})$ $\mu_{\theta_2}=8.4823\times10^{-7}\,\mu\mathrm{m}^3$, $\sigma_{\theta_2}=6.0016\times10^{-7}\,\mu\mathrm{m}^3$	假设

续表8-4

参数	参数值	来源
$h(t)$	$\beta\eta^{-1}(t/\eta)^{\beta-1}$ β=2.6, η=1.2	假设
Z_i	$\sim N(\mu_Z,\sigma^2_Z)$ $\mu_Z=1.2\times10^{-4}\ \mu m^3$, $\sigma_Z=2\times10^{-5}\ \mu m^3$	Jiang等[49] Peng等[199]
Q_i	$\sim N(\mu_Q,\sigma^2_Q)$ μ_Q=1.2 GPa, σ_Q=0.2 GPa	Jiang等[49] Peng等[199]
α	$1.0\times10^{-4}\ \mu m^3$/GPa	Jiang等[49] Peng等[199]
p	0.8	假设
q	0.2	假设
C_e	1	假设
C_r	2	假设
C_m	1.2	假设

在matlab环境下，分别代入以上参数计算，获得(T,N,C)三维图如图8-14所示，最优的N^*和T^*。优化结果为：$N^*=3$，$T^*=1.644$，$C_{\min}=2.137$，$E[Y]=1.512$。即最佳的更换策略为A发生3次故障时或者系统连续运行1.228单位时进行预防性更换。在这期间系统若发生故障，则进行故障更换。

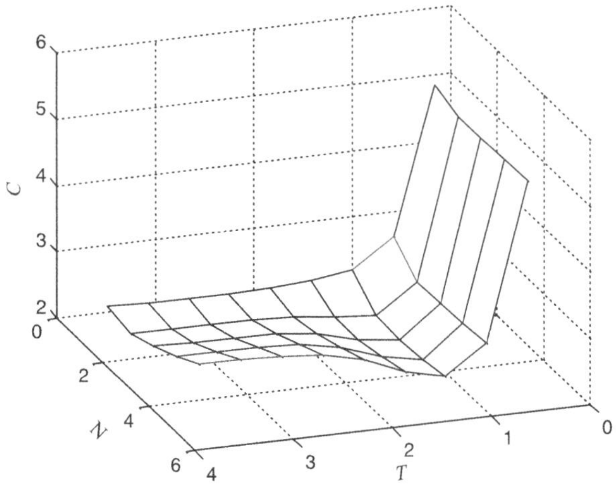

图8-14 （T，N，C）三维图

8.2.6 参数敏感性分析

系统参数中L、D、β及η为设计参数，其中β和η除与系统设计有关外还与系统运行环

境有关,这些参数对系统的可靠性起决定性作用;φ为初始损伤量或新产品的初始损伤量,该参数与部件的制造、物流过程相关,可以通过检测获取;θ、Z_i、Q_i的分布参数及α是系统和运行环境等多因素的综合结果,可以通过统计获取,其形成机理相对复杂;发现故障的概率p为检测系统的可靠性或是因为结构等多方面的因素对故障观测的概率,亦可通过统计获取;维修参数与维修能力及单位时间生产成本等因素有关,它们对系统的维修周期及长期运行成本率的大小起决定性作用。现通过比较不同参数下的系统可靠性分布及维修策略的优化结果,来进一步说明参数对优化结果的影响。以下参数敏感性分析中,除分析参数取值改变外,其他参数的取值均与上述数值案例中参数的取值相同。

图8-15为部件B不同累积损伤阈值L对应的系统可靠性函数。从图中可以发现,相同的工作环境下,对于较小的阈值L,系统的可靠性相对较差,系统在较高可靠性下运行一段时间后快速下降;而对于较大的L,系统可靠性变化相对缓和。因此,设计时选择合适的阈值L可以有效提高系统可靠性。

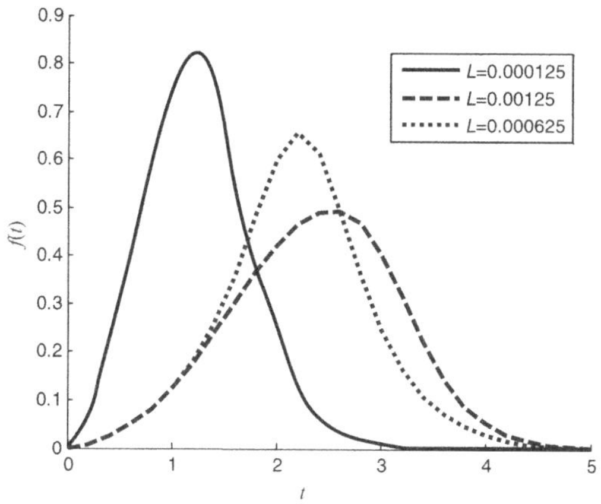

$f(t)$-t图

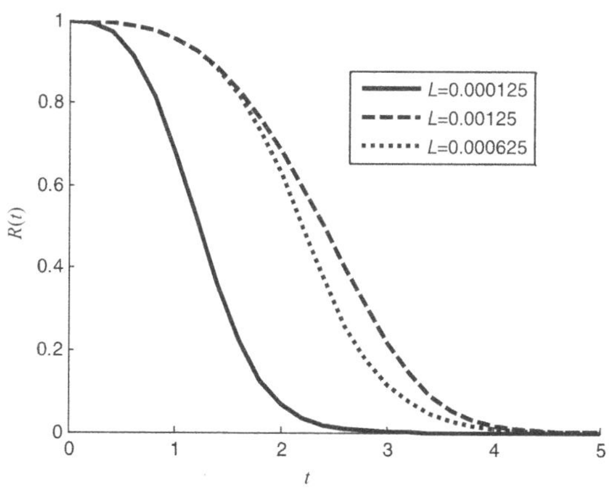

$R(t)$-t图

图8-15　不同L对应系统可靠性函数

设计参数D控制第Ⅰ类故障相关的发生，从图8-16可以发现部件B的设计应力阈值D对系统可靠性的影响和L对系统可靠性的影响有相似的趋势，较大的D对应的系统可靠性相对平稳的区间相对较大。从系统概率密度函数的变化说明，L对系统可靠性变化率的影响相对较小。

β和η为部件A的可靠性参数，对于机械类部件一般随着使用时间的增加，其可靠性变差，故障率在后期快速增加，表现在参数上$\beta\geq1$，因而，主要分析β在$[1, +\infty)$上的变化情况。不同β对系统可靠性和概率密度的影响如图8-17。

η对系统可靠性的影响如图8-18。

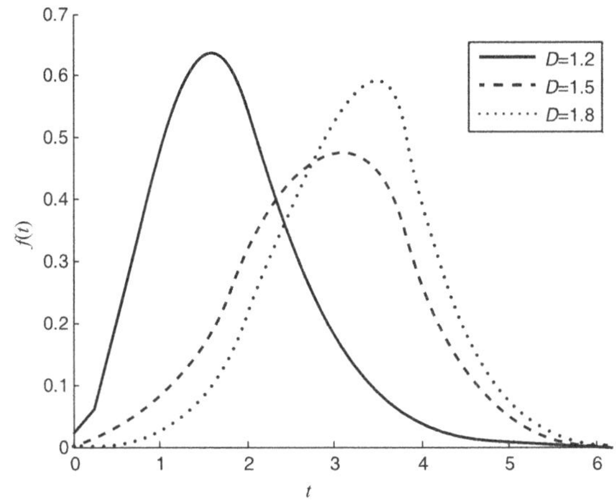

$f(t)$-t图

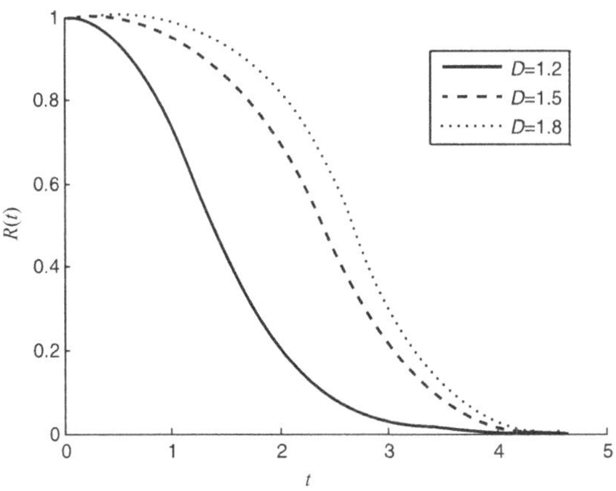

$R(t)$-t图

图8-16　不同D对应系统可靠性函数

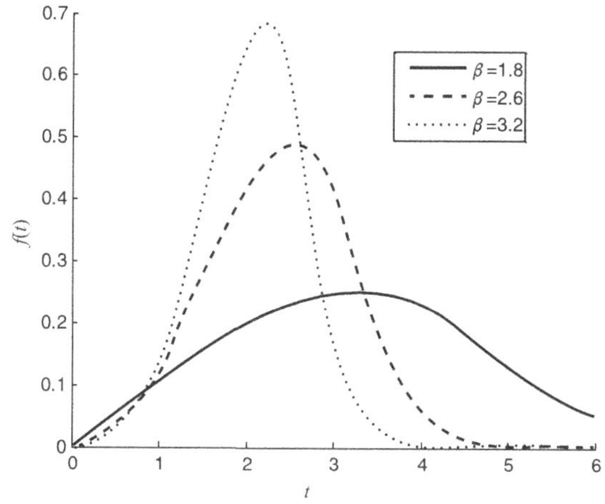

$f(t)$-t图

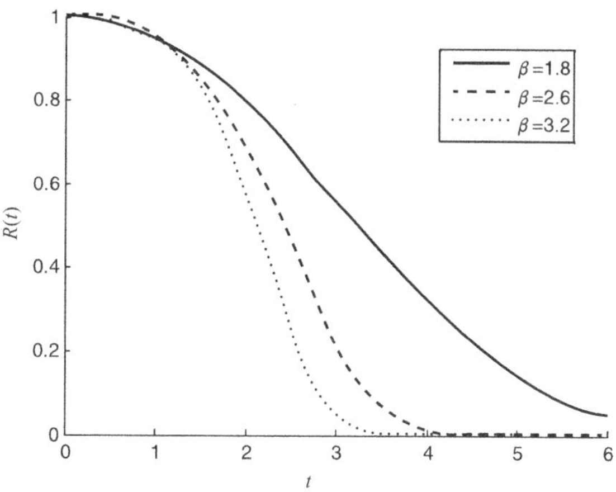

$R(t)$-t图

图8-17　不同β对应系统可靠性函数

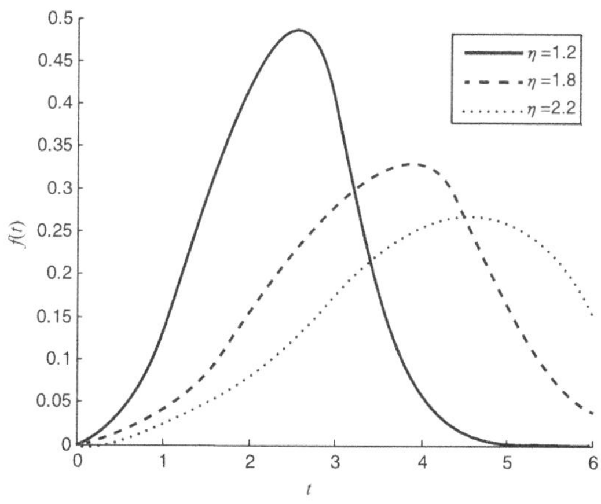

$f(t)$-t图

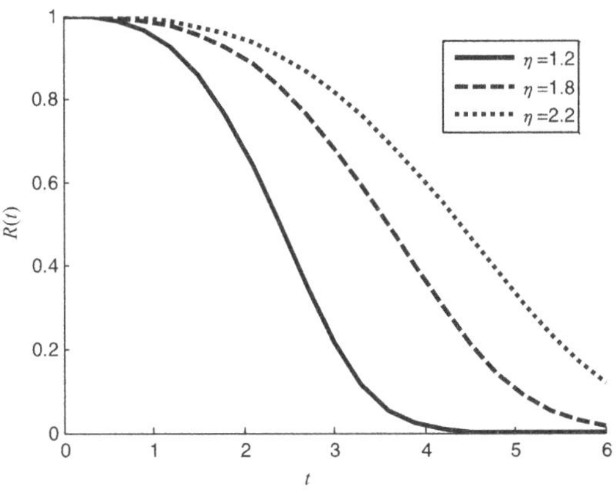

$R(t)$-t图

图8-18　不同η对应系统可靠性函数

β和η反映部件A的可靠性，两者中β的增加或η的减小都会导致A的可靠性变差，故障率增加，由于故障相关性的存在，进而会影响系统的整体寿命。从以上两图可以看出，当部件B的退化率确定时，部件A的可靠性对系统的可靠性改变起决定性的作用。

μ_{θ_1}为部件B退化率分布的均值，从图8-19中可以看出当A的故障率函数确定时，不同取值的μ_{θ_1}对系统整体可靠性的影响亦举足轻重。

μ_{θ_2}为B单独运行时退化速率增量的均值，部件A对减缓B的退化或在系统运行中承受载荷可以通过μ_{θ_2}间接说明。μ_{θ_2}越大说明其作用越显著。图8-20说明在系统运行前期，μ_{θ_2}对系统整体可靠性的影响较小，随着运行时间的增加，A的故障未被发现的可能性越大，μ_{θ_2}的影响逐渐凸显，特别当μ_{θ_2}越大时其对系统的影响越明显。

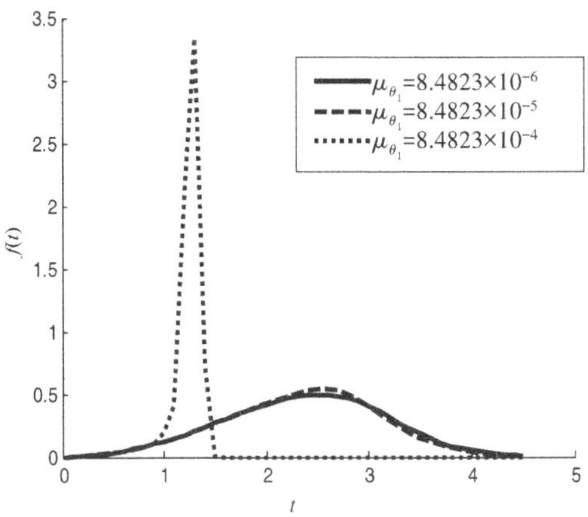

$f(t)$-t图

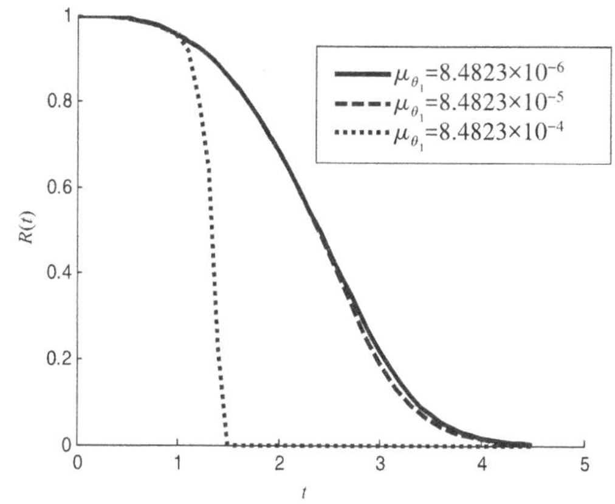

$R(t)$-t图

图8-19　不同μ_{θ_1}对应系统可靠性函数

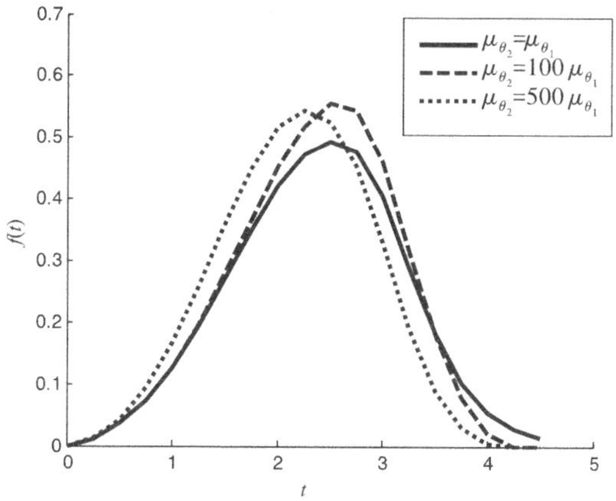

$f(t)$-t图

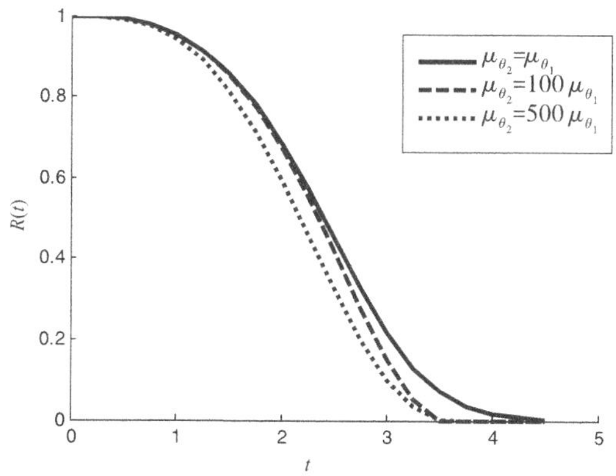

$R(t)$-t图

图8-20　不同μ_{θ_2}对应系统可靠性函数

μ_Q和α是反映系统两部件间相关性的主要量化参数，μ_Q越大表明系统内部冲击越大，导致Ⅰ类故障发生的可能性越大；α反映内部冲击力对B的损伤的情况，α越大说明内部冲击对B的损伤越大。图8-21和图8-22说明系统可靠性的变化和分析结果是一致的。

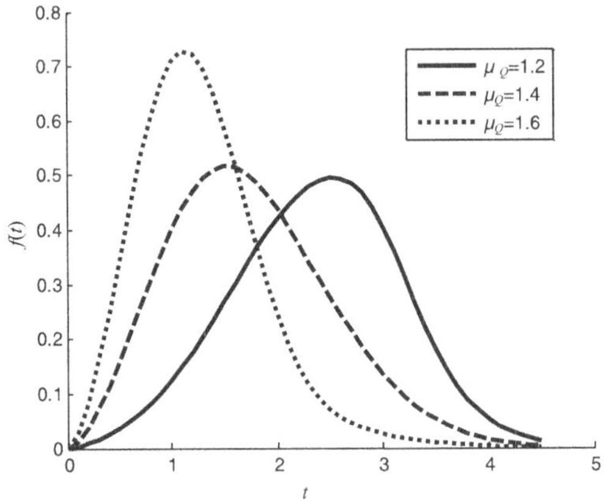

$f(t)$-t图

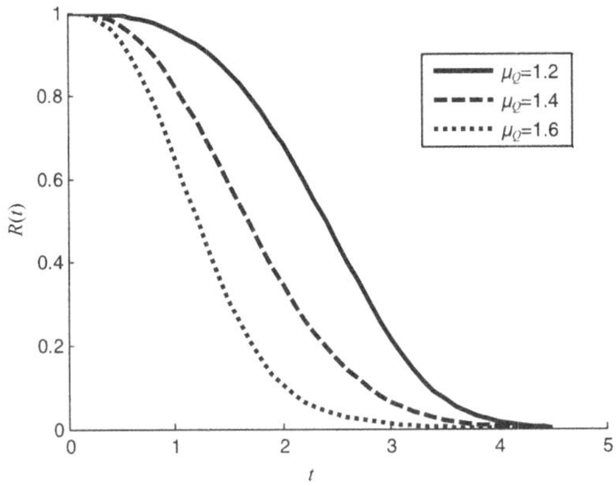

$R(t)$-t图

图8-21 不同μ_Q对应系统可靠性函数

图8-22为不同取值α对应的系统可靠性分布图。

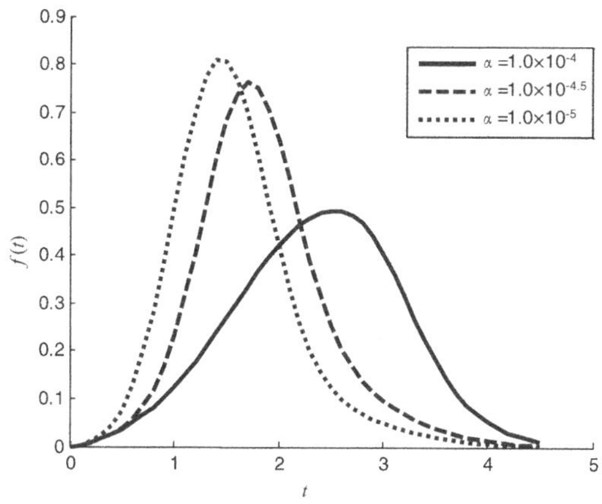

$f(t)-t$图

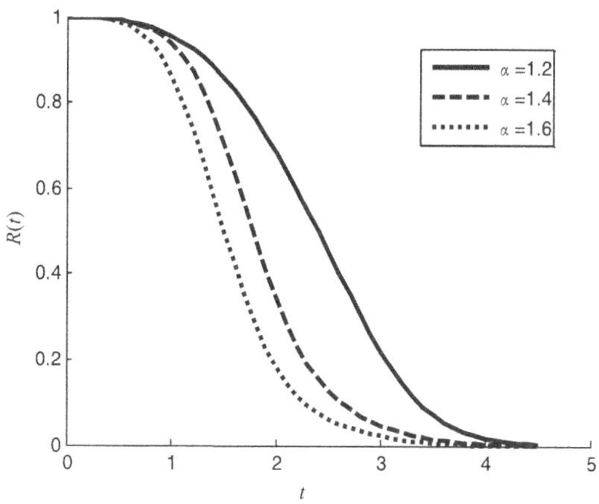

$R(t)-t$图

图8-22　不同α对应系统可靠性函数

综合分析A的故障率和B的退化率分布对系统可靠性的影响发现，在系统设计时应同时考虑A的故障率和对B退化率的估计，使单方面改进某一部件可靠性能达到提高系统整体可靠性的目的，但选择合理的配置改进效果会更明显。

p为发现A故障的概率，一般与检测系统的可靠性或检测手段的可靠性有关，与系统组成部件的可靠性无直接联系，其取值变化对系统的可靠性影响如图8-23所示。

从图中可以发现，随着p的增加系统可靠性增加。特别地，当系统为完备检测系统时，系统前期运行可靠性较高，后期运行可靠性下降较快，这类系统有一个相对稳定的运行区间，因而在系统设计时应尽可能地提高检测系统的可靠性。

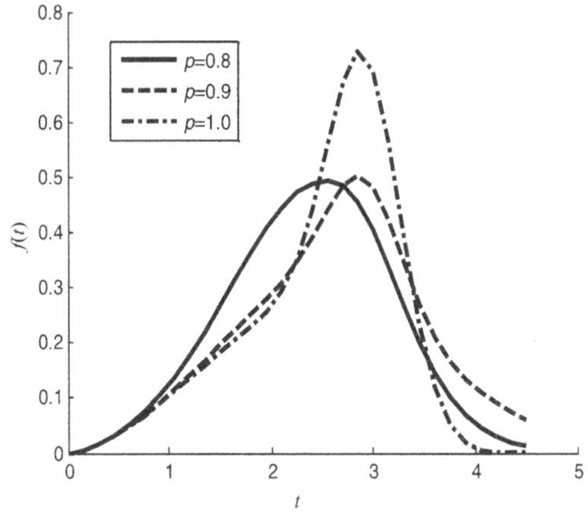

$f(t)-t$图

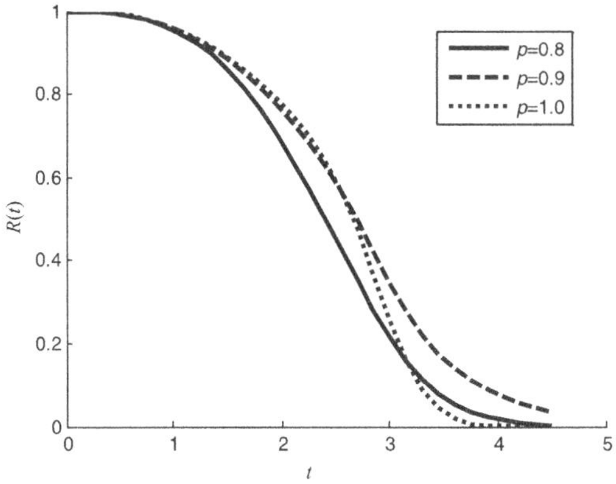

$R(t)-t$图

图8–23　不同p对应系统可靠性函数

当维修策略以成本率作为优化目标时，最优维修策略主要取决于维修费用的取值。从方程(8.39)及不等式(8.37)可以知道，在给定C_m和C_e的情况下，C_r直接影响最优的T和N的取值，表8–5为不同C_r对应的最优的T^*和N^*。从中可以发现C_r的增加幅度对N^*的影响相对较小，对T^*和$C_{\min}$的增幅影响明显，系统的平均工作时间变化相对缓和。

表8–5　不同C_r对应的优化结果

C_r	N^*	T^*	$C_{\min}$	$E[Y]$	其他费用
1	3	1.14	1.209	1.171	C_m=1.0 C_e=0.8
3	3	3.46	2.459	1.942	
5	4	3.82	3.476	2.097	

表8–6为不同C_m对应的T^*和N^*，从表中可以发现随着C_m的增加N^*和系统的平均工作时间均递减，且递减幅度较大，T^*的变化呈现一定的不规律性。

表8-6　不同C_m对应的优化结果

C_m	N^*	T^*	C_{min}	$E[Y]$	其他费用
1	3	3.46	2.459	1.942	
2.5	2	3.51	2.952	1.706	C_r=3.0 C_e=0.8
2.9	1	2.76	2.992	1.259	

表8-7为不同C_e对系统维修策略的影响，N^*和C_{min}小幅增加，系统平均工作时间和T^*呈相同的变化趋势。

表8-7　不同C_e对应的优化结果

C_e	N^*	T^*	C_{min}	$E[Y]$	其他费用
0.5	3	3.02	2.323	1.921	
0.8	3	3.46	2.459	1.942	C_m=1.0 C_r=3
1.5	4	1.76	2.772	1.637	

综合分析三种维修费用对系统维修决策的影响，C_r引起长期运行成本率的增长最显著，C_e和C_m引起长期运行成本率的增长相对平稳。因此，降低更换成本C_r，能有效控制系统运行成本率，使最优维修策略向着理想方向发展。

8.3　两部件并行冷贮备系统维修窗口优化

对于两部件并行冷贮备系统的可靠性建模来说，大多是基于几何过程中故障维修后的连续运行时间随机递减、连续维修时间随机递增的假设。然而，在可修系统中，存在着第一次或者前几次维修活动可以提高平均故障间隔时间的事实。考虑到工程中使用相同的工作部件和贮备部件会导致共因失效的产生，以及维修力量、生产任务、外界环境等随机因素使得预防性维修以拟周期的形式在一个维修窗口内随机实施，本章针对互异两部件并行的冷贮备系统，应用作者提出的拓展几何过程，采用拟周期预防性维修策略，研究系统的维修过程建模及维修策略优化问题。

8.3.1　模型介绍及假设

假设系统是由互异的工作部件和贮备部件组成的冷贮备可修系统，对系统采用拟周期预防性维修策略，预防性维修计划在维修窗口内动态地实施。当工作部件的累计运行时间小于预防性维修周期T时，若工作部件和贮备部件发生故障，则对其实施故障维修。由于维修工在同一时刻只能对一个部件进行维修，当工作部件和贮备部件同时处于故障状态时，对工作部件和贮备部件依次实施故障维修并且系统发生停机；当工作部件的累积运行时间大于预防性维修周期T时，对工作部件和贮备部件依次实施预防性维修，但由于预防性维修活动通常会受到随机因素的影响，预防性维修计划$T+\tau$常在预防性维修窗口$[T, T+W]$内动态地实施。对工作部件和贮备部件连续实施$N-1$次预防性维修后，当工作部件累计运行时间达到预防性维修计划时，对工作部件和贮备部件依次进行预防性更换。根据上述的运行与维修过程，对系统的维修策略建模做以下假设：

①系统由一台工作部件、一台贮备部件构成并配一个维修工（或维修台）构成；初始运行时两部件均为全新状态投入使用；系统初始运行或每次预防性维修后的新阶段开始时，记工作部件的运行时间$t=0$，且贮备部件处于冷贮备状态，维修工处于空闲状态。当工作部件第一次发生故障时，维修工对其实施故障维修，此时，贮备部件开始接替工作部件工作。

②为了降低共因失效对系统可靠性的影响，工作部件和贮备部件采用不同类型的部件。对于工作部件，当实施第$k-1$次故障维修后，运行时间$X_k^{(1)}$构成速率为a和修复因子为$d(k)$的拓展几何过程，其均值为μ，其分布函数及概率密度函数分别为F_x^1和f_x^1；维修时间$Y_k^{(1)}$构成速率为b和修复因子为$d(k)$的拓展几何过程，其均值为γ，其分布函数及概率密度函数分别为F_y^1和f_y^1；对于贮备部件，运行时间$X_k^{(2)}$服从几何维修系数为λ_1的指数分布，其分布函数及概率密度函数分别为F_x^2和f_x^2；维修时间$Y_k^{(2)}$服从几何维修系数为λ_2的指数分布，其分布函数及概率密度函数分别为F_y^2和f_y^2，且运行时间和维修时间独立同分布。本书假设$d(k)=1+\theta\ln(k)$。

③预防性维修窗口为$[T, T+W]$，由工作部件的累计工作时间确定，预防性维修计划$T+\tau$在维修窗口内服从概率密度为$1/W$的均匀分布；当累计运行时间达到维修窗口时，若故障先于预防性维修计划发生则先对工作部件实施故障修复，然后对工作部件和贮备部件依次实施预防性维修，因修复故障本次维修会产生附加费用；若预防性维修计划先于故障发生，则直接对工作部件和贮备部件依次实施预防性维修；工作部件和贮备部件的预防性维修时间长度均为固定时间长度，分别为T_{p1}和T_{p2}。

④当系统实施第$i(i<N)$次预防性维修后，工作部件修复因子$d(k)$中的参数θ逐渐减小；系统实施$N-1$次预防性维修后，当工作部件运行时间达到预防性维修计划的实施时间时，对工作部件和贮备部件进行预防性更换，更换时间忽略不计。

⑤工作部件和贮备部件互为贮备。当工作部件处于运行状态时，贮备部件处于冷贮备或维修状态；当工作部件处于故障维修状态时，贮备部件处于运行或待维修状态；当贮备部件处于运行状态时，工作部件处于维修或贮备状态。当工作部件的运行时间达到T时，对工作部件和贮备部件依次实施预防性维修，因此，当工作部件处于预防性维修状态时，贮备部件处于运行或待维修状态；当贮备部件处于预防性维修状态时，工作部件处于运行状态，

为了便于建模，此时工作部件的运行状态归于下一个预防性维修阶段。

⑥故障维修成本率为C_f，预防性维修成本率为C_p，预防性更换成本为C_r，工作部件与贮备部件的停机损失率为C_d，系统运行收益率为C_w，附加费用为C_e。

8.3.2　维修过程建模

本节将根据系统假设对系统的运行与维修过程、更新周期的长度以及长期运行的成本和收益进行分析，从而建立系统长期运行收益率模型。

首先，根据模型假设④和假设⑤，第$i(i<N)$个预防性维修间隔内的一种可能的进程图如图8-24(a)所示，第N个预防性维修（预防性更换）间隔内的一个可能的进程图如图8-24(b)所示。

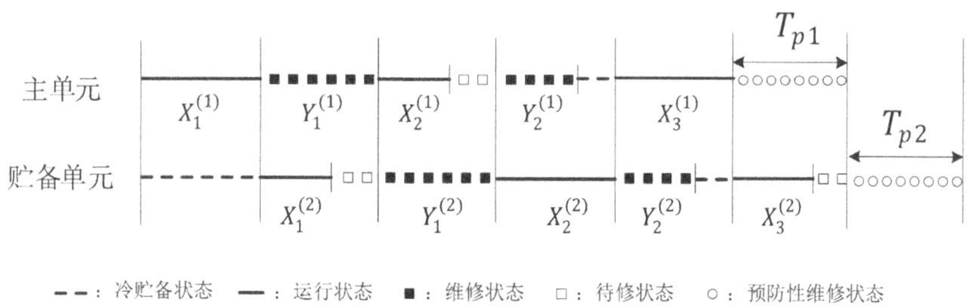

(a) 第$i(i<N)$个预防性维修间隔内的一种可能的进程图

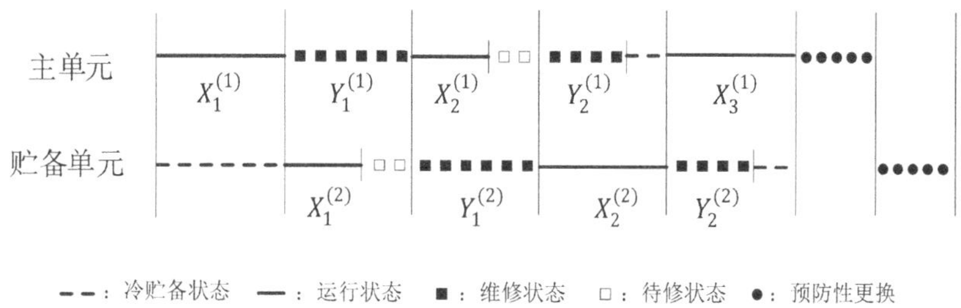

(b) 第N个预防性维修（预防性更换）间隔内的一种可能的进程图

图8-24　系统运行与维修进程图

根据模型假设③和假设⑤，对系统实施预防性维修时存在以下三种情况：

①当工作部件的累计运行时间达到维修窗口时，若故障先于维修计划发生，如图8-25(a)所示（S表示累计运行时间），则对工作部件实施故障修复并且对工作部件和贮备部件依次进行预防性维修。因此，在这种情况下一个预防性维修间隔内的费用主要包括故障维修费用、停机损失、预防性维修费用以及附加费用；

②当工作部件的累计运行时间达到维修窗口时，若预防性维修计划先于故障发生，如图8-25(b)所示，则对工作部件和贮备部件依次实施预防性维修。因此，在这种情况下一个预防性维修间隔内的费用主要包括故障维修费用、停机损失和预防性维修费用；

③系统实施N-1次预防性维修后，当系统累计运行时间到达预防性维修计划时则对工作部件和贮备部件进行预防性更换，在这种情况下一个预防性更换间隔内的费用主要包含故障维修费用、停机损失和工作部件的更换费用。

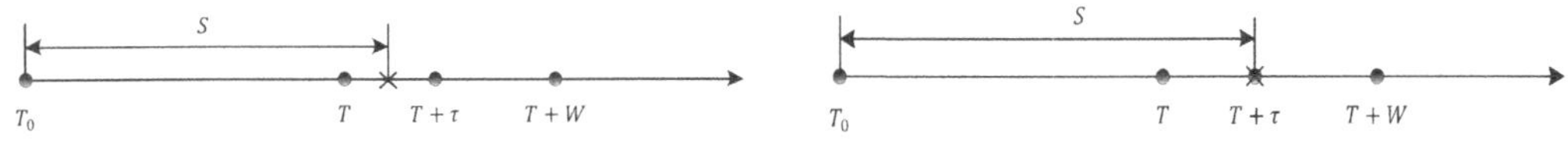

(a) $S < T + \tau$　　(b) $S > T + \tau$

图8-25　不同条件下实施预防性维修的情形

将系统从开始运行到第一次更换的时间记为一个更新周期，用L表示预防性维修间隔，前N-1个预防性维修间隔为$L_i(i < N)$，预防性更换间隔为L_N。用C表示收益，前N-1个预防性维修间隔内的收益为C_i，预防性更换间隔内的收益为C_N。系统的更新周期与对应的收益构成更新报酬过程。根据更新报酬定理，可得系统的长期运行收益率函数：

$$g(T,N,W) = \lim_{t \to +\infty} \frac{C(t)}{t} = \frac{E[C]}{E[L]}$$

根据维修过程和模型假设，系统的第i个预防性维修间隔L_i可以看作工作部件和贮备部件运行时间、待修(停机)时间以及预防性维修时间的和，各部分计算分别如下：

工作部件运行时间：

$$S_{i,k}^{(1)} = \sum_{j=1}^{k} X_{i,j}^{(1)} \quad k = 1,2,\cdots$$

工作部件待修时间：

$$M_{i,k}^{(1)} = \begin{cases} 0 & k = 1 \\ \sum_{j=2}^{k} \left(Y_{j-1}^{(2)} - X_{i,j}^{(1)}\right) \chi\left(Y_{j-1}^{(2)} - X_{i,j}^{(1)} > 0\right) & k > 1 \end{cases}$$

其中，当预防性维修计划先于故障发生时，第k-1次故障后工作部件的运行时间由维修计划决定，即$X_{i,k}^{(1)} = T + \tau - S_{i,k-1}^{(1)}$。为便于区分，该阶段的待修时间用$m'_{i,k}$表示。

贮备部件运行时间：

$$S_k^{(2)} = \sum_{j=1}^{k} X_j^{(2)} \qquad k = 1,2,\cdots$$

贮备部件待修时间：

$$M_{i,k}^{(2)} = \begin{cases} 0 & k = 1 \\ \sum_{j=1}^{k-1} \left(Y_{i,j}^{(1)} - X_j^{(2)}\right) \chi\left(Y_{i,j}^{(1)} - X_j^{(2)} > 0\right) & k > 1 \end{cases}$$

式中$\chi(A)$为示性函数，即

$$\chi(A) = \begin{cases} 1 & 若A发生 \\ 0 & 其他情形 \end{cases}$$

为了方便表达，做如下代换：

$$\begin{cases}\chi_{i,1}^{(1)}(T)=\chi\left(S_{i,1}^{(1)}>T\right)\\ \chi_{i,1}^{(1)}(T+\tau)=\chi\left(S_{i,1}^{(1)}>T+\tau\right)\\ \chi_{i,1}^{(1)}(\tau)=\chi\left(T<S_{i,1}^{(1)}<T+\tau\right)\\ \chi_{i,k}^{(1)}(T)=\chi\left(T<S_{i,k}^{(1)},S_{i,k-1}^{(1)}<T\right)\\ \chi_{i,k}^{(1)}(T+\tau)=\chi\left(T+\tau<S_{i,k}^{(1)},S_{i,k-1}^{(1)}<T\right)\\ \chi_{i,k}^{(1)}(\tau)=\chi\left(T<S_{i,k}^{(1)}<T+\tau,S_{i,k-1}^{(1)}<T\right)\end{cases}$$

因此，第$i(i<N)$次预防性维修间隔L_i的计算如公式(8.49)所示：

$$L_i=\left\{\begin{array}{l}(T+\tau)\chi_{i,1}^{(1)}(T+\tau)+S_{i,1}^{(1)}\chi_{i,1}^{(1)}(\tau)+\\ \left(T+\tau+S_{k-1}^{(2)}+M_{i,k-1}^{(1)}+M_{i,k}^{(2)}+m'_{i,k}\right)\chi_{i,k}^{(1)}(T+\tau)+\\ \left(S_{i,k}^{(1)}+S_{k-1}^{(2)}+M_{i,k}^{(1)}+M_{i,k}^{(2)}\right)\chi_{i,k}^{(1)}(\tau)+T_{p1}+T_{p2}\end{array}\right\}\quad k=2,3,\cdots \tag{8.49}$$

实施$N-1$次预防性维修后实施预防性更换。由于预防性更换的时间忽略不计，因此，预防性更换间隔L_N可以看作工作部件和贮备部件运行时间以及待修（停机）时间的和，则预防性更换间隔的表达式如公式(8.50)所示：

$$L_N=\left\{\begin{array}{l}(T+\tau)\chi_{N,1}^{(1)}(T+\tau)+S_{N,1}^{(1)}\chi_{N,1}^{(1)}(\tau)+\\ \left(T+\tau+S_{k-1}^{(2)}+M_{N,k-1}^{(1)}+M_{N,k}^{(2)}+m'_{N,k}\right)\chi_{N,k}^{(1)}(T+\tau)+\\ \left(S_{N,k}^{(1)}+S_{k-1}^{(2)}+M_{N,k}^{(1)}+M_{N,k}^{(2)}\right)\chi_{N,k}^{(1)}(\tau)\end{array}\right\}\quad k=2,3,\cdots \tag{8.50}$$

根据假设⑥可得第i个预防性维修间隔内系统收益为系统运行收益与系统运行成本的差，系统的运行成本主要包含故障维修成本、停机损失、预防性维修费用以及附加成本。各部分的计算如下：

工作部件维修时间总和：

$$Z_{i,k}^{(1)}=\sum_{j=1}^{k}Y_{i,j}^{(1)}\qquad k=1,2,\cdots$$

贮备部件维修时间总和：

$$Z_k^{(2)}=\begin{cases}0 & k=1\\ \sum_{j=1}^{k-1}Y_j^{(2)} & k>1\end{cases}$$

因此，系统第1次预防性维修前后的运行收益分别为：

$$\begin{cases} cw_{i,1} = C_w \begin{Bmatrix} (T+\tau)\chi_{i,1}^{(1)}(T+\tau) + S_{i,1}^{(1)}\chi_{i,1}^{(1)}(\tau) + \\ \left(X_1^{(2)}\chi\left(X_1^{(2)} < T_{p1}\right) + T_{p1}\chi\left(X_1^{(2)} \geq T_{p1}\right)\right)\chi_{i,1}^{(1)}(T) \end{Bmatrix} \\ cw_{i,k} = C_w \begin{Bmatrix} \left(T+\tau+S_{k-1}^{(2)}\right)\chi_{i,k}^{(1)}(T+\tau) + \left(S_{i,k}^{(1)} + S_{k-1}^{(2)}\right)\chi_{i,k}^{(1)}(\tau) + \\ \left(X_k^{(2)}\chi\left(X_k^{(2)} < T_{p1}\right) + T_{p1}\chi\left(X_k^{(2)} \geq T_{p1}\right)\right)\chi_{i,k}^{(1)}(T) \end{Bmatrix} \quad k = 2, 3, \cdots \end{cases}$$

系统第1次预防性维修前后的附加费用分别为：

$$\begin{cases} ce_{i,1} = C_e\left\{\chi_{i,1}^{(1)}(\tau) + \chi\left(X_1^{(2)} < T_{p1}\right)\chi_{i,1}^{(1)}(T)\right\} \\ ce_{i,k} = C_e\left\{\chi_{i,k}^{(1)}(\tau) + \chi\left(X_k^{(2)} < T_{p1}\right)\chi_{i,k}^{(1)}(T)\right\} \quad k = 2, 3, \cdots \end{cases}$$

系统的故障维修费用为：

$$cf = C_f\left(Z_{i,k-1}^{(1)} - Z_{k-1}^{(2)}\right)\chi_{i,k}^{(1)}(T)$$

系统的停机损失为：

$$cd = C_d\left\{\left(M_{i,k-1}^{(1)} + m'_{i,k}\right)\chi_{i,k}^{(1)}(T+\tau) + M_{i,k}^{(1)}\chi_{i,k}^{(1)}(\tau) + M_{i,k}^{(2)}\chi_{i,k}^{(1)}(T)\right\}$$

系统的预防性维修费用为：

$$cp = C_p\left(T_{p1} + T_{p2}\right)$$

因此，第i个预防性维修间隔内的系统收益C_i如公式(8.51)所示：

$$C_i = cw_{i,1} + cw_{i,k} - ce_{i,1} - ce_{i,k} - cf - cd - cp \tag{8.51}$$

第N个预防性维修(预防性更换)间隔内的系统收益C_N也是系统运行收益与系统运行成本的差，但是运行成本仅包括故障维修成本、停机损失、预防性更换费用。其表达式如公式(8.52)所示：

$$C_N = \begin{Bmatrix} C_w\begin{bmatrix} (T+\tau)\chi_{N,1}^{(1)}(T+\tau) + S_{N,1}^{(1)}\chi_{N,1}^{(1)}(\tau) + \\ \left(T+\tau+S_{k-1}^{(2)}\right)\chi_{N,k}^{(1)}(T+\tau) + \left(S_{N,k}^{(1)} + S_{k-1}^{(2)}\right)\chi_{N,k}^{(1)}(\tau) \end{bmatrix} - \\ C_d\begin{bmatrix} \left(M_{N,k-1}^{(1)} + m'_{N,k}\right)\chi_{N,k}^{(1)}(T+\tau) + \\ M_{N,k}^{(1)}\chi_{N,k}^{(1)}(\tau) + M_{N,k}^{(2)}\chi_{N,k}^{(1)}(T) \end{bmatrix} - C_f\left(Z_{N,k-1}^{(1)} - Z_{k-1}^{(2)}\right)\chi_{N,k}^{(1)}(T) - C_r \end{Bmatrix} \tag{8.52}$$

$$k = 2, 3, \cdots$$

对系统的预防性维修间隔和预防性更换间隔以及对应的收益求期望，在此之前，为了方便表达先对示性函数的期望进行分析。

$$\begin{cases} P1_{i,k}(\tau)=E\left[\chi\left(T+\tau<S_{i,k}^{(1)},S_{i,k-1}^{(1)}<T\right)\right]=P\left(T+\tau<S_{i,k}^{(1)},S_{i,k-1}^{(1)}<T\right) \\ =P\left[S_{i,k-1}^{(1)}<T,N(T+\tau)-N(T)=0\right]=P\left(S_{i,k-1}^{(1)}<T\right)P\left[N(T+\tau)-N(T)=0\right] \\ =G^{(k-1)}(T)\mathrm{e}^{-\left(H_k^1(T+\tau)-H_k^1(T)\right)} \\ P2_{i,k}(\tau)=E\left[\chi\left(T<S_{i,k}^{(1)}<T+\tau,S_{i,k-1}^{(1)}<T\right)\right]=P\left(T<S_{i,k}^{(1)}<T+\tau,S_{i,k-1}^{(1)}<T\right) \\ =P\left[S_{i,k-1}^{(1)}<T,N(T+\tau)-N(T)=1\right]=P\left(S_{i,k-1}^{(1)}<T\right)P\left[N(T+\tau)-N(T)=1\right] \\ =G^{(k-1)}(T)\mathrm{e}^{-\left(H_k^1(T+\tau)-H_k^1(T)\right)}\left(H_k^1(T+\tau)-H_k^1(T)\right) \\ P3_{i,k}=E\left[\chi\left(T<S_{i,k}^{(1)},S_{i,k-1}^{(1)}<T\right)\right]=P\left(T<S_{i,k}^{(1)},S_{i,k-1}^{(1)}<T\right) \\ =P\left[S_{i,k-1}^{(1)}<T<S_{i,k}^{(1)}\right]=P\left(S_{i,k-1}^{(1)}<T\right)-P\left(T<S_{i,k}^{(1)}\right) \\ =G^{(k-1)}(T)-G^{(k)}(T) \end{cases}$$

式中$G^{(n)}$表示n重卷积，$H(t)=\int_0^t h(s)\mathrm{d}s$，$h(t)$为失效率函数。

除此之外，工作部件待修时间的期望为：

$$EM_{i,k}^{(1)}=E[M_{i,k}^{(1)}]=\begin{cases}0 & k=1\\ \sum_{j=2}^{k}\int_0^{+\infty}\int_{x_1}^{+\infty}\left(y_2-x_1\right)\mathrm{d}F_y^2\mathrm{d}F_{x,i,j}^1 & k>1\end{cases}$$

贮备部件待修时间的期望为：

$$EM_{i,k}^{(2)}=E[M_{i,k}^{(2)}]=\sum_{j=1}^{k}\int_0^{+\infty}\int_{x_2}^{+\infty}\left(y_1-x_2\right)\mathrm{d}F_{y,i,j}^1\mathrm{d}F_x^2$$

$m'_{i,k}$的期望如下式所示：

$$e_k=E\left[m'_{i,k}\right]=\frac{1}{W}\int_0^W\int_0^T\cdots\int_0^{T+\tau-x_{1,i}-\cdots-x_{k-1,i}}\left(y_2+x_{1,i}+\cdots+x_{k-1,i}-(T+\tau)\right)P1_{i,k}(\tau)\mathrm{d}F_y^2\cdots\mathrm{d}F_{x,i}^1\mathrm{d}\tau$$

由此可得，系统的第i个预防性维修间隔L_i的期望如公式(8.53)所示：

$$E[L_i]=\begin{cases}\frac{1}{W}\left[\int_0^W(T+\tau)\overline{F}_{x,1}^1(T+\tau)\mathrm{d}\tau+\int_0^W\int_T^{T+\tau}xf_{x,1}^1(x)\mathrm{d}x\mathrm{d}\tau\right]+\\ \sum_{k=2}^{+\infty}\left\{\begin{gathered}\frac{1}{W}\left[\begin{gathered}\int_0^W\left((T+\tau)+(k-1)\left(\frac{1}{\lambda_1}\right)\right)P1_{i,k}(\tau)\mathrm{d}\tau+\\ \int_0^W\left(EM_{i,k-1}^{(1)}+EM_{i,k}^{(2)}\right)P1_{i,k}(\tau)\mathrm{d}\tau\end{gathered}\right]+\\ \frac{1}{W}\left[\begin{gathered}\int_0^W\left(\sum_{j=1}^{k}\mu_j+(k-1)\left(\frac{1}{\lambda_1}\right)\right)P2_{i,k}(\tau)\mathrm{d}\tau+\\ \int_0^W\left(EM_{i,k-1}^{(1)}+EM_{i,k}^{(2)}\right)P2_{i,k}(\tau)\mathrm{d}\tau\end{gathered}\right]+e_k\end{gathered}\right\}+\\ T_{p1}+T_{p2}\end{cases} \tag{8.53}$$

系统的预防性更换间隔L_N的期望如公式(8.54)所示：

$$E[L_N]=\left\{\begin{array}{l}\frac{1}{W}\left[\int_0^W (T+\tau)\overline{F}_{x,1}^{1}(T+\tau)\mathrm{d}\tau+\int_0^W\int_T^{T+\tau} x f_{x,1}^{1}(x)\mathrm{d}x\mathrm{d}\tau\right]+\\ \sum_{k=2}^{+\infty}\left\{\begin{array}{l}\frac{1}{W}\left[\begin{array}{l}\int_0^W\left((T+\tau)+(k-1)\left(\frac{1}{\lambda_1}\right)\right)P1_{N,k}(\tau)\mathrm{d}\tau+\\ \int_0^W\left(EM_{N,k-1}^{(1)}+EM_{N,k}^{(2)}\right)P1_{N,k}(\tau)\mathrm{d}\tau\end{array}\right]+\\ \frac{1}{W}\left[\begin{array}{l}\int_0^W\left(\sum_{j=1}^{k}\mu_j+(k-1)\left(\frac{1}{\lambda_1}\right)\right)P2_{N,k}(\tau)\mathrm{d}\tau+\\ \int_0^W\left(EM_{N,k-1}^{(1)}+EM_{N,k}^{(2)}\right)P2_{N,k}(\tau)\mathrm{d}\tau\end{array}\right]+e_k\end{array}\right\}\end{array}\right\} \tag{8.54}$$

系统的第i个预防性维修间隔内系统运行的收益C_i的期望如公式(8.55)所示：

$$E[C_i]=\left\{\begin{array}{l}C_w\left[\begin{array}{l}\frac{1}{W}\left[\int_0^W (T+\tau)\overline{F}_{x,1}^{1}(T+\tau)\mathrm{d}\tau+\int_0^W\int_T^{T+\tau} x f_{x,1}^{1}(x)\mathrm{d}x\mathrm{d}\tau\right]+\\ \left[T_{p1}\overline{F}_{x,1}^{2}\left(T_{p1}\right)+\int_0^{T_{p1}} x f_x^{2}(x)\mathrm{d}x\mathrm{d}\tau\right]\overline{F}_{x,1}^{1}(T)\end{array}\right]-\\ C_e\left[\frac{1}{W}\int_0^W\int_T^{T+\tau} f_{x,1}^{1}(x)\mathrm{d}x\mathrm{d}\tau+F_x^{2}\left(T_{p1}\right)\overline{F}_{x,1}^{1}(T)\right]+\\ \sum_{k=2}^{+\infty}\left\{\begin{array}{l}C_w\left[\begin{array}{l}\frac{1}{W}\left[\begin{array}{l}\int_0^W\left((T+\tau)+(k-1)\left(\frac{1}{\lambda_1}\right)\right)P1_{i,k}(\tau)\mathrm{d}\tau+\\ \int_0^W\left(\sum_{j=1}^{k}\mu_j+(k-1)\left(\frac{1}{\lambda_1}\right)\right)P2_{i,k}(\tau)\mathrm{d}\tau\end{array}\right]+\\ \left[T_{p1}\overline{F}_{x,k}^{2}\left(T_{p1}\right)+\int_0^{T_{p1}} x f_x^{2}(x)\mathrm{d}x\mathrm{d}\tau\right]\overline{F}_{x,k}^{1}(T)\end{array}\right]-\\ C_e\left[\frac{1}{W}\int_0^W\int_T^{T+\tau} f_{x,k}^{1}(x)\mathrm{d}x\mathrm{d}\tau+F_x^{2}\left(T_{p1}\right)\overline{F}_{x,k}^{1}(T)\right]-\\ C_f\left[\left(\sum_{j=1}^{k-1}\left(\gamma_j+\frac{1}{\lambda_1}\right)\right)P3\right]-\\ C_d\left[\left(EM_{i,k-1}^{(1)}+EM_{i,k}^{(2)}\right)P3+e_k\right]\end{array}\right\}-\\ C_p\left(T_{p1}+T_{p2}\right)\end{array}\right\} \tag{8.55}$$

在预防性更换间隔内系统运行收益C_N的期望如公式(8.56)所示：

$$E[C_N]=\left\{\begin{array}{l}C_w\left[\dfrac{1}{W}\left[\int_0^W (T+\tau)\overline{F}_{x,1}^1(T+\tau)\mathrm{d}\tau+\int_0^W\int_T^{T+\tau} xf_{x,1}^1(x)\mathrm{d}x\mathrm{d}\tau\right]\right]-\\ \sum\limits_{k=2}^{+\infty}\left\{\begin{array}{l}C_w\left[\dfrac{1}{W}\left[\begin{array}{l}\int_0^W\left((T+\tau)+(k-1)\left(\dfrac{1}{\lambda_1}\right)\right)P1_{N,k}(\tau)\mathrm{d}\tau+\\ \int_0^W\left(\sum_{j=1}^k\mu_j+(k-1)\left(\dfrac{1}{\lambda_1}\right)\right)P2_{N,k}(\tau)\mathrm{d}\tau\end{array}\right]\right]-\\ C_f\left[\left(\sum\limits_{j=1}^{k-1}\left(\gamma_j+\dfrac{1}{\lambda_1}\right)\right)P3\right]-C_d\left[\left(EM_{N,k-1}^{(1)}+EM_{N,k}^{(2)}\right)P3+e_k\right]\end{array}\right\}-C_r\end{array}\right\} \tag{8.56}$$

根据上述分析，系统长期运行收益率如公式(8.57)所示：

$$g(T,N,W)=\frac{\sum\limits_{i=1}^{N}E\left[C_i\right]}{\sum\limits_{i=1}^{N}E\left[L_i\right]} \tag{8.57}$$

本书建立的模型$g(T,N,W)$是关于预防性维修周期T、预防性维修次数N和维修窗口W的三元函数，最终需要找到使得系统长期运行收益率最大化的(T^*,N^*,W^*)。但是由于系统长期收益率$g(T,N,W)$的表达式过于复杂，无法通过解析法得到最优解(T^*,N^*,W^*)。因此，本书使用Hooke-Jeeves搜索算法寻优得到最优解。具体算法步骤如下：

第一步：输入已知参数，给定变量i，j和k，并赋初值为1。

第二步：确定初值W_i、N_j以及T_k，并计算$g_{i,j,k}=g(W_i,N_j,T_k)$。

第三步：令$k=k+1$，计算$g_{i,j,k+1}$。

第四步：若$g_{i,j,k}<g_{i,j,k+1}$，则令$g_{i,j,k}=g_{i,j,k+1}$，并跳转到第三步；反之，则保存$g_{i,j,k}$的值并进行下一步。

第五步：令$j=j+1$，重复第三步和第四步。

第六步：若$g_{i,j,k}<g_{i,j+1,k}$，则令$g_{i,j,k}=g_{i,j+1,k}$，并跳转到第五步；反之，则保存$g_{i,j,k}$的值并进行下一步。

第七步：令$i=i+1$，重复第三步至第六步。

第八步：若$g_{i,j,k}<g_{i+1,j,k}$，则令$g_{i,j,k}=g_{i+1,j,k}$，并跳转到第五步；反之，则保存$g_{i,j,k}$的值以及对应的W_i，N_j，T_k的值，然后进行下一步。

第九步：输出$g_{\min}=g_{i,j,k}$，$W^*=W_i$，$N^*=N_j$，$T^*=T_k$。

第十步：算法结束。

8.3.3　实例分析

现以波音720空调设备为例来说明拟周期预防性维修策略建模及优化过程。在预防性维修间隔内，当工作空调设备的累计运行时间小于预防性维修周期T时，工作空调设备发生故障,维修工对其实施故障维修,同时贮备空调设备开始接替工作,两个空调设备互为贮备。由于维修工同一时刻只能维修一台设备,当工作空调设备和贮备空调设备都处于故障状态下时,对其依次进行故障维修且系统停机。当工作空调设备的累积运行时间达到预防性维修窗口时,对工作空调设备和贮备空调设备依次实施预防性维修,经历$N-1$次预防性维修后,当工作空调设备的累积运行时间达到预防性维修计划时,对工作空调设备和贮备空调设备依次实施预防性更换,更换时间忽略不计。现假设工作空调设备的连续运行时间和维修时间构成拓展几何过程,其首次运行时间$X_1^{(1)}$和首次故障维修时间$Y_1^{(1)}$均服从两参数Weibull分布,贮备空调设备的运行时间和故障维修时间均服从指数分布。一个新的空调设备的失效率函数为$h(t)=\left(\beta/\eta\right)\left(t/\eta\right)^{\beta-1}$。根据拓展几何过程的定义以及模型假设,可得:

①工作空调设备的运行时间$X_k^{(1)}$的均值函数及分布函数分别为:

$$H_{x,i,k}^{(1)}(x)=\begin{cases}\left(\dfrac{x}{\eta_x}\right)^{\beta_x} & k=1\\ \left(\dfrac{a^{k-d(k)}x}{\eta_x}\right)^{\beta_x} & k>1\end{cases}$$

$$F_{x,i,k}^{(1)}(x)=1-\mathrm{e}^{-H_{x,i,k}^{(1)}(x)}$$

②工作空调设备的故障维修时间$Y_k^{(1)}$的均值函数及分布函数分别为:

$$H_{y,i,k}^{(1)}(x)=\begin{cases}\left(\dfrac{x}{\eta_y}\right)^{\beta_y} & k=1\\ \left(\dfrac{a^{k-d(k)}x}{\eta_y}\right)^{\beta_y} & k>1\end{cases}$$

$$F_{y,i,k}^{(1)}(x)=1-\mathrm{e}^{-H_{y,i,k}^{(1)}(x)}$$

③贮备空调设备运行时间$X_k^{(2)}$和故障维修时间$Y_k^{(2)}$的分布函数分别为:

$$F_{x,k-1}^{(2)}(x)=1-\mathrm{e}^{-\lambda_x x}$$

$$F_{y,k-1}^{(2)}(x)=1-\mathrm{e}^{-\lambda_y x}$$

文献[38]和[200]的研究以波音720空调设备的故障间隔时间数据集为例,使用提出的拓展几何模型得到了相关参数的估计值,并给出了两种恢复因子以及估计值,本书中选用的恢复因子的函数为$d(k)=1+\theta\ln(k)$,并且假设工作空调设备经历第i次预防性维修后,其修复因子中的参数θ_i满足$\theta_i=\theta-0.5(i-1)$。参数a、b、θ、β_x、β_y的数值均引用文献[38]和[200]中的数据,对于运行收益,维修成本以及贮备空调设备的相关参数等其他参数来说,本书将其假设为一般常数。各个参数的参数值以及参数值的来源如表8-8所示。

表8-8　模型参数

参数	参数值	来源
a	1.0946	文献[200]
b	0.98	文献[200]
θ	4.4215	文献[200]
β_x	2	文献[200]
β_y	0.96	假设
η_x	29	假设
η_y	1.2	假设
λ_x	1/29	假设
λ_y	1/1.2	假设
C_r	10	假设
C_p	4	假设
C_w	1	假设
C_f	3.5	假设
C_d	1.5	假设
C_e	1	假设
T_{p1}	0.5	假设
T_{p2}	0.5	假设

根据上述参数，利用本书建立的长期运行收益率模型以及搜索算法，获得最优的T^*、N^*和W^*，计算得到的部分$g(T,N,W)$如表8-9所示。优化结果为：$g_{\max}=0.78623$，$W^*=2.5$，$N^*=12$，$T^*=25$。通过实际案例分析，最优的预防性维修策略(T^*, N^*, W^*)的存在具有唯一性，即工作空调设备的累积运行时间在最优的预防性维修窗口[25, 27.5]内，维修工对其实施拟周期预防性维修活动，并且在第11次预防性维修后，当工作空调设备的累计运行时间达到维修计划时，对工作空调设备和贮备空调设备依次实施预防性更换。在这种策略下，系统的长期运行收益率最大。

表8-9　系统长期运行收益率

W	T	N					
		9	10	11	12	13	14
0.5	20	0.76622	0.76765	0.76868	0.76940	0.76987	0.77014
	21	0.76995	0.77108	0.77182	0.77226	0.77245	0.77243
	22	0.77221	0.77301	0.77343	0.77355	0.77342	0.77307
	23	0.77301	0.77345	0.77352	0.77328	0.77279	0.77208
	24	0.77235	0.77240	0.77207	0.77144	0.77056	0.76946
1	23	0.77939	0.78026	0.78079	0.78105	0.78109	0.78094
	24	0.78043	0.78102	0.78128	0.78128	0.78105	0.78065
	25	0.78039	0.78069	0.78066	0.78036	0.77986	0.77918
	26	0.77929	0.77927	0.77893	0.77834	0.77754	0.77657
	27	0.77714	0.77679	0.77613	0.77523	0.77413	0.77287
1.5	23	0.78158	0.78257	0.78323	0.78363	0.78382	0.78384
	24	0.78312	0.78387	0.78430	0.78448	0.78445	0.78425
	25	0.78371	0.78421	0.78439	0.78433	0.78407	0.78365
	26	0.78338	0.78361	0.78354	0.78323	0.78272	0.78206
	27	0.78215	0.78211	0.78177	0.78119	0.78044	0.77953
2	23	0.78244	0.78346	0.78417	0.78462	0.78487	0.78495
	24	0.78417	0.78498	0.78547	0.78572	0.78577	0.78566
	25	0.78504	0.78561	0.78589	0.78592	0.78576	0.78544
	26	0.78506	0.78539	0.78543	0.78524	0.78486	0.78433
	27	0.78426	0.78435	0.78414	0.78372	0.78311	0.78236
2.5	23	0.78245	0.78348	0.78419	0.78465	0.78492	0.78502
	24	0.78425	0.78508	0.78559	0.78587	0.78594	0.78586
	25	0.78524	0.78584	0.78615	0.78623	0.78611	0.78583
	26	0.78543	0.78582	0.78591	0.78577	0.78544	0.78497
	27	0.78487	0.78501	0.78488	0.78452	0.78398	0.78331
3	23	0.78199	0.78300	0.78369	0.78413	0.78438	0.78447
	24	0.78379	0.78460	0.78511	0.78537	0.78544	0.78535

续表8-9

W	T	N					
		9	10	11	12	13	14
	25	0.78482	0.78542	0.78572	0.78579	0.78568	0.78540
	26	0.78509	0.78548	0.78557	0.78544	0.78513	0.78467
	27	0.78464	0.78480	0.78468	0.78434	0.78383	0.78317
3.5	23	0.78108	0.78205	0.78270	0.78311	0.78332	0.78337
	24	0.78284	0.78361	0.78408	0.78432	0.78436	0.78424
	25	0.78385	0.78442	0.78470	0.78475	0.78461	0.78431
	26	0.78415	0.78451	0.78459	0.78444	0.78411	0.78363
	27	0.78375	0.78390	0.78376	0.78342	0.78289	0.78223
4	23	0.77991	0.78081	0.78140	0.78174	0.78190	0.78189
	24	0.78158	0.78229	0.78270	0.78288	0.78286	0.78269
	25	0.78254	0.78305	0.78327	0.78327	0.78308	0.78273
4	26	0.78280	0.78311	0.78314	0.78294	0.78257	0.78205
	27	0.78240	0.78250	0.78233	0.78194	0.78138	0.78067
4.5	23	0.77809	0.77894	0.77948	0.77977	0.77987	0.77981
	24	0.77967	0.78034	0.78070	0.78083	0.78076	0.78054
	25	0.78057	0.78104	0.78122	0.78117	0.78093	0.78053
	26	0.78080	0.78107	0.78106	0.78082	0.78040	0.77983
	27	0.78040	0.78046	0.78025	0.77982	0.77921	0.77846
5	23	0.77606	0.77684	0.77731	0.77753	0.77756	0.77742
	24	0.77753	0.77812	0.77842	0.77847	0.77833	0.77804
	25	0.77833	0.77874	0.77885	0.77872	0.77841	0.77795
	26	0.77850	0.77870	0.77862	0.77832	0.77783	0.77719
	27	0.77805	0.77805	0.77777	0.77728	0.77661	0.77580

8.3.4 参数敏感性分析

实际案例分析验证了最优维修策略是唯一存在的，本节主要讨论修复因子$d(k)$中的参数θ的敏感性，即分析θ在某一范围内变化时，系统长期运行收益率g、预防性维修窗口长度W、预防性维修次数N以及预防性维修间隔T的变化情况。θ取不同值时的系统长期运行收益率最大值以及参数最优解如表8-10所示。

表8-10 不同θ下的系统长期运行收益率及参数最优解

θ	1	2	3	4	5
$g(T^*, N^*, W^*)$	0.77594	0.77895	0.78210	0.78495	0.78790
(T^*, N^*, W^*)	(23,12,2.5)	(23,13,2.5)	(24,12,2.5)	(25,12,2.5)	(25,12,2.5)
θ	6	7	8	9	10
$g(T^*, N^*, W^*)$	0.79070	0.79334	0.79579	0.79824	0.80055
(T^*, N^*, W^*)	(26,12,2.5)	(27,12,2.5)	(28,12,2.5)	(29,12,2.5)	(30,12,2.5)
θ	11	12	13	14	15
$g(T^*, N^*, W^*)$	0.80278	0.80494	0.80703	0.80911	0.81129
(T^*, N^*, W^*)	(31,12,2.5)	(32,12,2.5)	(33,12,2.5)	(35,11,2.5)	(37,11,2.5)
θ	16	17	18	19	20
$g(T^*, N^*, W^*)$	0.81373	0.81658	0.81986	0.82348	0.82741
(T^*, N^*, W^*)	(41,10,3)	(45,9,3)	(49,8,3)	(53,8,3)	(57,7,3.5)

从表8-10中的数据可以看出，随着θ值的增大，系统长期运行收益率逐渐增大，预防性维修间隔T也逐渐增大，预防性维修次数N有递减的趋势，预防性维修窗口长度W有递增的趋势。这也就意味着，当θ值增大时，应通过适当地增大预防性维修间隔T和预防性维修窗口长度W，减小预防性维修的次数N来提高系统的收益率。

8.4 本章小结

本章分析了一类存在故障可修和不可修的两部件串联设备的动态拟周期预防性维修策略。针对故障不可修设备，分析了动态预防性维修分别对两部件进行保养和完整维修的情形，对严重故障可修的设备分析了动态预防性维修分别对两部件进行完整维修和非完整维修的情形。通过建模和理论分析发现，对动态预防性维修策略通过数学模型进行定量分析是可行的，同时发现对于给定设备预防性活动窗口的长度存在约束，约束值是唯一存在的。通过实例或数值案例分析表明，增加预防性活动窗口的长度会导致维修成本率的增加，同时对周期性或顺序预防性维修策略根据实际需求的调整会导致一个较高的长期运行成本率。

针对存在复杂故障相关性的两部件并联设备，主要分析了存在Ⅰ、Ⅱ类和Ⅰ、Ⅲ类故障相关及不完备检测的两部件并联系统预防性更换窗口优化问题，通过优化维修策略发现，最优的维修周期T^*及A的故障次数N^*是存在的。同时给出了系统的三个特例的可靠性分布函数和维修策略的两个扩展模型的长期运行成本率函数，并对模型做了简要分析。案例分析发现，在系统设计时应尽可能地减小部件间的故障相关性，这不仅能提高系统性能，也能提高系统平均运行时间和降低系统维修成本；同时在日常维修中，应寻求降低系统更换成本的途径，大幅降低系统长期运行成本率，并增大系统的期望运行周期。研究结果对系统设计和制定实际的维修策略具有一定的参考意义。

针对两部件并行冷贮备退化可修系统，考虑到生产任务波动、维修力量以及外界环境等随机因素的影响，采用了拟周期预防性维修策略，建立了系统长期运行收益率模型，以系统长期运行收益率最大化为目标，通过实际案例分析的方法得到了最优的预防性维修策略，同时分析了参数θ对最优的预防性维修策略的影响。通过实际案例分析，证明了预防性维修间隔T、预防性维修窗口W和预防性维修次数N的最优解是唯一存在的。因此，在制订预防性维修计划时，应综合考虑预防性维修间隔、预防性维修次数以及预防性维修窗口的长度。通过敏感性分析，修复因子$d(k)$中参数θ的增大会使预防性维修间隔和系统长期运行收益率增长，并使预防性维修次数减少，预防性维修窗口长度增长。因此，当参数θ发生改变时，为了使系统长期运行收益率达到最优，需要调整预防性维修间隔、预防性维修窗口的长度和预防性维修次数。在实际生产活动中，研究结果对制订维修计划和维修调度具有一定的参考意义。

第9章　多单元并行系统维修窗口优化

在现代化工业生产中,多单元并行系统广泛地存在于高铁、民航、电网等领域。为降低系统发生故障的风险,控制维修成本,研究多单元并行系统的维修策略很有必要。传统的维修策略主要着眼于单个单元的系统,但是从系统整体的角度来看,一个单元的维修策略达到最优状态,系统并不一定达到整体最优状态。除此之外,在多单元并行系统中,会出现部分单元维修过剩,而部分单元维修不足的情况。因此,对于多单元并行系统来说,探索和研究贮备单元与维修工的配置显得尤为重要。然而,就多单元并行系统的维修过程建模来说,采用第七章的维修模式会出现“状态爆炸”的现象,从而给维修过程的建模带来诸多困难。

在多数研究中将维修时间成本折算在维修费用中,在维修工充足的情况下,这种假设是合理可行的,也简化了模型结构。但是对于多单元并行生产系统,如果不计维修时间,则一个维修工须始终满足维修调度。当考虑维修工维修时间时,维修工的调度和停机待修就成为新的问题。为此,本章在第一节先就两单元并行生产系统,建模分析维修时间对维修最优窗口的影响,在讨论结果的基础上将开展多单元并行生产系统生产资源和维修策略联合优化问题的研究。

9.1　无贮备两单元并行生产系统维修窗口优化

9.1.1　模型背景及假设

在两单元拟周期预防性维修中,计划的周期维修被一些随机因素修改,从而使预防性维修活动在维修窗口内变为随机值,而不是固定值。具有一个修理工的两单元生产系统的预防性更换窗口循环图表示如图9-1(a)所示,其中T为维修窗口间隔周期,W是维修窗口长度,w是更换时间的长度。A和B是两个并行生产单元。A和B的预防性或机会更换在维修窗口中随机进行。将A和B的循环运行图沿各自的起始运行时间展开,得到展开的单周期运行图如图9-1(b)所示。将A和B展开图一侧对齐,可转换为图9-1(c)。假设该生产系统只配备一个维修工，则其最优的预防性更换窗口与一个维修工的作业时间和单元故障率有关。

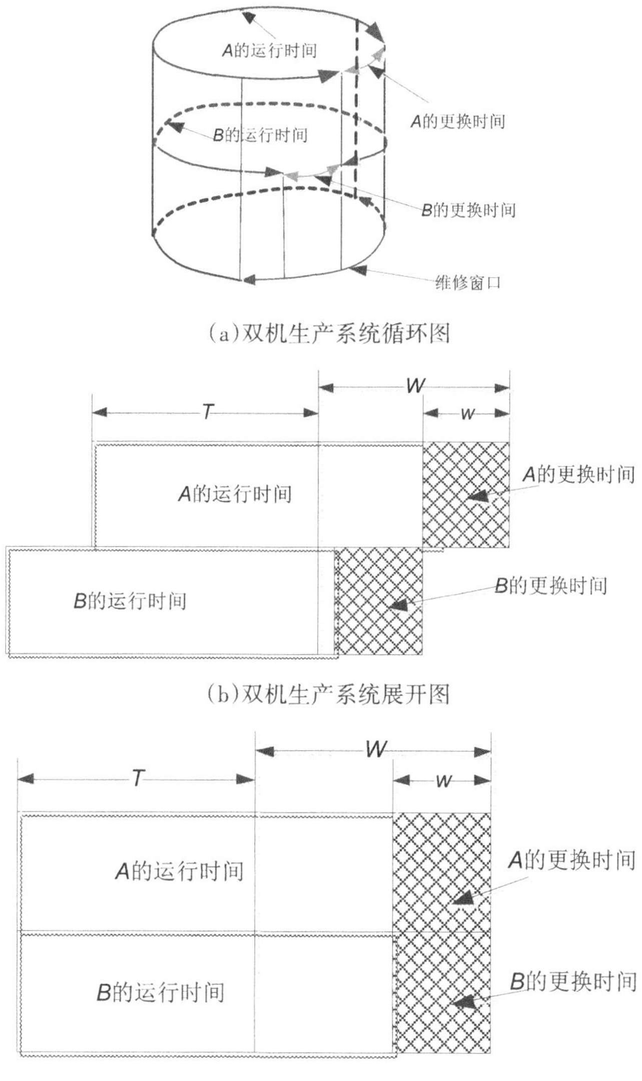

图9-1　两单元生产系统维修过程简图

当只有一名修理工可用时，生产单元数量和更换时间之间存在约束。为了便于研究，假设两个生产单元在t=0时开始以新状态运行。运维活动如图9-2所示，图中显示了长度分别为T和W的两个时间区段，分别为运行区段和维修窗口。在运行区间内发生故障，可以通过成本为C_f的最小维修来修复故障。在维修窗口内如果某个生产单元发生故障或达到预防性更换计划时间，按优先发生原则进行更换；如果发生故障则实施故障性更换，如果预防性更换计划时间先到则实施预防性更换。对该单元实施故障性或预防性更换期间，如另一单元发生故障则安排停机待修，待该单元更换完成后实施故障性更换，停机待修期间单位时间停机成本为C_d；如一单元实施更换期间另一单元未发生故障则保持运行至更换单元更换完成后，立即实施预防性更换；两个单元全部更换完成视为一个完整更新周期。记第i个单元发生故障的时间为Y_i，预防性更换计划时间为Z，更换所需的时间为w，其成本为C_r。

依据上述生产过程执行规则，假设生产单元A的更换时间为$t_{r1}=\min(Y_1, Z)$，生产单元B的预防性更换时间为$t_{r2}=t_{r1}+w$。如果B的故障在$[t_{r1}, t_{r2}]$内发生，则可能出现等待时间。因此，两单元生产系统的运行过程存在如图(a)—(d)四种情况。

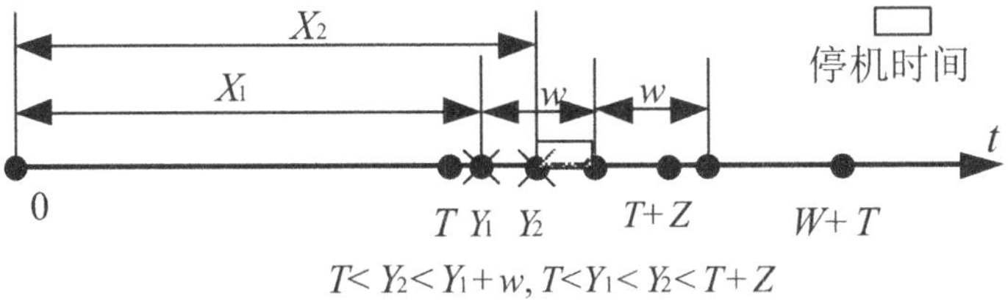

(a)

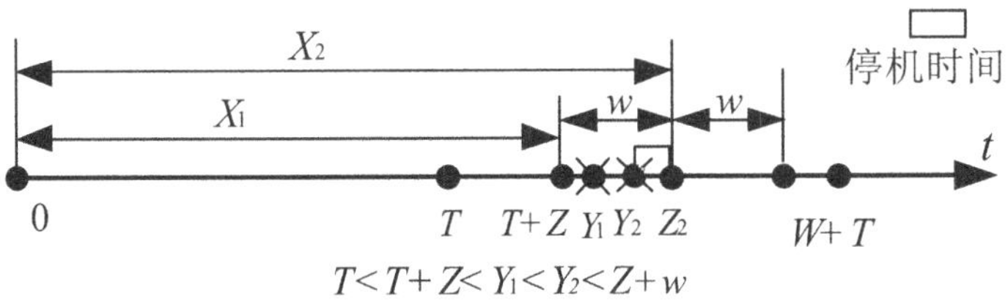

(b)

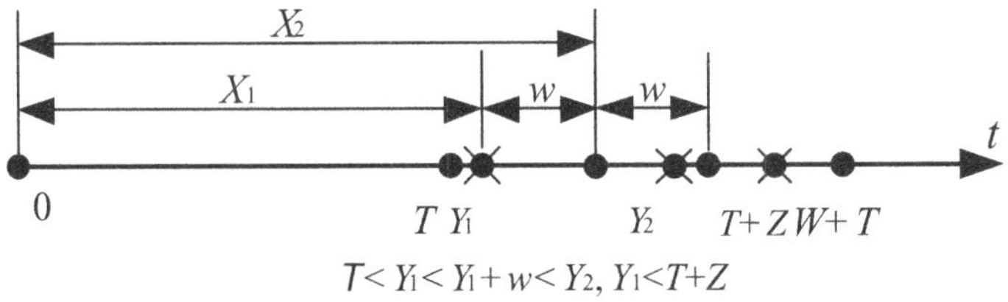

(c)

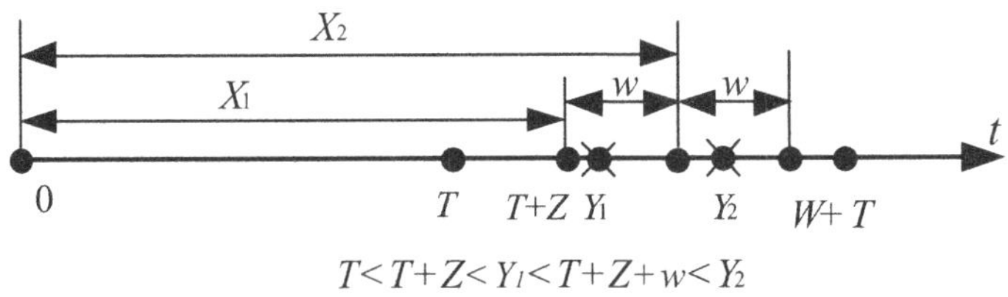

(d)

图9-2　系统运行过程简图

在图9-2(a)中,假设A在$Y_1(Y_1>T)$时发生故障,B在$Y_2(Y_2<Y_1+W)$时发生故障并等待修复。停机时间为Y_1+W-Y_2。在图9-2(b)的情况中,当预防性更换计划到来时,两个单元正在运行,假设对A在Z时更换,如果B在A正在维修时发生故障$(Z<Y_2<Z+W)$,则B的停机时间为$Z+W-Y_2$。在图9-2(c)中,如果A在预防性更换计划之前发生故障,当A维修完成时,B未发生故障而保持工作,则立即对B进行预防性更换。在最后一种情况下,当预防性更换计划到来时,两个单元均未发生故障保持工作,然后对其中一个单元实施预防性更换,另一个单元继续运行,直到第一个单元预防性更换完成后对第二个单元进行预防性更换。

根据上述系统运行过程,该系统预防性维修窗口更换策略建模将基于以下假设:

①所有故障发生都能被立即检测并具备修复能力。在维修窗口间隔期内发生的故障可以通过最小修完成修复,修复时间可以忽略不计。

②为不失一般性,假设每个单元的寿命分布服从具有有限均值$\mu_i<+\infty$和概率密度函数的一般分布$F_i(t)\ (i=1, 2)$。

③每个单元的故障率函数$h_i(t)$是连续、正的、凹的不递减函数;新单元$t=0$时的初始故障率为0。更换后系统可以恢复到"如新"状态。

④在维修窗口中,只有一名修理工负责维修工作,且同时只能维修一个单元,预防性更换和故障性更换时间均为w。

⑤假设更换计划在维修窗口$[T, T+W-2w]$内服从均匀分布,则其概率密度函数为$1/(W-2w)$。

9.1.2　维修过程建模

基于上述维修过程和模型假设,系统在一个生命周期内实施维修的状态存在两种情形。

①系统运行过程中两个单元中一个单元的故障发生时刻为$\min(Y_1,Y_2)$,并且$T<\min(Y_1, Y_2)<T+Z$。在实施故障性更换第一个单元的过程中,第二个单元要么在故障发生后等待更换,要么未发生故障继续运行,直到第一个单元更换完成。一旦完成对第一单元的故障性更换,开始对第二单元实施预防性更换。对应于图9-2(a)和图9-2(c),系统的运行时间L_1表示如下。

$$L_1=\{\min(Y_1,Y_2)+\min(\max(Y_1,Y_2),\min(Y_1,Y_2)+w)\}I(T<\min(Y_1,Y_2)<T+Z)$$

其中$I_J(u)$是集合J的指示函数,即

$$I_J(u)=\begin{cases}1 & u\in J\\ 0 & \text{其他}\end{cases}$$

根据假设,两并行单元在$(0, T]$范围内的故障,通过成本为C_f的最小修进行修复,停机时间成本率为C_d。相对维修成本可写如下:

$$C_1=C_d(\min(Y_1,Y_2)+w-\max(Y_1,Y_2))I(T<\min(Y_1,Y_2)<T+Z)$$

②如果两并行生产单元保持正常运行，维修窗口内在预防性更换计划之前未发生故障，对其中一个单元按照预防性更换计划实施预防性更换，这期间第二个单元继续运行。第二个单元如未发生故障则保持运行至第一个单元的更换完成，对第二个单元实施预防性更换。如第二个单元在第一个单元实施预防性更换期间发生故障，则停机待修。对应图9-2(b)和图9-2(d)，系统的运行时间可以写成L_2，表示如下：

$$L_2 = \{T + Z + \min(Y_2, T + Z + w)P_1 + \min(Y_1, T + Z + w)P_2\} I(\min(Y_1, Y_2) > Z + T)$$

其中P_1为对第一个单元首先实施预防性更换的概率，P_2为对第二个单元首先实施预防性更换的概率。选择预防性更换随机抽取，因此$P_1=P_2=0.5$。相对成本表示为C_2。

$$C_2 = C_d\{(Z + w - Y_2)I(T + Z < Y_2 < T + Z + w)P_1 + (Z + w - Y_1)I(T + Z < Y_1 < T + Z + w)P_2\}$$

此外，设C_3表示当系统在$(0,T]$下运行时的最小修成本和更换成本。

$$C_3 = C_f(H_1(T) + H_2(T)) + 2C_r$$

为了便于计算，取

$$W_0 = W - 2w$$

基于以上对系统运行过程的分析，系统在一个运行周期中的运行时间L可以表述如下。

$$\begin{aligned} L &= L_1 + L_2 \\ &= \{\min(Y_1, Y_2) + \min(\max(Y_1, Y_2), \min(Y_1, Y_2) + w)\} I(T < \min(Y_1, Y_2) < T + Z) \\ &+\{T + Z + \min(Y_2, T + Z + w)P_1 + \min(Y_1, T + Z + w)P_2\} I(\min(Y_1, Y_2) > T + Z) \end{aligned}$$

类似地，更新周期中的总维护成本C可以表示如下。

$$\begin{aligned} C &= C_1 + C_2 + C_3 \\ &= 2C_r + C_f(H_1(T) + H_2(T)) \\ &+C_d\{((\min(Y_1, Y_2) + w - \max(Y_1, Y_2))I(T < \min(Y_1, Y_2) < T + Z) \\ &+((Z + w - Y_2)I(T + Z < Y_2 < T + Z + w)P_1 \\ &+ (Z + w - Y_1)I(T + Z < Y_1 < T + Z + w)P_2)\} \\ &+C_e\{ I(T < \min(Y_1, Y_2) < T + Z) + \\ &I(T < \max(Y_1, Y_2) < \min(Y_1, Y_2) + w, T < \min(Y_1, Y_2) < T + Z)\} \end{aligned}$$

依据报酬更新定理，系统长期运行成本率表示如下：

$$g(T) = \lim_{t \to +\infty} C(t)/t = E[C]/E[L] \tag{9.1}$$

其中，$E[C]$和$E[L]$分别表示维修费用和更新周期的期望，因此需要首先计算$E[C]$和$E[L]$。$E[L]$可以由以下公式给出：

$$E[L]=\iint\limits_{T<\min(Y_1,Y_2)<T+Z}\min(Y_1,Y_2)f_1(y_1)f_2(y_2)\mathrm{d}y_1\mathrm{d}y_2+\iint\limits_{T<\min(Y_1,Y_2)<T+Z}\min(\max(Y_1,Y_2),\min(Y_1,Y_2)+w)f_1(y_1)f_2(y_2)\mathrm{d}y_1\mathrm{d}y_2+\iint\limits_{\min(Y_1,Y_2)>Z+T}(T+z)\mathrm{d}y_1\mathrm{d}y_2\mathrm{d}z+\iint\limits_{\min(Y_1,Y_2)>Z+T}\min(Y_2,T+z+w)P_1\mathrm{d}y_2\mathrm{d}z+\iint\limits_{\min(Y_1,Y_2)>Z+T}\min(Y_1,T+z+w)P_2\mathrm{d}y_1\mathrm{d}z$$

其中z表示更换窗口中的预防性更换计划时间。进一步

$$\begin{aligned}E[L]=&\int_0^{W_0}\int_T^{T+z}(2y_1+w)\bar{F}_2(y_1+w)f_1(y_1)f(z)\mathrm{d}y_1\mathrm{d}z+\int_0^{W_0}\int_T^{T+z}(2y_2+w)\bar{F}_1(y_2+w)f_2(y_2)f(z)\mathrm{d}y_2\mathrm{d}z+\\&\int_0^{W_0}\int_T^{T+z}\int_{y_1}^{y_1+w}(y_1+y_2)f_2(y_2)f_1(y_1)f(z)dy_2\mathrm{d}y_1\mathrm{d}z+\int_0^{W_0}\int_T^{T+z}\int_{y_2}^{y_2+w}(y_1+y_2)f_2(y_2)f_1(y_1)f(z)dy_1\mathrm{d}y_2\mathrm{d}z+\\&\int_0^{W_0}(2T+2z+w)\bar{F}_2(T+z+w)\bar{F}_1(T+z)f(z)P_1\mathrm{d}z+\int_0^{W_0}(2T+2z+w)\bar{F}_1(T+z+w)\bar{F}_2(T+z)f(z)P_2\mathrm{d}z+\\&\int_0^{W_0}\int_{T+z}^{T+z+w}(T+z+y_1)f_1(y_1)f(z)\bar{F}_2(T+z)\mathrm{d}y_1\mathrm{d}z+\int_0^{W_0}\int_{T+z}^{T+z+w}(T+z+y_2)f_2(y_2)f(z)\bar{F}_1(T+z)\mathrm{d}y_2\mathrm{d}z\end{aligned}\tag{9.2}$$

更新周期内维修成本的期望表示如下：

$$\begin{aligned}E[C]=&C_{r1}+C_{r2}+C_f(H_1(T)+H_2(T))\\&+C_d\{\iint\limits_{\substack{\min(Y_1,Y_2)<T+Z\\\max(Y_1,Y_2)<\min(Y_1,Y_2)+w}}(\min(Y_1,Y_2)+w-\max(Y_1,Y_2))f_1(y_1)f_2(y_2)\\&+\iint\limits_{\substack{T+Z<\min(Y_1,Y_2)\\\max(Y_1,Y_2)<T+Z+w}}(T+z+w-y_2)f_1(y_1)f_2(y_2)\bar{F}_1(z)\}\\&+C_e\{\iint\limits_{T<\min(Y_1,Y_2)<T+Z}f_1(y_1)f_2(y_2)+\iint\limits_{\substack{T<\max(Y_1,Y_2)<\min(Y_1,Y_2)+w\\T<\min(Y_1,Y_2)<T+Z}}f_1(y_1)f_2(y_2)\}\end{aligned}$$

$E[C]$进一步计算如下：

$$
\begin{aligned}
E(C) = {} & C_{r1} + C_{r2} + C_f(H_1(T) + H_2(T)) \\
& + C_d\{ \int_0^W \int_T^{T+z} \int_{y_1}^{y_1+w} (y_1 + w - y_2) f_2(y_2) f_1(y_1) f(z) \mathrm{d}y_2 \mathrm{d}y_1 \mathrm{d}z \\
& + \int_0^W \int_T^{T+z} \int_{y_2}^{y_2+w} (y_2 + w - y_1) f_1(y_1) f_2(y_2) f(z) \mathrm{d}y_1 \mathrm{d}y_2 \mathrm{d}z \\
& + \int_0^W \int_{T+z}^{T+z+w} (T + z + w - y_2) f_2(y_2) f(z) \bar{F}_1(T+z) P_1 \mathrm{d}y_2 \mathrm{d}z \\
& + \int_0^W \int_{T+z}^{T+z+w} (T + z + w - y_1) f_1(y_1) f(z) \bar{F}_2(T+z) P_2 \mathrm{d}y_1 \mathrm{d}z \} \\
& + C_e\{ \int_0^W \int_T^{T+z} f_1(y_1) \bar{F}_2(y_1) f(z) \mathrm{d}y_1 \mathrm{d}z + \int_0^W \int_T^{T+z} f_2(y_2) \bar{F}_1(y_2) f(z) \mathrm{d}y_2 \mathrm{d}z \}
\end{aligned}
\tag{9.3}
$$

系统可用性是一些企业考量系统维修决策优化时的主要因素之一。根据系统运行过程，可设定更换周期包括总操作时间 L、停机时间 t_d 和更换时间 $2w$。因此，系统可用性可以表述如下：

$$
A(t) = 1 - \frac{E[t_d] + 2w}{E(L)} \tag{9.4}
$$

其中 $E[t_d]$ 是系统停机时间的期望，并且可以通过以下表达式来计算。

$$
\begin{aligned}
E[t_d] = {} & E[((\min(Y_1, Y_2) + w - \max(Y_1, Y_2)) I(\max(Y_1, Y_2) < \min(Y_1, Y_2) + w, \min(Y_1, Y_2) < T + Z) \\
& + ((T + Z + w - Y_2) I(Y_2 < T + Z + w) P_1 + (T + Z + w - Y_1) I(Y_1 < T + Z + w) P_2) \\
& I(\min(Y_1, Y_2) > T + Z, \max(Y_1, Y_2) < T + Z + w)] \\
= {} & \int_0^W \int_T^{T+z} \int_{y_1}^{y_1+w} (y_1 + w - y_2) f_2(y_2) f_1(y_1) f(z) \mathrm{d}y_2 \mathrm{d}y_1 \mathrm{d}z + \\
& \int_0^W \int_T^{T+z} \int_{y_2}^{y_2+w} (y_2 + w - y_1) f_1(y_1) f_2(y_2) f(z) \mathrm{d}y_1 \mathrm{d}y_2 \mathrm{d}z \\
& + \int_0^W \int_{T+z}^{T+z+w} (T + z + w - y_2) f_2(y_2) f(z) \bar{F}_1(T+z) P_1 \mathrm{d}y_2 \mathrm{d}z + \\
& \int_0^W \int_{T+z}^{T+z+w} (T + z + w - y_1) f_1(y_1) f(z) \bar{F}_2(T+z) P_2 \mathrm{d}y_1 \mathrm{d}z
\end{aligned}
\tag{9.5}
$$

$E[t_d]$ 与更换时间 w 密切相关，并且随 w 增加而不断增加。

从生产系统运维成本和可用度角度分析，获得最小的系统长期运行成本率和最大的系统可用度是最理想的结果，然而这两者之间存在矛盾，不能同时满足两者而取得最优解。联合优化是一种普遍被采用的方法，最优值 T^* 和 W^* 满足下式：

$$[T^*, W^*] = \begin{cases} \arg\min\{g(T, W)\} \\ \arg\max\{A(T, W)\} \end{cases}$$
$$st. \quad 2w \leqslant W^* \leqslant T^* \tag{9.6}$$

为了便于搜索最优解，上述函数可以重写如下：

$$[T^*, W^*] = \arg\min\{\alpha g(T, W) - (1-\alpha)A(T, W)\}$$
$$st. \quad 2w \leqslant W^* \leqslant T^* \tag{9.7}$$

其中α表示最优权重，由用户根据实际需求决定。

通过解析法求解(9.7)的最优解，需对方程(9.7)求导并解非线性方程，由于方程结构较为复杂，采用解析法求解存在一定困难。因此，可以使用智能优化算法，如遗传算法等来找到最优的T^*和W^*。T和W的范围通常在有限的时间范围内，该范围可以由实际情况决定。

9.1.3　实例分析

现通过两个实例说明所提出模型的建模和优化过程，并对模型参数进行敏感性分析，讨论参数对优化结果的影响。第一个实例为两个不同机型的机床构成的两单元并行生产系统，第二个实例为两个相同机型机床构成的两单元并行生产系统。

实例1：具有两种机型的生产单元

假设生产系统为两种不同机型机床构成的并行生产系统，只有一名修理工实施维修服务。系统运行过程与模型运行过程一致，预防性更换和故障性更换在维护窗口$[T, T+W]$内实施，维修计划在维修窗口内服从均匀分布。每个机床的可靠度模型参考文献中利用收集的现场故障数据构建的双参数Weibull模型。维护成本参数为假设值，见表9-1，但并不影响模型的合理性。双参数Weibull模型的可靠度$R(t)$的表达式如下：

$$R(t) = \exp(-(\frac{t}{\eta})^{\beta})$$

表9-1　参数表

参数	值	备注
η_1	285	参考
β_1	1.19	
η_2	698	参考
β_2	1.13	
C_f	10	假设
C_{r1}	20	
C_{r2}	30	
C_d	5	
w	10	
α	0.4	

将参数代入模型，利用遗传算法获得最优 T^*=153.7，W^*=133.7，g^*=0.3203 和 A^*=0.9044。依据优化结果，对于具有不同机型机床构成的两单元并行生产系统，最优的维护窗口为[153.7, 287.4]，维修窗口间隔周期为153.7。两机床的可用度为93%，同样修理工的空闲率为93%，这意味着一个修理工可以服务于更多的生产线。

实例2：同类型机组的生产系统

在某些实际情况下，具有相同类型单元的生产系统是较为普遍的。因此，本实例分别采用表9-1中两个机床模型构建同机型并行生产系统。

由第一个型号的机床构成的两单元并行生产系统，获得最优 T^*=144.9，W^*=60，g^*=0.3419 及 A^*=0.9027。即维修窗口的间隔周期为144.9，预防性维修和故障性更换在维修窗口[144.9, 204.9]中随机进行。系统可用度与修理工的空闲率相同，均为91.2%。

由第二个型号的机床构成的两单元并行生产系统，获得最佳 T^*=726，W^*=56，g^*=0.0437，A^*=0.9078。即维修窗口的间隔周期为726，预防性维修和故障性更换在维修窗口[726, 782]中随机进行。系统可用度与修理工的空闲率相同，均为97.4%。

对于同类型单元构成的系统，最优 T^* 接近参数 η，而对于不同类型的机组的系统，最优 T^* 介于 η_1 和 η_2 之间。第二种方案的系统长期运行成本率远低于第一种方案的，这表明高质量的系统可以实现更低的系统长期运行成本率。此外，修理工的空闲率表明一个修理工可以为多单元系统服务。

9.1.4 参数敏感性分析

（1） w 对最优结果的影响

所提出的拟周期更换中 w 是更换时间，用来表达维修人员的维修能力和效率。w 的值可以影响替换周期 T^*、W^*、A^* 和 g^*。因此，需分析 w 对最优结果的影响。图9-3显示了 T^*、A^*、W^* 和 g^* 随 w 的增加而变化的趋势。最小系统长期运行成本率 g^* 随 w 的增加而有显著的增加趋势，而 A^* 则随 w 的增大而减小。此外，不同 w 对 T^* 和 W^* 的影响是不同的。因此，w 的改进对生产系统是有益的。

（2） $w\to 0$

参数 w 是更换时间，在大多数研究中通常被忽略。当 $w\to 0$ 时，最优化模型如下所示，但最优目标仅为系统长期运行成本率。最优维修策略也可以使用分析方法或遗传算法来找到。因此，由于维修时间可忽略，故系统可用性为100%。然而，如果忽略 w，则很难在维护窗口中表达两台机组的更换时间。此外，如果 w=0，则 W>0 即可，无需考虑维修工数量。因此，在多单元生产系统中应考虑更换时间。

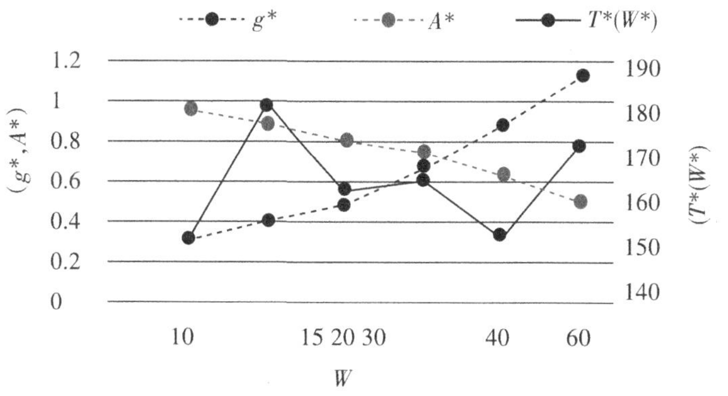

图9-3　$g^*-A^*-T^*-W$

$$E[X]=\int_0^{W_0}\int_T^{T+z}(2y_1)\bar{F}_2(y_1)f_1(y_1)f(z)\mathrm{d}y_1\mathrm{d}z+\int_0^{W_0}\int_T^{T+z}(2y_2)\bar{F}_1(y_2)f_2(y_2)f(z)\mathrm{d}y_2\mathrm{d}z+$$
$$\int_0^{W_0}(2T+2z)\bar{F}_2(T+z)\bar{F}_1(T+z)f(z)P_1\mathrm{d}z+\int_0^{W_0}(2T+2z)\bar{F}_1(T+z)\bar{F}_2(T+z)f(z)P_2\mathrm{d}z$$

$$E[C]=C_{r1}+C_{r2}+C_f(H_1(T)+H_2(T))+C_e\left\{\int_0^{W_0}\int_T^{T+z}f_1(y_1)\bar{F}_2(y_1)f(z)\mathrm{d}y_1\mathrm{d}z+\int_0^{W_0}\int_T^{T+z}f_2(y_2)\bar{F}_1(y_2)f(z)\mathrm{d}y_2\mathrm{d}z\right\}$$

优化模型

$[T^*,W^*]=\mathrm{argmin}\{g(T,W)\}$

$st.\quad 0\leqslant W^*\leqslant T^*$

由于方程简单，用解析法可以得到最优结果。

(3) $w\to 0.5W$

在本节提出的模型中，当$w\to 0.5W$时，存在特殊情况。在这种情况下，当两个单元中的一个单元的运行时间为T时执行预防性更换；当第一个单元的预防性更换完成时，修理人员立即更换第二个单元。对于两个单元的并行生产系统，替换策略变为周期性替换策略。系统运行过程如图9-4所示。

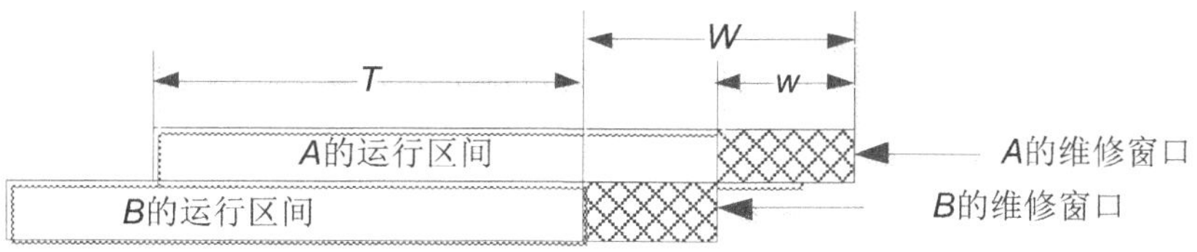

图9-4　特殊情况

(4) 最优权重α

参数α是方程(9.7)中$g(t)$和$A(t)$之间的权重,由用户对维修成本和可用时间的权衡确定。图9–5显示了具有不同类型单元的系统的最优结果,其中α对g^*和A^*具有较小的影响且g^*和A^*的变化趋势相同,而对T^*和W^*具有显著的影响。因此,没有必要强调系统长期运行成本率的权重和该生产系统中的可用性。

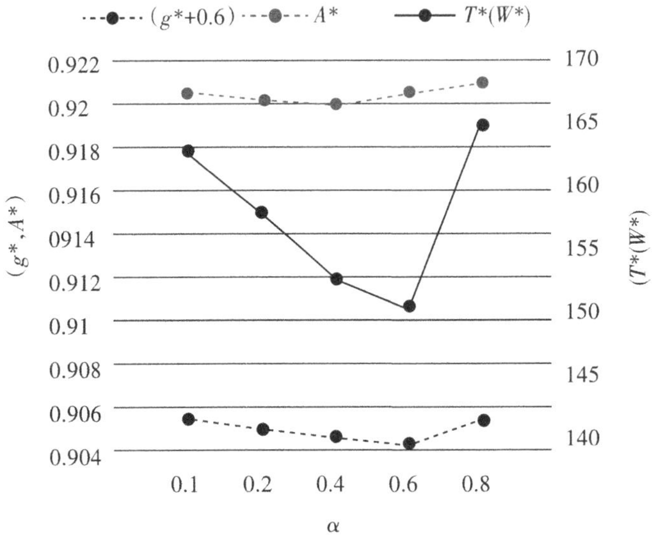

图9–5　g^*–A^*– T^*–α

此外,系统状态空间可以随着单位量的增加而快速增加。假设系统有n个单元,这些状态空间包括:①n个单元正在运行;②$i(0<i<n)$个机组正在运行,$j(i+j=n-1)$个机组在等待维修,1个机组正在维修;③1个单元正在维修,其余单元正在等待维修。维护窗口必须满足$nw<W$和$T>W$。随着n的增加会出现“状态爆炸”的现象,其建模和优化比两单元并行系统中的建模和优化更复杂。

在上述工作的基础上,不难发现具有维护窗口和一名修理工的两单元并行生产系统的最优二元拟周期更换策略可以在数学模型中得到清晰的描述,并且可以基于系统的长期成本率和可用性得到最优解T^*和W^*。优化结果表明,最优的T^*和W^*存在,并且当权值参数不同时,T^*和W^*的变化趋势相同。同时更换时间w对g^*和A^*有显著影响,故w不应被忽视,这表明用户应提高更换效率,尽可能缩短更换时间。一个维修人员可以在维修窗口中随机更换两台机组,维修人员的闲置率接近90%,这表明一个维修人员可以考虑多机组系统。此外,分析表明,最优权重α对g^*和A^*的影响最小,故用户在系统长期运行成本率和可用性之间的权衡可根据实际需求确定。该策略可以推广到有一个修理工的多单元生产系统,进一步揭示了单元数量、维修窗口和修理工之间的最优组合。

9.2　多单元并行生产系统多目标联合优化

9.2.1　模型背景及假设

对于多单元并行生产系统，预防性维修活动一般按照维修周期编排维修计划，维修活动由有限的维修人员负责，在保证生产连续性的前提下以最少的维修人员来保证维修活动的有序开展。对于不允许长时间停机的并行生产系统，当生产单元需要预防性维修时，一般由贮备单元替换生产单元工作，被维修单元在线下由维修人员负责维修。假定并行生产线长期运行下去，一个单元的更换周期可以形成一个封闭的圆环，圆环的周长表示该单元的更换周期长度，圆环中间包含预防性维修时间、预防性更换时间及被替换的时间，长期运行时该生产线上的生产单元将做周期性循环。因此，在多单元并行生产系统中，从成本的角度考量，若维持单个生产线不停机，则维修人员及贮备单元数量必须最小化，要提高生产收益，必须构建包含生产线数、维修人数、贮备单元数、维修时间长度、预防性维修窗口长度及其间隔周期、实施次数等多个变量的模型，以收益最大化为优化目标，获得最优的预防性维修决策和资源配置。该模型是一个多变量联合优化模型，模型结构和建模及优化过程较为复杂。模型应用背景与民航客机运行、铁路区间机车运行及物流运输车辆运营等相一致。

首先，以两单元并行系统为例说明系统实施预防性维修的过程。图9-6(a)表示两单元并行系统实施顺序预防性维修的周期循环图，系统长期运行时，就可以看作是系统从运行到实施预防性更换的多次循环。沿着单元预防性维修更换结束时的边缘线将圆环展开，如图9-6(b)表示两单元并行系统一个更换周期内的顺序预防性维修过程。

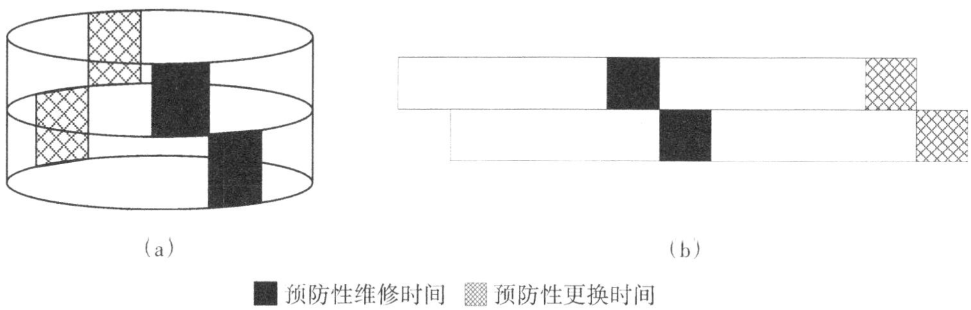

图9-6　系统运行与维修过程

然后，将两单元并行系统的维修过程推广到多单元并行系统。假设系统为带有多个维修工和多个贮备单元的多单元并行系统。根据工作计划，当工作单元的累计运行时间到达

T时刻时对所有的工作单元进行顺序预防性维修，此时，贮备单元接替工作。由于工作单元与贮备单元的工作时间很难保持一致，因此，当贮备单元工作时间T_{st}落在$\left[\alpha_1 T, \alpha_2 T\right]\left(\alpha_1 < 1, \alpha_2 > 1\right)$内时，即可对贮备单元实施预防性维修。工作单元实施$N$-1次预防性维修后，当工作单元的累积运行时间达到$T$时，对工作单元和贮备单元实施顺序预防性更换。当工作单元的累积运行时间小于T时，若工作单元发生故障对其进行最小修，当贮备单元的运行时间小于T_{st}时，若贮备单元发生故障也对其实施最小修。

为了方便对系统的运行及维修过程进行建模，现做下述假设：

①系统由M个工作单元、M_s个贮备单元和M_r个维修工(或维修单元)组成。工作单元和贮备单元属于同一类型，维修工同一时刻只能维修一台单元，并且只服务于预防性维修和预防性更换。若同一时刻有两台或两台以上的单元同时处于预防性维修状态，需要通过增添维修工和贮备单元的数目来防止停机带来的经济损失。

②当工作单元的运行时间达到T时，对工作单元实施顺序预防性维修，同时贮备单元接替运行。由于工作单元和贮备单元的运行时间很难保持一致，因此当贮备单元的运行时间T_{st}落在区间$\left[\alpha_1 T, \alpha_2 T\right]\left(\alpha_1 < 1, \alpha_2 > 1\right)$内时，对贮备单元实施预防性维修。工作单元和贮备单元的预防性维修时间为固定时长T_p。对工作单元实施N-1次预防性维修后，当工作单元的运行时间达到T时，对工作单元和贮备单元依次实施预防性更换，并假设预防性更换时长与预防性维修时长相等，即T_r=T_p。

③当工作单元的运行时间小于T时，若工作单元发生故障，假设故障可以立即被发现并对其实施最小维修，最小维修时间忽略不计。当贮备单元的运行时间小于T_{st}时，若贮备单元发生故障，也对其实施最小维修，并且最小维修时间忽略不计。

④一个新单元的失效率函数为$h(t)$，$h(t)$关于t是单调递增的。对各个单元实施不完全预防性维修，预防性维修能够使失效率恢复为零，但实施预防性维修后单元的失效率函数会发生改变。因此，第i次预防性维修前失效率函数为$h_i(t)=a_i h(t)(i=1, 2, \cdots, N)$，且$1=a_1<a_2<\cdots<a_N$。但是，对单元实施最小修使得单元恢复至“如新”的状态。

⑤故障维修成本为C_f，预防性维修成本为C_p，预防性更换成本为C_r，并且$C_r > C_p > C_f$，贮备单元的等待成本率为C_d，维修工的等待成本率为C_w。

⑥令n表示所有工作单元实施一次预防性维修期间贮备单元实施预防性维修的次数，n的大小跟N和M有关，$n = \{ \frac{1}{N} \ \frac{1}{(N-1)} \cdots 1 \ \frac{M}{(M-1)} \ \frac{M}{(M-2)} \cdots M \}$。而贮备单元的运行时间$T_{st}$与工作单元的预防性维修时长$T_p$有关。由此，可以推出$T_{st}$与$T_p$之间的关系，即$T_{st} = MT_p/n$。

9.2.2　维修过程建模

本节将先对多单元并行系统的运行与维修过程、系统的成本来源及其成本进行详细的分析，然后根据更新报酬定理，建立系统的长期运行成本率模型。

根据模型假设，以M=12，N=5的多单元并行系统为例，n为2和$2\frac{2}{5}$分别说明多单元并行系统的运行与维修过程以及贮备单元和维修工的配置。对于多单元并行系统来说，系统中维修工和贮备单元的数目与工作单元的累积运行时间T有着密切关系。图9-7(a)至(c)和图9-8(a)至(c)分别为n=2和$n=2\frac{2}{5}$时，T在三个不同间隔内系统的运行与维修过程。

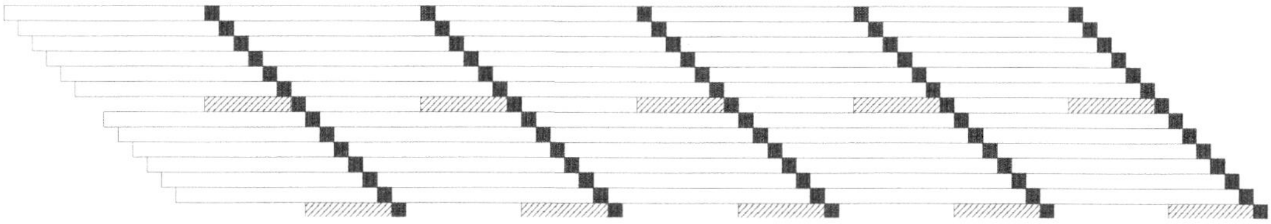

(a)$T \geqslant (M+\lceil n \rceil-1)T_p$

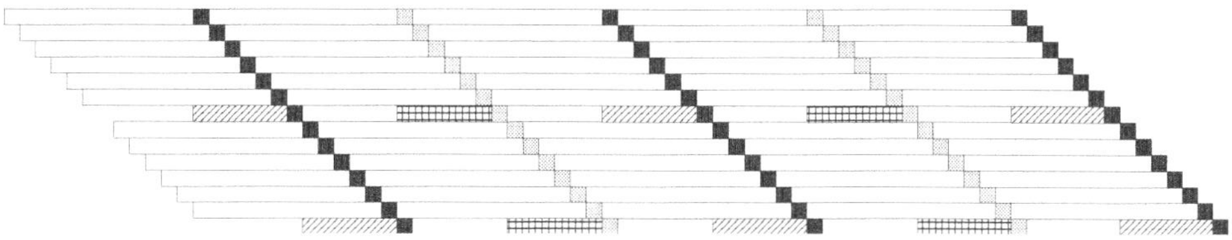

(b)$(\frac{(M+\lceil n \rceil)}{2}-1)T_p \leqslant T < (M+\lceil n \rceil-1)T_p$

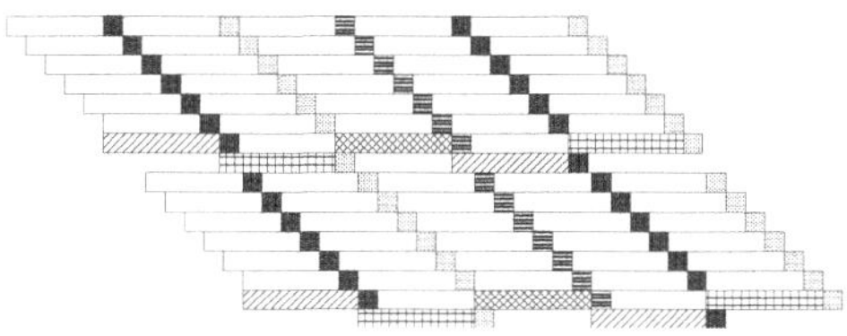

(c)$(\frac{(M+\lceil n \rceil)}{3}-1)T_p \leqslant T < (\frac{(M+\lceil n \rceil)}{2}-1)T_p$

■维修工1　▒维修工2　☰维修工3　▨贮备单元1　⊞贮备单元2　▩贮备单元3

图9-7　T在不同间隔内系统的运行与维修过程(n=2)

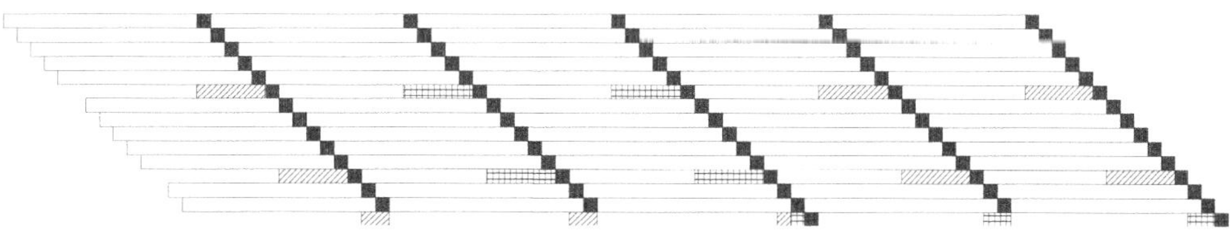

(a) $T \geqslant (M+\lceil n \rceil-1)T_p$

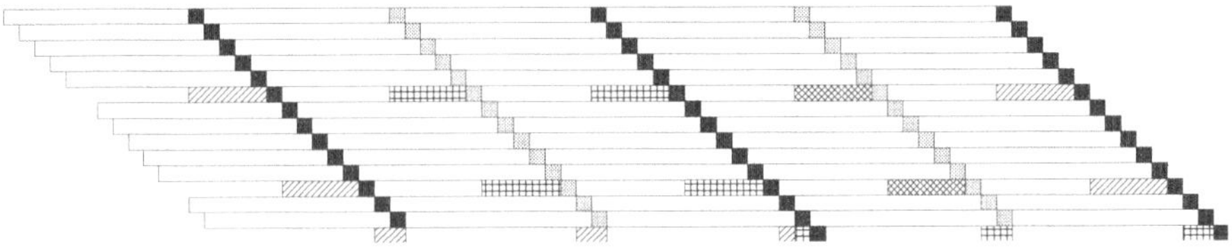

(b) $(\frac{(M+\lceil n\rceil)}{2}-1)T_p \leqslant T < (M+\lceil n\rceil-1)T_p$

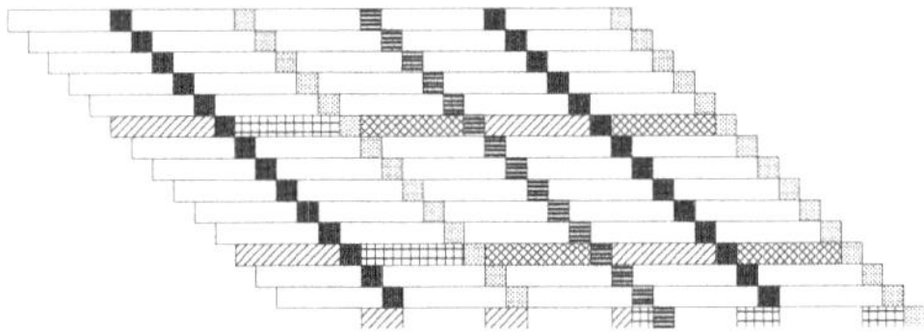

(c) $(\frac{(M+\lceil n\rceil)}{3}-1)T_p \leqslant T < (\frac{(M+\lceil n\rceil)}{2}-1)T_p$

图 9-8　T 在不同间隔内系统的运行与维修过程($n=2\frac{2}{5}$)

由图 9-7 和图 9-8 可知，对于带有多个维修工和多个贮备单元的多单元并行系统来说，维修工的数目及等待时间、贮备单元的数目及等待时间的确定是系统维修资源合理配置和维修成本控制的关键，这些参数均与工作单元的预防性维修周期 T 有着密切的关系。因此，如何确定维修工的数目、等待时间、贮备单元的数目以及等待时间是建立系统长期运行成本率函数的重中之重。

9.2.2.1　维修工数目 M_r 以及等待时间的确定

当有两个或多个单元同时发生故障时，需要通过增加维修工的数目来保持系统正常工作。由图 9-7 和图 9-8 可知，维修工数目的确定与预防性维修周期 T 的长度密切相关。而预防性维修周期 T 与工作单元的数目 M、维修工的数目 M_r、预防性维修时长 T_p 以及工作单元一个预防性维修周期内贮备单元的预防性维修次数 n 有关。因此，可以推导出预防性维修周期 T 与维修工的数目 M_r 之间的关系。T 与 M_r 的关系如表 9-2 所示。

表 9-2　T 与 M_r 的关系

T	M_r
$[(M+\lceil n\rceil-1)T_p, +\infty)$	1
$[\left(\frac{(M+\lceil n\rceil)}{2}-1\right)T_p, (M+\lceil n\rceil-1)T_p)$	2
$[\left(\frac{(M+\lceil n\rceil)}{3}-1\right)T_p, (\frac{(M+\lceil n\rceil)}{2}-1)T_p)$	3
⋮	⋮
$[0, (\frac{(M+\lceil n\rceil)}{(K-1)}-1)T_p)$	K

除此之外，M_r 与 N 之间也有着约束关系。若 $M_r > N$，则系统配备 M_r 个维修工是富余

的，会导致系统产生额外的维修成本，因此，系统只需要配备N个维修工就可以保证系统不发生停机。此时，$M_r = N$。

维修工由于等待维修而产生的成本是系统维修成本的一个重要组成部分，这部分成本由维修工的等待时间来确定。维修工的等待时间与系统从开始运行到系统整体完成更换的时间和维修工的工作时间以及维修工的数目有关。因此，维修工的等待时间T_r的表达式如式(9.8)所示。

$$T_r = M_r\Big(N\big(T + T_p\big) + \big(M + \lceil n\rceil - 1\big)T_p\Big) - \big(MN + \lceil Nn\rceil\big)T_p \tag{9.8}$$

9.2.2.2　**贮备单元数目M_s以及等待时间的确定**

由于工作单元实施预防性维修时需要有贮备单元接替运行，维修工数目增加的同时，贮备单元的数目随之增加。并且，贮备单元的数目与其在工作单元一个预防性维修周期内的预防性维修次数n有关。因此，贮备单元的数目与贮备单元的预防性维修次数n以及维修工的数目M_r之间的关系如下。

①当n为整数或者$n<1$时，如图9-2所示，有

$M_s = M_r$

②当$n>1$且n不为整数时，令$I = M\backslash(M/n)$，其中"\"表示取余，若$(M/n)\backslash I = 0$，则在一个预防性维修周期的末期不会出现贮备单元不足的情况，并且当工作单元的预防性维修周期T足够大时，系统只需要2个贮备单元，如图9-8(a)所示，则有

$$\begin{cases} M_s = 2 & T \geqslant \big(M + \lceil n\rceil - 1\big)T_p \\ M_s = M_r & \text{其他} \end{cases}$$

若$(M/n)\backslash I \neq 0$，则在一个预防性维修周期的末期会出现贮备单元不足的情况，此时为了防止停机带来经济损失，需要增加贮备单元的数目。如图9-8(b)-(c)中第三个预防性维修周期的末期所示。则有

$$\begin{cases} M_s = 2 & T \geqslant \big(M + \lceil n\rceil - 1\big)T_p \\ M_s = M_r & N < \left\lceil \dfrac{\left(\dfrac{M}{n}\right)}{I} \right\rceil \cup T < \big(M + \lceil n\rceil - 1\big)T_p \\ M_s = M_r + 1 & N \geqslant \left\lceil \dfrac{\left(\dfrac{M}{n}\right)}{I} \right\rceil \cup T < \big(M + \lceil n\rceil - 1\big)T_p \end{cases}$$

贮备单元在贮备期间产生的等待费用也是系统维修成本的一个重要来源。贮备单元的等待时间T_s与系统从开始运行到贮备单元完成更换的时间和贮备单元的工作时间以及贮备单元的数目有关。因此，贮备单元的等待时间如式(9.9)所示。

$$T_s = M_s N\left(T + T_p\right) - \left(MN + \lceil Nn \rceil\right) T_p \tag{9.9}$$

9.2.2.3　系统长期运行成本率模型

将多单元并行系统从开始运行到完成预防性更换的总时间记为一个更新周期,用L表示更新周期的长度。在一个更新周期内,考虑最小修费用、预防性维修费用、预防性更换费用、贮备单元以及维修工的等待费用等成本,用C表示一个更新周期内的所有成本。系统的更新周期L与对应的成本C构成更新报酬过程。根据更新报酬定理,可得系统长期运行成本率函数。下面,对各部分的成本进行分析。

最小修费用与最小修的次数有关,其主要包含工作单元的最小修费用CF_1和贮备单元的最小修费用CF_2两部分。其表达式分别为:

$$CF_1 = C_f M \sum_{i=1}^{N} H_i(T)$$

$$CF_2 = C_f M_s \left\{ \sum_{i=1}^{\lfloor NMT_p/(M_s T_{st}) \rfloor} H_i\left(T_{st}\right) + H_{\lceil NMT_p/(M_s T_{st}) \rceil}\left(NMT_p/M_s - T_{st}\left\lfloor NMT_p/(M_s T_{st}) \right\rfloor\right) \right\}$$

其中,平均故障次数$H_i(T) = \int_0^T h_i(t)\mathrm{d}t$。

预防性维修费用CP与工作单元和贮备单元的预防性维修总次数有关,其表达式如下式所示:

$$CP = C_p\left(M(N-1) + N_p\right)$$

其中N_p为贮备单元的预防性维修次数,N_p与工作单元的预防性维修次数N、一个预防性维修周期内贮备单元的预防性维修次数n和贮备单元的数目M_s有关,其表达式为:

$$Np = \begin{cases} 0 & Nn \leqslant M_s \\ \lceil Nn - M_s \rceil & \text{其他} \end{cases}$$

预防性更换费用CR与预防性更换的总次数有关,其表达式如下式所示:

$$CR = C_r\left(M + M_s\right)$$

维修工的等待费用CW和贮备单元的等待费用CD与等待时间有关,其表达式分别为:

$$\begin{cases} CW = C_w T_r \\ CD = C_d T_s \end{cases}$$

因此,根据各部分的成本,系统长期运行的成本率函数如式(9.10)所示。

$$g\left(T, n, N, M_s, M_r\right) = \frac{E[C]}{E[Y]} = \frac{CF_1 + CF_2 + CP + CR + CW + CD}{NM\left(T + T_p\right)} \tag{9.10}$$

系统长期运行成本率函数是关于预防性维修间隔T、预防性维修次数N、在工作单元的一个预防性维修间隔内贮备单元的预防性维修次数n、贮备单元数目M_s以及维修工数目M_r的五元函数,但是由于M_r和M_s与其他参数有关,其本质上是一个三元函数。为了找到使得成本率最小化的最优策略，本书使用Hooke-Jeeves直接搜索算法得到最优解。具体算法步骤如下：

第一步：输入已知参数，给定变量i、j和k，并赋初值为1。

第二步：根据已知参数确定n与T的取值范围，确定初值N_i、n_j以及T_k，并计算$g_{i,j,k}=g(W_i, N_j, T_k)$。

第三步：令$k=k+1$，计算$g_{i,j,k+1}$。

第四步：若$g_{i,j,k}<g_{i,j,k+1}$，则令$g_{i,j,k}=g_{i,j,k+1}$，并跳转到第三步；反之，则保存$g_{i,j,k}$的值并进行下一步。

第五步：令$j=j+1$，重复第三步和第四步。

第六步：若$g_{i,j,k}<g_{i,j+1,k}$，则令$g_{i,j,k}=g_{i,j+1,k}$，并跳转到第五步；反之，则保存$g_{i,j,k}$的值并进行下一步。

第七步：令$i=i+1$，重复第三步至第六步。

第八步：若$g_{i,j,k}<g_{i+1,j,k}$，则令$g_{i,j,k}=g_{i+1,j,k}$，并跳转到第五步；反之，则保存$g_{i,j,k}$的值以及对应的W_i、N_j、T_k的值，然后进行下一步。

第九步：输出$g_{\min}=g_{i,j,k}$，$N^*=N_i$，$n^*=n_j$，$T^*=T_k$以及对应的M_s^*和M_r^*。

9.2.3　实例分析

9.2.3.1　实例介绍

本节以国内某铁路区间客运机车的运营维修过程为背景，视不同的车次为生产线、牵引客车的机车为生产单元建模。按照铁路运营实际，客车不允许运营车次变更和停运(特殊情况除外)，当牵引机车需要维修时，均采用安排贮备机车或者已经维修完成的机车替代牵引机车，牵引机车实施线下维修，待维修完成后作为贮备机车或安排上线运行。维修人员按照维修计划编排维修任务，并尽可能处于工作状态。当维修人员配备过剩时，会出现维修人员空闲待工状态；当维修人员不足时会出现车次停运、待修机车排队状态。当主备机车数量过剩时会出现机车待工状态；当机车准备不足时会出现维修周期过长，小修维修成本增加，或者车次停运待的修状态。因此区间牵引总的车次、准备车辆数、维修人员配备数均会影响运营成本及维修窗口周期及预防性维修次数等。该背景与多单元并行生产模型的相吻合，优化目标及优化变量与实际问题一致。因此本节以此为例阐述模型的可行性和最优解的存在性及唯一性。

国内某铁路运营区间交路图如图9-9所示，区间包含4个车站、12个车次，每个车次由1台机车牵引。相当于具有12条生产线的并行生产系统，每条生产线有1台工作机，配备贮备机车若干台、维修人员若干组，这里视维修小组为单个维修工。假设每台机车的可靠度服从第二章建立的机车Weibull分布模型，其失效率函数为：

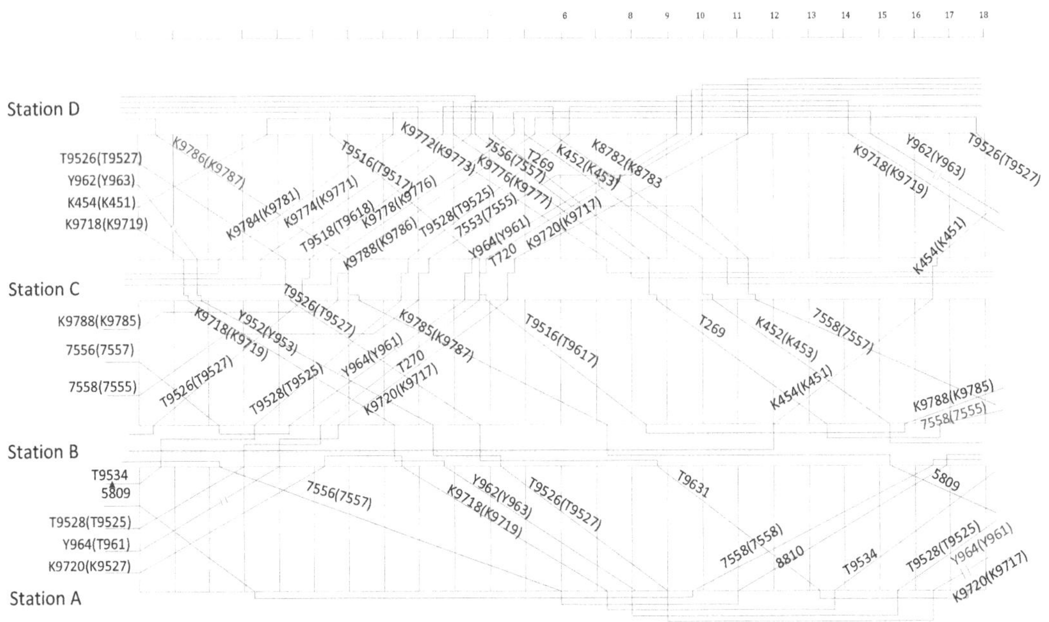

图9-9　某区间机车交路图

$$h(t) = 2.84 \times 10^{-5}\left(\frac{t}{30239}\right)^{-0.14} + 1.17 \times 10^{-4}\left(\frac{t}{26519}\right)^{2.1032} \tag{9.11}$$

进一步对参数做如下假设：M=12，T_p=5，a_i=4i/(3i+1)，C_p=7，C_f=8，C_r=9，C_d=0.01，C_w=0.05，α_1=0.5，α_2=1.5。将这些参数代入上节中建立的成本率函数中，通过搜索算法得到使得系统长期运行成本率最小的最优解，部分计算结果如表9-3所示。

表9-3　主要模型参数

项目	参数值	项目	参数值
M	12	C_d	10 ¥/km
T_p	3000 km	C_w	50 ¥/km
C_p	70000 ¥	C_r	90000 ¥
C_f	80000 ¥	—	—

9.2.3.2　优化结果分析

从案例分析可以看出模型存在最优解。由表9-4可知，优化结果为g_{min}=9.331，N^*=3，T^*=44，M_r^*=2，M_s^*=2，n=1。对于有12个工作单元并行运行的系统，需要配备2个贮备单元以及2个维修工，在工作单元的一个预防性维修周期内贮备单元需要实施1次预防性维修，并且在工作单元进行2次预防性维修后，当工作单元的累计运行时间达到预防性维修周期T时，对工作单元和贮备单元依次实施预防性更换。在这种预防性维修策略下，系统的长期运行成本率最低，系统的维修资源配置更加合理，预防性维修策略也能达到最优效果(图9-10)。

表9-4　优化结果

项目	参数值	项目	参数值
$g_{\min}$	9.331	M_r^*	2
N^*	6	M_s^*	2
k^*	7	n^*	12/8

结果为:

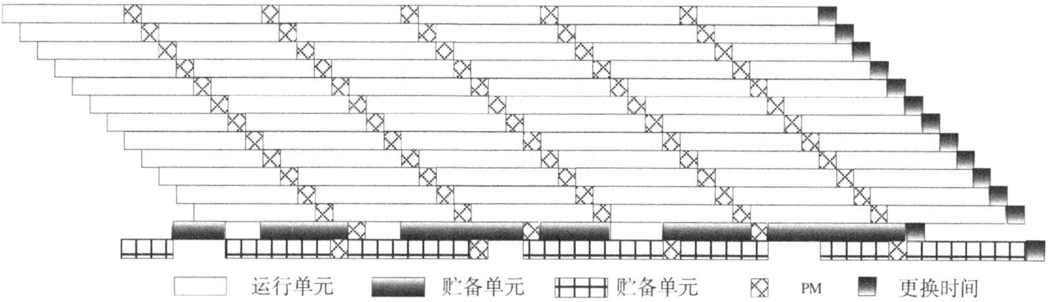

图9-10　优化结果图

9.2.3.3　参数敏感性分析

该实际案例分析证明了模型的可行性,由于参数对优化结果有不同影响,将对主要参数进行敏感性分析,获取参数变化对最优策略的影响。

(1) *M*的敏感性分析

工作单元的数目*M*是多单元并行系统的一个重要的可控参数,其数目的增减对于维修工和贮备单元数目以及维修策略有着一定的影响。*M*取不同值时系统成本率的最小值以及其他参数的最优解如图9-11所示。

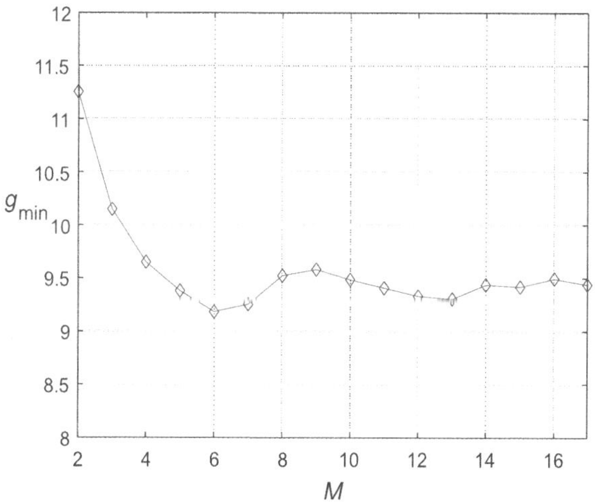

(a)

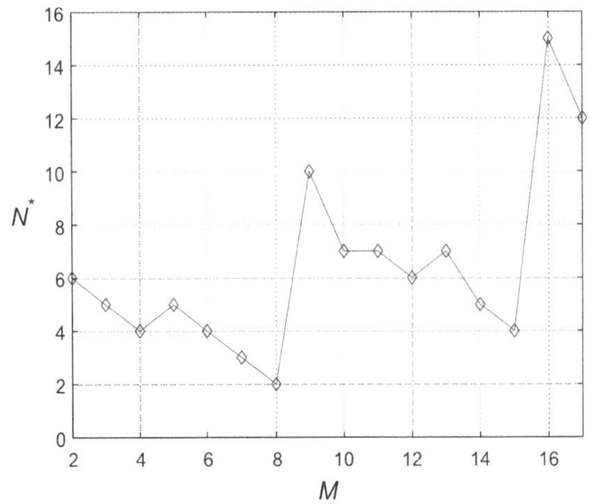

(b)

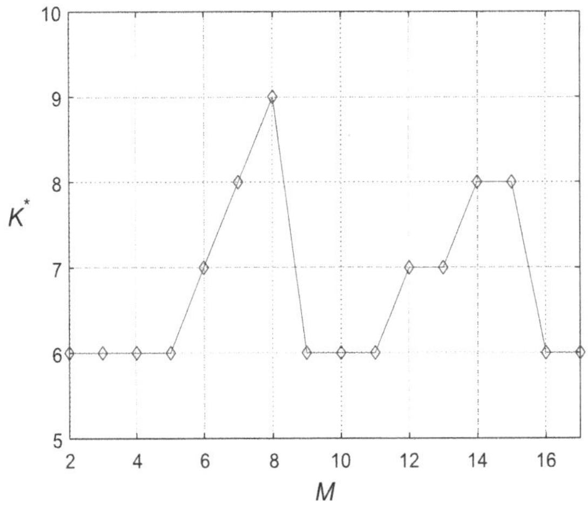

(c)

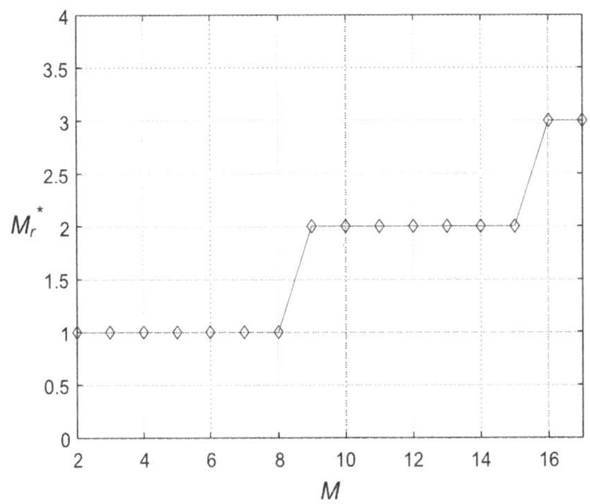

(d)

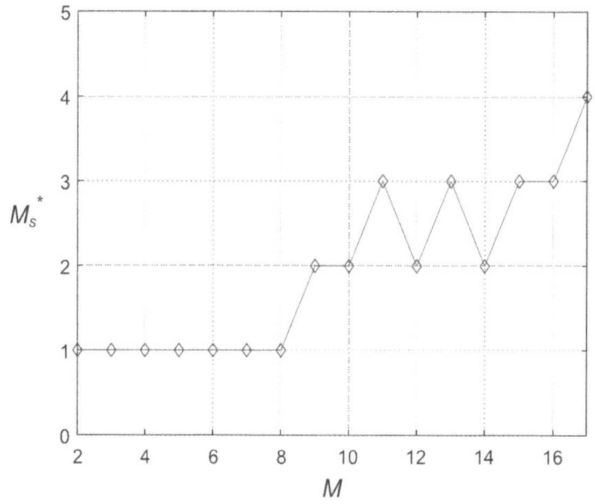

(e)

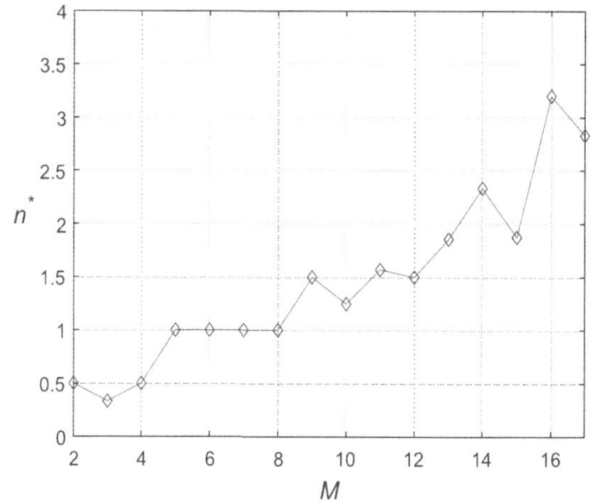

(f)

图9-11　M取不同值时系统成本率的最小值以及对应参数

由图9-11可知，当M取值为5至10时，系统需要1个维修工，并且在M=9时系统的长期运行成本率最低，预防性维修周期T为45.1，工作单元一个预防性维修周期内贮备单元预防性维修次数n为1。当M取值为11至20时，系统需要2个维修工，并且在M=18时系统的长期运行成本率最低，预防性维修周期T为45.1，贮备单元预防性维修次数n为1.6364。这意味着，维修工的数目限制了其服务系统的规模，同时也能找到最优的工作单元数目。从整体来看，随着工作单元数目的增加，需要适当地增加维修工和贮备单元的数目，并将预防性维修周期、预防性维修次数等其他参数调整至合理的数值来降低系统的长期运行成本率。

(2) T_p的敏感性分析

维修工的维修能力决定了预防性维修的时间长度T_p，预防性维修的时间长度对系统的长期运行成本率及最优联合策略也有一定的影响。T_p取不同数值时系统长期运行成本率的最小值及其他参数的最优解如表9–5所示。

表9–5　不同T_p值对应的最优解

T_p	2500	2600	2700	2800	2900	3000	3100	3200	3300	3400	3500
g_{min}	9.376	9.353	9.313	9.313	9.297	9.331	9.313	9.292	9.273	9.254	9.495
N^*	6	6	6	6	6	6	6	6	7	7	5
k^*	6	6	6	6	6	7	7	7	7	7	8
M_r^*	2	2	2	2	2	2	2	2	2	2	2
M_s^*	2	2	2	2	2	2	2	2	2	2	2
n^*	12/8	12/8	12/8	12/8	12/8	12/8	12/6	12/6	12/6	12/6	12/6

由表9–5可知，当T_p取值为2至4时，系统需要1个维修工，并且在T_p=3时系统的长期运行成本率最低，最优的贮备单元的数目为1，预防性维修周期T为43.1，贮备单元预防性维修次数n为1。当T_p取值为5至9时，系统需要2个维修工，并且在T_p=7时系统的长期运行成本率最低，同时，系统需要配置2个贮备单元，预防性维修周期T为42.6，贮备单元预防性维修次数n为1.7143。由此可知，当预防性维修时间增大时，系统需要通过适当地增加维修工、贮备单元的个数，并合理地调整其他相关参数来减少系统的停机次数，增强维修资源配置的合理性，从而保持较低的系统长期运行成本率。

（3）参数a_i对优化结果的影响

参数a_i主要表征预防性维修对设备故障强度的影响，这里假设a_1=1，并且a_i随着i的增加而增加。a_i与i间的函数关系如下：

$$a_i=\frac{\beta}{\eta}(\frac{i}{\eta})^{\beta-1}(\eta>0,\beta>0)$$

根据a_i的定义，主要考虑以下三种情况：

①a_i是一个关于i的严格单调递增和凸函数。

②a_i是一个关于i的严格单调递增和凹函数。

③a_i是一个相对于i线性递增的函数。这种情况与上述假设相同。

表9–6　参数a_i对优化结果的影响

$a_i(\beta,\eta)$	(2.02，1.8)	$4i/(3i+1)$	(1.5，1.2)
g_{min}	3.738	9.331	4.374
N^*	1	6	2
k^*	16	7	13
M_r^*	1	2	1
M_s^*	1	2	1
n	12/24	12/8	12/12

从表9-6可以看出，在有限的预防性维修次数范围之内，a_i与i呈线性关系时预防性维修的效果最差，对应的成本率也最大，所需的维修资源最多。当a_i与i呈凸函数关系时，预防性维修效果优于呈线性函数关系时的，对应的维修资源最少。

9.3 本章小结

并行生产系统在制造业、运输等领域普遍存在，如何获得最优的维修策略和资源配置一直是一个难题。本章针对两单元和多单元并行系统，从不同角度进行了建模分析。对于两单元并行生产系统，未考虑贮备单元，因而在运行区间内忽略最小修时间，在维修窗口中考虑了维修时间，构建了两单元预防性更换窗口的优化模型，并以同机型两机床系统和不同机型两机床系统为例，验证了所建模型的可行性。建模结果表明，在不考虑贮备单元的情形下，如果考虑最小修时间，随着生产线数量的增加，会出现“状态爆炸”，以泊松过程为建模方法难以获得相应的模型和优化结果。因此，对于多机生产系统必须考虑贮备单元，选择新的建模方法。

基于两单元并行生产系统的研究结果，对于多单元并行生产系统，综合考虑系统停机以及维修工和贮备单元数目对系统成本的影响，采用顺序预防性维修策略，应用拓展的几何维修过程建立了系统长期运行成本率模型。以最小化系统长期运行成本率为目标，通过数值案例分析的方法得到了最优的预防性维修策略、贮备单元的数目以及维修工的数目，验证了最优解的唯一性和模型的可行性。因此，在制定维修策略时，综合考虑预防性维修策略、维修工数目以及贮备单元的数目这三个因素，能够避免资源的浪费，减小系统的维修成本。通过敏感性分析获得了工作单元的数目M、预防性维修时长T_p以及参数α_1与α_2对最优解的影响。结果表明，随着M和T_p的增大，贮备单元和维修工的数目会增多，在维修工数目相同的条件下，又能分别找到最优的联合预防性维修策略。在有限的预防性维修次数范围之内，a_i与i呈线性函数关系时预防性维修的效果最差，对应的成本率也最大，所需的维修资源最多。当a_i与i呈凸函数关系时，预防性维修效果优于呈线性函数关系时的，所需的维修资源最少。在实际生产活动中，该研究结果对确定维修工数目、贮备单元数目、维修资源的合理利用以及制定合理的维修计划有参考意义。

参考文献

[1] 工业和信息化部,《制造业可靠性提升实施意见》解读 [EB/OL]. (2023-07-03)[2023-08-15]. https://www.miit.gov.cn/zwgk/zcjd/art/2023/art_b15d5590b57947cc89a0bc763a911968.html.

[2] BRODERICK S,李璇. 波音787售后维修市场的发展趋势 [J]. 航空维修与工程,2017(12):23-24.

[3] 葛智君,丁世来. 质量可靠性工程软件现状、发展趋势与对策分析 [J]. 电子产品可靠性与环境试验,2021,39(S2):47-51.

[4] 金玉兰. 生产系统有限时间区间弹性周期预防性维修策略研究 [D]. 上海:上海交通大学,2009.

[5] 狄威. 铁路内燃机车修程修制优化方法研究 [D]. 北京:北京交通大学,2009.

[6] FRANGOPOL D M, KALLEN M J, NOORTWIJK M V. Probabilistic models for life-cycle performance of deteriorating structures: review and future directions [J]. Progress in structural engineering and materials, 2004, 6: 197-212.

[7] LING D, HUANG H Z, LIU Y. A method for parameter estimation of mixed Weibull distribution [J]. IEEE, 2009, 1: 129 - 133.

[8] WANG Z, YANG J, WANG G, et al. Application of three-parameter Weibull mixture model for reliability assessment of NC machine tools: a case study [J]. Journal of mechanical engineering science published, 2011, 225(11): 1-9.

[9] JIANG R, MURTHY D N P. Study of n-fold Weibull competing risk model [J]. Mathematical and computer modelling, 2003, 38(11): 1259-1273.

[10] SARHAN M A, HAMILTON D C, SMITH B. Statistical analysis of competing risks models [J]. Reliability engineering and system safety, 2010, 95(9): 953-962.

[11] BEBBINGTON M, LAI C D, ZITIKIS R. A flexible Weibull extension [J]. Reliability engineering and system safety, 2007, 92(6): 719-726.

[12] ALMALKI S J, YUAN J. A new modified Weibull distribution [J]. Reliability engineering & system safety, 2013, 111: 164-170.

[13] LAI C D. Generalized Weibull distributions [M], New Delhi: Springer, 2014.

[14] MURTHY D N P, BULMER M, ECCLESTON J A. Weibull model selection for reliability modelling [J]. Reliability engineering and system safety, 2004, 86(3): 257-267.

[15] JIANG S, KECECIOGLU D. Maximum likelihood estimates, from censored data, for mixed-Weibull distributions [J]. IEEE transactions on reliability, 1992, 41(2): 248-255.

[16] ZHANG T, XIE M. On the upper truncated Weibull distribution and its reliability implications [J]. Reliability engineering and system safety, 2011, 96(1): 194-200.

[17] 张志华. 正态分布场合下只有一个失效数据的统计分析 [J]. 应用概率统, 1998, 14(2): 185-190.

[18] 陈文华, 崔杰, 樊晓燕, 等. 单失效数据的可靠性统计分析 [J]. 机械工程学报, 2003, 39(9): 44-48.

[19] 徐宝, 姜玉秋, 滕飞. 单失效数据情形下寿命产品可靠度的Bayes分析 [J]. 统计与决策, 2012, 19: 35-37.

[20] MARTZ H F, WALLER R A. A bayesian zero-failure (BAZE) reliability demonstration testing procedure [J]. Journal quality technolgy, 1979, 11(3): 128-137.

[21] 茆诗松, 王玲玲, 濮晓龙. 威布尔分布场合无失效数据的可靠性分析 [J]. 应用概率统计, 1996, 12(1): 95-107.

[22] XIA X. Reliability analysis of zero-failure data with poor information [J]. Quality and reliability engineering international, 2012, 28(8): 1279-1288.

[23] SUN Q, ZHANG Z W, FENG J, et al. A zero-failure reliability demonstration approach based on degradation data [C]//HUANG H Z, ZUO J M, LIU Y, et al. 2012 International conference on quality, reliability, risk, maintenance, and safety engineering, June 15-18, 2012. New York: IEEE, 2012: 947-952.

[24] 张建军, 谢敬芝, 刘征宇. 威布尔分布下无失效数据可靠性的多层贝叶斯分析 [C]//吴恩华. 全国第21届计算机技术与应用学术会议(CACIS·2010)暨全国第2届安全关键技术与应用学术会议论文集: 2010年卷. 合肥: 中国科学技术大学出版社, 2010: 65-70.

[25] 韩明. 无失效数据下液体火箭发动机的E-Bayes可靠性分析[J]. 航空学报, 2011, 25(12): 2213-2219.

[26] JIANG P, LIM J H, ZUO M J, et al. Reliability estimation in a Weibull lifetime distribution with zero-failure field data [J]. Quality and reliability engineering international, 2010, 26 (7): 691-701.

[27] LIN Y. Geometric processes and replacement problem [J]. Acta mathematicae applicatae sinica, 1988, 4: 366-377.

[28] LAM Y. Geometric process maintenance model [J]. Journal of software maintenance

& evolution research & practice, 2005, 17(3): 197–223.

[29] 陈绍南,李克文,俞小勇,等. 基于元件几何过程的配电网可靠性评估 [J]. 广西电力, 2017, 40(5): 13–16.

[30] 岳德权,高俏俏. 完成工作时间服从几何过程的系统备份策略 [J]. 辽宁工程技术大学学报(自然科学版), 2011, 30(6): 939–942.

[31] 王冠军,张元林. 维修时间受限的单部件系统几何过程维修模型 [J]. 东南大学学报(自然科学版), 2013, 43(6): 1335–1339.

[32] 成国庆,周炳海,李玲. 服从延迟几何过程退化系统的订货–更换策略优化 [J]. 上海交通大学学报, 2015, 49(8): 1101–1107.

[33] 高俏俏,岳德权. 修理设备可修理的几何过程模型的最优维修策略 [J]. 系统工程理论与实践, 2018, 38(4): 1043–1051.

[34] LAM Y. A geometric process delta–shock maintenance model [J]. IEEE transactions on reliability, 2009, 58(2): 389–396.

[35] ZHAO B, YUE D. The geometric process maintenance model of a series system with a cold standby component [J]. Journal of information and computational science, 2010, 7(14): 3085–3093.

[36] 黄傲林,李庆民,阮旻智,等. 基于延迟几何过程的可修劣化系统最优更换策略 [J]. 系统工程与电子技术, 2011, 33(11): 2449–2452.

[37] CHENG G, LI L. A geometric process repair model with inspections and its optimisation [J]. International journal of systems science, 2012, 43(9): 1650–1655.

[38] 杨天枢,高文科. 基于拓展几何过程的冷贮备系统维修策略优化 [J]. 计算机集成制造系统, 2022, 28(1): 84–92.

[39] WANG G J, ZHANG Y L. An optimal replacement policy for a two–component series system assuming geometric process repair [J]. Computers and mathematics with applications, 2007, 54(2): 192–202.

[40] JIA J, WU S. Optimizing replacement policy for a cold–standby system with waiting repair times [J]. Applied mathematics and computation, 2009, 214(1): 133–141.

[41] RAMUDU B V, REDDY Y K. An optimal arithmetico–geometric process replacement problem for a two unit cold standby repairable system [J]. International journal of computational and applied mathematics, 2011, 6(1): 13–23.

[42] GÖKDERE G, GÜRCAN M. Laplace–stieltjes transform of the system mean lifetime via geometric process model [J]. Open mathematics, 2016, 14(1): 384–392.

[43] NOORTWIJK J M V. A survey of the application of gamma processes in maintenance [J]. Reliability engineering and system safety, 2009, 94(1): 2–21.

[44] GORJIAN N L, MA M, MITTINTY P, et al. A review on degradation models in reliability analysis [C]//KIRITSIS D, EMMANOUILIDIS C, KORONIOS A, et al. Proceedings of the 4th world congress on engineering asset management, September 28-30, 2009. London: Springer, 2011:369-384.

[45] KULKARNI S, ACHENBACH J. Structural health monitoring and damage prognosis in fatigue [J]. Structural health monitoring, 2008, 7(1):37-49.

[46] BAE S J, KVAM P H. A change-point analysis for modeling incomplete burn-in for light displays [J]. IIE transactions, 2006, 38(6):489-498.

[47] SU C, QU Z, HAO H. Reliability assessment considering dependent competing failure process and shifting-threshold [J]. Journal of southeast university, 2013, 29(1):52-56.

[48] PENG H, FENG Q, COIT D W. Simultaneous quality and reliability optimization for microengines subject to degradation [J]. IEEE transactions on reliability, 2009, 58(1):98-105.

[49] JIANG L, FENG Q, COIT D W. Reliability and maintenance modeling for dependent competing failure processes with shifting failure thresholds [J]. IEEE transactions on reliability, 2012, 61(4):932-948.

[50] BOCCHETTI D M, GIORGIO M, GUIDA, et al. A competing risk model for the reliability of cylinder liners in marine dieselengines [J]. Reliability engineering and system safety, 2009, 94(1):1299-1307.

[51] CHEN B, CHEN X, LI B, et al. Reliability estimation for cutting tools based on logistic regression model using vibration signals [J]. Mechanical systems and signal processing, 2011, 25(7):2526-2537.

[52] 张云凤. 基于随机过程的磨损可靠性预测及若干问题研究 [D]. 沈阳:东北大学, 2010.

[53] 雷达,钟诗胜. 面向MRO的民航发动机拆发日期预测系统 [J]. 计算机集成制造系统, 2013, 19(7):1715-1720.

[54] 狄威. 基于累积损伤度的内燃机车检修周期 [J]. 中国铁道科学, 2009, 30(6):104-107.

[55] ZHANG Z, SI X, HU C, et al. Degradation data analysis and remaining useful life estimation: a review on Wiener-process-based methods [J]. European journal of operational research, 2018, 271(3):775-796.

[56] SHAHRAKI A F, YADAV O P, LIAO H. A review on degradation modelling and its engineering applications [J]. International journal of performability engineering, 2017, 13(3):299-314.

[57] WANG X J, LIN S R, WANG S P. et al. Remaining useful life prediction based on the

Wiener process for an aviation axial piston pump [J]. Chinese journal of aeronautics, 2016, 29 (3): 779-788.

[58] RODRÍGUEZ-PICÓN L A, RODRÍGUEZ-PICÓN A P, MÉNDEZ-GONZÁLEZ L C, et al. Degradation modeling based on gamma process models with random effects [J]. Communications in statistics-simulation and computation, 2018, 47(6): 1796-1810.

[59] MA Z, WANG S, LIAO H, et al. Engineering-driven performance degradation analysis of hydraulic piston pump based on the inverse Gaussian process [J]. Quality and reliability engineering international, 2019, 35(7): 1-20.

[60] RAN Y, ZHOU X, LIN P, et al. A survey of predictive maintenance: systems, purposes and approaches [J]. IEEE communications surveys & tutorials, 2019, 47(2): 1-36.

[61] SAKIB N, WUEST T. Challenges and opportunities of condition-based predictive maintenance: a review [C]//SIMEONE A, PRIARONE P C. 6th CIRP global web conference-envisaging the future manufacturing, design, technologies, and systems in innovation era, October 23-25, 2018. Amsterdam: Elsevier, 2019: 267-272.

[62] ZHANG W, YANG D, WANG H. Data-driven methods for predictive maintenance of industrial equipment: A survey [J]. IEEE systems journal, 2019, 13(3): 2213-2227.

[63] LI T, WANG S, SHI J, et al. An adaptive-order particle filter for remaining useful life prediction of aviation piston pumps [J]. Chinese journal of aeronautics, 2018, 31(5): 941-948.

[64] LI T, WANG S, ZIO E, et al. A numerical approach for predicting the remaining useful life of an aviation hydraulic pump based on monitoring abrasive debris generation [J]. Mechanical systems and signal processing, 2020, 136: 1-13.

[65] SUN B, LI Y, WANG Z L, et al. An improved inverse Gaussian process with random effects and measurement errors for RUL prediction of hydraulic piston pump [J]. Measurement, 2021, 173: 1-11.

[66] LU C, WANG S. Performance degradation prediction based on a gaussian mixture model and optimized support vector regression for an aviation piston pump [J]. Sensors, 2020, 20 (14): 1-21.

[67] HU H, TANG B, GONG X, et al. Intelligent fault diagnosis of the high-speed train with big data based on deep neural networks [J]. IEEE transactions on industrial informatics, 2017, 13(4): 2106-2116.

[68] BAPTISTA M, SANKARARAMAN S, MEDEIROS I P, et al. Forecasting fault events for predictive maintenance using data-driven techniques and ARMA modeling [J]. Computers & industrial engineering, 2018, 115: 41-53.

[69] 陈彬, 王小东, 王戎骁, 等. 融合机理与数据的灰箱系统建模方法研究 [J]. 系统仿

真学报,2019,31(12):2575-2583.

[70] GUO W,SUN Z,VILSEN S B,et al. Review of "grey box" lifetime modeling for lithium-ion battery: Combining physics and data-driven methods [J]. Journal of energy storage, 2022,56:1-22.

[71] 孙栓柱,江叶峰,董顺,等. 基于灰箱模型的中速磨煤机故障诊断方法 [J]. 动力工程学报,2018,38(3):211-220.

[72] YANG L,CHEN G,RYTTER N G M,et al. A genetic algorithm-based grey-box model for ship fuel consumption prediction towards sustainable shipping [J]. Annals of operations research,2019,6(4):1-27.

[73] 潘晨阳,胡阳,奚芸华. 大型风机主导机械动态的智能灰箱建模及其线性状态空间表征 [J]. 控制理论与应用,2020,37(6):1260-1269.

[74] GRAY F M,SCHMIDT M. A hybrid approach to thermal building modelling using a combination of Gaussian processes and grey-box models [J]. Energy and buildings,2018,165: 56-63.

[75] GU X,BAI H,CUI X,et al. Challenges and opportunities for second-life batteries: key technologies and economy [J]. Renewable and sustainable energy reviews,2024,192:184-191.

[76] KIJIMA M. Some results for repairable systems with general repair [J]. Journal of applied probability,1989,26(1):89-102.

[77] BARTHOLOMEW-BIGGS M,ZUO M J,LI X. Modelling and optimizing sequential imperfect preventive maintenance [J]. Reliability engineering and system safety, 2009, 94(1): 53- 62.

[78] DAGPUNAR J S. Renewal-type equations for a general repair process [J]. Quality and reliability engineering international,1997,13(4):235-245.

[79] SEO J,BAI D. An optimal maintenance policy for a system under periodic overhaul [J]. Mathematical and computer modelling,2004,39(4):373-380.

[80] BRAUN W J,LI W,ZHAO Y Q. Properties of the geometric and related processes [J]. Naval research logistics (NRL),2005,52(7):607-616.

[81] WANG G J,ZHANG Y L. Optimal periodic preventive repair and replacement policy assuming geometric process repair [J]. IEEE transactions on reliability,2006,55(1):118-122.

[82] ZHANG Y,WANG G. A geometric process repair model for a repairable cold standby system with priority in use and repair [J]. Reliability engineering and system safety, 2009, 94 (11):1782-1787.

[83] WU S, CLEMENTS-CROOME D. A novel repair model for imperfect maintenance [J]. IMA journal of management mathematics,2006,17(3):235-243.

[84] WU S. Preventive maintenance models: a review [M]. New Delhi: Springer, 2011.

[85] LHORENTE B, LUGTIGHEID D, KNIGHTS P F, et al. A model for optimal armature maintenance in electric haul truck wheel motors: a case study [J]. Reliability engineering and system safety, 2004, 84(2): 209–218.

[86] WU S, ZUO M J. Linear and nonlinear preventive maintenance models [J]. IEEE transactions on reliability, 2010, 59(1): 242–249.

[87] TSAI Y T, WANG K S, TENG H Y. Optimizing preventive maintenance for mechanical components using genetic algorithms [J]. Reliability engineering & system safety, 2001, 74 (1): 89–97.

[88] TSAI Y T, WANG K S, TSAI L C. A study of availability–centered preventive maintenance for multi–component systems [J]. Reliability engineering and system safety, 2004, 84 (3): 261–270.

[89] WANG H. A survey of maintenance policies of deteriorating systems [J]. European journal of operational research, 2002, 139(3): 469–489.

[90] TAHARA A, NISHIDA T. Optimal replacement policy for minimal repair model [J]. Journal of operations research society of Japan, 1975, 18: 113–124.

[91] SHEU S H, KUO C M, NAKAGAWA T. Extended optimal age replacement policy with minimal repair [J]. RAIRO: recherche operationnelle, 1993, 27(3): 337–351.

[92] SHEU S H, GRIFFITH W S, NAKAGAWA T. Extended optimal replacement model with random minimal repair costs [J]. European journal of operational research, 1995, 85(3): 636–649.

[93] CHEN M. Optimal random replacement models with continuously processing jobs [J]. Applied stochastic models in business and industry, 2013, 29(2): 118–126.

[94] MIZUTANI S, ZHAO X, NAKAGAWA T. Random age replacement policies with periodic planning times [J]. International journal of reliability, quality and safety engineering, 2019, 26(5): 195–203.

[95] NAKAGAWA T. Maintenance theory of reliability [M]. New Delhi: Springer, 2005.

[96] SHEU S H, GRIFFITH W S. Extended block replacement policy with shock models and used items [J]. European journal of operational research, 2002, 140(1): 50–60.

[97] NOWAKOWSKI T, WERBI'NKA S. On problems of multicomponent system maintenance modelling [J]. International journal of automation and computing, 2009, 6(4): 364–378.

[98] NAKAGAWA T. Optimal policy of continuous and discrete replacement with minimal repair at failure [J]. Naval research logistics quarterly, 1984, 31(4): 543–550.

[99] WANG H Z, PHAM H. Some maintenance models and availability with imperfect

maintenance in production systems [J]. Annals of operations research, 1999, 91: 305–318.

[100] DAGPUNAR J S, JACK N. Preventive maintenance strategy for equipment under warranty [J]. Microelectronics and reliability, 1994, 34(6): 1089–1093.

[101] ZEQUEIRA R I, BE'RENGUER C. Periodic imperfect preventive maintenance with two categories of competing failure modes [J]. Reliability engineering and system safety, 2006, 91(4): 460–468.

[102] CASTRO I T. A model of imperfect preventive maintenance with dependent failure modes [J]. European journal of operational research, 2009, 196(1): 217–224.

[103] XIA T, XI L, LEE J, et al. Optimal CBPM policy considering maintenance effects and environmental condition [J]. International journal of advanced manufacturing technology, 2011, 56(9–12): 1181–1193.

[104] NAKAGAWA T, MIZUTANI S. A summary of maintenance policies for a finite interval [J]. Reliability engineering and system safety, 2009, 94(1): 89–96.

[105] NAKAGAWA T. Periodic and sequential preventive maintenance policies [J]. Journal of applied probability, 1986, 23(2): 536–542

[106] LIU Y, LI Y, HUANG H Z, et al. An optimal sequential preventive maintenance policy under stochastic maintenance quality [J]. Structure and infrastructure engineering, 2011, 7 (4): 315–322.

[107] SHEU S H, CHANG C C, CHEN Y L. An extended sequential imperfect preventive maintenance model with improvement factors [J]. Communications in statistics–theory and methods, 2012, 41(7): 1269–1283.

[108] JIN Y L, JIANG Z H, HOU W R. Integrating flexible–interval preventive maintenance planning with production scheduling [J]. International journal of computer integrated manufacturing, 2009, 22(12): 1089–1101.

[109] SHEU S H, CHANG T H. Generalized sequential preventive maintenance policy of a system subject to shocks [J]. International journal of systems science, 2002, 33(4): 267–276.

[110] WANG Z, YANG J, WANG G, et al. Sequential imperfect preventive maintenance policy with random maintenance quality under reliability limit [J]. Proceedings of the institution of mechanical engineers, part C: journal of mechanical engineering science published, 2011, 225 (8): 1926–1935.

[111] 奚立峰,周晓军,李杰. 有限区间内设备顺序预防性维护策略研究 [J]. 计算机集成制造系统,2005, 11(10): 1465–1468.

[112] SCARF P A, DEARA M. Block replacement policies for a two–component system with failure dependence [J]. Naval research logistics quarterly, 2003, 50(1): 70–87.

[113] GERTSBAKH I B. Optimal group preventive maintenance of a system with observable state parameter [J]. Advances in applied probability, 1984, 16(4): 923–925.

[114] SHEU S H. Extended optimal replacement model for deteriorating systems [J]. European journal of operational research, 1999, 112(3): 503–516.

[115] ZHENG X, FARD N. A maintenance policy for repairable systems based on opportunistic failure-rate tolerance [J]. IEEE transactions on reliability, 1991, 40(2): 237–244.

[116] ZHOU X J, LU Z Q, XI L F, et al. Opportunistic preventive maintenance optimization for multi-unit series systems with combing multi-preventive maintenance techniques [J]. Journal of Shanghai Jiaotong University (Science), 2010, 15(5): 513–518.

[117] DIJKHUIZEN G V, HARTEN A V. Optimal clustering of frequency-constrained maintenance jobs with shared set-ups [J]. European journal of operational research, 1997, 99(3): 552–564.

[118] WILDEMAN R E, DEKKER R, SMIT A C J M. A dynamic policy for grouping maintenance activities [J]. European journal of operational research, 1997, 99(3): 530–551.

[119] DUARTE J A C, CRAVEIRO J C T A, TRIGO T P. Optimization of the preventive maintenance plan of a series components system [J]. International journal of pressure vessels and piping, 2006, 83(4): 244–248.

[120] LAGGOUNE R, CHATEAUNEUF A, AISSANI D. Preventive maintenance scheduling for a multicomponent system with non-negligible replacement time [J]. International journal of systems science, 2010, 41(7): 747–761.

[121] BAI Y S, JIA X S, CHENG Z H. Group optimization models for multi-component system compound maintenance tasks [J]. Maintenance and reliability, 2011, 49(1): 42–47.

[122] VUA H C, VAN P D, BARROS A, et al. Maintenance activities planning and grouping for complex structure systems [C]//JAIME S R, BEARDA N. Annual conference of the European safety and reliability association, PSAM11 & ESREL, June 25–29, 2012. New York: Curran Associates, 2012: 88–97.

[123] 蔡景，左洪福，刘明，等. 复杂系统成组维修策略优化模型研究 [J]. 应用科学学报，2006，24(5): 533–537.

[124] 李欣玥，贾云献，白永生. 基于预防性维修工作组合的维修等级优化研究 [J]. 指挥控制与仿真，2012，34(1): 115–118.

[125] MURTHY D N P, NGUYEN D G. Study of two-component systems with failure interactions [J]. Naval research logistics quarterly, 1985, 32: 239–247.

[126] NAKAGAWA T, MURTHY D N P. Optimal replacement policy for two-unit system with failure interaction [J]. Operations research, 1993, 27(4): 427–438.

[127] LAI M T, CHEN Y C. Optimal periodic replacement policy for a two-unit system with failure rate interaction [J]. International journal of advanced manufacturing technology, 2006, 29:367-371.

[128] LAI M T, CHEN Y C. Optimal replacement period of a two-unit system with failure rate interaction and external shocks [J]. International journal of systems science, 2008, 39(1): 71-79.

[129] LAI M T, YAN H. Optimal number of minimal repairs with cumulative repair cost limit for a two-unit system with failure rate interactions [J]. International journal of systems science, 2014, 16(3): 1-8.

[130] LEUNG K N F, LAI K K. A preventive maintenance and replacement policy of a series system with failure interaction [J]. Optimization, 2012, 61(2): 223-237.

[131] SUNG C K, SHEU S H, HSU T S, et al. Extended optimal replacement policy for a two-unit system with failure rate interaction and external shocks [J]. International journal of systems science, 2013, 44(5): 877-888.

[132] 张卓琦,吴甦,李斌锋. 考虑故障相关的两部件系统机会维修策略 [J]. 清华大学学报(自然科学版), 2012, 52(1): 122-127.

[133] 杨元,黎放,侯重远,等. 基于相关性的多部件系统机会成组维修优化 [J]. 计算机集成制造系统, 2012, 18(4): 827-832.

[134] 高萍,吴甦,贾希胜. 复杂系统的可靠性模型及参数估计方法 [J]. 系统仿真学报, 2009, 21(13): 4140-4144.

[135] ZHANG Y L, WANG G J. An extended replacement policy for a deteriorating system with multi-failure modes [J]. Applied mathematics and computation, 2011, 218(5): 1820-1830.

[136] WU Q, WU S. Reliability analysis of two-unit cold standby repairable systems under Poisson shocks [J]. Applied mathematics and computation, 2011, 218(1): 171-182.

[137] 陶建峰,刘成良,王少萍. 两部件冷储备系统可用度数值解法 [J]. 上海交通大学学报, 2005, 39(9): 1476-1480.

[138] 贾积身,刘思峰,党耀国. 冷贮备可修系统的维修更换模型 [J]. 南京航空航天大学学报, 2007, 39(4): 544-549.

[139] ZHANG X. Reliability analysis of a cold standby repairable system with repairman extra work [J]. Journal of systems science complexity, 2015, 28(5): 1015-1032.

[140] WU Q. Reliability analysis of a cold standby system attacked by shocks [J]. Applied mathematics computation, 2012, 218(23): 11654-11673.

[141] JIANG Y, CHEN M, ZHOU D. Joint optimization of preventive maintenance and inventory policies for multi-unit systems subject to deteriorating spare part inventory [J]. Journal

of manufacturing systems, 2015, 35: 191-205.

[142] NAKAGAWA T, ZHAO X. Optimization problems of a parallel system with a random number of units [J]. IEEE transactions on reliability, 2012, 61(2): 543-548.

[143] WANG S, LIU M. Multi-objective optimization of parallel machine scheduling integrated with multi-resources preventive maintenance planning [J]. Journal of manufacturing systems, 2015, 37: 182-192.

[144] ERYILMAZ S. A note on optimization problems of a parallel system with a random number of units [J]. International journal of reliability, quality and safety engineering, 2017, 24 (5): 225-229.

[145] ERYILMAZ S, OZKUT M. Optimization problems for a parallel system with multiple types of dependent components [J]. Reliability engineering & system safety, 2020, 199: 906-911.

[146] ZHANG W, GAO W, WANG Z, et al. Joint optimization on preventive maintenance and operating unit number for multi-unit parallel production system with one repairman and spare unit [C]//DING P, LI C, SANCHEZ R V, et al. Prognostics and system health management conference (PHM-Chongqing), October 26-28, 2018. New York: IEEE, 2018: 833-838.

[147] RUIZ-HERNÁNDEZ D, PINAR-PÉREZ J M, DELGADO-GÓMEZ D. Multi-machine preventive maintenance scheduling with imperfect interventions: a restless bandit approach [J]. Computers and operations research, 2020, 119: 79-89.

[148] GAO W K, ZHANG Z S, HONG J, et al. Optimal quasi-periodic preventive maintenance policies for a repairable system with stochastic maintenance interval [J]. Maintenance and reliability, 2015, 17(3): 389-397.

[149] GAO W K, ZHANG Z S, ZHOU Y F, et al. Optimal quasi-periodic maintenance policies for two-unit series system [J]. Journal of southeast university, 2013, 29(4): 450-455.

[150] 高文科, 张志胜, 刘飏, 等. 故障相关的两部件并联系统可靠性建模及动态更换策略 [J]. 计算机集成制造系统, 2015, 21(2): 510-518.

[151] 曹晋华, 程侃. 可靠性数学引论 [M]. 北京: 高等教育出版社, 2006.

[152] 蒋仁言. 威布尔模型的特征与应用 [M]. 北京: 科学出版社, 1998.

[153] JIANG R. Two new three-parameter bathtub failure rate models [C]//CUI L R, DOHI T. The 5th Asia-pacific international symposium on advanced reliability and maintenance modeling, November 1-3, 2012. New York: IEEE, 2014: 105-114.

[154] BEBBINGTON M, LAI C D. A flexible Weibull extension [J]. Reliability engineering & system safety, 2007, 92(10): 1484-1484.

[155] 茆诗松, 汤银才, 王玲玲. 可靠性统计 [M]. 北京: 高等教育出版社, 2008.

[156] NICOLAI R P, DEKKER R. Optimal maintenance of multi-component systems: a review [J]. Complex system maintenance handbook, 2006, 21(2): 263-286.

[157] KIJIMA M. Some results for repairable systems with general repair [C]//METTAS A, ZHAO W. Annual reliability and maintainability symposium, January 24-27, 2005. New York: IEEE, 2005: 89-102.

[158] KIJIMA M, MORIMURA H, SUZUKI Y. Periodical replacement problem without assuming minimal repair [J]. European journal of operational research, 1988, 37(2): 194-203.

[159] QIU Q G, CUI L R. Optimal mission abort policy for systems subject to random shocks based on virtual age process [J]. Reliability engineering & system safety, 2019, 189: 11-20.

[160] FINKELSTEIN M, CHA J H. Virtual age, is it real? - Discussing virtual age in reliability context [J]. Applied stochastic models in business and industry, 2021, 37(1): 3-16.

[161] 陈涛. 小样本条件下风电齿轮传动系统动态可靠性预测方法 [D]. 大连:大连理工大学,2012.

[162] 蒋仁言, MURTHY D N P. Maintenance: decision models for management [M]. 北京:科学出版社,2008.

[163] RAHROUH M. Bayesian zero-failure reliability demonstration [D]. Durham: University of Durham, 2005.

[164] 杨元喜,徐天河. 不同坐标系综合变换法 [J]. 武汉大学学报(自然科学版),2001, 26(6):509-513.

[165] EFRON B. The bootstrap and modern statistics [J]. Journal of the American Statistical Association, 2000, 95(452): 1293-1296.

[166] JIANG R, MURTHYT D N P. Reliability modeling involving two Weibull distributions [J]. Reliability engineering and system safety, 1995, 47(3): 187-198.

[167] GUHA S, RASTOGI R, SHIM K. Cure: an efficient clustering algorithm for large databases [J]. Information systems (Oxford), 2001, 26(1): 73-84.

[168] LAM Y. A note on the optimal replacement problem [J]. Advances in applied probability, 1988, 20(2): 479-482.

[169] 申桂香,谷东伟,张英芝,等. 数控机床最佳预防维修间隔时间的确定 [J]. 重庆大学学报(自然科学版),2012,35(1):7-10.

[170] BARROS A, BERENGUER C, GRALL A. A maintenance policy for two-unit parallel systems based on imperfect monitoring information [J]. Reliability engineering & system safety, 2006, 91(2): 131-136.

[171] SINGPURWALLA N D. Survival in dynamic environments [J]. Statistical science,

1995,10(1):86-103.

[172] SOLTANI M,BAHADORI M,SOLEIMANI M. Optimal predictive maintenance and spare part inventory policies for a degrading system subjected to imperfect actions [J]. Available at SSRN,2023,45:48-57.

[173] 蔡景,王华伟. 基于不完备检测的飞机结构维修优化方法 [J]. 南京航空航天大学学报,2009,41(4):481-485.

[174] LI W J,PHAM H. An inspection-maintenance model for systems with multiple competing processes [J]. IEEE transactions on reliability,2005,54(2):318-327.

[175] JOSEPHLU C,MEEKER W. Using degradation measures to estimate a time-to-failure distribution [J]. Technometrics,1993,35(2):161-174.

[176] 冯静. 小子样复杂系统可靠性信息融合方法与应用研究 [D]. 长沙:国防科学技术大学,2004.

[177] FREITAS,AFONSOCOLOSIMO M,ANTONIOSANTOS E,et al. Reliability assessment using degradation models: bayesian and classical approaches [J]. Pesquisa operacional,2010,30(1):194-219.

[178] TAN L,GUO C,CHENG Z,et al. Optimal maintenance decisions for gamma deteriorating systems [J]. Journal of systems engineering and electronics,2011,22(5):788-793.

[179] TSAI C C,TSENG S T,BALAKRISHNAN N. Mis-specification analyses of gamma and Wiener degradation processes [J]. Journal of statistical planning and inference,2011,141(12):3725-3735.

[180] SINGPURWALLA N D. On competing risk and degradation processes [J]. Lecture notes-monograph series,2006,49:229-240.

[181] COX D R,MILLER H D,WEISS G,et al. The theory of stochastic processes [M]. New Delhi:Springer,1979.

[182] YEABAC Z S. Degradation-based burn-in with preventive maintenance [J]. European journal of operational research,2012,221(2):360-367.

[183] 彭宝华. 基于Wiener过程的可靠性建模方法研究 [D]. 长沙:国防科学技术大学,2010.

[184] PENG C Y,TSENG S T. Mis-specification analysis of linear degradation models [J]. IEEE transactions on reliability,2009,58(3):444-455.

[185] 厉海涛,金光,周经伦,等. 动量轮维纳过程退化建模与寿命预测 [J]. 航空动力学报,2011,26(3):622-627.

[186] SI X S,WANG W,HU C H,et al. Remaining useful life estimation based on a nonlinear diffusion degradation process [J]. IEEE transactions on reliability,2012,61(1):50-67.

[187] PAPOULIS A. The theory of stochastic processes [J]. Journal of the franklin institute, 1966, 282(6): 402-403.

[188] CAPOCELLI R M, RICCIARDI L M. On the transformation of diffusion processes into the Feller process [J]. Mathematical biosciences, 1976, 29(3-4): 219-234.

[189] 金光. 基于退化的可靠性技术 [M]. 北京:国防工业出版社, 2014.

[190] KANG J, LU Y, ZHAO B, et al. Remaining useful life prediction of cylinder liner based on nonlinear degradation model [J]. Maintenance and reliability, 2022, 24(1): 198-209.

[191] 杨世强. 齿轮泵研究的现状与发展 [J]. 中国高新区, 2017, (15): 153-153.

[192] 曹克强, 李永林, 胡良谋, 等. 液压系统热特性建模方法与仿真技术的研究现状与展望 [J]. 机床与液压, 2014, 42(15): 174-179+193.

[193] 李永林, 徐浩军, 曹克强, 等. 航空柱塞泵全工况效率分析及热力学建模 [J]. 北京航空航天大学学报, 2010, 36(12): 1469-1472.

[194] 张凯波. 大型液压挖掘机液压系统热平衡研究 [D]. 太原:太原理工大学, 2021.

[195] SHEU S H, JHANG J P. A generalized group maintenance policy [J]. European journal of operational research, 1996, 96 (2): 232-247.

[196] LEWIS R M, TORCZON V, TROSSET M W. Direct search methods: then and now [J]. Journal of computational and applied mathematics, 2000, 124(1): 191-207.

[197] SINGPURWALLA N D, WILSON S P. Failure models indexed by two scales [J]. Advances in applied probability, 1998, 30(4): 1058-1072.

[198] YUE T, WAHAB M A. A review on fretting wear mechanisms, models and numerical analyses [J]. Computers, materials and continua, 2019, 59(2): 405-432.

[199] PENG H, FENG Q, COIT D W. Reliability and maintenance modeling for systems subject to multiple dependent competing failure processes [J]. IIE transactions, 2010, 43(1): 12-22.

[200] GAO W. An extended geometric process and its application in replacement policy [J]. Proceedings of the institution of mechanical engineers, part O: journal of risk and reliability, 2022, 234(1): 174-198.

附　录

附录A

定理7.1证明：

（1）当$h(t)$为t的单增函数时，$\varepsilon(W)$为单增函数，$\varphi(W)$亦为单增函数，且$\lim_{W\to 0}\varphi(W)=0$，

$\varepsilon(+\infty)>\frac{\int_0^{+\infty}h(y)\dot{F}_q(y)\mathrm{d}y}{\int_0^{+\infty}\dot{F}_q(y)\mathrm{d}y}$，故$\lim_{W\to +\infty}\varphi(W)=+\infty$，有$0<C_r<\varphi(+\infty)$，方程$\varphi(W)=0$存在唯一解$W_p>0$。

（2）当$h(t)$为函数图像呈“浴盆”形曲线时，假设存在唯一点t_0，使得$h'(t_0)=0$。那么$h(t)$在$(0,t_0)$上为单减函数，在$[t_0,+\infty)$上为单增函数。

在$(0,t_0)$上$h(t)$为单减函数，$\varepsilon(W)$为单减函数，且有

$\lim_{W\to 0}\varphi(W)=2\bar{F}_q(W)\bar{F}_q(2W)(h(2W)-h(W))<0$

同样，在$[t_0,+\infty)$上$h(t)$为单增函数，$\varepsilon(W)$为单增函数，$\varphi(W)$亦为单增函数，且$\lim_{W\to +\infty}\varphi(W)=+\infty$。因此，$\varphi(W)$为关于$W$的先减后增函数，且最小值小于0。故$\varphi(0)<C_r<\varphi(+\infty)$，方程存在唯一解$W_p$。

证毕。

附录B

定理7.2证明：

（1）当$h(t)$为t的单增函数时，$\varepsilon(T;W)$为T的单增函数，$\varphi(T)$亦为单增函数。

当$W\in[0,W_P]$时，$\varphi(W)<C_r<\varphi(+\infty)$，故方程存在唯一的使$T\geq W$的解。

（2）当$h(t)$函数图像呈“浴盆”形曲线时，假设存在唯一点t_0，使得$h'(t_0)=0$。那么$h(t)$、$\varepsilon(T;W)$在$(0,t_0)$上为单减函数，在$[t_0,+\infty)$上为单增函数。$\varphi(T)$为关于T的先减后增的函数。

当$W\in[0,W_P]$时，由定理6.1知$\varphi(W)<C_r<\varphi(+\infty)$，故方程存在唯一$T\geq W$的解。

证毕。

附录C

定理7.3证明：

由不等式组$\begin{cases} Z(N+1) \geqslant Z(N) \\ Z(N-1) \geqslant Z(N) \end{cases}$，可得不等式组

$$\begin{cases} L(N) \geqslant R_0 \\ L(N-1) \leqslant R_0 \end{cases}$$

其中关于N的函数$L(N)$如下：

$$L(N) = \frac{R(N) - R(N-1)}{V(N) - V(N-1)} V(N) - R(N)$$

或者

$$L(N) = \frac{R(N) - R(N-1)}{V(N) - V(N-1)} V(N-1) - R(N-1)$$

那么

$$L(N) - L(N-1) = \left(\frac{R(N) - R(N-1)}{V(N) - V(N-1)} - \frac{R(N-1) - R(N-2)}{V(N-1) - V(N-2)}\right) V(N-1)$$

由于$\dfrac{\Delta R(N)}{\Delta V(N)} = \dfrac{R(N) - R(N-1)}{V(N) - V(N-1)} - \dfrac{R(N-1) - R(N-2)}{V(N-1) - V(N-2)}$为$N$的单增函数，

则，$L(N) \geqslant L(N-1)$，即$L(N)$为N的单增函数。

则存在唯一的N^*满足不等式组$\begin{cases} L(N^*) \geqslant R_0 \\ L(N^*-1) \leqslant R_0 \end{cases}$，继而可得：

$$\begin{cases} Z(N^*+1) \geqslant Z(N^*) \\ Z(N^*-1) \geqslant Z(N^*) \end{cases}$$

因此，存在唯一的N^*使得$\min\left(Z(N)\right) = Z\left(N^*\right)$。

证毕。

附录D

定理7.4证明：

函数lhs逐一对T_i求导，得：

$$\frac{\mathrm{d}lhs}{\mathrm{d}T_i^*}=(\frac{p_i}{q_i}+\frac{C_e}{C_m})(\int_{T_i^*}^{T_i^*+W}\dot{F}_{q,i}(u)\mathrm{d}u)^{-2}((f_{q,i}(T_i^*+W)-f_{q,i}(T_i^*))\int_{T_i^*}^{T_i^*+W}\dot{F}_{q,i}(u)\mathrm{d}u -$$

$$\int_{T_i^*}^{T_i^*+W}f_{q,i}(u)\mathrm{d}u\ (\dot{F}_{q,i}(T_i^*+W)-\dot{F}_{q,i}(T_i^*)))$$

其中，

$$\left(F_{q,i}\left(T_i^*+W\right)-f_{q,i}\left(T_i^*\right)\right)\int_{T_i^*}^{T_i^*+W}\dot{F}_{q,i}(u)\mathrm{d}u-\int_{T_i^*}^{T_i^*+W}f_{q,i}(u)\mathrm{d}u\left(\dot{F}_{q,i}\left(T_i^*+W\right)-\dot{F}_{q,i}\left(T_i^*\right)\right)$$

$$=F_{q,i}\left(T_i^*+W\right)\int_{T_i^*}^{T_i^*+W}\left(h_i\left(T_i^*+W\right)-h(u)\right)\dot{F}_{q,i}(u)\mathrm{d}u$$

$$-F_{q,i}(T_i^*)\int_{T_i^*}^{T_i^*+W}\left(h_i\left(T_i^*\right)-h(u)\right)\dot{F}_{q,i}(u)\mathrm{d}u$$

当$h(t)$为单增函数时，$\mathrm{d}lhs/\mathrm{d}T_i>0$，当$h(t)$为单减函数时，$\mathrm{d}lhs/\mathrm{d}T_i<0$。则$lhs$与$h(t)$有相同的单调性。

当$h(t)$为单增函数或函数图像呈"浴盆"形曲线时，且满足条件$lhs(0)<rhs(W)$及条件（1）、（2）时，对于任意的$T_N(T_N\geqslant\tau_{N0}=\max(\tau_{Ni}))$，方程关于$T_i\geqslant W$的解是唯一存在的。

证毕。

附录E

定理7.5证明：

记$T_i = \varphi_i(T_N) \geqslant \varphi_i(\tau_{N0}), \tau_{N0} = \mu(W), \varphi_i(T_N)$为连续可导的函数。

记变量w，有$\tau_{N0} = \mu(w)$，则

$$\frac{\mathrm{d}\Phi(\varphi(\tau_{N0}))}{\mathrm{d}w} = \mu'(w)\, p_N h_N(\mu(w))$$

$$那么，\mu'(w) = \begin{cases} \dfrac{lhs'(w)}{p_N h'_N(\tau_{N0})} & lhs(W, i) > rhs(W) \\ 1 & lhs(W, i) \leqslant rhs(W) \end{cases}$$

在定理7.4中已知，当$h(t)$为t的单增函数或函数图像呈"浴盆"形曲线，$lhs(w)$和$rhs(w)$关于w有相同的单调性。

因而，$\dfrac{\mathrm{d}\Phi(\varphi(w))}{\mathrm{d}w} > 0$，即$\Phi(\varphi(w))$为$w$的单增函数。

当$W<W_P$时，$\sum_{i=1}^{N-1} C_{p,i} + C_R \geqslant \Phi(\varphi_i(\tau_{N0}))$，又因为$\Phi(\varphi(w))$为$w$的单增函数。故在给定$N$时，当$W<W_P$时，方程存在唯一解。

证毕。

后 记

本书以设备运维数据为基础,面向设备使用过程中产生的离散故障数据和性能退化数据,通过构建设备使用可靠性模型,较系统地研究和分析了基于不同数据的设备的可靠性建模方法及预防性维修窗口的优化,并附有相应的案例分析以说明建模方法或优化过程。全书由上、中、下三篇构成,上篇系统概述了近20年来在设备可靠性建模和预防性维修决策优化方面的研究进展,以及可靠性、维修性基础理论和维修策略优化分析方法;中篇从基于离散故障数据的建模方法、连续退化数据的建模方法及灰箱建模理论等三个角度,按不同数据类型分别介绍了作者近年来在这三方面所做的部分理论和案例研究;下篇主要从单部件设备、两部件设备及多部件设备(多单元系统)的角度,由简到繁地介绍了作者近年来在预防性维修窗口优化方面所做的部分理论和案例研究等系列成果。下面将对全书进行总结并对接下来的研究进行展望。

本书的核心内容包括基于运维数据、设备性能退化数据的可靠性建模和预防性维修窗口的优化两部分。从解决问题的角度出发,可靠性建模是预防性维修窗口优化的建模基础,而有效的运维数据和性能检测数据又是可靠性建模的基础,因而从数据到可靠性模型再到维修窗口优化是解决这类实际问题的基本流程。不过,既有的大量研究基本是将建模和维修策略分开的,维修策略多是基于设备故障率或役龄假设模型开展的。这种假设虽具有其推理的合理性,但是在实际操作中却很难找到具体的案例支持。

①在设备可靠性建模方面。对于单部件设备,在一定假设条件下,作者研究了考虑故障可修复程度的设备可靠性建模并系统分析了模型的特性。此外,应用收集的失效数据建立了机车柴油机的冬、夏季使用可靠性模型,以及客机空调系统、柱塞泵、齿轮泵的使用可靠性模型。在柴油机的可靠性建模过程中,针对现有的多重Weibull竞争风险模型的建模方法所得模型较复杂的情形,提出了一种近似的参数合并算法。对于一类部件寿命间存在较大差别的两部件串联设备,研究了考虑故障可修复程度的设备可靠性建模并分析了模型参数对模型的影响。对于存在故障相关的两部件并联系统,研究了同时存在I、II类故障相关性的设备可靠性模型,并讨论了模型参数对系统可靠性的影响。对于同时存在I、III类故障相关性及检测系统不完备的两部件并联设备,系统讨论了其可靠性建模方法并分析了系统的可靠性特性以及相关参数对设备可靠性的影响。以上设备使用可靠性的分析结果可

以为设备的设计或结构改进提供一定的理论参考,同时使用可靠性模型可以为进一步制定维修策略提供决策支持。

②在性能退化过程建模方面。性能退化适用于具备连续检测设备运行状态指标的情形,工程中一般面向核心元部件或价格昂贵的元部件,其失效损失后果一般相对严重。研究中提出了将机理与性能退化数据相融合的灰箱建模方法,并结合齿轮泵油液温升与环境温度和柱塞泵泄漏量来构建两种泵的性能退化过程模型,并对所提建模方法进行了例证。齿轮泵性能退化过程建模中采用带有漂移项的Wiener过程模型,依据齿轮泵性能退化机理分析,模型包含了压力工况参数,数据拟合效果良好。针对柱塞泵性能退化机理分析,应用带漂移的Wiener过程模型建模时,融合了压力、转速等工况参数,并采用HP滤波方法来提高建模的精度。两种泵的性能退化模型为第7章的维修窗口优化提供了建模基础。

③在预防性维修窗口建模与优化方面。根据设备预防性维修策略实际的实施现状,提出了一种动态预防性维修窗口的概念,包括动态拟周期预防性维修策略和动态顺序预防性维修策略以及动态逆周期检查与预防性维修窗口的联合优化。针对单部件设备,根据提出的动态预防性维修策略的定义,建立了系统故障率函数图像呈“浴盆”形曲线的系统动态拟周期预防性更换策略、动态拟周期预防性维修策略及动态顺序预防性维修策略的优化模型,并从理论上系统地证明了最优策略的唯一存在性和预防性维修活动最大维修窗口的唯一存在性,同时给出了最优解的求解算法,分析了各种参数对最优的预防性维修策略的影响。另外,根据一类设备为达到高可靠性运行在其预防性维修期内对关键部件进行组合预防性更换的现状,针对关键部件提出了组合预防性更换策略,建立了其优化模型并给出了模型的求解算法。对一类部件寿命存在较大差别的两部件串联设备,根据每次预防性维修活动的维修深度以及设备发生严重故障的可修情况,分别研究了预防性维修对两部件而言为完整维修和保养及严重故障不可修复的情形,以及预防性维修对两部件而言为完整和非完整维修,严重故障可通过提前实施预防性维修排除的动态拟周期预防性维修策略优化模型,给出了模型的求解算法并分析了模型参数对维修策略的影响趋势。对于存在故障相关的两部件并联系统,建立了存在Ⅰ、Ⅱ类故障相关性的两部件并联系统动态拟周期预防性更换窗口的优化模型,从理论上证明了最优策略的唯一存在性和最大维修窗口的确定性。对于存在Ⅰ、Ⅲ类故障相关性及不完备检测的两部件并联系统,建立了其(T, N)预防性更换窗口优化模型,并给出了最优策略的求解算法。

④关于案例的研究。对于每一个研究问题均通过实际案例或数值案例进行了分析,说明了其可靠性或维修窗口的建模和优化过程。根据收集的数据建立了机车柴油机、客机空调系统、柱塞泵、齿轮泵的使用可靠性模型,并以建立的柴油机、客机空调系统、柱塞泵、齿轮泵的使用可靠性模型为基础,优化分析了三种部件的动态预防性维修窗口。对于所研究的其他部分问题通过数值案例研究说明了其可靠性和维修策略的建模和优化,并通过参数敏感性分析说明了参数对设备可靠性及最优维修窗口的影响。对于多部件(多单元)系统

维修窗口及维修资源联合优化的问题,以某铁路运行区间的机车交路图为对象,说明了整个建模和优化的全过程。

综合上述,全书从可靠性建模与分析和维修窗口建模与优化的角度对不同设备的使用可靠性及预防性维修窗口优化进行了研究。建模及分析结果表明,在一定假设下设备的使用可靠性模型和提出的预防性维修窗口优化模型能够通过数学模型定量分析。维修策略优化表明,最优维修窗口的最大长度是唯一存在的,部分设备的最优维修窗口可通过解析方法获得。通过参数敏感性分析,说明了参数对设备可靠性及维修窗口的影响。模型和分析结果可为系统的设计或改进以及制定相应设备的维修策略提供一定的理论和技术参考。

本书以面向设备运维过程的离散故障数据和连续性能退化数据为建模对象,大多数设备运维过程产生的数据都属于这两类数据,但是其中有部分运维数据为多状态运行数据。非常遗憾,研究过程未开展基于多状态数据的可靠性建模方法和状态修维修窗口优化的研究,主要原因之一是缺乏相应的实际运维数据的支撑,在后期的工作中将会开展该问题的研究。本书虽然对设备可靠性建模和动态预防性维修窗口优化进行了深入研究,但由于受主、客观等多方面因素的限制,对问题的理解和研究的深度仍然有限,以下内容在未来的研究中可以进一步深入探讨:

①在设备可靠性建模方面。生产中使用的设备大多数都经过了多次故障性维修或预防性维修,其中预防性维修由于受维修工水平、维修条件、工作环境等多种随机因素的影响,预防性维修后设备可靠性的变化存在很多不确定性。现有的研究多从故障率或设备虚拟寿命的角度假设故障率满足线性或某种的函数关系,缺乏深入的理论研究和实例验证研究。这也正说明,要想揭示预防性维修后设备可靠性的变化仍需做深入、细致的探讨,在实际问题中,现有模型仍缺乏一定说服力。针对故障后运行间隔的建模,本书介绍了作者提出的拓展集合维修过程模型,该模型补充了现有模型不能表征设备适应环境后表现出的维修后状态优于维修前的事实,但是模型在构造函数的选取上仍需做深入研究。

②灰箱建模方法理论体系还不完善。灰箱建模方法提出由来已久,在很多领域已有报道,但是由于其对系统内在机理并不完全了解,在建模方面需持续改进。一种观点认为对机理认识的有限性会使大量有用信息丢失,致使灰箱模型在导向上有误导的可能;另一种观点认为以一定深度的机理模型为导向,结合一定量的数据集会提升和补充机理认识的不全面性。不可否认,灰箱模型结合大数据已使设备性能退化方面的研究越来越受到人们的重视,完全脱离对象机理依托大量数据的建模方法在扩展数据维度方面,仍然需要机理分析的支持。因而,构建灰箱建模方法理论体系并结合实际问题的研究将是一个新的研究方向。

③面向多机生产系统的动态拟周期预防性维修策略研究。动态拟周期预防性维修策略普遍存在于具有一个维修工的多机生产系统中,预防性维修策略的制定不仅要考虑维修力量、生产任务、单机的工况、环境因素等,同时要考虑整个生产系统的生产效率、生产调度

以及贮备设备的数量等。其优化目标不仅包括运行成本、生产效率，还需考虑维修工的闲置时间等。因而，实施预防性维修活动的区间长度会受到多种限制，维修策略的建模和优化虽复杂但对实际生产的指导意义较大。尽管作者对多机并行生产系统做了深入研究，但是生产率变化、生产任务变化等均可影响预防性维修窗口和资源的配置，因此关于这方面研究还需继续深入。

④针对存在故障相关性的设备可靠性建模与维修策略研究。针对Ⅰ类故障相关性的可研究空间相对较小，存在Ⅱ类故障相关性由于受故障率模型本身的限制，加上缺少有效的观测数据，探索新的建模方法或参数估计方法仍存在较大的可研究空间。针对存在第Ⅲ类故障相关性的系统，由于故障冲击造成的损伤在检测上受设备工作环境、工作空间、检测技术等方面的限制，可靠性建模从理论和方法上仍需做更多努力。同时针对不同故障相关性的设备，探讨与之相适应的维修策略仍有很多工作需进一步展开。

⑤设备寿命预测与预测性维修策略的研究。预测性维修决策模型构建过程受设备当前退化状态的限制，不可回避其动态变化特点，基于统计模型的多单元系统剩余使用寿命预测结果使得维修策略呈网络树结构。目前，关于维修决策树相关的研究鲜有报道，可供参考的成果有限。因而解析其运行机制是优化维修策略的基础，是本项目必须解决的核心科学问题。

⑥设备的运维是当前业界和学界普遍关注的焦点，但是让既有维修策略理论模型落地仍显得困难。维修活动伴随设备的出厂始终在进行着，维修策略的研究从googlescholar检索结果看，每年有数千篇论文产出，但是能够应用于实际问题的案例并不多见，多以理论研究为主，距离科学研究能顶天立地的愿景还有很大的空间。因此，结合实际问题的研究应该引起更多的关注。

在未来的工作中，作者将以问题为导向深入研究上述问题，并倾向于能解决实际问题的研究，以期有更多优秀成果带给读者。